Simon Wells

WIE EIN REGENBOGEN

Simon Wells

Wie ein Regenbogen

Das außergewöhnliche Leben von Anita Pallenberg

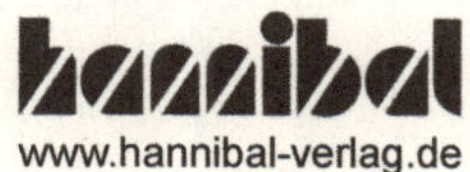

www.hannibal-verlag.de

Impressum

Deutsche Erstausgabe 2020

Hannibal Verlag, ein Imprint der KOCH International GmbH, A-6604 Höfen
www.hannibal-verlag.de

ISBN 978-3-85445-697-1
Auch als E-Book erhältlich mit der ISBN 978-3-85445-698-8

Titel der Originalausgabe:
She's a Rainbow – The Extraordinary Life of Anita Pallenberg
Autor: Simon Wells

ISBN: 9781785588457

Cover Design © Amazing15
Bildrecherche von Susannah Jayes
Grafischer Satz in deutscher Sprache: Thomas Auer, www.buchsatz.com
Übersetzung: Alan Tepper
Deutsches Lektorat und Korrektorat: Dr. Rainer Schöttle

Printed in Germany

Inhalt

Anita Pallenberg, 1942-2017

Liebste Anita,

Wie ich es jeden Morgen mache, doch nicht an diesem Morgen,
werde ich nicht über die Todesanzeigen in der *NYTimes* hinwegsehen.
Ich werde nicht all unsere gemeinsamen Momente dem gedruckten
Wort überlassen.
Aber ich werde auch nicht die Seite umblättern,
denn da ist nichts,
was mein Interesse fesselt,
abgesehen von dem, was ich über deinen erwarteten,
aber dennoch unerwarteten Tod 3000 Meilen entfernt lese.
Ich habe gegrübelt, an was ich mich erinnern kann,
aber das ist etwas, über das wir im *Café Flore* sprechen können.
Es gibt da noch so viel mehr,
das wir für ein anderes Date übrig lassen, dann vergessen
und einfach wieder von vorne anfangen.
Wir gehen auf dem Weg, auf dem wir schon immer gingen.
Und noch viel mehr.
Es ist die Liebe, die überwältigt.
Es ist die Liebe, die spricht, über die Stille und die Weite hinweg.

@ Gerard Malanga

Für Betty, meine Mutter

Einleitung

Mein Schicksal kann nicht gemeistert werden, ich kann nur mit ihm arbeiten und demzufolge wird es – bis zu einem gewissen Grad – gelenkt. Ich bin auch nicht der Steuermann meiner Seele, sondern nur der lauteste Passagier.
***Adonis and the Alphabet,* Aldous Huxley**

Ich respektiere das Schicksal – sehr sogar. Aber ich bereue nichts.
Anita Pallenberg

Laut Google Maps benötigt man 20 Minuten, um mit dem Auto von Chelsea nach Chiswick im Westen Londons zu gelangen. Bei dem heutigen Verkehr allerdings ist das Fahrrad die bessere Option. Chiswick ist allgemein recht naturbelassen, doch den Menschen, denen kein eigenes Fleckchen Land zur Verfügung steht, bietet sich hier die Chance auf eine Schrebergarten-Kolonie. Eine Warteliste von mehreren Tausend potenziellen „Grünfingern" belegt, dass es sich hier um heiß begehrte Parzellen handelt.

Noch bis vor wenigen Jahren stach ein Grundstück aus dem eher konservativen Mix aus Bohnen und winterharten Gewächsen und Anzuchtbeeten hervor. Dort ließ sich eine große Bandbreite exotischen Obsts und Gemüses entdecken, die selbst den erfahrensten Kleingärtner aus Notting Hill zum Staunen brachte. Die Dame, die sich um die 25 Quadratmeter kümmerte, war so unkonventionell und ungewöhnlich wie ihre Pflanzen. Meist tauchte sie auf ihrem schwarz-silbernen Renault-Rennrad mit Zehngangschaltung auf, einen geflochtenen Korb am Lenker befestigt. Die beherzte und lebensfrohe Frau in ihren frühen Siebzigern stellte einen starken

Gegensatz zur eher steifen Gemeinschaft in Chiswick dar. Meist war sie in Begleitung eines Freundes, die beiden entspannten sich in ihrem Mini-Arboretum, wobei nur ein vereinzeltes Lachen, Kichern oder eine Wolke Rauch ihre Anwesenheit verriet. Während der Sommermonate sprangen Anita und ein anderer Kleingärtner manchmal über das kleine Mäuerchen, das den Komplex von der Themse trennte, und genossen ein Sonnenbad am Ufer *au naturel*, was andere mit höchst erstaunten Blicken honorierten.

Heute finden sich keine Spuren mehr, die darauf hindeuten, dass dieses einst bunt kultivierte Fleckchen Erde früher im Besitz von Anita Pallenberg war, und auch wenn es sie gäbe, würde wohl niemand aus der Schrebergartenkolonie die Tragweite ihres verblüffenden Lebens ermessen können. Hier lediglich von „Karriere" zu sprechen, würde ihr nicht gerecht werden. Ähnlich unmöglich wäre es, das Spektrum all ihrer Errungenschaften auf einen einzigen Begriff zu bringen. Schauspielerin, Model, Designerin, Mutter, Muse, Inspiration für andere, Pionierin der offenen Sexualität, der Drogen und des Feminismus – die Liste ihrer Leistungen ist ebenso lang, wie es schwierig ist, das Ausmaß ihres Einflusses auf die Populärkultur exakt einzuschätzen.

Es ist ein interessantes Paradoxon, dass eine Frau, die daran beteiligt war, die kulturellen Entwicklungsstränge in so vielen Bereichen zu formen, sich in ihren letzten Tagen in einem Londoner Vorort um junge Pflänzchen kümmerte. Aber genau hier findet sich ein weiteres Charakteristikum von Anita Pallenberg: Vielen, die ihr begegneten, war sie ein Rätsel. Sie entstammte einer noch von starkem Nachkriegs-Chauvinismus geprägten Ära und stürzte sich mit einer Hingabe in die Sechziger, wie man sie in der damaligen Zeit so gut wie noch nie erlebt hatte.

Mit einem seltenen Unabhängigkeitsstreben und einer freigeistigen Grundeinstellung war Anita Pallenberg eine unbeugsame Feministin, die sich mit Aufrichtigkeit und Wagemut durch verschiedene Jahrzehnte kämpfte, was einzigartig in der jüngeren Vergangenheit war. Im Gegensatz zu den Behauptungen vieler suchte Anita keinen

Ruhm und war auch nicht das „Rock Chick" oder ein „Groupie", wie die Medien sie in den kommenden Jahren verunglimpften. „Sie brauchte nicht das strahlende Rampenlicht", erzählte mir einer ihrer Freunde erst kürzlich. „Sie *war* das Rampenlicht!"

Schon in jungen Jahren in einem vom Krieg zerrissenen Italien war es offensichtlich, dass sie jede Situation dominierte. In ihrer weit verzweigten europäischen Ahnenreihe fanden sich Maler, Träumer, Radikale; sie ignorierte Konventionen und ein angepasstes Verhalten war ihr zuwider. In ihrer DNS lag das Erbgut des Ungewöhnlichen, des Exotischen und des Getriebenen und ihr Leben war schon von den allerersten Schritten an dafür prädestiniert, sich von anderen radikal zu unterscheiden.

Die bezaubernde Dualität von Anitas Wesen sowie ihre kecke, atemberaubende Schönheit verbanden sich mit einem spitzbübischen Humor, sie suchte die Gefahr und unbegrenzte Möglichkeiten schienen ihr offenzustehen. Darüber hinaus zog sie immer eine hochkarätige Gesellschaft an. Sie hing mit Fellini und seinen Kollegen während der *Dolce Vita*-Blütezeit 1959 in Rom ab und machte 1963 die Bekanntschaft progressiv ausgerichteter Künstler wie Warhol, Ginsberg, Corso und Ferlinghetti in New York. Noch bevor sie selbst ins Rampenlicht katapultiert wurde, hatte sie die Irrungen und Wirrungen der Celebrity-Kultur schon kennengelernt.

Es war niemals von ihr beabsichtigt gewesen, doch Anitas bezauberndes Profil und ihr schlanker Körper brachten die weltweit einflussreichsten Fotografen dazu, ihr den Hof zu machen. Als die Sixties sich zu voller Blüte entfalteten, befand sie sich auf einem Höhenflug. Durch ihre Mobilität in ganz Europa traf sie schließlich auf die ähnlich ungezähmten Rolling Stones. In Brian Jones, dem wohl rätselhaftesten Mitglied der Band, spiegelte sich Anitas mysteriöse Anziehungskraft. Sie und dieser komplexe Adonis schmiedeten einen Bund, der in der hermetisch abgeriegelten Gemeinschaft der Rolling Stones letztendlich in eine Sackgasse führte. In einer Ära, in der die „Dolly Birds" sich mit großem Augenaufschlag scheinbar willig ihren männlichen Begleitern darboten, brachte Anita einen selbstbewussten Feminismus in eine bis dahin für ihren Chauvinismus berüchtigte Welt.

Im ausschweifenden Privatleben von Brian Jones war zuvor kein Platz für eine konstante Partnerin gewesen, doch in Pallenberg erkannte er seelenverwandte Charakterzüge, woraufhin die beiden zum „Alpha-Paar" des Swinging London wurden. Jones gab sich als stolzierender Pfau, während sich zugleich Anitas neo-europäische Androgynität zu einem regelrechten Hingucker entwickelte.

Jones erhielt den größten Teil der Anerkennung für den neuen „Renaissance-Stil"; nur wenige waren sich bewusst, dass es eigentlich Anita war, die den neuen Look ihres Partners beeinflusste und formte. Im Bereich der Mode ließ ihr revolutionärer Stil die Geschlechterrollen verschwimmen – ein Trend, der sich bis in die höheren Riegen der Rock-Gilde fortsetzte und damit auch in die Gesellschaft hinein.

Wie viele andere in den Sechzigern beteiligte sich Anita lebhaft an der Erkundung der brandaktuellen Drogen. Als 1966 LSD in Londons Straßen Einzug hielt, ließ sie sich leicht von den gravierenden bewusstseinsverändernden Auswirkungen der Substanz überzeugen. Das in der britischen Metropole überall verfügbare Acid intensivierte die Farben, die Formen und die Energie, was sich schon bald in Anitas modischem Gespür niederschlug. Ihr freigeistiger „Gypsy-Look", verstärkt durch Elemente Nordafrikas, sollte den Kleidungsstil der neuen Boheme in den darauffolgenden Jahren revolutionieren.

Viel wurde bislang über Anitas „Übergang" von Brian Jones zu Keith Richards gesagt und geschrieben, doch es gibt so gut wie gar keine Dokumente, die darüber Aufschluss geben, auf welche Art und Weise sie beide Partnerschaften bestimmte. In der Realität hatte Anita nämlich kaum Zeit, sich einem Partner ganz und gar zu verschreiben – egal, wie ihr „Sternenglanz" auch auf die Außenwelt gewirkt haben mochte. 1968 hatte sie bereits eine erfolgreiche Model-Karriere absolviert und war vor ihrer Rolle in *Performance* (1970) bereits in vier bedeutenden Filmen aufgetreten.

Düster, exotisch, erschütternd und befremdlich distanziert, stellte sich *Performance* als ein radikaler Angriff auf die Befindlichkeiten beinahe jedes Zuschauers heraus. Anitas Rolle als Fan eines einstigen Rockstars hätte eindeutig ausfallen müssen, doch die Unbestimmtheit und Vagheit des Films bedingten, dass sie sich in einem Wirbel unterschiedlichster Emotionen verfing. Eigentlich hätte das Werk Anita in die erste Klasse der Schauspielerei befördern sollen, doch die bei *Performance* eingebetteten dunklen Elemente wirkten sich letztendlich negativ auf ihre Ambitionen aus.

Das Ende des Sixties-Traums ging mit einigen Todesfällen einher, doch Anitas stahlharte Konstitution ermöglichte ihr eine Verlängerung der Party bis in die folgende Dekade hinein. Punk war angetreten, auch noch den leisesten Hauch des dekadenten Rock'n'Roll zu zerstören, doch Pallenbergs verwegener Chic brachte ihr Glück. Besonders auf die Frauen, die sich nun auf den Spielplätzen der New Wave austobten, hatte sie einen erkennbaren Einfluss.

Trotz der Anerkennung, die ihr von der Frontlinie des Punk entgegengebracht wurde, waren die Dämonen, die Anita heimsuchten, niemals weit entfernt. In den Siebzigern hielten verschiedene Suchterkrankungen sie fest in ihren Klauen, und die ständigen Zusammenstöße mit den Behörden wurden auf die Dauer zermürbend.

Keith Richards' Verhaftung wegen Heroin-Besitzes in Kanada warf einen dunklen Schatten auf ihre Beziehung, doch weitere Seelenqualen sollten zwei Jahre später folgen, als Anita – nun von der beschützenden Beziehung zu den Stones abgeschnitten – sich in einer niederschmetternden Situation wiederfand: Ein siebzehnjähriger Junge hatte sich in ihrem Haus im Bundesstaat New York erschossen.

Das Ereignis markierte zwar eine Abkehr von früheren Exzessen, doch ihre Reise in zunehmend finstere Gefilde setzte sich fort. Das Ausmaß des erlebten Traumas führte sie zu einem Rückzug aus dem öffentlichen Leben, und nur wenige wirkliche Freunde blieben ihr in der sich stetig verändernden Welt, in der sie einst gelebt hatte. Nachdem Keith Richards eine neue Beziehung eingegangen war, konzentrierte sich Anita nunmehr ganz auf sich selbst. Mitte der Achtziger überstand sie einen brutalen Entzug, doch die vielen Jahre, die sie auf Messers Schneide gelebt hatte, erforderten eine grundlegende Neuorientierung.

In ihren dunkelsten Stunden zog Anita Kraft aus der Motivation, die sie in ihren frühsten Jahren angetrieben hatte. Sie kämpfte sich ihren Weg aus körperlicher Gebrechlichkeit und seelischen Schmerzen und machte die ersten Schritte einer beeindruckenden Verwandlung. Es war eine Metamorphose, die zu einer Neubewertung ihres außergewöhnlichen Einflusses auf die Popkultur kommender Generationen führte.

Die Siebziger hatten sich für Anita zu einem harten und beschwerlichen Jahrzehnt entwickelt, in dem man ihr nichts vergab, doch die Achtziger boten ihr ein Forum, das weitaus empfangsbereiter für einen Neuanfang war. Leise und vorsichtig löste sie sich aus dem Schatten. Sie nahm ein Studium in Mode- und Textildesign auf, war schon aufgrund ihres Alters eine ungewöhnliche Erscheinung in den Fluren der Londoner St Martin's School of Art, in denen sich die jungen, energiereichen Anfänger drängelten. Sie kehrte zur Basis zurück, lernte ihr Handwerk von Grund auf und setzte sich mit allen Aspekten der Textil- und Kleidungsproduktion auseinander. Der Bachelor-Abschluss in Mode- und Textildesign erlaubte ihr, die Liebe zur Welt der Mode wiederzuentdecken und sich mit einer neuen Generation von Designern zu verbünden.

In den Neunzigern erlebte Anita eine persönliche Renaissance, die sie aber nicht selbst forciert hatte: Die Explosion des Britpop führte zu einer Beschäftigung mit den Sixties, einer Ära, die sie zu formen half. Durch eine neu ausgerichtete Perspektive wurde Pallenbergs starker Einfluss nun in einem anderen Kontext betrachtet, wodurch ihr ein Respekt zuteilwurde, der ihr durch all die Kontroversen um ihre Person bislang vorenthalten worden war. Beinahe zwangsläufig gab es auch ein neues Interesse an *Performance,* und Anitas außergewöhnliche Leinwandaura erreichte nun eine wesentlich größere Wertschätzung. Während zahlreiche Kritiker sich regelrecht überschlugen, um Kate Moss oder Sienna Miller für ihren omnipräsenten „Boho Chic“ zu loben, wussten andere, dass Anita diesen verwegenen Look viele Jahre vor der Zeit propagiert hatte, in der die neuen Modeikonen durch den Schlamm vor der Bühne beim Glastonbury-Festival wateten.

Der Beginn des 21. Jahrhunderts stellte sich als eine unsichere Zeit für die ehemaligen Draufgänger der Sixties heraus, die in ihrer Blütezeit noch die Welt in Brand gesetzt hatten. Das zunehmende Alter verhinderte eine größere Mobilität, doch Anita setzte ihren begonnenen Weg fort und blieb weiterhin eine Muse, aber nun für eine neue Generation. Während sie noch private Kontakte zu den höchsten Rängen der Rockmusik und der Modewelt unterhielt, richtete sich ihr Interesse verstärkt auf ihre Familie und sie entwickelte große Freude an der Gartenarbeit. Zwar tauchte sie noch gelegentlich bei Themen-Events auf, doch nur die gut informierten Journalisten wussten sie einzuordnen. Allerdings stach Anita noch immer durch ihre selbstbewusste, Zen-ähnliche Aura hervor.

Im Juni 2017, über ein halbes Jahrhundert, nachdem sie die Weltbühne mit einem Paukenschlag betreten hatte, verstarb sie an den Folgen verschiedener Erkrankungen, die sie schon seit Jahren plagten. Anita Pallenberg verschied in Chichester still und ohne großes Aufsehen, nur sechs Meilen von Keith Richards' geliebtem Redlands-Anwesen entfernt.

Als sich die Nachricht von ihrem Ableben verbreitete, begannen die ersten Zeitungen zumindest über einen Teil ihres außergewöhnlichen Lebens zu berichten. Die populären Medien hatten ihren Spaß daran, Anita als Inbegriff des Rock'n'Roll-Exzesses darzustellen, doch sensiblere Betrachter enthielten sich solcher reißerischen Übertreibungen und bewerteten Pallenbergs enormen Einfluss auf die Mode und die Populärkultur. Natürlich – und das war leicht vorauszusehen – vermuteten einige, dass ihre Leistungen lediglich durch die Männer in ihrem Leben ermöglicht worden waren, doch andere durchdrangen den Nebel der „Popularität aus zweiter Hand“ und dokumentierten den einzigartigen, unabhängigen Weg, den sie nahm. Auch weisen sie darauf hin, dass ihr Einfluss immer noch real greifbar ist. In einem Zeitalter, in dem die #MeToo-Generation um die Durchsetzung ihrer Werte kämpft, hatte Anitas unabhängiger und offener Feminismus schon 50 Jahre zuvor Gestalt angenommen und sich bewährt.

Ich habe auf den Seiten dieses Buches den Versuch unternommen, Anitas Leben seriös und abgeklärt zu dokumentieren, jedoch ohne ein Werturteil abzugeben. Ich hoffe, dass dadurch ihre Errungenschaften und ihr Einfluss auf die moderne Kultur deutlich werden. Mir war es wichtig, auch die Tiefpunkte ihres Lebens darzustellen, wobei aber die Beschreibung der Falltiefe vor allem dazu dient, die Tragweite der dann folgenden außergewöhnlichen Renaissance erkennbar werden zu lassen.

Später einmal wird vielleicht jemand ein anderes Bild zeichnen, doch ich vertraue nach gründlicher Arbeit mit der Hilfe von Anitas engen Freunden, Bekannten und zahlreichen verlässlichen Beobachtern auf die Richtigkeit meiner Darstellung und der Schlussfolgerungen, zu denen ich gekommen bin. Der Regenbogen-Schmetterling, der mit beherzter Selbstsicherheit über dem Rad schwebte*, hat es verdient.

Simon Wells
Forest Row
Sussex

Juni 2019

* Diese Metapher des Autors bezieht sich auf das Zitat von Alexander Pope am Beginn von Kapitel 4.

KAPITEL 1

„Born To Run“

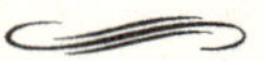

Ich mag es, direkt in die Sonne zu sehen.
Arnold Böcklin

Es passt zu einem Menschen wie Anita Pallenberg, die während ihres gesamten Lebens große Freude daran hatte, auf allen Ebenen gegen die Konventionen zu verstoßen, dass auch ihr tatsächlicher Geburtstag und Geburtsort widersprüchlich angegeben werden. Während ein wahres Heer von Biografen, Kolumnisten und sogar Privatdetektiven bislang nur eine grobe Zeitspanne angaben, die von den frühen bis zu den späten Vierzigern des 20. Jahrhunderts reicht, hat ihre Familie nach Pallenbergs Tod im Juni 2017 bestätigt, dass sie am 6. April 1942 in Rom das Licht der Welt erblickte.

Die italienische Hauptstadt wurde für Anita im Laufe der Jahre zu einer bedeutenden Location, doch ganz im Geiste ihrer Vorfahren ließ sie sich nicht von der Verbundenheit zu nur einem einzigen Land einschränken. Als sie in den Sechzigern in der Öffentlichkeit auftauchte, führte ihre Geburt in Italien allerdings zu einiger Verwirrung, was die Wurzeln ihrer Vorfahren betraf. Während einige angaben, sie sei Deutsche, behaupteten andere felsenfest, sie käme aus Schweden, und wiederum andere stellten sie als Schweizerin dar. Die Mehrdeutigkeit ihrer Herkunft, nirgendwo und überall verwurzelt zu sein, steigerte ihre enigmatische Attraktivität zusätzlich.

Es ist jedoch unbestritten, dass der Familienstammbaum der Pallenbergs einzigartig ist und manche die Fantasie anregende Verästelungen aufweist. Anitas Ahnentafel ist charakterisiert durch Koryphäen aus unterschiedlichsten Sphären und ihre Blutlinie war von einer den Elementen zugeschriebenen Qualität gekennzeichnet, die sie später als „Sonne, Feuer und Eis im selben Körper“ beschrieb.

Anitas Vorfahren lassen sich Aufzeichnungen zufolge zuerst im Schweden des 15. Jahrhunderts nachweisen, und der Nachname Pallenberg wird allgemein übersetzt als ein „überhängender Felsen an einem Berg“. Ein wirklich substanzieller Beleg für die Familie fand sich jedoch erst im 18. Jahrhundert in Deutschland, denn die meisten Ahnen der Pallenberg-Linie lebten im Großraum Köln. Den vorhandenen Belegen nach waren sie alle gut situiert und hatten einen beachtlichen Einfluss in den jeweiligen Gemeinden. Wie auch das kreative Patchwork, das Anitas Leben bestimmte, zeigte die direkte Familiengeschichte eine beeindruckende Anzahl von Personen, die sich nachhaltig in den Künsten engagierten.

Während des 19. Jahrhunderts wurde Anitas Blutlinie um das Element des fantasievollen Innendesigns bereichert. Johann Heinrich und Franz Jakob Pallenberg leiteten in Köln einen Familienbetrieb. Statt das erfolgreiche Dachdeckerunternehmen des Vaters weiterzuführen, richteten sie ihr Interesse auf den Möbelbau. Die einfallsreiche Firma, die sich schnell einen ikonenhaften Ruf erarbeitete, entwickelte sich zum Lieferanten von gesuchten Möbelstücken mit kunstvoll verzierten Furnieren. Sie zog wohlhabende Industrielle und Kunden aus den höchsten europäischen Adelskreisen an.

Neben dem blühenden Familiengeschäft pflegte Johann Pallenberg ein Interesse an der romantisch ausgerichteten Kunst und unterstützte Handwerker und Museen aus der Gegend, aber auch darüber hinaus, durch finanzielle Zuwendungen. 1871 wurde Pallenbergs Status als Mäzen mit einem Gemälde bestätigt und blieb somit der Nachwelt erhalten. Der bekannte Maler Wilhelm Leibl fertigte das Bild an, das einen korpulenten und auf einem Stuhl sitzenden Johann [Heinrich] Pallenberg darstellt. Obwohl das Gemälde den zu der Zeit typischen Studien ähnelt, gibt es hier ein Alleinstellungsmerkmal, denn Pallenberg wird mit einem Beutel in der Hand dargestellt, der höchstwahrscheinlich Geld enthält, was auf den Mäzenstatus der Familie hinweist.

Johann Pallenberg übergab das Familiengeschäft rechtzeitig seinen beiden Söhnen Jakob und Franz, die das geschäftliche Geschick ihrer Vorfahren offensichtlich nicht geerbt hatten. Franz lebte seine Talente mit Malerei und Bildhauerei aus und zog 1890 in den Großraum Rom, wo er in einer palastähnlichen und teuren Villa nordöstlich der Stadt in der Via Nomentana 315 residierte. Er war der Erste der Pallenbergs, der sich in der italienischen Hauptstadt langfristig niederließ. Aus praktischen und finanziellen Gründen hatte Franz den überwiegenden Teil seines Geldes in Deutschland zurückgelassen, doch er verlor nach dem Ersten Weltkrieg wegen einer schlechten Finanzberatung das gesamte Kapital. Als Resultat des Missgeschicks kehrte er nie wieder in sein Heimatland zurück. Aufgrund der ärmlichen Verhältnisse musste Franz seine künstlerischen Neigungen oftmals eher praktischen Beschäftigungen unterordnen.

Trotz all der Turbulenzen heiratete er Angela Böcklin – die Tochter des in der Schweiz geborenen Malers Arnold Böcklin, eines Vertreters des Symbolismus. Anders als die wenigen selbst kreierten künstlerischen Objekte bei den Pallenbergs zeichnete sich Böcklins Werk durch wunderschöne Werke aus. Als Begründer des Symbolismus des 19. Jahrhunderts machte Böcklins romantischer und partiell surrealistischer Ansatz ihn zu einem der bedeutendsten Protagonisten seiner Ära. Er beeinflusste zukünftige Künstler wie Dalí, Duchamp und Ernst. Wie viele andere, die sich durch Goethes Italienreise geradezu berauschen ließen, kehrte Böcklin seiner Heimat den Rücken zu und zog nach Rom. Dort nutzte er die reichhaltigen und lebendigen künstlerischen Texturen, die das Land bot, als kreative Muse für seine Arbeit. Böcklins Umzug in den Süden etablierte eine gesamteuropäische Tendenz, der andere in der Familienlinie folgen sollten. Auch Angela ließ sich in Rom nieder – was wie eine Art Initiationsritual anmutete –, wo sie Franz begegnete.

Aus der Ehe von Franz und Angela gingen die vier Söhne Franzino, Arnold „Arnoldo“ [bisweilen auch Arnaldo], Corrado und Roberto hervor. In Anbetracht der Familiengeschichten beider Linien wurde allgemein angenommen, dass sich eins der Kinder der Tradition nach in den kreativen Gefilden ausleben würde. Der 1903 geborene Arnoldo war einer der Pallenbergs, der den Traum eines Lebens in der Kunst verwirklichen wollte. Allerdings sah er sich gezwungen – bedenkt man das stetig schwindende Erbe –, seine Leidenschaft hintenanzustellen und sich einen finanziell nachhaltigeren Beruf zu suchen, woraufhin er eine Anstellung bei einem Reiseveranstalter annahm.

Im Alter von 21 Jahren beantragte Arnoldo, aufgrund der Elternschaft ein Deutscher, die italienische Staatsbürgerschaft. Später traf und ehelichte er Paula Wiederhold, eine Deutsche, die sich in den Zwanzigerjahren in Rom niedergelassen hatte und dort in der Botschaft ihres Heimatlandes arbeitete. Sie brachte das erste Kind Gabriella zur Welt, doch das Familienidyll wurde schon bald gestört, da man Arnoldo vor dem Hintergrund eines drohenden Krieges zum Wehrdienst einzog.

Während der Krieg wütete, wurde Paula ein zweites Mal schwanger. Laut Anita hofften ihre Eltern, mit einem Jungen gesegnet zu werden, doch entgegen aller Prognosen wurde am 6. April 1942 Anita geboren. Es war 6.44 Uhr an diesem Freitag, kurz vor Sonnenaufgang, und das Wetter versprach einen typisch italienischen Frühlingsmorgen mit ganztägigen Temperaturen von etwas über 20 Grad.

Allerdings wurde ein harmonisches Familienleben durch den ständig präsenten Krieg in Europa zunichtegemacht. Arnoldo, der jegliche Form von Gewalt verabscheute, hatte man als Koch bei den italienischen Streitkräften verpflichtet und in den Norden des Landes versetzt. Paula und ihre Töchter mussten in dem vom Krieg verwüsteten Rom eine stürmische und unsichere Zeit überstehen. Während der Bombardements der Stadt erfuhr sie von der letzten Möglichkeit, Rom auf einem Lastwagen zu entfliehen, die sie natürlich ergriff. Durch den vernichtenden Bombenhagel suchte sie Zuflucht in den ländlichen Regionen Italiens.

Anita erinnerte sich später: „Wir fuhren durch die brennenden Städte. Meine Mutter muss wahnsinnig gewesen sein, doch sie versuchte nur, uns so weit wie möglich von den Nazis wegzubringen."

Anita spürte in so einem jungen Alter die Traumata, die Europa verfinsterten, und die Schwingungen eines Krieges mit einer solchen Wucht, dass sie später berichtete, ihre frühste Kindheit in einem permanenten Schockzustand verbracht zu haben.

Das Kriegsende 1945 erlaubte eine größere Bewegungsfreiheit, sodass die Familie problemlos in die italienische Hauptstadt zurückkehren konnte. Die Pallenbergs wohnten in der Villa von Arnoldos Vater in der Via Nomentana 315 und durften sich wieder über ein sicheres Zuhause freuen – wenn auch ein überfülltes, denn in dem opulenten Anwesen drängelten sich nun Tanten, Onkel und Cousins, die aus allen Teilen Europas geflüchtet waren.

Mit nur wenig zur Verfügung stehenden finanziellen Mitteln, die kaum ausreichten, um die Villa überhaupt zu beheizen, sah sich Arnoldo gezwungen – wie auch der Rest der Familie –, Tag und Nacht zu arbeiten, um die laufenden Kosten für das Gebäude bestreiten zu können. Dennoch breitete sich in der Gemeinschaft mit den zahlreichen Verwandten in der römischen „Basis“ der Pallenbergs eine warmherzige Stimmung aus, auch wenn es dort meist überfüllt war. Trotz der verschiedenen Sprachen im Haus und auf den Straßen bestanden Anitas Eltern darauf, dass ihre Tochter Deutsch lernen solle, eine Weisung, der sie sich für eine lange Zeit widersetzte, da sie sich zuallererst als Bürgerin Roms sah.

Irgendwann – in einer der ständig wechselnden Launen Heranwachsender – gab Anita bekannt, sie wolle katholische Priesterin werden: „Ich liebte diese weißen Kommunionkleider“, erzählte sie gegenüber der *Daily Mail* 1994. „Das Beichten und all die anderen Rituale. Das alles strahlte Verführung und das Rätselhafte aus. Ich mag das Verbotene.“

Die Musik stellte schon von Beginn an eine Konstante im Haus der Pallenbergs dar. Anita und ihre Schwester Gabriella erinnerten sich, dass ihr Vater bei jeder sich bietenden Möglichkeit Klavier spielte. Schnell entwickelte sich die Familientradition, dass Arnoldo jeden Freitag als Gastgeber Kammerkonzerte in seinem Haus veranstaltete.

Wie vorhersehbar, begann die lebendige und kreative Atmosphäre Anita zu beeinflussen.

„Mein Vater war ein sehr guter Pianist", erinnerte sich Anita im Magazin *Marie Claire* 2002. „Ich wuchs in Rom in einer von der klassischen Musik geprägten Atmosphäre auf und spielte auch Cello. Wir besaßen weder einen Fernseher noch ein Radio. Die von uns gespielte Musik war die einzige Zufluchtsmöglichkeit, die einzige Ablenkung."

Mit der Musik im Hintergrund war Anitas Kindheit im Nachkriegs-Italien so idyllisch wie möglich. Während sie auf den Straßen der Stadt spielte, vermittelten ihr die Bürger Roms ein Gefühl der Freiheit, doch ihr lutherischer Vater bestand darauf, dass seine Tochter eine bilinguale Schule besuchen sollte. Daraufhin schickte man sie auf die *Scuola Svizzera di Roma* (die Schweizer Schule in Rom). Gegründet 1946, war das Institut bekannt für seinen einzigartigen Bildungsansatz, doch Anita war kaum daran interessiert, sich den Konformitäten des Lehrplans oder der Schulstruktur anzupassen. Sie schwänzte regelmäßig den Unterricht und durchstreifte die Ruinen der historischen Gebäude Roms oder hing mit einem Kreis von Freunden irgendwo im Wirrwarr der Straßen ab.

In ihrer Jugend sah Anita in einem Restaurant zufällig Dado Ruspoli, den „Prinzen des Hedonismus", einen Playboy, dessen berühmt-berüchtigtes Leben ein zündender Funke für Fellinis *La Dolce Vita* wurde. Anitas flüchtiger Eindruck sollte auch später noch Bestand haben. „Er benahm sich sonderbar", erinnerte sie sich an die kurze Begegnung mit dem gekünstelt gelangweilt wirkenden Ruspoli. „Später fand ich den Grund dafür heraus."

Als ihre frühen Interessen gab Anita Archäologie und Anthropologie an. Die Museen der Stadt waren für sie weitaus attraktiver als die Klassenzimmer. Doch schon bald wurden ihre Interessen wie von einem instinktiven Verlangen in andere Bahnen gelenkt. Ihre Neigung, sich mit eher zwielichtigen Elementen zu umgeben, erfüllte ihre Eltern mit Besorgnis. Sie brachten Anita für ihre weitere schulische Ausbildung von Italien nach Deutschland, in das exklusive Internat „Landheim Schondorf" am Ufer des Ammersees in Bayern. Zu den

Schwerpunkten des Lehrplans gehörten auch landeskundliche Themen, was Anitas Eltern nur recht war, die wollten, dass die Tochter ihr deutsches Erbe zu würdigen wusste und ihre Sprachkenntnisse vertiefte.

Doch das Leben im Landheim Schondorf – dort herrschte mit 180 Jungen und nur 20 Mädchen ein starkes Ungleichgewicht zwischen den Geschlechtern – übte kaum einen Einfluss auf Anita aus. Sie beschrieb es später als „dekadent" und erinnerte sich daran, dass viele Mitschüler stramme Nazis als Eltern hatten.

Dennoch konnte sie einige Jahre in dem Internat glänzen und erhielt außergewöhnlich gute Noten in naturwissenschaftlichen Fächern, in Latein und Töpfern. Im Landheim Schondorf zeigte sich auch Anitas Interesse an den Arbeiten von Franz Kafka, dem deutschsprachigen Autor, dessen Themen wie das der Isolation bei ihr einen hohen Grad an Skepsis gegenüber Autoritäten anregten. Auch zeigte sie beeindruckende linguistische Fähigkeiten und beherrschte im Alter von nur 15 Jahren vier Sprachen fließend. Dieses außergewöhnliche mehrsprachige Können verblüffte ihren Vater, der sie ermutigte, die Laufbahn einer Sekretärin einzuschlagen. Allerdings war es damals schon mehr als offensichtlich, dass das Schicksal für Anita nie ein Leben hinter einem Schreibtisch bereithielt. Neben dem Segeln auf dem Ammersee und den gelegentlichen von der Schule veranstalteten Skifreizeiten gab es andere Ablenkungen vom Alltag wie Rauchen, Trinken und nicht zu vergessen die verführerische Nähe zu München. Anita entschuldigte sich regelmäßig beim Landheim Schondorf, verließ das Grundstück und fuhr die 50 Kilometer per Anhalter zur Stadt, um sich von der raueren Energie packen zu lassen.

Ihr freigeistiges Verhalten und der Hang zur „Wanderlust" stellten die Reglementierungen des Landheims Schondorf auf eine schwere Bewährungsprobe. Da sie oftmals abwesend war und nicht sonderlich daran interessiert schien, sich dem Lehrplan unterzuordnen, riss der Internatsleitung der Geduldsfaden und Anita wurde von dem Internat verwiesen – nur sechs Monate vor ihrem Abitur.

Nach der vorzeitigen Entlassung zeigte sie weiterhin Präsenz in München. Den Unterricht habe sie abgebrochen, „um [für eine gewisse Zeit] ein wenig Geld zu verdienen“. Sie fand besonderes Gefallen in dem damals eher links orientierten Schwabing, einer Gegend reich an Bars und Clubs, in denen sich größtenteils bohemienhafte Cliquen herumtrieben. Ohne einen zur Universität qualifizierenden Schulabschluss wurde Anita an einer Kunstschule in der Stadt angenommen. Dort hatte sie ihr erstes sexuelles Erlebnis, obwohl eher unwillkommen. Es sollte eine ihr weiteres Leben bestimmende Episode bleiben. Ein anderer Student hatte einige ihrer Kunstbücher einem Freund geliehen. Nachdem Anita die Bücher bei dem ebenfalls in der Stadt lebenden Unbekannten aufgestöbert hatte, versuchte dieser, sich ihr mit Gewalt zu nähern.

Diese grenzüberschreitende Erfahrung veränderte Anitas Verhalten für eine gewisse Zeit, in der sie die intime Freundschaft zu jungen Frauen vorzog. „Ich ging mit Frauen“, erzählte sie später. „Ich war total gegen Männer, fand sie so widerlich und ignorierte sie einfach.“

Nach dem abgeschlossenen Kunstkurs folgte eine kurze Zeit, in der Anita ziellos durch Europa trampte, bis sie im Sommer 1959 nach Rom zurückkehrte. Sie strebte hoffnungsvoll eine künstlerische Laufbahn an und erhielt auch tatsächlich ein Stipendium für die angesehene Accademia di Belle Arti di Roma, wo sie Grafik und Design sowie Bildrestauration zu studieren begann.

Damit stand ihr der Weg zu einer existenzsichernden Ausbildung offen, aber sie erreichte keinen Abschluss ihrer Studiengänge. Wie früher schon, fand sie es weitaus spannender, mit einer Meute cooler Italiener abzuhängen. Die Hauptstadt schien sich im Sommer 1959 wie ein Karussell der Abenteuer und der Lebenslust zu drehen. Diese Lebensfreude und das süße Leben Italiens wurden von Frederico Fellini mit dem Dreh von *La Dolce Vita* eingefangen. Da die Filmaufnahmen an über 80 Plätzen in Rom stattfanden, gelang es Anita, die Bekanntschaft des Regisseurs zu machen und noch weitere Persönlichkeiten der Filmbranche wie Pier Paolo Pasolini und Luchino Visconti kennenzulernen. Ihre ständige Präsenz am Filmset führte dazu, dass die Crew sie während der Aufnahmen als eine Art Maskottchen adoptierte. Wegen ihres Geschmacks für das Seltene und Exotische beschrieb man Anita bald als eine *Pariolina*, eine distanzierte und eher kühle, aber dennoch moderne Bewohnerin Roms. Chic und deutlich erkennbar in den angesagten Bars und Cafés der Hauptstadt, erwarb sich die 17-Jährige mit der Bubikopffrisur einen gewissen Bekanntheitsgrad in der Hauptstadt.

„Ich ging in der ‚Dolce vita'-Stimmung der Stadt auf", berichtete sie 2002. „Ich erinnere mich an Nico und Donyale Luna – das erste schwarze Model –, die durch die Straßen Roms schlenderten."

Während dieser frühen Jahre in Rom stellte die unter dem Namen Christa Päffgen geborene Nico für Anita eine außergewöhnliche Reflexionsebene dar. Blond, in Deutschland geboren, mehrsprachig und mit Interessen, die sich zwischen dem Leben eines Models und dem Film bewegten, belebte sie mit ihrer beeindruckenden „andersweltigen" Ausstrahlung eine Umgebung, in der Schönheit und Talente ohnehin schon reichlich vorhanden waren. Die einige Jahre ältere Nico warf auf gespenstische Weise einen Schatten auf Anitas Leben in den folgenden Jahren.

Dem prägenden Einfluss des Rock'n'Roll in der damaligen Zeit konnte sich auch Anita nicht entziehen. Wie viele andere Jugendliche rund um den Globus wurde sie von den wilden Sounds gepackt, die aus jedem Club, jeder Bar und jedem Transistorradio dröhnten. „Als Teenager entdeckte ich den Rock'n'Roll", berichtete sie im *Mojo* 2003. Auf die Frage nach der ersten selbst gekauften Platte antwortete sie: „Das war ein Fats-Domino-Album – *Blueberry Hill*. Er war jemand, auf den ich abfuhr. Es ging darum, gegen die klassische Musik zu rebellieren, mit der ich zu Hause aufwuchs."

Trotz der aufregenden Freizeitmöglichkeiten, die Rom zu bieten hatte, tauchte Anita sporadisch überall in Europa auf. Unterkunft fand sie, indem sie die Familienkontakte in Deutschland, Spanien und Frankreich nutzte. Beim Besuch einer Tante im August 1961 wurde sie Zeugin des Mauerbaus in Berlin. Im darauffolgenden Jahr – während eines Verwandtschaftsbesuchs in Hamburg – machte sie einen Streifzug durch den schmuddeligen Reeperbahn-Bezirk. Sie bummelte über die Große Freiheit, besuchte den Star-Club und hörte sich eine unbekannte Band aus Liverpool an. Trotz ihres Hangs zum Rock'n'Roll fand Anita die „grundschülerhafte" Uniformität der Beatles wenig beeindruckend und war ganz und gar nicht begeistert von der Band.

In Rom wurde Anita stets aufs Herzlichste willkommen geheißen, und so gelang es ihr immer mühelos, sich wieder in die dortige Szene einzufügen. Die Stadt war dafür bekannt, Künstler jeglicher Couleur anzuziehen, und die aufstrebenden neuen Gruppierungen begannen immer mehr Aufmerksamkeit auf sich zu ziehen. Zwar dominierte noch die traditionelle Kunst, doch es gab auch eine nennenswerte progressive Bewegung – Teil der sogenannten zweiten Welle, die man auch als „Scuola Romana" bezeichnete –, deren Vertreter sich als Affront gegen die Accademia di Belle Arti verstanden und sich mit großer Freude entsprechend darstellten.

Die Abtrünnigen trafen sich an bestimmten Versammlungsorten wie Bars und Kaffeehäusern, besonders im Caffè Rosati und auf der Piazza del Popolo. Da Anita keinen konkreten Lebensentwurf hatte, hing sie gerne mit der künstlerischen Avantgarde der Stadt ab und ließ sich von den radikalen Ansichten beeinflussen, die inmitten von Kaffee, Wein und Tabakrauch die Runde machten. Diese eng verschworene Gemeinschaft von Schriftstellern und Künstlern war so exklusiv und mit sicherem Instinkt verbunden, dass sie sogar einen Spitznamen für ihren Clan prägte – „I Panteri di Piazza del Popolo" – („Die Panther der Piazza del Popolo").

„Das Caffè Rosati wurde von – ich würde es die Spitze der Avantgarde nennen – besucht", reflektierte Anita 2017. „Dort trafen sich Dichter wie Sandrino Perinna (sic), Maler wie Turcato und Guttuso und Schriftsteller wie Moravia. In dieser Zeit sah man nur wenige Schauspieler oder Regisseure wie Fellini und Antonioni. Die Gruppe war nicht groß, vielleicht 30 oder 40 Personen, während der Rest der Welt das machte, was er heute immer noch macht. Uns zeichnete eine besondere Intensität aus, das Verlangen, alles zu durchdringen und unser Leben in die eigene Hand zu nehmen. Wir waren sehr kreativ, sehr positiv, enthusiastisch und überhaupt nicht ängstlich, wir waren die Erforscher und lebten einen abenteuerlustigen Geist aus."

Mit seinem Ruf, Europas glamouröseste Stadt zu sein, zog Rom Magazine und Journale an, die Reflexionen des femininen Glanzes an ikonischen Locations einfangen wollten. Einige hochkarätige Modemagazine gaben kostspielige luxuriöse Foto-Shootings an bekannten Orten in Auftrag (wobei sie die Crème de la Crème der Models buchten), während andere auf den Straßen die zufällig vorbeiziehenden Schönheiten vorzogen.

Der *Playboy* gehörte zu den Magazinen, die ihre Leser mit Roms verführerischem Reiz in ihren Bann ziehen wollten. Bedenkt man, dass „Dolce Vita" ein Schlagwort für sonnenverwöhnte Lebenslust geworden war, wird klar, dass ein ausführlicher Bericht auf mehreren Farbseiten als eindeutiger Kaufanreiz gesehen wurde. In der Februarausgabe 1962 erschien der Artikel „Die Mädchen von Rom (ein Lorbeerkranz für die wunderschönen Signoras der ewigen Stadt)". Der farbenfrohe Bericht präsentierte neun – erstaunlicherweise sittsam bedeckte – weibliche Persönlichkeiten der Stadt. In dem Mix aus Models, Schauspielerinnen und Persönlichkeiten des öffentlichen Lebens war Anita Pallenberg ebenso vertreten wie einige Stars.

Anita wurde außerhalb des Caffè Rosati aufgenommen, während sie „einen Espresso in einem Straßencafé trank", doch die Einstellung vermochte nicht ihre enorme Präsenz einzufangen. Sie trug ein Kopftuch und hielt eine Zigarette in einer Hand. Anita gab sich entrückt und unbestimmt, ein Image, das ausdrückte, dass sie mit nur 19 Jahren ihre Umgebung mühelos kontrollierte. Obwohl es noch zwei Jahre dauerte, bis ihr einzigartiges Charisma erneut mit der Fotokamera erkundet wurde, schien ihr Potenzial – egal, welche Richtung sie einschlagen sollte – grenzenlos zu sein.

In ihrem Alter und bei ihrer Energie ergaben sich zu dieser Zeit zahlreiche Beziehungen, die aber typischerweise von flüchtiger Natur waren und lediglich einen Übergang darstellten. Eine kurze Liaison mit dem bekannten Fotografen Gianni Penati sollte ihren Status erhöhen. Als seine Geliebte und Begleiterin unternahm sie mehrere Überseereisen. Im Lauf des Jahres 1963 traf sie jedoch auf eine Persönlichkeit, die den wohl nachhaltigsten Eindruck in ihrem bisherigen Leben hinterlassen sollte.

Mit 29 war Mario Schifano gute acht Jahre älter als Anita, doch das Alter spielte bei einer Gemeinschaft niemals eine Rolle, bei der Talent und Einstellung zählten. Obwohl sich Schifano unter supercoolen Leuten wiederfand, war er mehr als nur ein Gesicht in der Menge. Der Künstler, der Kollagen anfertigte, malte, Filme machte und gelegentlich auch Musik, stellte die lebende Verkörperung der Grundhaltung der europäischen Postmoderne dar.

1934 in der libyschen Stadt Al-Chums geboren, entfloh Mario den Konventionen schon in einem jungen Alter bei jeder sich bietenden Möglichkeit. Nach dem Umzug nach Rom zeigte er, ähnlich wie Anita, ein eher beiläufiges Interesse an der Schulausbildung und verbrachte mehr Zeit mit seinem Vater, dem er bei der Keramikrestauration im Etruskischen Nationalmuseum assistierte. Später studierte er Bildrestauration und begann gleichzeitig mit der Kreation eigener Werke. Wagemutig, einfallsreich und provokant präsentierte Schifano eine aufsehenerregende Reihe von gelben Monochrom-Arbeiten. Die zuerst 1959 in der Appia Antica Gallery ausgestellte Sammlung wurde weithin beachtet. Obwohl er einen großzügigen, warmherzigen Charakter hatte, war Schifano völlig auf seine Karriere fixiert, wobei er sich kaum Zeit nahm, um sich mit Kritik oder Ratschlägen auseinanderzusetzen.

Zuerst lag seine künstlerische Daseinsberechtigung vornehmlich darin, sich provozierend dem Einfluss der steifen römischen Kunstakademie entgegenzustellen, doch dann verbreitete sich der Ruf seines außergewöhnlichen Talents in ganz Europa. Mit zunehmendem Selbstvertrauen nahm Schifanos multimedialer Kunstansatz einen größeren Raum in der Öffentlichkeit ein. Er interessierte sich besonders für die urbane Werbung und die Funktionalität von Straßenschildern und etablierte später einen seltenen europäischen Pop-Art-Ansatz.

Marios gutes Aussehen und sein geschmackvoller Kleidungsstil wurden von einer eher zurückhaltenden Präsenz unterstrichen, die seine Anziehungskraft zusätzlich erhöhte. Anita hatte bereits die Bekanntschaft der meisten Kunstkenner Italiens gemacht, doch Schifano begegnete sie erst 1963. Beide hatten an der Akademie studiert, doch trafen sich erstmalig außerhalb des „freigeistigen" Caffè Rosati.

Anita erinnerte sich 2017: „Ein faszinierender Mann. Sehr schüchtern, mit einem Hauch des Unverschämten, doch allgemein ein sanftmütiger Charakter. Er trug immer ausgesuchte Kleidung, Hemden von den Brooks Brothers und seine Jacketts ließ er von Osvaldo Testa anfertigen, einem Halb-Amerikaner. Clarks-Desert-Boots, khakifarbene Hosen und sehr schmale Krawatten gehörten auch zu seinem Modestil. Schifano sah wie ein sensibler Mensch aus, hatte ein sehr zartes Gesicht, sehr süße Augen und ein beinahe kindliches Lächeln."

Ihre Welten verschmolzen in vielerlei Hinsicht, wodurch eine feste Beziehung entstand, die Anita veranlasste, in Schifanos Apartment einzuziehen. Fotos des Pärchens aus dieser Zeit zeigen eine warmherzige Symbiose – Anita wirkte völlig vernarrt und Mario mehr als zufrieden, solch eine attraktive Geliebte an seiner Seite zu wissen. Gemäß seiner Lebensmaxime ermutigte er Anita, ihr Schicksal in die eigene Hand zu nehmen, wurde ihr Mentor und half ihr dabei, ihre „Menagerie" aus Träumen und Ambitionen zu verwirklichen. Durch ihre Lebenseinstellung zogen die beiden gemeinsame Freunde an.

Schifanos Kontaktliste erstreckte sich weit über die Grenzen Italiens, und er stellte Anita dem Kunsthändler Robert Fraser vor, einem in der Welt herumtingelnden Geschäftsmann, dessen Mobilität in der Kunstszene die der meisten zeitgenössischen Londoner bei Weitem überstieg. Der stolze, intuitive und in sexueller Hinsicht abenteuerlustige Eton-Abgänger und ehemalige Army-Angehörige hatte die von seiner Klasse diktierte Erwartungshaltung schon weit hinter sich gelassen. Seine Ablehnung der Konventionen grenzte schon an Abscheu, woraufhin er sich genüsslich in der Welt des Bizarren und Verbotenen herumtrieb. Dieser ungewöhnliche Charakterzug wurde später als „Gourmet-Promiskuität" beschrieben.

Die Armee konnte Frasers Lust auf das Kuriose und Exotische keineswegs befriedigen (er beschrieb diese Lebensphase als „13 Monate quälender Langeweile"), doch ein Geschenk seiner Mutter von über 10.000 Pfund ermöglichte es ihm, sich der Kunstwelt zu nähern. Er versuchte sein Glück mit einigen New Yorker Galerien und führte Beziehungen mit Ellsworth Kelly und Jim Dine. Fraser legte mehr als einen Finger auf den Puls der Zeit. Während einer seiner regelmäßigen Europareisen erfuhr er von Mario Schifanos aufgehendem Stern und erhob den Künstler in seinen Freundeskreis. Da sich Mario von Frasers Blick für das Schräge und Ungewöhnliche beeindruckt zeigte, entstand schnell eine tiefe Verbundenheit. Daher überrascht es auch nicht, dass Anita bald in Frasers Zirkel auftauchte.

„Ich lernte Robert durch Mario kennen", erinnerte sich Pallenberg 1999 gegenüber der Autorin Harriet Vyner. „Er sprach ständig über die Künstler der Pop-Art. In Rom gab es einige Galerien, und Mario meinte scherzhaft, dass Robert der Einzige war, der dorthin ging und sich die Bilder ansah."

1962 eröffnete Fraser eine Galerie an der Duke Street 69 in London, die seinen eigenen Namen trug. Innerhalb des verstaubten und traditionalistischen Mayfair war sie eine sprichwörtliche „Landmine" und entwickelte sich zu einer Art Leitstern für das Schräge, Außergewöhnliche und Ungewöhnliche. Schon nach kurzer Zeit stellten dort unter anderen Richard Hamilton, Bridget Riley, Peter Blake und Eduardo Paolozzi regelmäßig aus, während ein begehrter Abschnitt der Räumlichkeiten den Ikonen aus Übersee vorbehalten blieb wie zum Beispiel Andy Warhol und Jean Dubuffet.

Von Fraser eingeladen, ihn auf heimischem Terrain zu besuchen, nahm Mario Anita mit in die Metropole, noch bevor sie sich in das „Swinging London" verwandelte. Wie sich Anita später erinnerte, begann die Pilgerreise in Frazers Welt mit einer Mahlzeit in dem protzigen französischen Restaurant Chez Victor im Londoner Westend. Bei diesem frühen Gipfeltreffen aufeinanderprallender Kreise waren einige Persönlichkeiten anwesend, die Eingang in Anitas sich ständig füllendes Notizbuch fanden: der Designer und ihr zukünftiger Model-

Agent Christopher Gibbs und der Aristokrat Mark Palmer. Frasers Modegeschmack war so wundersam wie seine Kunstauffassung. Anita erzählte, dass er bei dem Treffen einen aquamarinfarbenen Anzug trug, der den Anwesenden die Tränen in die Augen trieb.

Durch die Bekanntschaft mit Gibbs und Fraser hingen Mario und Anita mit Londons aufblühender, cooler Aristokratie ab. Sie verbrachten ihre Zeit im Haus von Lord Harlech (David Ormsby-Gore) im Stadtteil Chelsea, wo sie seinen Kindern Jane, Julian sowie Victoria Ormsby-Gore begegneten. Die Teenager tauschten während des erstes Aufkommens der Beatlemania mit den Gästen Informationen über die neuen Bands aus, die Europa eroberten.

Trotz des stetig ansteigenden Erfolgs auf dem Kontinent träumte Mario davon, auch in New York Fuß zu fassen, denn 1963 war die Stadt das Epizentrum der modernsten Kunst und meilenweit von den erstickenden Beschränkungen Roms entfernt.

Ein Jahr zuvor waren Schifanos Arbeiten Teil der „New Realists"-Ausstellung in der Sidney Janis Gallery in New York gewesen. Zwei seiner Bilder hingen neben Werken von Andy Warhol, Roy Lichtenstein, Claes Oldenburg und Jim Dine. Schifanos gefühlsbetonte Präsentation schlug bei der gefeierten Zusammenkunft hohe Wellen, woraufhin ein Kritiker schrieb, dass der Italiener „die Party im Sturm genommen hat". Da sein Name nun im Big Apple die Runde machte, war die Anziehungskraft New Yorks für ihn überaus stark.

„Er redete ständig von Rauschenberg und Jasper Johns", beschrieb Anita den überwältigenden Einfluss, den die beiden Künstler auf Mario hatten. „Amerika war wie ein Traum, eine andere Welt. Eines Tages sagte ich zu ihm: ‚Ich habe einen Cousin, der in New York lebt, und auch einen Onkel, dem ein Reisebüro gehört.' Er verschaffte uns Karten, die wir nicht sofort bezahlen mussten, und wir entschieden uns, [Rom] zu verlassen. Wir hatten das Gefühl, es sei der richtige Moment."

Die beiden reisten Anfang Dezember 1963 ab. Sie hatten die Tickets nur wenige Tage nach dem Attentat auf Präsident Kennedy reserviert. Bevor sie Rom verließen – die Nachricht ihres Neubeginns wurde in der Künstlergemeinschaft der Stadt heiß gehandelt –, wurden sie von einem lokalen Bildhauer angesprochen, der sie bat, einem seiner amerikanischen Freunde ein Päckchen zu übergeben. Der Empfänger war der New Yorker Mafiaboss Vito „Don Vitone" Genovese.

Als sie Neapel zur Überseefahrt mit dem Transatlantikschiff *Christoforo Colombo* erreichten, stellten die beiden fest, dass sie dank der Beziehungen von Anitas „Reisebüro-Onkel" in einer besseren Klasse reisten. Pallenberg erzählte, dass ihr bei der Überfahrt die Kluft zwischen den Klassen deutlich aufgefallen war, da die Ärmeren und Auswanderer in den Kabinen unter Deck hausten, wohingegen die gut betuchten Reisenden eine erheblich luxuriösere Unterbringung genossen. Während der neuntägigen Reise nach New York musste das Schiff einige schreckliche Stürme überstehen. Einmal wurde es so schlimm, dass man die Möbel am Boden festnagelte. Weder Anita noch Mario wurden seekrank, und wenn es das Wetter erlaubte, genoss das Paar die atemberaubende Aussicht. Als leidenschaftlicher Fotograf dokumentierte Schifano das Leben an Bord der *Christoforo Colombo*, und wie sein Portfolio der Überfahrt beweist, gestattete er auch anderen Reisenden, mit seiner Kamera Fotos von dem glücklichen Paar zu machen. Auf seinem und Anitas Gesicht war deutlich die Vorfreude zu erkennen, während sie sich New York näherten.

Wie abgesprochen, trafen die beiden am Dock von Ellis Island Vito Genovese in einem schwarzen Taxi, der die beiden – nachdem das Päckchen sicher übergeben worden war – durch die Stadt zu Anitas Cousin brachte, wo sie sich erst mal ausruhten. Unmittelbar nach Kennedys Tod schien die ganze Stadt mit einem traurig-dunklen Farbton eingefärbt zu sein.

„Ich werde niemals vergessen, wie wir New York erreichten", erinnerte sich Anita 2017. „Auf der 42nd Street sah ich all die Anzeigetafeln und Plakate mit einem schwarzen Rahmen. Als Hinweis auf Kennedys Tod hatte man auch zahlreiche Plakate mit Schwarz übertüncht."

Auch wenn sie in einer Stadt ankamen, die in einen Nebel des Trauerns eingehüllt war, zeigte sich deutlich das Gefühl der Befreiung aus den italienischen Gegebenheiten. Schifano schrieb einem Freund: „Ich fühle mich großartig, so weit von dem wählerischen, nutzlosen Rom entfernt zu sein."

Nach der Ankunft bei Anitas Cousin versuchte sich das Paar so gut wie möglich einzuleben. Sie wohnten in einem der wohlhabenderen Bezirke der Stadt, denn Anitas Cousin hatte eine leitende Position bei dem einflussreichen Nachrichtenmagazin *Newsweek* inne. In dem Haus wohnte auch Anitas Onkel, der die eher liberalen Ansichten der Gäste überhaupt nicht teilte. Schnell stellte sich eine gegenseitige Antipathie heraus. Anita erinnerte sich 2017: „Wir machten in der weißen amerikanischen Umgebung eine schlimme Zeit durch. Mario stritt sich ständig mit meinem Onkel. Er war ein weißer Mann, der sich von der Überlegenheit seiner Rasse überzeugt zeigte und überhaupt nicht fortschrittlich dachte."

Bei dem Versuch, seinen Traum zu verwirklichen, hatte Schifano große Probleme, sich in die Künstlerkreise der Stadt zu integrieren. Anita beschrieb einige der Charaktere als „verdammt eklige Typen, zynisch und snobistisch … [Sie] dachten, die Italiener wären auf keinem hohen Niveau, und wollten weiterhin nur mit den eigenen Künstlern Geld verdienen."

Der Dichter und Warhol-Mitarbeiter Gerard Malanga erinnert sich. „Da war der gut aussehende junge Typ aus Italien – ein äußerst charmanter Mensch und höchst talentiert. Und er kam in die New Yorker Szene in der Erwartung, dass man ihn willkommen hieß. Doch leider verfügte er über keine hilfreichen Kontakte in der Stadt."

Mario und Anita bauten dann aber eine enge Beziehung zu dem in New York lebenden Dichter Frank O'Hara auf. Der eher sachliche O'Hara besaß ein klar umrissenes Talent und verbrachte seine Zeit teils als Autor und teils als assistierender Kurator am Museum of Modern Art. Ungeachtet seiner starken Verbindungen zu den in der Stadt schöpferisch tätigen Künstlern beeindruckte ihn Schifanos Status als Außenseiter, was ihn eine starke Seelenverwandtschaft spüren ließ, und so lud der Dichter Mario und Anita in seinen Zirkel ein.

O'Hara wusste über die missliche Wohnsituation der beiden bei Anitas Verwandten und verhalf ihnen zu einer Loftwohnung in einem im Herzen von Greenwich Village gelegenen Wohnblock, der ihm gehörte. Die Räume in der Broadway Avenue 791 waren ausladend und so angenehm, dass alle Bedürfnisse der beiden erfüllt wurden – und das für eine eher symbolische Miete. Im Parterre befand sich ein Orthopädiegeschäft, das Prothesen verkaufte, doch in den darüber liegenden vier Stockwerken beherbergten die Wohnungen schillernde Künstlergestalten, wobei O'Hara „der Dichter unter den Malern" war und die Rolle des netten Vermieters spielte. Während New Yorks kreative Lichtgestalten im Gebäude aus und ein gingen, richteten sich Mario und Anita in den Räumlichkeiten mit den hohen Decken ein. Fotos des Paars in ihrem Zuhause zeigen sie vor einem Müllhaufen aus den Resten von Marios Kollagen-Arbeiten posierend und belegen eine beinahe schon „erwachsene Glückseligkeit".

Mario gab sich alle Mühe, in der produktiven New Yorker Kunstszene Fuß zu fassen, wogegen sich Anita in einer eher praktischen Rolle wiederfand – vordergründig versuchte sie ihr Interesse an der Kunst weiterzuverfolgen, während sie als Schifanos Muse agierte. Darüber hinaus assistierte sie zum Beispiel dem multimedial ausgerichteten abstrakten Expressionisten Jasper Johns. „Ich machte nur seine Pinsel sauber", verriet sie Anthony Haden-Guest 1990. Doch schon damals hatte sie Größeres im Sinn. „Ich wollte nicht die ganzen Botengänge erledigen. Ich wollte entdeckt werden."

Auf der Suche nach Aufmerksamkeit musste Anita unweigerlich den Weg in die Welt der Mode einschlagen. Während man sie 1962 für den *Playboy* noch in Rom auf der Straße abgelichtet hatte, posierte sie vor Marios Linse lebendiger und offensiver. In der Nähe lebende Fotografen wollten Anitas Dienste auch in Anspruch nehmen. In der aggressiven und erbarmungslosen New Yorker Modewelt – Models kamen gelegentlich zu spät oder waren nicht verfügbar – wurde Anita oft gebeten, einzuspringen und vor die Kamera zu treten. Diese spontanen Einsätze legten den Samen für weitaus größere Projekte in der Zukunft. Anita engagierte Ende 1963 einen Agenten, woraufhin ihr Arbeitspensum zunahm und ihre neue berufliche Ausrichtung abgesichert war. Jerry Schatzberg gehörte zu den zahlreichen Celebrity-Knipsern, die ihre Kameralinsen während dieser prägenden Jahre auf Anita ausrichteten. Er engagierte sie für Aufnahmen in seinem Studio an der Park Avenue South.

„Sie gab sich sehr professionell“, erinnert sich Schatzberg heute. „Sie wusste, was sie tat – in jeder Hinsicht. Wenn sie zur Arbeit erschien, arbeitete sie auch. Sie war noch sehr jung, aber zugleich auch unabhängig. [Anita] wusste, was sie wollte und wie man das verwirklichte. Da gab es niemals irgendeinen Zweifel.“

Während Anita still und nahezu unbemerkt in die Modewelt eintauchte, gab ihr Partner sich immer noch alle Mühe, einen bleibenden Eindruck in der Szene zu hinterlassen, zu der er so dringend gehören wollte. Seine wichtigste Gönnerin in der Stadt war die bodenständige Galerieinhaberin Ileana Sonnabend, die sich schon bei der Ausstellung „New Realists“ 1962 für Marios Arbeiten eingesetzt hatte und auch bei einigen hochkarätigen Shows in Paris und Rom. Die dominante, äußerst fokussierte Frau scheuchte Mario und Anita durch einige der angesagten Locations von New York, um Schifanos Bekanntheitsgrad zu erhöhen.

Sonnabend fungierte auch als Puffer, indem sie ihrem Schützling einige snobistische Zudringlichkeiten vom Hals hielt. Privat hatten die beiden Neuankömmlinge nur ein kleines soziales Netzwerk; sie fanden aufrichtigere Freundschaften in der progressiv ausgerichteten Literatur-Community der Stadt.

Die auf Straßen und in Gassen zu findenden Beatniks passten eher zu Marios und Anitas gefühlsbetonten Persönlichkeiten. Durch Freunde wie Frank O’Hara und Gerard Malanga erlebte Anita die rauere Seite der Stadt. Die unsichere und unvorhersehbare Umgebung New Yorks stellte kein Hindernis für Anitas aufblühende Weltsicht dar. Das Five Spot Café wurde ihr und Marios am häufigsten besuchter Zufluchtsort. Erst kürzlich war das angesagte Lokal zum

2 St Mark's Place im East Village umgezogen. Bei ihren Besuchen im Club sah Anita Auftritte der Jazz-Legenden Charles Mingus und Thelonious Monk vor kleinem Publikum, während sie sich unter die kreativen Dichter Gregory Corso, Peter Orlovsky und Lawrence Ferlinghetti mischte. Weitere geistige Nahrung kam vom Schriftsteller Terry Southern – ein Zeitgenosse, der später viel dafür tat, Anitas vielfältige Talente bekannt zu machen.

Bei irgendeinem Anlass begegnete Anita dem Romanautor William Burroughs, woraus sich eine Beziehung entwickelte, die bis zu seinem Tod hielt. Bei einer anderen Gelegenheit traf sie Allen Ginsberg, den Hohepriester der progressiven Dichtkunst in Amerika. Seine Präsenz ließ üblicherweise bei allen Treffen die Gespräche verstummen, doch an diesem Abend unterhielt der Dichter die Anwesenden mit seiner „selbst geernteten" Sammlung von Schamhaaren, die er in einer Streichholzschachtel aufbewahrte.

Anita hatte ihre Teenager-Jahre zwar kaum hinter sich gelassen, doch ihre auf Empfang gestellte Antenne registrierte, dass sie Zeuge einer außergewöhnlichen Zeit wurde.

„Wir trafen all diese Menschen, die Stars wurden und nun die Kultur des 20. Jahrhunderts repräsentieren", berichtete sie 2017. „Ich spürte, dass ich mich an einem Ort befand, wo es wirklich abging. Es war wie ein Geschenk. Dadurch wurden wir zu einem Teil des Bildes, des Films, dieses besonderen Moments, der zur wichtigsten Erfahrung meines Lebens werden sollte."

Ein anderer Charakter, der einen transformativen Effekt auf nahezu jeden ausübte, dem er begegnete, war der außergewöhnliche Künstler Andy Warhol. Ende 1963, Warhol war damals 35 Jahre alt, befand sich sein Bildersturm gegen Amerikas Konsumgesellschaft auf dem Höhepunkt. Der aus seinem Apartment in Manhattan – genannt The Factory – heraus agierende Künstler setzte sich für die Kunst-Exzentriker und Bohemiens der Stadt ein und nannte sie seine „Superstars". Es war ein Überfluss an künstlerischem Können, das in einem Schmelztiegel brodelte. Warhol förderte diese kreativen Abweichler und setzte sie bei Happenings ein. Da sich Anita in ähnlichen Gefilden bewegte, war es geradezu unvermeidlich, dem Künstler zu irgendeinem Zeitpunkt über den Weg zu laufen.

„Die Begegnung war lustig, denn ich traf ihn in einer Telefonzelle", erinnerte sich Anita. „Ich war da gerade reingegangen, und er wartete draußen darauf, dass ich das Telefonhäuschen verließ. Ich schaute ihn mir gründlich an. Sein Gesicht wirkte pink, graue Haare und ein pinkes Gesicht. Er war ganz in Schwarz gekleidet und sagte kein Wort. Als wir uns dann unterhielten, meinte er nur: ‚Fantastisch, fabelhaft'".

Gerard Malanga, eine Persönlichkeit, die später von der *New York Times* als „Warhols wichtigster Mitarbeiter" beschrieben wurde, erinnert sich an seine erste Begegnung mit Anita und Mario bei einer Cocktail-Party. „Da standen diese beiden jungen Menschen, chic angezogen. Ich habe vergessen, wer uns einander vorstellte, doch wir führten schnell ein sehr nettes Gespräch. Das Paar beeindruckte mich sehr. Anita hatte ein klassisch schönes Aussehen und einen höchst ambitionierten Geist."

Nach der eher schrägen, flüchtigen Begegnung war Anita des Öfteren bei den Aufführungen von Warhols Underground-Filmen dabei, die von der gleichermaßen progressiv ausgerichteten New American Cinema Group präsentiert wurden. Die meist nicht lizenzierten Veranstaltungen im Five Spot Café waren lebendig schillernde Leuchtfeuer für die, die New Yorks alternative Kunstszene durchstreiften. Bei Titeln wie *Blow Job*, *Eat* und *Haircut*, die natürlich den Rahmen des von der Zensur Erlaubten bei Weitem überschritten, erschien die Polizei oftmals ohne Vorankündigung, um die Vorführungen abzubrechen. Anita, die nicht nur geistig sehr beweglich war, zog sich vor diesen Veranstaltungen sicherheitshalber Tennisschuhe an für den Fall, dass sie eine schnelle Flucht antreten musste.

Eine bedeutende Künstlergemeinschaft in dieser Welt der tausend Träume und Ideen stellte das Living Theatre dar. Als auf Provokation ausgelegte Schauspieltruppe war das Agitprop-Kollektiv dem Trend um Lichtjahre voraus, was das Verschieben der Grenzen und die Überwindung der Beschränkungen des konzeptuellen Theaters anbelangte. The Living Theatre war 1947 von der Schauspielerin Judith Malina und dem Maler/Dichter Julian Beck in England gegründet worden. Sie hatten ihre wahre Freude daran, experimentelle und selten gesehene Stücke aufzuführen, und ließen sich von den esoterischen Gefilden beeinflussen wie auch von aufstrebenden Dichtern und Schriftstellern, die ihre Arbeiten visualisieren wollten.

Nach den zahlreichen Zusammenstößen mit den städtischen Behörden, durch die seine Arbeit auch einen Affront für die traditionelle Theatergemeinschaft New Yorks darstellte, half das Living Theatre dabei, die sogenannte Off-Off-Broadway-Bewegung zu popularisieren, da seine radikalen Produktionen in Opposition zur überbordenden Kommerzialität des Mainstream-Theaters standen. Die der Gruppe zugrunde liegende Ethik basierte auf einer Sammlung von Essays des französischen Dramatikers Antonin Artaud, die er 1938 publizierte. Das Credo des mit *Das Theater und sein Double* betitelten Buchs forderte den Theaterbesucher in seiner passiven Selbstgefälligkeit heraus und verlangte eine dringliche Kommunikation zwischen Darstellern und Publikum. Der lange und einflussreiche Schatten Artauds ebnete Anita später auch den Weg für ihre Beteiligung an dem 1968 gedrehten Film *Performance*.

Andere ambitionierte Frauen, die ihren Stereotypen entfliehen wollten, wurden auch von der Unmittelbarkeit des Living Theatre angezogen. Zwei von ihnen waren Anita schon in Rom aufgefallen: Die deutsche Schauspielerin Nico und das Model Donyale Luna. Anita und Nico, die beide nicht dazu neigten, ein Blatt vor den Mund zu nehmen, stritten sich häufig darüber, wer denn nun zuerst in New York angekommen sei, was auf ein Konkurrenzdenken hinwies, das sich auf alle Lebensbereiche erstrecken sollte. In den folgenden Jahren kreuzten sich ihre Wege häufig, doch die Antipathie zwischen den beiden blieb bestehen.

Das Living Theatre hatte eine wahre Freude daran, jedes Element der Konventionen und der Zensur anzugreifen. Die wohl spektakulärste und provokanteste Präsentation war die Marathon-Aufführung *Paradise Now*, ein teils auf Improvisationen beruhendes

Stück, das die Barrieren zwischen Zuschauer und Performer niederreißen sollte. Die interaktive Ausrichtung ließ die Darbietung eher wie ein Happening aussehen. Regelmäßig gab es erboste Aufschreie im Publikum, da die „Schauspieler" die Bühne verließen, um die Gäste zu traktieren, anzufeinden oder auszuschimpfen. In zahlreichen Büchern und Artikeln findet sich die Behauptung, dass Anita an dem *Paradise Now*-Event teilgenommen habe, doch das Living Theatre hatte schon längst die Stadt verlassen, bevor Anita überhaupt ankam. Der Druck der Behörden zermürbte die Truppe, woraufhin sie dem kreativen Zeitgeist nach Rom folgte, zumal die Regularien in Europa nicht so streng waren. Sie hatte sich schon zuvor in der Stadt aufgehalten, besonders während der harten Winter an der Ostküste der USA. Dennoch – die Energien, die sie mit ihren Aktivitäten in New York freigesetzt hatte, wirkten nach, und die Vitalität und der anarchistische Freigeist beeinflussten auch Anita. Rufus Thomas, der Anführer der Schauspielerschar und später der berühmte Regisseur von *Hair* und *Jesus Christ Superstar*, freundete sich schließlich mit Anita, Mitgliedern der Stones und besonders Robert Fraser an.

Im Lauf der Sechzigerjahre kam es zu weiteren zwar nicht so bissigen, doch ähnlich explosiven kreativen Ausbrüchen. Die Ankunft der Beatles im Februar 1964 in New York alarmierte die Staaten, dass sich eine neue Jugendbewegung in Großbritannien Bahn brach, angetrieben von einem Haufen aktueller Bands. Jung, rau, gefühlvoll und zu dem Zeitpunkt partiell schon vermögend, sandten sie ein neues Lebensgefühl rund um den Globus aus, das junge Menschen ansprach und darüber hinaus leicht zugänglich war. Für Mario stellte die neue Welle überwiegend englischer Bands eine Art von Offenbarung dar. Er beobachtete die tumultähnliche Resonanz, die diese Gruppen hervorriefen, und wurde von dem gottähnlichen Status verzaubert, den sie innehatten. Als die Welt von diesen kreativen Senkrechtstartern wie von einem Erdbeben erschüttert wurde, begann er über seine Kollagen hinauszublicken und versuchte sich dieser neuen Bewegung anzuschließen.

Auch Anita konnte sich der explosionsartig verbreitenden Jugendbewegung nicht entziehen, die jeden Winkel der Welt eroberte. Der kreative Brennpunkt bewegte sich weg von New York. Sogar ein untrainiertes Auge erkannte, dass die weitaus größere „Action" in Europa stattfand. Anita hatte sich zwar einen Agenten in New York gesichert, doch plötzlich kamen Arbeitsangebote aus den verschiedensten Richtungen. Anfang März hatte sie bereits den dringenden Wunsch geäußert, die USA zu verlassen.

Doch allen Berichten nach waren es nicht nur professionelle Gründe, die Anita zur Abreise bewegten. Während Mario regelmäßig ein hohes Arbeitspensum bewältigte, hatte Anita den Zauber der Unabhängigkeit gespürt und war darauf versessen, sich eine eigene Karriere aufzubauen. Sie wollte nicht mehr länger nur den Sternenstaub reflektieren.

Darüber hinaus zeichneten sich Anitas und Marios Charaktere nicht nur durch das Streben nach Unabhängigkeit aus, sondern auch durch ein überschäumendes Temperament, möglicherweise verstärkt durch Drogenkonsum. Beide schützten ihre eigenen Freiräume, woraufhin die Atmosphäre ihres alltäglichen Lebens und der beiderseitigen Arrangements zu einer Herausforderung wurde. Für Anita war eine Grenze überschritten, als Schifano während eines heftigen Streits ein Lieblingskleid von ihr zerriss, eine Kreation von Rudi Gernreich.

Die Trennung fand dennoch in Freundschaft statt. Marios Freunde hatten bis dahin den Eindruck gehabt, dass Anita seine Ambitionen auf irgendeine Art erstickte. Schifano schrieb im April 1964 in einem Brief an einen Freund: „Nun, da Anita gegangen ist, folge ich dem Rhythmus eines normalen Lebens."

Da die Aufträge für europäische Modemagazine nun regelmäßiger kamen, kehrte Pallenberg kurzfristig nach Rom zurück, was jedoch nicht von allen so positiv aufgenommen wurde, wie sie vielleicht erwartet hatte. Die gelegentliche Abwesenheit oder das Zurückkommen zu allen möglichen und unmöglichen Zeiten wurde von ihrer Familie mit Missbilligung quittiert. Später behauptete sie, dass ihre

Mutter lediglich neidisch auf die Mobilität der Tochter gewesen sei, doch ihr Vater hatte ein deutlich negativeres Bild von ihrem Globetrotter-Leben. „Ich war immer unterwegs", erzählte sie dem Musikjournalisten Stephen Davis 2001, „und mein armer Vater glaubte wohl, ich sei eine Prostituierte."

Rom stand immer noch im Bann der kreativen Energie und Anita begegnete weiterhin verschiedenen Künstlerseelen, die von ihrer goldenen Aura und dem Regenbogen an Emotionen hingerissen waren. „Sie wirkte wie eine unvergleichliche, einzigartige Sirene", erinnert sich Tony Foutz, ein Filmemacher, der sich Mitte der Sechzigerjahre in Rom aufhielt. „Sie tanzte zu ihrer eigenen Musik und machte alles auf ihre Art. Sie verstand alle Witze, verfügte über ein Gespür für Ironie und Humor. Sie strahlte eine spontane Intensität aus, die sie zu einer Wegbereiterin machte. Die Begegnung mit ihr verschlug vielen Menschen den Atem."

Durch ihre Arbeit kam sie in Europa viel herum und 1964 reiste sie für einen Auftrag nach Hamburg, der sich mit einem Familientreffen verbinden ließ. Sie hatte die Beatles schon 1962 bei einem Auftritt gesehen und war sich bewusst – wie die meisten Jugendlichen auf der ganzen Welt –, dass die Pilzköpfe zu einem globalen Phänomen geworden waren. In der Stadt erfuhr sie nun von einer Freundin, dass eine andere Band hohe Wellen schlug. „Während ich in Hamburg als Model arbeitete, hörte ich von den Stones", erzählte sie dem *Mojo* 2006. „Dann gab es einen Trendwechsel, so in der Art: ‚Die Beatles muss man nicht mehr gesehen haben, jetzt sind es die Stones'."

Nach einer Verpflichtung auf Sizilien (und einem kurzen New-York-Abstecher wegen der Arbeit) zog es Anita aufgrund einer ganzen Reihe von Model-Jobs nach Frankreich. In Paris traf sie auf eine Szene, die ihre Sinne entfachte und sie für einen Großteil des Jahres an die Stadt fesselte. Trotz der verhältnismäßigen Nähe zu London war die Pariser Modewelt ein schillerndes und packendes Kuriosum, das alles in Großbritanniens Hauptstadt übertraf. Die Medien waren zwar in Scharen in London eingefallen, um die Objektive auf die neuen, sogenannten „Dolly Birds" auszurichten, doch die Frauen, die man in Londons Straßen und Clubs sah, waren im Vergleich zu denen in Paris eher unscheinbar. In Frankreich stolzierten die jungen Mädchen geradezu über die Boulevards und großen Plätze. „Englische Rosen" wie Twiggy, Jean Shrimpton, Pattie Boyd und Jane Asher waren zwar höchst fotogen und auch oft auf Bildern zu sehen, standen jedoch oftmals im Schatten ihrer prominenten Partner.

Anitas Entscheidung für einen Umzug nach Paris war teilweise durch die außergewöhnliche Anziehungskraft der Agentin Catherine Harlé motiviert gewesen. Ihre gleichnamige Agentur rangierte bereits weit höher als die anderen Pariser Vertretungen der Modebranche und stand für einen Talentkult, der eine starke und selbstbewusste feministische Basis hatte. In einer Stadt, in der nahezu alle künstlerischen Grenzen verschoben wurden, katapultierte Harlés Agentur das Modeln auf eine neue Stufe.

Ihr aufmerksames Auge war in den Welten der Fotografie und der Werbung geschult worden. Als alleinerziehende Mutter im Alter von 37 Jahren hatte sie im Sommer 1959 den Sprung ins kalte Wasser gewagt und von ihrem Wohnzimmer aus eine Agentur gegründet. Der bescheidene Anfang stellte für den schnellen Aufstieg kein Hindernis dar. Nur wenige Jahre darauf bezog sie das im Jugendstil eingerichtete, dreistöckige Gebäude 38-42 Passage Choiseul im zweiten Arrondissement der Stadt.

„Meine Mutter war ein toller Talentscout", berichtet Harlés Sohn Nicolas der *New York Times* 2013. „Sie sah ein Mädchen und sagte direkt: ‚Die ist perfekt für die Fotos'."

Vor Anitas Engagement Ende 1964 verfügte Catherine Harlé bereits über eine ansehnliche Kartei. Dennoch zeigte sie sich von Anitas Präsenz so sehr beeindruckt, dass sie ihr den Flug von New York nach Paris bezahlte. Supermodels wie Veruschka, Zouzou und Anna Karina hatte sie bereits unter Vertrag, und mit ihrem ausgeprägten Talent und vor allem ihrer Einstellung erarbeitete sie sich einen exzellenten Ruf. Kurz darauf engagierte Harlé Nico, Amanda Lear, Talitha Getty und die Sängerin Marianne Faithfull, womit sie zur wohl eigenwilligsten Agentur weltweit wurde. Anita zählte eindeutig zu den führenden Damen in der Kartei. Angesichts der umfangreichen Kundenliste ihrer Chefin gab es zahlreiche Möglichkeiten, Kontakte zu den höheren Schichten der Pariser Gesellschaft zu knüpfen.

„Anita und ich waren eng befreundet, zumal wir uns auch äußerlich ähnelten", berichtet ihre Kollegin, Popsängerin und Model Amanda Lear. „Damals sah ich sie häufig. Wir gingen jeden Abend aus. Da waren Zouzou, Anita und ich und noch einige andere Mädels. Natürlich kifften wir – das war eine wirklich wilde Zeit – und hatten eine Menge Spaß zusammen. Damals – und das traf besonders auf London zu – waren die meisten Mädchen so wischiwaschi, einfach uneindeutig, und wir stellten das exakte Gegenteil dar. Heute verlieben sich die Mädels in Fußballspieler, damals verliebten wir uns in Musiker. Wir repräsentierten ein befreites Frauenbild, verdienten unser eigenes Geld, waren total frei, weigerten uns, von Männern finanziell abhängig zu sein – wir standen für eine neue Generation von Frauen."

Harlés mütterliches und enges Verhältnis zu den Models überschritt die reine Arbeitsbeziehung, in der sie die jungen Frauen an Fotografen vermittelte. Sie nahm einige von ihnen unter ihre Fittiche, und da die zahlreichen Zimmer in der Passage Choiseul auch Übernachtungsmöglichkeiten boten, erlaubte sie den Models, da zu schlafen. Ohne einen festen Wohnsitz nahm Anita bei Harlé ein Zimmer und richtete sich auf unbestimmte Zeit dort ein.

Wie die anderen Models tummelte auch sie sich im Pariser Nachtleben und war häufig auf der Tanzfläche von Clubs wie dem Maxim's, Chez Regine und Chez Castel zu sehen. Den letztgenannten Club besuchte sie so häufig, dass man ihr dort kostenlosen Zugang gewährte.

Genau wie schon in Rom zu Beginn der Sechziger wurde sie nun in Paris von der dortigen Clique der Filmemacher angezogen. Während dieser Zeit traf man die Protagonisten der Nouvelle Vague überall in der Stadt an und Anita erinnerte sich später an gemeinsame Abende mit Luis Buñuel und François Truffaut.

Anita und ihre Kolleginnen schmiedeten bei der Agentur von Catherine Harlé einen engen Bund. Ihre enorme Präsenz in Paris reichte an die der Männer heran oder übertraf sie sogar. Die Popularität von Harlés Agentur war so groß, dass sie von dem Sänger Jacques Dutronc in einem Song verewigt wurde. Der Text zu dem die Charts stürmenden Stück „Les Play Boys" enthielt eine Zeile, in der die „Models von Catherine Harlé" erwähnt wurden, inmitten einer Liste glamouröser männlicher Akteure.

„Aus Catherine Harlés entwickelte sich eine wahre Rock'n'Roll-Agentur", schreibt Farbrice Gaignault, Autor von *Les Égéries Sixties*. „In Paris gab es eine Menge starker Frauen, beinahe Outlaws. Die verhielten sich wie Männer und waren für die damalige Kultur sehr wichtig. Sie verängstigten den Pariser Mann ein bisschen, denn Pariser Männer entstammten oft der Bourgeoisie und diese Frauen entsprachen nicht dem gewohnten Bild. Sie waren frei, brachten Kultur und Stil mit sich und den Lebenswandel von Künstlern. Anita war wunderschön, doch auch eine sehr gefährliche Gesellschaft. Hielt man sich in ihrer Nähe auf, wusste man nie, was passieren würde. Sie war so schön und liebte es, mit den Männern abzuhängen, sie stand einfach auf männliche Gesellschaft. Alle Männer waren verrückt nach ihr, doch hatten Angst vor dem, was sie anrichten konnte."

Die Auftraggeber wollten zwar oftmals ein durch Airbrush verändertes Bild auf der gedruckten Seite haben, aber ansonsten war die Technik, die eingesetzt wurde, um den richtigen Look zu gewährleisten, eher banal. „Als ich als Model arbeitete", erinnerte Anita sich 2013, „haben sie dich tatsächlich mit Pfannkuchen aufgepolstert. Und dann kam Helena Rubinstein mit dieser ekligen, dicken Creme … Es war ein Albtraum."

Schon zu Beginn war Anita eine absolute Gegnerin des damals populären „Dolly Bird"-Look, der sich in den Medien durchsetzte. Trotz des möglichen Ruhmes, der durch die Zusammenarbeit mit bestimmten Fotografen entstehen konnte, hatte sie nicht die geringste Lust, sich den Anforderungen zu beugen, mit denen man sie in eine bestimmte Richtung drängen wollte. Wie später in Antonionis Film

Blow-Up dokumentiert wurde, war der Kult um den aus dem Gefühl heraus, spontan arbeitenden Fotografen Mitte der Sechziger auf seinem Höhepunkt. Dadurch schlich sich bei Aufnahmesessions oft eine chauvinistische Arroganz ein, die alles dominierte. Trotz des Celebrity-Status von Jeanloup Sieff, Guy Bourdin und anderen berühmten Fotokünstlern, für die Anita posierte, beeindruckte sie dieses prahlerische Gehabe nicht die Bohne.

Anita 2013: „Sie [die Fotografen] fragten mich: ‚Wo sind die Wimpern? Wo hast du deine Mascara?' Und ich rieb mir mit dem Finger über das Augenlid, verschmierte alles, worauf die Fotografen ausrasteten. Ich kam mit keinem von denen klar."

In ihrem Beruf waren Models zwar durch diese besondere, mächtige Weiblichkeit miteinander verbunden, doch angesichts der Vielzahl derer, die damals durch die pulsierende Pariser Modewelt zogen, stellte sich zwischen den meisten von ihnen höchstens eine flüchtige, oberflächliche Beziehung ein. Dennoch gelang es Anita, einige feste und länger andauernde Freundschaften mit eher angenehmen Kolleginnen zu schließen.

Wie auch Anita hatte das amerikanische Model Deborah Dixon eine „andersweltige" Aura, die sie über einen Großteil der Frauen auf dem Catwalk oder bei den Sessions erhob. Ihre Kultiviertheit wurde durch ihre zarte, anziehende Optik noch unterstrichen, dem blassen Gesicht und den herunterfallenden rotbraunen Haaren. Die sehr gefragte Dixon wurde als „Schneekönigin von Texas" bezeichnet und dominierte während der Sechziger die Seiten der allerbesten Modezeitschriften. Auch sie hatte die „Dolce Vita"-Ära in Rom miterlebt und war während dieser Zeit bei einer Reihe erinnerungswürdiger Shootings für die wichtigsten Magazine zu sehen gewesen.

1965 wohnte Deborah Dixon jedoch in Paris. Da die Models der zahlreichen Agenturen in verschiedenen Locations rund um die Uhr feierten, dauerte es nicht lange, bis Deborah auf Anita stieß.

„Sie war spektakulär", erzählte Deborah. „Es umgab sie eine faszinierende Aura, eine große Verführungskraft, und darüber hinaus war sie auch noch witzig. Anita war belesen und weit gereist, doch immer voller Neugier und einem Gespür für das Abenteuerliche. Sie hatte diese katzenähnliche Würde und ein wunderbares Lachen. Sie bewegte sich auch wie eine Katze. Und sie spielte wie eine Katze mit den Menschen – nicht aus Boshaftigkeit heraus, sondern weil sie es konnte. Ich glaube, dass sich viele Leute von Anita vor den Kopf gestoßen fühlten, denn sie entsprach nicht dem Durchschnitt."

Anita hatte bei Catherine Harlé anerkanntermaßen eine sehr produktive Zeit als Model, doch scheint sie ihren Beruf mit einer dilettantischen Einstellung ausgeübt zu haben – eine Tatsache, die ihren Freunden und Bekannten nicht verborgen blieb.

„Ehrlich gesagt strebte Anita keine ernsthafte Model-Karriere an", urteilte Deborah. „Sie arbeitete hier und dort, aber ich glaube nicht, dass sie das Modeln sonderlich interessierte – es war ein netter Weg, um ein gutes Leben zu führen und herumzureisen. Ich glaube nicht, dass sie sich allzu viel Mühe gab [eine Karriere aufbauen]."

„Ich arbeitete schon bei der Agentur von Catherine Harlé, als ich ihr begegnete", erinnert sich die Kollegin Zouzou heute. „Ich traf sie im Castel's zusammen mit ihrem Freund Dennis Deegan [Schauspieler und Warhol-Mitarbeiter]. Niemand kannte sie näher. Anita arbeitete nicht viel. Im Grunde genommen arbeitete sie kaum. Vielleicht machte sie ein oder zwei Fotosessions, war wirklich nicht geschäftstüchtig. Wenn ich sie sah, dann meistens in den Nachtclubs."

„Anita war einfach anders", berichtet die französische Sängerin und Dalí-Muse Amanda Lear. „Sie stand für einen aggressiven Look, einen Look, der ausdrückte, dass sie nicht nur ein Püppchen war. Schon damals hatte sie eine dominante Einstellung. Statt in die Fußstapfen ihrer Freunde zu treten, formte [Anita] sie."

„Ich mochte das Reisen, hasste aber das Modeln", erzählte Anita 1994 in einem Gespräch mit dem *Sunday Mirror*. „Ich kam in der Hitze fast um, eingekleistert mit Make-up, und musste dann noch diese lächerlichen, großen Kunstwimpern tragen. Die anderen Models gingen meist schon um neun Uhr ins Bett und setzten sich Augenmasken auf. Ich ging jeden Abend raus und machte einen drauf."

So gern, wie sie sich mit Menschen umgab, war es wohl nur eine Frage der Zeit, bis sie auch Deborah Dixons damaligen Partner Donald Cammell kennenlernte. Das Trio führte eine enge Freundschaft und erlebte zahlreiche Abenteuer miteinander.

„Ich begegnete ihm in den frühen Sechzigern", erklärte Anita 1998 gegenüber der BBC. „Ich kam gerade aus New York und flog direkt nach Paris. Damals hatte ich einen Model-Agenten in New York und arbeitete in Paris. Ich glaube, seine Freundin Deborah traf ich zuerst – bei einem Job in einem Club, vielleicht auch in einem Club, den wir zum Tanzen besuchten … Wir verbrachten dann auch die Ferien gemeinsam."

Ähnlich wie Deborah Dixon stellte sich der in Edinburgh geborene Donald Cammell als eine Konstante in Anitas Sechziger-Chronik heraus. Er war ein Mensch, der an Geschick für kaum spürbare Manipulation, kombiniert mit einem einnehmenden Charme, alle machiavellischen Persönlichkeiten übertraf, die sich in den angesagten Kreisen der High Society tummelten.

Gesegnet mit einem angeborenen Talent für die Kunst, hatte Cammell schon mit 16 Jahren ein Stipendium an der prestigeträchtigen Royal Academy erhalten. Seine Fähigkeiten wurden dort geschult und verfeinert, woraufhin er sich auf Gesellschaftsporträts spezialisierte, für die er ein besonderes Talent hatte. Schon bald hatte er sich hinsichtlich dieser überragenden Geschicklichkeit einen Ruf erworben. In Florenz studierte er unter der Anleitung von Pietro Annigoni, bevor er sich in London niederließ. Verwurzelt in der schillernden Chelsea-Boheme der späten Fünfziger und mit einem Studio in einer Seitenstraße von Londons kultureller Hauptschlagader King's Road, fügte er sich mühelos in die progressive und eher bizarre Gemeinschaft ein.

Sein Talent, seine Jugend und sein Intellekt öffneten Donald zahlreiche Türen und stellten sich bei den Frauen als unwiderstehlich heraus. Damals tummelten sich in Chelsea ungebildete, politisch linksgerichtete Schönheiten, was er voll und ganz auskostete. Wie Colin MacCabe in seinem Buch über den Film *Performance* (1968) enthüllte, hatte

Donald in seiner Wohnung in Chelsea ein Schlüsselerlebnis, als er seine damalige Freundin zusammen mit ihrer Schwester in seinem Bett vorfand. Da einer seiner wichtigsten Charakterzüge die Spontaneität war, schlug Donald vor, die unterschiedlichen Energien doch einfach zu vereinen – ein Szenario, das für ihn zu einer Konstante wurde.

Cammells zügellos ausgelebte Libido stand der Aussicht auf längere Beziehungen sehr im Weg. Er ertrug eine Ehe – aus der ein Kind hervorging –, bevor er aus Chelsea nach New York floh. Dort lernte er Deborah Dixon kennen und tauchte in eine Szene ein, die sich auf seine Sinne geradezu elektrisierend auswirkte. Dank ihrer beider schillernden Karrieren und Cammells Status als ein „dem Königreich" Entflohener schlugen die beiden wie eine Bombe in die gesellschaftlichen Kreise des Big Apple ein.

Kurz vor Beginn der Ära des „Swinging London" war Paris kurzfristig en vogue, und so zogen Cammell und Dixon in die französische Hauptstadt, um ihre kreativen und persönlichen Bedürfnisse zu befriedigen. Mit einem „Basislager" in der Rue Delambre im Stadtbezirk Montparnasse und einer Welt, in der sich Kunst, Film und Mode vereinten, kamen sie in Kontakt mit unzähligen Persönlichkeiten, darunter auch Anita.

Sie erinnert sich: „Das war wirklich spaßig. Nach einem Zug durch die Clubs am Samstag fuhren wir einfach nach St. Tropez oder machten ähnlich Verrücktes! Jeder schien irgendwie abgedreht zu sein, doch wir hatten unseren eigenen Stil, eher international ... wie die kleinen [aber energiereichen] Schritte von James Brown."

Während Anita in Donald Cammells zwielichtige Welt abtauchte, begann sie eine neue, sexuelle Lebenslust zu entdecken, bei der Erlebnisse außerhalb der monogamen Beziehungen zur Norm wurden.

„Es war absolut extrem", erinnerte sie sich 1998. „Er wollte alles oder nichts. Was den Sex anbelangte, brachte er dich in riskante Situationen. Auf dieser Ebene war er gefährlich. Er hatte viel Fantasie, eine blühende Vorstellungskraft."

Auf dem wilden Pariser Tummelplatz von flüchtigen Freundschaften und kurzen Liaisons erwies sich Anitas Beziehung mit Donald

Cammell und Deborah Dixon als stabil. Auf dem Höhepunkt der Jugendexplosion der Sechziger hatte Anita alles: Jugend, Freiheit und Mobilität. Plakativ ausgedrückt: Niemals gab es für das Leben auf dieser Welt eine bessere Zeit.

„Für einige wenige Jahre flogen wir einfach", erzählte Anita 1990 in einem Interview für die Publikation *Blinds & Shutters*. „Wir hatten alles – Geld, Macht, Beziehungen und unser Äußeres – einfach alles."

KAPITEL 2

„You Got The Silver“

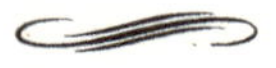

Tatsächlich gibt es nicht nur eine, sondern Dutzende Londoner Szenen. Jede Einzelne ist ein funkelnder Edelstein, ein Medley gemusterter Sonnenbrillen und wunderbar reizend angemalter Telefonhäuschen, eine Mixtur des „blitzenden“ Amerikas, des auf Hochglanz gebrachten Europas und hartnäckiger alter englischer Einflüsse, die im heutigen London miteinander verschmelzen. Das Resultat ist ein prickelndes und verworrenes Lustspiel.

***Time,* 5. April 1966.**

Anitas immer weiter an Fahrt gewinnende Karriere spielte sich hauptsächlich in den Modemetropolen Europas ab; im ersten Halbjahr 1965 wohnte sie noch in Paris. Häufig übernachtete sie in Catherine Harlés Agentur in der Passage Choiseul, doch manchmal auch in der Wohnung von Deborah Dixon und Donald Cammell in Montparnasse.

Zu den Interessen des Trios gehörte die Musik. Trotz der vielen Reisen hielt sich Anita auf dem Laufenden, was die Popszene anbelangte, die die Jugend weltweit faszinierte. Sie ließ sich nicht von den zuckersüßen Klängen der Beatles vereinnahmen, sondern stand auf eher erdige Sounds. The Who zählten zu den Bands, die sie musikalisch bewegten, und wie sie sich später erinnerte, sah sie einige explosive Auftritte der Gruppe im Club La Locomotive in Montmartre.

Am Osterwochenende (16.–18. April) 1965 stürmten die Stones Paris, wo sie eine Reihe von Gigs im L'Olympia (auch bekannt als Olympia Bruno Coquatrix) spielten. Die Band stand kurz davor, ein globales Phänomen zu werden, ihr kantiger, rauer Nonkonformismus zog eine enorme Anhängerschaft an. Allerdings hinkte nach mehr als zwei Jahren exzessiven Tourens die musikalische Qualität noch ein wenig dem populären Image hinterher. Stolz, derb und ungehobelt stand der nach außen getragene Dissens zu gesellschaftlichen Normen im krassen Gegensatz zu den Gewohnheiten der Hörer, die den braven Merseyside-Sound mochten.

Viele, die von den Stones angezogen wurden, mochten ihre unverfälschte und direkte Grundhaltung, entdeckten darin eine Art revolutionärer Einstellung. Ihre Hörer kamen aus allen Gesellschaftsschichten. Ganz vorn im Rampenlicht standen Mick Jagger, Keith Richards und Brian Jones in wechselnden Rollen. Das wichtigste Element, der Kern der Gruppe, war eine ungestüme Sexualität, die zuvor noch nie Eingang ins populäre Entertainment gefunden hatte.

In der Pariser Gesellschaft mit ihrem Hang zum Revolutionären brodelte es schon immer, wenn auch der Dissens unterschiedlich stark sein konnte. Den Stones sicherte dies eine Zuschauermenge, die von Musikfans bis hin zu Künstlern und Sozialisten reichte. Während die Band in England lange eine Außenseiterrolle spielte, wurde ihr Anti-Establishment-Status in der französischen Hauptstadt warmherzig angenommen.

Der Mini-Gastspielvertrag im L'Olympia gewährte den Stones genügend Freizeit, um das Labyrinth des kulturellen Nachtlebens zu erforschen, das Paris im Übermaß bot. In einem Wirbelsturm von Aktivitäten soll die Band angeblich Catherine Harlés Agentur eine Stippvisite abgestattet und mit den Models geflirtet haben. Auch verbrachten sie eine Nacht im Chez Castel.

Zu den zahlreichen anderen Acts (darunter sogar ein Magier), die bei den Pariser Auftritten im Vorprogramm der Stones auftraten, gehörten auch Vince Taylor & The Playboys. Taylor, ein schwieriger, aber talentierter Musiker, genoss in Europa einen Kult-Status, besonders in Paris, wo seine im Südwesten Londons liegenden Wurzeln der Aura des Coolen keinen Abbruch taten. Die Percussion für Taylor übernahm Prince Stanislas Klossowski de Rola, besser als „Stash" bekannt. Der später von der Presse als „Pop Prince Stash" gefeierte Rola – Sohn des Malers Balthus (eigentlich Balthasar Klossowski de

Rola) – hatte schon im Jahr zuvor Anitas Bekanntschaft gemacht und sich in der Zwischenzeit intensiv mit ihr angefreundet.

„Ich begegnete Anita zum ersten Mal Anfang Sommer 1964“, erinnert sich Rola heute. „Es war im Apartment des Hauses eines Philosophen namens Alain Jouffroy. Vince Taylor und ich lagen zusammen mit dem unglaublich attraktiven amerikanischen Model Johanna Lawrenson im Bett, eine Freundin von Anita. Als wir am Morgen aufwachten, sahen wir dieses atemberaubende Mädchen, das in der Sonne auf der Terrasse stand und uns mit einem unwiderstehlichen süffisanten Lächeln ansah. Sie musste das erst mal checken – ihre Freundin mit zwei Typen im Bett.“

Später in dem Jahr – Anita war wegen eines Modeljobs in Spanien – traf sie Stash de Rola wieder, der mit Vince Taylor tourte. Es entwickelte sich eine enge Freundschaft. Während die Stones Ostern 1965 in Paris einfielen, lebten sowohl Anita als auch Stash in der Stadt. Es war naheliegend, dass sie bei dem Konzert im L'Olympia auftauchte.

Nach dem Gig verließ ein Grüppchen mit Stash und einigen Freunden den Veranstaltungsort, um das Pariser Nachtleben zu erkunden. Die Stones gingen an diesem Abend getrennte Wege, und Brian Jones suchte eher exklusive Gesellschaft.

In dem Kreis um ihn befanden sich bereits die Sängerin Françoise Hardy, ihr Partner, der Fotograf Jean-Marie Périer, Stashs Freundin Anita Pallenberg und das exotische Model/die Sängerin Zouzou (alias Danièle Ciarlet). Letztere hatte in dem Jahr für ein kleines Skandälchen gesorgt, als sie den eher reservierten Ballett-Star Rudolf Nureyev auf das Tanzparkett gezogen hatte, um ihn so richtig durchzuschütteln. Das war für damalige Zeiten eine gewagte Einlage, die von den sensationshungrigen französischen Paparazzi ausgeschlachtet wurde.

Die kleine Gruppe stürzte sich ins Pariser Nachtleben, angeführt von Jones, dessen Celebrity-Status ihn über die anderen erhob. Anita mag Brians öffentliches Erscheinungsbild gut unter die Lupe genommen haben, doch sie konnte wohl kaum die Komplexität erahnen, die hinter dem coolen Auftreten lag.

Der phänomenale Erfolg hatte den Stones einen unermesslichen Reichtum eingebracht, aber im Jahr 1965 war Brian Jones' Präsenz weniger offensichtlich als die der beiden Frontmänner Jagger/Richards. Und wie um diesen scheinbaren Widerspruch zu verstärken, stand Jones für einen Look, der elegant war, aber auch reserviert wirkte. Sein Erscheinungsbild spiegelte seine Herkunft aus der oberen Mittelschicht in dem verschlafenen Cheltenham in Gloucestershire wider.

Brian war zwar nicht in der Lage, überzeugend zu singen oder eigene Songs zu schreiben, besetzte aber eine kultige Nische, was ihm enormen Respekt von seinen Zeitgenossen in der Musikindustrie einbrachte. Jones' Geschicklichkeit als Multiinstrumentalist hatte sowohl seinen Status erhöht als auch für eine seltene Textur im Klangbild der Stones gesorgt. Dennoch wussten nur die wenigsten – angesichts der Dominanz des kraftvollen Duos Jagger/Richards –, dass die Rolling Stones das Baby von Brian Jones waren. Es war eine Kreation, die er hartnäckig etablierte, bevor sie ihm von anderen Kräften aus den Händen gerissen wurde.

Ungeachtet seiner kreativen Stärke und des Status des Bandgründers musste er sich mit zahlreichen psychisch-sexuellen Problemen und einer Paranoia herumschlagen, was seinem stark angegriffenen Ego schadete und das chauvinistische Verhalten zusätzlich verstärkte. „Es ist kein Wunder, dass ich mich noch nicht fest gebunden habe", bekräftigte er in einem Feature im Magazin *Fabulous* Anfang 1965. „Wie viele Mädchen könnte ich finden, die mir meinen Tee machen, das Essen kochen, mein Haus putzen und sich auf einer intellektuellen Ebene mit mir unterhalten, während ich die Füße hochlege?"

Aufgrund seines Celebrity-Status konnte er viele Frauen gewinnen, doch nur wenige waren in der Lage, Jones' ausgeprägte Libido zu befriedigen. Trotz mehrerer anhängiger Vaterschaftsklagen hielt er ständig Ausschau nach „Frischfleisch". Brian mochte eine eher gehobene Gesellschaft – was sowohl das intellektuelle Niveau als auch den sozialen Status anbelangte –, stammte er doch selbst aus der aufstrebenden Mittelschicht. Die elegante Truppe, die in dieser Nacht das L'Olympia verließ, war ganz nach seinem Geschmack.

Sie legten den ersten Stop beim Chez Castel im Stadtbezirk Saint-Germain ein, einem beliebten nächtlichen Treffpunkt der Mädchen von Catherine Harlés Agentur. Im Gegensatz zur glamourösen Kleidung der anderen trug Anita nur eine eher schlichte, blassblaue Lederjacke, die kaum ihre atemberaubende Präsenz erkennen ließ. Jones schien von Beginn an seine Chancen bei dem Model Zouzou abzuwägen. Ihre außergewöhnliche Erscheinung und Ausstrahlung regten seine ausgeprägte Abenteuerlust an. Die Gruppe hatte den Abend mit einigen starken Joints eingeläutet und langweilte sich schnell im Chez Castel, woraufhin sie sich in das ruhigere Ambiente von Donald Cammells und Deborah Dixons Wohnung zurückzogen, wo sich eine Party traditionell immer bis in die frühen Morgenstunden erstreckte.

Dort angekommen, versuchte Jones, Zouzous leichte Reserviertheit zu durchdringen und ihr rudimentäres Englisch zu verstehen. Jedoch lenkte ihn Deborahs geradezu ätherische Präsenz ab, ihr blasser Teint wirkte durch den Marihuana-Nebel visuell verstärkt. All die Energien schienen die Anwesenden zu verwirren, Brian und Anita wechselten an dem Abend nur wenige Worte. Im Morgengrauen begleiteten Stash, Zouzou und Anita den Rolling Stone zurück zu seinem bescheidenen Hotel in der Rue des Capucines, wo sich Brian und Zouzou auf sein Zimmer zurückzogen.

Aus welchem Grund auch immer – Anita schwieg ihr Leben lang über diese erste Begegnung mit Brian und datierte sie stattdessen auf ein ausgiebigeres Treffen fünf Monate später. Auch Deborah Dixon, die Gastgeberin an dem Abend, weiß nichts darüber zu berichten. Andere Anwesende erinnern sich hingegen sehr wohl daran: „Sie war sehr an ihm interessiert", kommentiert Stash die unmittelbare Zeit nach der ersten Begegnung, „doch sie kam wegen Zouzou nicht an ihn heran, was sie annervte. Dass [Anita] in der Nacht keinen Erfolg hatte, hat sie bequemerweise aus ihren Erinnerungen gestrichen."

Brian und die Stones flogen nach den Paris-Gigs nach Kanada, doch es gab keinen Mangel an englischen Bands, die die französische

Hauptstadt aufsuchten. Nur wenige Tage nach der Stones-Performance spielten die Kinks am 24. April 1965 im Palais de la Mutualité, einem relativ kleinen Veranstaltungsort im fünften Arrondissement. The Kinks gehörten zu einer Reihe von Bands, die rauen und ruppigen R&B ablieferten, doch sie wirkten durch ihre skurrile Präsenz und ihren dandyhaften Stil, was im kontinentalen Europa sehr gut ankam. Anita war von der kantigen und androgynen Ausstrahlung der Band hin und weg. Andere aus ihrem Umfeld stellten eine engere Beziehung zu den Kinks her wie zum Beispiel Zouzou, die bei deren Nummer zwei, Dave Davies, landete.

Als die Band in Paris vor über 500 begeistert mitgehenden Zuschauern spielte, war ein Filmteam anwesend, das die entstehende Hysterie auf Zelluloid bannte. Inmitten der allgemein hektischen, 30-minütigen Performance ist eine Sequenz zu sehen, die den charmanten Moment einfängt, in dem Anita wie gebannt zur Bühne schaut. Während „Got Love If You Want It" – ein Song, bei der die Gruppe am meisten improvisierte – wechselt die Kameraperspektive mehrmals zwischen ihr und dem Sänger Ray Davies. Mit ihrem hinter die Ohren gesteckten Haar und der elfenhaften Schönheit stiehlt Pallenberg der Band die Show.

Ob Anita damals an Brian dachte oder nicht – die Auftragsangebote im Frühjahr sorgten für eine Vielzahl von Kontaktmöglichkeiten. Zahlreiche kreative Persönlichkeiten aus aller Welt gingen in der Hauptstadt quasi ein und aus, wodurch sich viele Gelegenheiten ergaben, die Bekanntschaft mit den Protagonisten der angesagten Kreise zu machen. Pallenbergs Terminkalender füllte sich mit beruflichen Verpflichtungen, doch sie fand dennoch genügend Zeit, sich mit alten und neuen Freunden zu treffen, die in der Stadt auftauchten. Ihr alte Bekannte (und Mario Schifanos Agentin) Ileana Sonnabend führte eine Galerie am 37 Quai des Grands-Augustins. Im Mai eröffnete sie eine aufsehenerregende Ausstellung von Andy Warhols *Flowers*. Warhol reiste schon eine Woche vor der Vernissage an, mit einer Gefolgschaft, zu der auch Gerard Malanga gehörte, der vor der Eröffnung in der Galerie Gedichte vortragen sollte. Malanga hatte schon Ende 1963 in New York, wenn auch nur flüchtig, Anitas Bekanntschaft gemacht und nutzte nun während des Paris-Aufenthalts die Gelegenheit, den Kontakt zu vertiefen.

„Ich kam '65 mit Andy in Paris an", berichtet Malanga. „Anita erschien mit Denis Deegan – einem sehr engen, gemeinsamen Freund, der sich in der Stadt aufhielt – und Stanislas de Rola alias ‚Stash'. Die drei holten mich vom Hotelzimmer ab und wollten mich zur Lesung in die Galerie geleiten. Sie hatten einen dicken, länglichen Klumpen marokkanisches Haschisch dabei, eingerollt in einer Ausgabe von *Le Temps*, damit es wie ein Baguette aussah. Kurz darauf füllte sich das ganze Zimmer mit dichten Rauchschwaden, da sie mich total dicht erleben wollten. Als wir die Galerie von Ileana Sonnabend erreichten, waren meine Lippen ziemlich trocken, doch ich hielt durch und schaffte die Lesung."

Etwas mehr als ein Jahr war vergangen, seit Malanga Anita in New York gesehen hatte, und ihn beeindruckte ihre Verwandlung in eine selbstbewusste Frau.

„Als ich sie erstmals in New York traf, wirkte sie eher reserviert", erklärt Malanga heute, „doch in Paris nahm sie mich sofort in den Arm. Sie war zu einer offenen Persönlichkeit gereift – und ich liebte das. … [Anita] strahlte eine Selbstsicherheit und Zuversicht aus, die mich erstaunte."

Diese Selbstsicherheit ist auf einem bizarren Foto zu erkennen, das bei der *Flowers*-Eröffnung geschossen wurde. Neben Malanga und Warhol sieht man Anita mit der Schauspielerin Edie Sedgwick, dem Veranstalter Chuck Wein und Stash. Ohne einen erkennbaren Grund hielten sie Kaninchen in ihren Armen.

Mit zunehmendem Selbstvertrauen und reisefreudig tauchte Anita im Sommer in Italien auf und ließ sich in einem durchsichtigen Regenmantel ablichten. Allerdings trug sich nichts darunter. Ein anderes Foto zeigte sie in einer alpinen Location, kaum bekleidet, vor den schneebedeckten Bergen.

Für Anita war die Welt ihr Zuhause und das schon in einem Alter von nur 22 Jahren. Das Tempo ihres Lebensstils ermöglichte ihr nur selten eine „Bestandsaufnahme“ ihrer Leistungen. „Ich war mir eigentlich über nichts im Klaren“, erzählte sie Ruby Wax 1999. „Ich wusste, dass ich von einem Ort zum anderen reiste und meist in einer anderen Sprache redete. Da ich niemals zu Hause war, stellte sich kein Gefühl für ein Zuhause ein. Ich fühlte mich wie eine Zigeunerin.“ Im September 1965 wurde Anita von Catherine Harlé zu einer Fotosession nach München geschickt. In der Stadt herrschte Vorfreude auf das Oktoberfest, und das junge Model baute eine starke Beziehung zu den deutschen Medien auf, besonders zum zukunftsweisenden Magazin *Twen*, das sich darüber freute, ihre körperlichen Vorzüge zu vermarkten. „Ich arbeitete als Model in Deutschland, da sie täglich abrechneten“, erinnerte sie sich gegenüber dem *Guardian*. „Das gefiel mir natürlich. In Frankreich oder Italien erhielt man sein Honorar erst mehrere Tage [nach den Aufnahmen].“

Abgesehen von den finanziellen Aspekten stellte sich der Auftrag in München als geradezu schicksalsträchtig für sie heraus, denn die Termine fielen mit zwei Shows der Stones am 14. September im Circus Krone-Bau zusammen. Es wurde zu einer waschechten britischen Show, denn neben den Stones als Hauptattraktion traten die Spencer Davis Group und eine stilistisch ähnliche Gruppe auf, nämlich die ruppigen und krachenden Troggs. Die Stones badeten im Erfolg der Single „(I Can’t Get No) Satisfaction“, die die zweite Woche den ersten Platz in den USA belegte, doch abseits der Bühne nahm die Band Brian Jones in die Mangel. Sein privates Leben stellte ein emotionales Minenfeld dar und seine Einstellung war den Kollegen ein Gräuel. In Kürze sollte eine Vaterschaftsklage öffentlich gemacht werden, und der ständige Streit verdeutlichte, dass Jones auch schon in großer Distanz zum Rest der Gruppe stand. Doch auch Jones hatte sich nicht gerade liebenswürdig gegenüber den anderen verhalten und – sehr zu ihrem Ärger – bei Auftritten während „Satisfaction“ einen Auszug aus dem *Popeye*-Thema genudelt.

Während die 3000 Zuschauer im Circus Krone nichts über die Streitigkeiten und das böse Blut innerhalb der Band wussten, gab es andere, die das Besondere in Jones' enigmatischer Präsenz spürten – und dazu gehörte auch Anita.

Unter den Anwesenden in der Menge fand sich auch Bent Rej. Dem jungen dänischen Fotojournalisten war es gelungen, eine dauerhafte kreative Beziehung zu den Stones aufzubauen. Sie gewährten ihm für eine Serie von Bildreportagen sogar Zugang zu ihren Privatwohnungen.

Rej hatte eine solide Beziehung zu Jones aufgebaut, und wie sich durch die Aufnahmen der beiden München-Gigs belegen lässt, war sich Brian der Präsenz des Fotografen bewusst, da er einen intensiven Augenkontakt zur Kamera hielt. Wenn Jones den Fotografen in einer Menge von Tausenden ausrastenden Menschen fokussieren konnte, war es wahrscheinlich, dass er auch Anita mit ihrer unverkennbaren Ausstrahlung entdeckte.

Rej schoss einige Fotos von der Bühnenseite und aus der Perspektive des Zuschauerraums. Nach dem ersten Konzert, das mit einem Einsatz der Polizei endete, die den Veranstaltungsort stürmte, drängelte sich Rej zur Garderobe durch, wo sich die Band auf ihre zweite Show vorbereitete.

„Ich machte mich vom Auditorium zum Backstage-Bereich auf", erinnert sich Rej. „Da kam ein Mädchen auf mich zu und bat mich, sie mit den Stones bekannt zu machen. Sie war sehr hübsch und ich zögerte nicht – es war ja Teil meines Jobs. Ihr Name lautete Anita Pallenberg." Mithilfe von Rejs Journalisten-Status gelangte Anita in die Garderobe der Band. Sie hatte es darauf angelegt, die Musiker zu beeindrucken, und stellte an diesem Tag das Sinnbild der verführerischen Eleganz dar. Anita trug einen beigen Pelzmantel, einen knallengen Pullover und einen modischen Minirock. Das atemberaubende Erscheinungsbild wurde von dunkelster Wimperntusche verstärkt. Ihre Präsenz – für diejenigen, die sich von der Optik überzeugen ließen – wurde noch durch ein packendes Mitbringsel verstärkt. Sie trug einen Klumpen Haschisch bei sich und einige der aufputschenden Amylnitrit-Poppers.

Die Stones waren bei dem ersten Auftritt mit einer alle Grenzen sprengenden Hysterie empfangen worden, doch in der Garderobe herrschte eine eher bedrückte Stimmung. Man hatte die Band in einen abgelegenen Teil der Räumlichkeiten verfrachtet, der eigentlich für Bierfeste, Zirkusdarsteller und -tiere vorgesehen war. Dort einige Stunden auf den nächsten Auftritt zu warten, stellte sicherlich keine große Freude dar. Pallenbergs Erscheinungsbild und das gebrochene Englisch, gespickt mit Akzenten mehrerer Sprachen, wurde vermutlich mit Interesse, wenn nicht sogar hochgezogenen Augenbrauen honoriert. Zwar war ihr Jones schon früher in dem Jahr begegnet, doch es war höchst unwahrscheinlich, dass einer der anderen Musiker, übersättigt von Celebritys überall auf der Welt, sie kannte – trotz der Veröffentlichungen in zahlreichen Modemagazinen. Angeblich gab es keine anderen weiblichen Besucher, woraufhin Anita den Raum durchstreifte, um das Gesehene schnell einzuschätzen.

„Die waren wie Schuljungen", berichtete sie später. „Sie sahen mich an, als sei ich eine Bedrohung. [Mick] Jagger versuchte mich runterzuputzen, doch ich ließ es nicht zu, dass mich ein ruppiger Typ mit dicken Lippen fertigmachte. Ich konnte ihn leicht abwürgen und fand schnell heraus, dass Mick in sich zusammenfällt, wenn man ihm die Stirn bietet."

Anita bot Mick und Keith ihren narkotischen Warenbestand an und behauptete seitdem, dass die Dogen schlichtweg abgelehnt wurden. Sie fühlte sich durch diese Ablehnung wie vor den Kopf gestoßen und gesellte sich zu Brian. Allerdings existieren keine Berichte darüber, dass einer von ihnen sich an die Pariser Begegnung erinnerte (oder sie angesprochen hätte).

Jones fläzte sich auf einem Sofa im Backstage-Bereich und wirkte distanziert von den anderen. Das Haar ließ ihn wie das Abbild einer blonden Gottheit erscheinen, er trug einen weißen Rollkragenpullover sowie weiße Jeans und saß breitbeinig auf dem Möbel. Sogar ohne Socken war er das am modischsten gekleidete Mitglied der Gruppe. Anitas blondes Haar, die langen Beine und die elegante Haltung bezauberten ihn, doch war es vor allem ihre furchtlose Präsenz, die seine Aufmerksamkeit erregte.

Einigen Berichten nach (darunter auch die Aussage des Fotografen Bent Rej) war es Jones, der Anita buchstäblich auserwählte, indem er sie auf Deutsch ansprach: „Ich weiß nicht, wer du bist, aber ich brauche dich." Andere – darunter auch Pallenberg selbst – behaupten hingegen, dass sie es war, von der die Initiative ausging.

„Ich ging direkt auf Brian zu, denn er war derjenige, auf den ich stand", erzählte sie später. „Brian konnte sich gut ausdrücken, sprach leise und war auch des Deutschen mächtig. Er packte mich durch die Art, wie er sich bewegte, durch seine Haare und die sanfte Art. Wenn er redete, forderte er deine ganze Aufmerksamkeit. Er war sensibel, aufgekratzt, seiner Zeit weit voraus und auch in einer anderen Zeit verwurzelt – der Dandy, mit all seiner Kleidung und so weiter!"

Wer auch immer den ersten Zug machte – zwischen den beiden entwickelte sich an diesem Abend eine ungewöhnliche, aufsehenerregende Beziehung. Jones, der eine Fülle von schnell aufeinander folgenden desaströsen, unerfüllten Beziehungen hinter sich hatte, entdeckte bei Anita die gleiche Abenteuerlust, die auch er verspürte.

„Brian war ungewöhnlich", berichtete Anita der *Mail On Sunday* 2006. „Er war launisch und körperlich attraktiv. Auf irgendeine witzige Art sah er wie ein Mädchen aus. In sexueller Hinsicht stehe ich auf Frauen *und* Männer, und er hatte diese wunderbare Uneindeutigkeit. Die anderen Stones wirkten – wie soll ich es am besten ausdrücken? – ängstlich, doch Brian war bereit, fremde Orte zu erkunden. Er war die Ausnahme; die anderen Stones waren zu der Zeit einfach nur Vorstadt-Normalos."

Bent Rej, in dessen Begleitung Anita bis zur Band hatte vordringen können, war Zeuge der Begegnung und fing diesen Moment mit einer Menge Fotos ein. Bei näherer Betrachtung der entstandenen Bilder fällt die außergewöhnliche Ähnlichkeit zwischen den beiden auf. Jones' erweiterte Pupillen sind kaum sichtbar, da die blonden Haare bis über die Augenbrauen hängen, während Pallenberg – die man auf einem Foto mit einer Packung Zigaretten sieht – wie sein sprichwörtliches Spiegelbild erscheint. Anita und Brians für die Zukunft wichtiges Gespräch kam zu einem abrupten Ende, da man die Stones für die zweite Show des Abends auf die Bühne zurückrief. Pallenberg kehrte daraufhin zu ihrem Stuhl im Publikumsbereich zurück. Dort erlebte sie erneut Jones' schwelendes Enigma, obwohl er sich immer einige Schritte hinter der Frontline von Jagger/Richards bewegte. Schon damals machte sie sich für Brian stark: „Brian stand so weit hinter ihnen, dass man es kaum glauben konnte. Da waren sie – Mick und Keith ganz vorne, bei den ersten Gehversuchen, ein Sexobjekt zu werden, wohingegen Brian schon einige uneheliche Kinder hatte!"

Nach der Performance der Stones, die damit endete, dass die Polizei das Publikum mit Schlagstöcken und Hunden aus dem Raum trieb, ging Anita wieder in den Backstage-Bereich. „Ich fragte ihn, ob er Lust hätte zu kiffen, und er antwortete: ‚Klar, lass uns einen Joint durchziehen.' Und dann meinte er: ‚Komm mit mir ins Hotel.' Er regte sich über Mick und Keith auf ... erzählte, dass sie sich gegen ihn verschworen hatten ... Er war so verletzlich. Brian hatte alle gegen sich. Er tat mir so leid ... Ich hielt ihn die ganze Nacht in den Armen, während er weinte."

Am nächsten Tag folgte Anita dem Stones-Tross nach Westberlin und hängte sich wieder an Jones. Wie sie später berichtete, sagte sie unmittelbar nach der Münchner Episode alle deutschen Model-Jobs ab und bat Catherine Harlé, ihr so schnell wie möglich Aufträge in London zu verschaffen. Aus den Legenden über den Rock'n'Roll (und den Film *Spinal Tap*) lässt sich entnehmen, dass eine weibliche Anwesenheit in der eindeutig maskulinen Umgebung einer tourenden Band mindestens eine „Herausforderung" darstellt, wenn nicht sogar weitaus mehr. Anitas Ankunft auf dem Planeten Stones stellte keine Ausnahme von dieser Regel dar, gerade weil sie sich von bürgerlichen Konventionen nicht beeindrucken ließ.

„Ich entschied mich, Brian zu entführen", erzählte Anita später. „Es klingt wirklich albern, doch daraus wurde sogar ein Film gemacht [*Zwischen Beat und Bett*, 1968, mit Donald Cammell als Ko-Autor], also über die Entführung eines Popstars. Brian schien der sexuell flexibelste Stone zu sein, ich wusste aber auch, dass ich mit ihm reden konnte. Tatsächlich war ich aber zuerst sein Groupie – wirklich!"

Anitas längere Anwesenheit sollte – und das wird wohl niemanden überraschen – die bereits gegenüber Brian bestehenden Animositäten der Band verstärken und die anderen provozieren. Der aufgrund seiner unabhängigen Einstellung und seines so wesentlich anderen Charakters oftmals von den Stones ausgeschlossene Musiker hatte nun eine mächtige Fürsprecherin an seiner Seite. Von Anfang an spiegelte das Paar die Persönlichkeit des jeweils anderen wider. Sie teilten und zeigten eine Arroganz, die gelegentlich in dunkle Wege mündete. Da Jones' Status als Bandgründer nur noch eine schwache und wenig überzeugende Daseinsberechtigung bei den Stones ausmachte, „packte" sich Anita die kultiviertere Seite von Brian und verstärkte sie.

Anitas Unterstützung bedeutete für Jones einen riesigen Triumph über Micks und Keiths Dominanz, eine Parteinahme, die in diesem Schurkendrama eine seltene Ausnahme darstellte. Über Jones' emotionalen Ballast aus der Vergangenheit mochten seine Bandkollegen mal verzweifeln, mal gemeine Witze reißen, doch mit Anita hatte er einen echten „Fang" gemacht.

„Ich fand auf jeden Fall, dass Brian sehr viel Glück gehabt hatte", erzählte Richards später. „Als ich Anita das erste Mal sah, war mein erster Gedanke: ‚Verdammt, was macht denn so eine heiße Mieze mit Brian?' Anita war unglaublich stark, hatte eine viel stärkere Persönlichkeit als Brian, war selbstsicherer und hielt nichts zurück, wohingegen Brian voller Zweifel steckte."

Die Allianz zwischen Jones und Pallenberg stellte geradezu einen Schock für diejenigen dar, die Brians kurze Aufmerksamkeitsspanne hinsichtlich Beziehungen kannten. Anitas Intelligenz und ihr kraftvoller Feminismus erhoben sie über die Menge der unterwürfigen Frauen, die so häufig an den Rockschößen der Band hingen.

„Für mich war sie ein Rätsel", berichtet der Fotograf Gered Mankowitz. „Wenn sie dich nicht dabei haben wollte – egal, was gerade abging –, zeigte sie es dir auch deutlich. Sie hatte ein einzigartiges, sehr vereinnahmendes und überaus sexuelles Charisma. Man kann sie als beängstigenden, manchmal ungeheuerlichen Charakter beschreiben. Sie konnte sehr cliquenhaft sein. Sie und Brian führten eine Beziehung, bei der sie sich abschotteten und zusammenhingen. Sie waren von allem um sie herum abgeschnitten."

„[Anita] war extrem offen und unverblümt", erklärte Marianne Faithfulls früherer Ehegatte John Dunbar. „Sie konnte dich aufziehen, aber auch ein ‚harter Kerl' sein. Wenn Leute sie auf irgendeine Art verarschen wollten, machten sie denen das Leben zur Hölle."

Erzählungen nach warnte Jagger – der Anitas Ankunft als eine echte Herausforderung empfand – die Leute in seinem engen Umfeld vor einem näheren Kontakt mit ihr. Das änderte nichts daran, dass Jaggers damalige Freundin Chrissie Shrimpton Anita als eine ehrliche und gradlinige Person einschätzte. „[Sie] war sich ihres Einflusses bewusst, aber auch sehr mitfühlend", berichtete Shrimpton dem Autor Victor Bockris. „Im Gegensatz zu den anderen Mädchen, die mir meinen Platz streitig machten, bemerkte ich bei Anita niemals so eine Tendenz. Vielleicht war sie manchmal boshaft, doch sie hatte auch viel Macht. Sie setzte ihre Macht aber niemals für bösartige Aktionen ein, was ich sehr an ihr schätzte. [Anita] war schräg, freaky und auch stark, aber ihre Gefühle waren immer echt."

Obwohl sich Marianne Faithfull damals eher im Dunstkreis der Band aufhielt, bemerkte sie, dass Anita größtenteils dafür verantwortlich war, dass die Stones [im Rahmen der Psychedelic-Ära] ein Renaissance-Image aufbauten und eine andere Grundhaltung einnahmen. 1994 schrieb sie: „Das Bündnis von Anita mit Brian ist zugleich die Geschichte, wie aus den Stones die Stones wurden. Sie war eine der maßgeblich Verantwortlichen für die kulturelle Revolution in London, indem sie die Stones mit den wohlhabenderen Jugendlichen zusammenbrachte."

Brian Jones' oftmals ungehaltene und egomanische Präsenz befremdete zahlreiche Menschen, doch im Einklang mit Anita hielt die Kombination ihrer Charaktere den Kritikern stand. Durch den

Energieschub, den die Beziehung ihm gab, nahm Brians Selbstvertrauen exponentiell zu.

„Ich empfinde Brians und Anitas Beziehung als höchst faszinierend", erklärte Paul Trynka, Autor der besten und alles überragenden Jones-Biografie *Sympathy For The Devil: Die Geburt der Rolling Stones und der Tod von Brian Jones*. „Ich glaube, dass es für Brian eine bewusste Entscheidung war, eine Art Verdoppeln-oder-Beenden-Wette, denn er wusste, dass sie ein grandioses Team würden. Ein Teil von ihm liebte das Chaos, das Alles-oder-Nichts, alles in Aufruhr zu versetzen. Er wusste, dass Anita und er zusammen etwas Energiereiches freisetzten. Die beiden waren das ultimative Power-Paar, immer an vorderster Front, und Anita war nun mal 50 Prozent der Beziehung."

„Ich kann mich nicht mehr genau daran erinnern, wann ich Anita das erste Mal traf", erzählte der Stones-Manager Andrew Oldham dem Autor 2018, „doch ich spürte eine Kraft, eine Energie, die nicht nur Brian (und später Keith) berührte, sondern den gesamten Weg der Rolling Stones beeinflusste. Ich wollte diese Stärke nicht näher ergründen, es war mir schlichtweg egal, doch ich wusste, dass Anita zu den Hauptautorinnen der kommenden Kapitel der [Stones-Geschichte] zählen würde".

Dank der Beziehung mit Brian (und der Tatsache, dass ihre Anwesenheit bei der Presse bislang größtenteils unbemerkt blieb) fand Anita genügend Freiräume, um eine Party in angesehener Gesellschaft steigen zu lassen. *Ready Steady Go!*, die heiße TV-Show mit den energiegeladenen Auftritten, gehörte zu einer der Gelegenheiten, bei denen sie mit einem eingeladenen Publikum das Tanzparkett „polierte". Am 29. Oktober 1965 waren die Stones der Hauptact, doch auch The Animals traten auf, The Searchers und Chris Farlowe. Trotz der erhofften Anonymität war ein Fotograf von der *Paris Match* bei der Übertragung anwesend, der eine Reihe von Aufnahmen von der ekstatisch tanzenden Anita schoss. Aufgekratzt, grell und unbekümmert dominiert Anita die Menge der Gäste, die eine Party vortäuschen.

Ein weiterer kurzer Augenblick von Anita im Party-Modus in der damaligen Zeit wird in der Rediffusion-Doku *Go, Go, Go, Said The*

Bird festgehalten, einer der scheinbar endlos vielen Filme, die versuchen, das Swinging-London-Phänomen zu erklären. Während des Programms wird Anitas Präsenz in London erstmalig von einer Filmkamera eingefangen.

Einige Personen lernten sie damals näher kennen wie der Musikverleger Tony King, der 2005 dem Autor Andy Neill berichtet: „In konventioneller Hinsicht war Anita nicht schön, doch sie raubte einem den Atem. Ich begegnete ihr zuerst [1965] mit Andrew [Oldham] und [seiner Frau] Sheila im Scotch Of St James. Später traf ich sie im Chez Castel, wo sie zu mir rüberkam und sich vorstellte. Sie erzählte mir, dass sie mit Brian ging. Sie und Brian waren ein fantastisch aussehendes Paar."

Trotz des vollen Terminplans verbrachten die beiden so viel Zeit wie möglich zusammen. Die räumliche Entfernung stellte niemals ein Hindernis dar, denn ihre Leidenschaft war offenkundig. Bei einem Job in Paris Ende 1965 traf Anita wieder Deborah Dixon und Donald Cammell. Während des Aufenthalts in Montparnasse sah sie Donalds Bruder David (späterer Produzent von *Performance*). Donald hatte schon überschwänglich über das bevorstehende Treffen gesprochen, und David zeigte sich tief beeindruckt, als er sie das erste Mal sah.

„Ich wohnte bei meinem Bruder und Deborah in ihrem Studio", erinnert sich David Cammell heute. „Anita hielt sich da auf und wollte nach London reisen. Ich war mit meinem Lotus Elan in Marokko gewesen und sie fragte: ‚Kannst du mich mit nach London nehmen?' Ich antwortete: ‚Klar.' Ich hatte in Marokko ein wunderschönes Tongefäß erstanden. Da der Lotus ein Zweisitzer war, musste ich nun eine Entscheidung treffen. Ich opferte also das Gefäß und Anita nahm den Platz ein. Sie setzte sich rein und schon ging es los."

Cammell, der wie ein Wahnsinniger durch die ländlichen Regionen Frankreichs fuhr, um die Fähre rechtzeitig zu erreichen, zeigte sich von Anitas Intellekt und ihrem enzyklopädischen Wissen beeindruckt.

„Das war außergewöhnlich", berichtet er. „Sie konnte jedes Thema mit einer langen Ausführung beantworten. Als ich sie mit nach London nahm, dachte ich, dass eine gemeinsame Nacht ganz schön sein könne! Dann hielten wir beim Scotch Of St James, und ich erfuhr, dass sie dort mit Brian Jones verabredet war."

Als die US-Tour 1965 kurz unterbrochen wurde, kam Anita auf die Idee, in die Staaten zu fliegen, um mit Brian einen Kurzurlaub in Miami einzulegen. Doch wenige Tage vor dem Termin musste ihre Arbeitserlaubnis für Großbritannien erneuert werden. Sie brach ihre Arbeit in London ab und flog direkt nach Paris, um möglichen Problemen mit den Behörden aus dem Weg zu gehen. Von Frankreich aus telefonierte sie täglich mit Brian, bevor sie endlich einen Flieger nach Florida bestieg.

„Soweit ich mich erinnere", erzählte Anita, „zahlte ich mein Ticket selbst, holte sie ein, aß mit den Roadies und dann ging's direkt ins Hotel. Das war damals so – nichts organisiert. Auch die Pässe und dieser ganze Mist. Das waren noch die Zeiten, in denen sie ein Hotelzimmer total verwüsteten – voll auf Adrenalin, das beim Verlassen der Bühne immer noch in ihnen pulsierte."

Besessene Fans fanden schnell heraus, dass Anita mehr war als nur das obligatorische Groupie. Der daraus entstehende Frust und die Eifersucht richtete sich oft gegen sie. „Das war sehr beängstigend", erläuterte sie in dem Buch *The Early Stones* von Michael Cooper und Terry Southern. „Die haben mir die Klamotten zerrissen, mich ständig zu Boden gestoßen – mich getreten, mich hingeworfen, damit ich ihnen nicht im Weg stand. Totaler Neid und Misshandlung, verbal und körperlich."

Doch Gefahr und Gewalt ging nicht nur von den Fans aus. Es war Anitas erste Fahrt in der Achterbahn des Tourlebens, die gemeinsame Zeit mit Brian wurde oft unterbrochen und gelegentlich gab es aufsehenerregende Vorkommnisse. Ronnie Schneider, der Tourmanager während der Konzertreise, war Zeuge vieler der frühen Zusammenstöße und zeichnet ein lebhaftes Bild von der explosiven Chemie zwischen Jones und Pallenberg.

Schneider erinnert sich heute: „Als ich das erste Mal mit Anita Kontakt hatte, war ich wegen eines Anrufs von der Rezeption zu

Brians Zimmer gegangen. Es sollte dort sehr laut geworden sein. Als ich hinkam, erfuhr ich nur, dass sie sich über irgendetwas gestritten hatten. Anita meinte hinterher, sie sei von Brian unfair behandelt worden, aber ich würde mal meinen, dass die beiden sich gegenseitig nichts geschenkt hatten."

Spannungen gab es nicht nur hinter geschlossenen Türen. Anita zeigte einen damals seltenen Widerwillen gegen das von Musiker-Partnerinnen erwartete Verhalten und hielt während der US-Tour unübersehbar die Fahne des Feminismus hoch.

„Wir verbrachten einen freien Tag in Miami", berichtet Ronnie Schneider. „Damals wohnten wir im Hotel Fountainebleau. Wir hatten alle diese Speedboote, mit denen wir über das Wasser rasten. Plötzlich sah ich Anita, die direkt auf andere zufuhr, dann auf mein Boot und voll reinknallte."

Nach der Episode in Miami kehrte sie kurz nach Paris zurück, bevor sie wieder nach Los Angeles flog, um beim Ende der Tour dabeizusein und etwas Zeit mit Brian zu genießen. Der Stones-Tross reiste mit einigen Agenten der mächtigen Agentur GMC, und Anita lernte den für die Band zuständigen Repräsentanten Michael Gruber kennen.

„Sie war ein freigeistiges, wunderbares Mädchen", berichtet Gruber heute. „Sie zeigte sich an allem interessiert und war eine witzige Person, die man gern um sich hatte. [Anita] sorgte für den zündenden Funken. Manchmal waren Brian oder Keith niedergeschlagen und in sich versunken, und dann ging Anita hin und sagte so was wie: ‚Hört doch mit dem Scheiß auf, kommt aus dem Arsch und lasst uns loslegen.'"

Da die Band nach dem Ende der Tournee noch einige Aufnahmen machen sollte, wurde Gruber als ihr Agent beauftragt, für die passende Unterbringung zu sorgen.

Gruber: „Ich erinnere mich noch an das Einchecken im Hotel Bel-Air. Ich musste die Buchung unter falschen Namen machen, sonst hätte man uns da nie reingelassen. Normalerweise wohnten wir im Beverly Wilshire, doch Mick wollte unbedingt ins Bel-Air, weil es über große Gärten verfügte und Bungalows für die Unterbringung der Gäste. Ungefähr eine Stunde nach der Ankunft meinte Anita zu mir: ‚Michael, wir wollen die Möbel aus dem Raum haben – wie bleiben ja hier. Die Stones nehmen ihr Album auf und wir haben für Brian schon einen Flügel bestellt.' Egal, wenige Stunden darauf wurde der Flügel angeliefert. Während der Nacht hatten die beiden einen unglaublichen Streit. Cary Grant wohnte eine Tür weiter und beschwerte sich über den Krach. Um vier Uhr morgens suchte mich der Manager in meinem Bungalow auf, berichtete von dem ganzen Lärm und dem entstandenen Schaden. Ich ging zu Brians und Anitas Bungalow. Der sah ziemlich verwüstet aus, als sei ein Truck da reingefahren. Anita meine beiläufig: ‚Was soll ich nur mit ihm machen? Er hört einfach nicht zu.' Na ja, man warf uns aus dem Bel-Air raus und wir checkten im Beverly Wilshire ein."

Nach Beendigung der Tour machten die beiden Urlaub auf den Virgin Islands. Anschließend beabsichtigten sie einige Zeit in New York zu verbringen, wo sie die Gelegenheit zu einem Treffen mit Bob Dylan wahrnehmen wollten. Dylan, der eigentlich nicht dafür bekannt war, sich zu Verrückten hingezogen zu fühlen, war fasziniert von den beiden, die sich in ihrem Wesen glichen wie ein Ei dem anderen. Wenn man den Mythen Glauben schenkt, schrieb Dylan „Ballad Of A Thin Man" 1965 als eine Art von Hymne auf Jones' Komplexität und sein oft abgemagertes Erscheinungsbild. Mögliche Referenzen an Anita finden sich auf dem legendären Album *Blonde On Blonde*, besonders beim Track „I Want You". Der Sinn ist natürlich – denkt man an Dylans Hang zur Mehrdeutigkeit – sprachlich chiffriert, doch die Zeile über ein tanzendes Kind, das einen „Chinese suit" trägt, lässt sich möglicherweise auf Anita zurückführen. Hinzu kommen noch mehrere Andeutungen, wenn der Protagonist sagt, dass die Zeit auf seiner Seite ist (eine eventuelle Anspielung auf den Stones-Track „Time Is On My Side"). Auch der Albumtitel könnte Dylans Interesse an Jones und Pallenbergs bemerkenswerter Uniformität glaubwürdig widerspiegeln.

Während der Audienz beim Barden wurde passenderweise viel in Metaphern gesprochen. „Wir suchten Dylan im Chelsea Hotel auf. Als er Brian das erste Mal sah, fragte er: ‚Na, wie hoch steht dein Paranoia-Zähler, Brian?' Dann machte er uns an, denn Brian hatte eine Limousine bestellt, die uns in einen Club bringen sollte. Er meinte: ‚Was soll denn das mit der Limousine? Nur Popstars kutschieren in Limousinen.'"

Trotz des krachenden Aufpralls auf dem Planeten Rolling Stones führten Anita und Brian ihre Beziehung weiter. Es überraschte niemanden, dass sich schon vor Ende der US-Tour Gerüchte in den Kolumnen der Klatschpresse verbreiteten, die sich um eine mögliche Ehe rankten. Das britische Musikmagazin *Disc Weekly* war die erste Publikation, die darauf anspielte, dass hinter Anitas Aufenthalt mit Brian in Los Angeles mehr stecken könne, als der Anschein vermuten ließ. Die Schlagzeile auf der Titelseite „Brian Jones Wedding?" mit einem Foto des Paars wurde von der Presse im großen Stil aufgegriffen und stieß auf eine beträchtliche Resonanz. *The New Musical Express* folgte schon bald und in der Ausgabe vom 7. Dezember stand, dass in London „in den letzten Tagen Gerüchte die Runde machten, dass Brian Jones von den Rolling Stones kurz vor einer Hochzeit steht. Seine zukünftige Frau ist das 21-jährige deutsche Model Anita Pallenberg. Bei einer Party in Chelsea kommentierte Jones dies kürzlich so: ‚Die Hochzeit ist definitiv geplant, und Bob Dylan wird Trauzeuge sein.'"

Angesichts der unkonventionellen Grundhaltung der Stones sorgte das Thema von Jones' Heiratsabsichten für reichlich Mutmaßungen in den Klatschspalten. Überall wurde darüber spekuliert, wie diese bemerkenswerte Frau den schwierigen Stone zähmen und in den Hafen der Ehe locken konnte. Um noch Öl ins Feuer zu gießen, wurde berichtet, dass Anita in den USA beim Betreten einer Hochzeitsboutique gesehen wurde.

Während sich der Klatsch und Tratsch über die Regale der Zeitschriftenhändler verbreitete, bedrängten Reporter das Paar bei der Rückkehr am Londoner Flughafen. „Es wird schon sehr bald sein", bestätigte Anita, wonach sie kryptisch einlenkte: „... oder es wird nie passieren."

Jones wurde gedrängt, zu Anitas Aussage Stellung zu nehmen. „Ich denke natürlich über eine Heirat nach", eröffnete er den wartenden Journalisten. „Anita ist das erste Mädchen, bei der ich mir ernsthafte Gedanken mache." Konkret auf Anitas Erklärung angesprochen, verhielt er sich eher ausweichend: „Es ist mir ein wenig peinlich, denn das ist alles privat. Wir schätzen uns sehr und es ist ja ganz offensichtlich mehr als eine flüchtige Bekanntschaft."

Die Neuigkeiten fanden schließlich ihren Niederschlag in den Teenager-Magazinen. In der Ausgabe der deutschen *Bravo* vom 3. Januar 1966 wurde die Geschichte auf zwei Seiten ausgewalzt. Obwohl Brian betonte, dass „Anita für mich die Einzige ist", rutschte ihm noch heraus, dass sie „verrückt" sei.

Rave veröffentlichte im Februar 1966 einen ganzseitigen, etwas seriöseren Artikel über Anitas und Brians Beziehung mit der Schlagzeile: „Die Story eines Stone – eine Love Story", auch wenn der aus verschiedenen Quellen zusammengemixte Bericht voller Fehler war. Die letzten Worte des Textes, in dem man die gegenseitige Liebe zu romantisieren versuchte, wirkten allerdings geheimnisvoll: „Was wird nun geschehen? Wird Brian seine Anita heiraten? Das vermag niemand mit Sicherheit zu sagen, weder Brian noch Anita. Die Zeit wird es weisen."

Ungeachtet seiner Beziehung zu Pallenberg lebte Jones seinen Rock'n'Roll-Lifestyle auf Tour weiter, mit all den Drogen und flüchtigen Momenten körperlicher Lust. Wenn die Band nicht unterwegs war, wohnte der launische Brian in verschiedenen Wohnungen, die er jeweils nur sporadisch nutzte, im Großraum Westlondon. Nachdem er aus einem Stadthaus in Belgravia herausgeworfen worden war, das er sich mit einigen Musikern der Pretty Things geteilt hatte, zog er im März 1965 in eine umgebaute und für seine Verhältnisse sehr bescheidene Wohnung in der Elm Park Lane Nummer 7. Zuerst hatte er Pat Andrews mit ihrem gemeinsamen Sohn Mark dort wohnen lassen, doch nachdem sie eine Unterhaltsklage gegen ihn angestrengt hatte, gab er den beiden den „Marschbefehl". In dem Haus herrschte für weibliche Besucherinnen eine Politik der sich schnell öffnenden und schließenden Tür; nur Linda Lawrence (die Mutter seines Sohnes Julian), das Model Zouzou und die deutsche Schauspielerin und Sängerin Nico gingen dort regelmäßig ein und aus – bis Anita kam.

Obwohl es nur kurz war, stellte sich für Nico das „Arrangement" mit Brian als glücksbringend heraus, denn er machte sie mit den damals noch in ihrer Anfangszeit stehenden Velvet Underground bekannt. Ihre Freizeit verbrachten Nico und er mit vulgären Sexspielchen. Später erinnerte sie sich an seine beinahe kindliche Art und seine praktisch unstillbare Lust auf neue Erlebnisse.

„Er ähnelte einem kleinen Jungen mit einem Zauberkasten", charakterisierte Nico das Leben mit Brian. „Es war für ihn wirklich eine Entschuldigung, gemein und zugleich sexy zu sein. Er las Bücher eines alten englischen Mannes [Aleister Crowley], der der Teufel war. Irgendwann sagte ich ihm, dass ich den Teufel kannte und dieser ein Deutscher gewesen sei!"

Zuerst versuchte Brian, Anita im Haus zwischen den anderen weiblichen Gästen „einzuschieben", doch im Mai 1966 schob er seinen alten emotionalen Ballast beiseite und sie zog offiziell in das Haus an der Elm Park Lane ein.

Anita hatte den Neid der Fans während der US-Tour mit Brian und den Stones in seiner ganzen Brutalität erlebt, doch die glühenden Verehrerinnen, die außerhalb des Hauses kampierten, zeigten sich ihr gegenüber vergleichsweise wohlgesinnt.

„Vor dem Haus hielten sich immer Fans auf", berichtet Anita in *The Early Stones*. „Sie fragten: ‚Dürfen wir auf eine Tasse Tee reinkommen?' Und ich antwortete meist: ‚Ja, ja – kommt rein.' Und dann haben sie den Abwasch gemacht und gefragt: ‚Dürfen wir Brians Bett machen?' Und ich antwortete wieder: ‚Ja, okay, macht das ruhig.' Sie machten sich recht nützlich … Es waren einfach liebe, unschuldige Mädchen."

Jones nutzte die Wohnung als Lager für seine umfangreiche Schallplattensammlung, Schnickschnack aus aller Welt und Spielzeug wie

Scalextric und Modelleisenbahnen. Die zentrale Lage war ideal für ihn, um seine professionellen und privaten Angelegenheiten schnellstmöglich erledigen zu können. Für Anita war es geradezu ein Segen, denn die King's Road (das Epizentrum der Mode in den Sechzigern) lag nur vier Minuten Gehzeit entfernt, obwohl das Lebensgefühl der Chelsea-Boheme ihrer grundsätzlichen Einstellung zuerst widerstrebte.

„Ich habe nie verstanden, warum die Leute barfuß durch die King's Road zogen“, erzählte sie Steven Severin 2002 für einen Artikel im *Guardian*. „Zuerst mal war es da dreckig. Und warum sollte sich eine Frau das wohl schönste Accessoire ihrer Garderobe vorenthalten?“ Dennoch ließ sie sich auf das „groovige“ Ambiente von Chelsea ein und seinen sozialen Mix aus abtrünnigen Aristokraten, wohlhabenden Beatniks und progressiv ausgerichteten Künstlern. Es war eine Beziehung, die sie den Rest ihres Lebens aufrechterhielt.

Mit Anita unter einem Dach zu leben, schränkte Brians Solo-Ausflüge in die Londoner Clubszene erheblich ein. „Letztes Jahr, als er noch nicht mit ihr zusammen war, kam er fast jeden Abend hierher“, erinnerte sich eine Kellnerin des Scotch Of St James gegenüber dem Magazin *Rave*. „Jetzt kommt er kaum noch.“

Brian hatte zwar viele Möglichkeiten, sich mit den Bandkollegen im Backstage-Bereich oder in lauten Clubs zu unterhalten, doch Freizeit abseits von Menschenmengen war eher selten. George Harrison und Jones waren musikalische Seelenverwandte, und eines Tages lud der Beatle Anita und Brian in sein Haus in Esher, Surrey, ein. Harrisons Partnerin Pattie Boyd wohnte mit ihm in dem niedrigen Bungalow und erlebte Anita daher aus nächster Nähe.

„Sie war sehr ungewöhnlich“, beurteilte Pattie das Erscheinungsbild ihres Gastes. „Sie hatte so eine tiefe Stimme mit einem sexy Schweizer Akzent. Sie sah cool und selbstsicher aus, war sich ihrer Schönheit aber nicht bewusst. Sie schlenderte durch unser Haus, redete und wirkte durch und durch fantastisch – ich konnte meine Augen kaum von ihr losreißen. Ich fand sie atemberaubend, dieses Charisma, dieses Selbstvertrauen.“

Doch abgesehen von Anitas coolem Äußeren erkannte Boyd auch, was die Dynamik der Jones/Pallenberg-Beziehung ausmachte.

„Sie hatte die Beziehung unter Kontrolle – definitiv. Man merkte, dass sie machen konnte, was sie wollte. Eigentlich war sie auch ein bisschen unheimlich. Auf mich wirkte [Anita], als habe sie Geheimnisse, die sie nicht enthüllen wollte. Ich bin niemals einem jungen Mädchen mit solch einem Selbstvertrauen begegnet."

1965 wurde eine Vielzahl unterschiedlicher Samenkörner für kreative Seelen wie Anita ausgesät und im Jahr 1966 begann die Saat aufzugehen. „Swinging London", wie man es schnell mit einem Schlagwort einfing, wurde die angesagteste Stadt auf dem Planeten, eine Metropole, in der ein ausgewählter, aber ungemein talentierter Kreis von Künstlern und Denkern die Richtung eines neuen Lebensgefühls vorgab.

Die Signale, die über die Antenne des „Swinging London" gesendet wurden, machten schnell die Runde um den gesamten Globus. Bevor sich San Francisco 1967 den Status als coolste Stadt der Welt unter den Nagel riss, war London in der ersten Hälfte der Jahrs 1966 das kreative Herz der Welt. Die Jugendmode und Mode allgemein stellten den aufstrebendsten Markt der Welt dar, woraufhin die Leute aus allen Ecken der Nation in die Stadt strömten, um bei der Party mitzumachen. Auch fand in London im Sommer die Fußballweltmeisterschaft statt, was zu einem neuen Nationalstolz bei dem größten Teil der Bevölkerung führte. Der Union Jack, zuvor nur als konservatives und nationalistisches Symbol angesehen, entwickelte sich zu einem Modestatement. Viele bereicherten sich jedoch nur an den Rändern des Phänomens, wohingegen ein konzentrierter Kern der „Macher" existierte.

„Das glich einer Verschwörung von ungefähr tausend Protagonisten, die mitten in London lebten", analysiert der angesehene Chronist des Stils Peter York heute. „Anita muss all diese Leute gekannt haben, denn in der Szene kannte jeder jeden. Die ganze Swinging-London-Szene beschränkte sich auf eine kleine Anzahl von Orten."

Eigenartigerweise war es ein amerikanisches Magazin, das sich als Erstes ausführlich mit dem verbreiteten Gefühl von Emanzipation, kultureller Freiheit und kindlichem Erstaunen auseinandersetzte, welches sich 1966 in Englands Hauptstadt ausbreitete.

Die überschwängliche Coverstory im Magazin *Time* enthüllte der Welt das Phänomen, das für Anita und ihren Kreis schon seit einigen Monaten zur Realität geworden war. Der ausführliche Artikel versuchte eine Momentaufnahme davon zu machen, wie sich aus einem kreativen Abenteuer das nächste ergab – oftmals täglich ein neues. Die Szene hatte sich schon um einige Schritte weiter entwickelt, als das Magazin in den Handel kam, doch war die Story deutlich tiefgreifender, eindringlicher und ergiebiger als andere Berichte in dieser Zeit.

„Tausende Schallplatten drehen sich in einem immer größer werdenden Orbit von Diskotheken", hieß es in der Reportage. „Aus eleganten Gaststätten sind Spielhallen geworden. In einer einst grauen Welt verblassender Pracht erblüht im Londoner Leben alles Neue, zuvor nie Dagewesene und Ausgefallene … Die Rolling Stones, deren Musik momentan ‚in' ist, regieren als Nachkommen des Königshauses."

In dem leidenschaftlichen, farbig bebilderten Artikel fanden sich auch Fotos von Anitas Freunden, darunter Jane Ormsby-Gore und Michael Rainey, und ein kurzweiliges Interview mit ihrem Freund und Förderer Robert Fraser, der London zu Recht als das Zentrum des kreativen Bewusstseins der Welt bezeichnete.

„London hat etwas, das New York einst hatte", meinte Fraser gegenüber *Time*. „Jeder will hier sein. Es existiert kein [vergleichbarer] anderer Ort. Paris ist wie versteinert. Es gibt etwas Undefinierbares in London, das die Menschen dazu bringt, hier sein zu wollen."

Während *Time* richtigerweise Fraser als einen Mann im Zentrum des Geschehens identifizierte, unterschlug das Magazin aber Anita als seine enge Freundin und Stein des Anstoßes. „Groovy Bobs" grandiose Statur und seine Omnipräsenz erhöhten seine Bedeutung, während Anita zweifellos das feminine Herz der Bewegung repräsentierte. Da alles mit einer blitzartigen Geschwindigkeit ablief, dauerte es noch Jahre, bis Anitas Rolle im großen Zusammenhang richtig eingeschätzt wurde. In seiner Biografie *Life* hob Keith Richards das Paar [Fraser und Pallenberg] als einen wichtigen Teil der Bewegung hervor und beschrieb sie als einen „Baum, aus dem Londons hippe Szene hervorging". Dennoch war Anita darauf bedacht, Fraser in der Retrospektive als Impulsgeber all dessen darzustellen, was sich entfalten sollte.

„Robert war allem, was da vor sich ging, weit voraus. Ich verbrachte sechs Monate in New York und war bestens über die Kunstszene informiert. Roberts Gesellschaft empfand ich als höchst angenehm. Wir teilten dieselben Interessen in der Kunst, denn ich stand total auf die Pop-Art. Er war unglaublich authentisch – jung, forsch und charmant und besaß eine eigene Galerie. Er hatte alles."

Fraser und Pallenbergs Leitfiguren-Status überführte den luftigen und verträumten Idealismus der Bewegung in die Realität.

„Es war eine Zeit der Träume und Fantasien", erklärte Anita später. „Einige halfen dabei, sie zu verwirklichen, andere versumpften in der Fantasie. Doch alles lag dir zu Füßen. Ob die Drogen damit etwas zu tun hatten – ich weiß es nicht. Wir waren alle noch so jung."

„Man muss die Winzigkeit der Welt verstehen, in der sie alle lebten", erklärt Gered Mankowitz. „Es waren Cliquen, man orientierte sich an der Kunst, es war trendy und es war eine kleine Welt, bei der die Drogen im Zentrum standen. Der experimentelle Lifestyle bedingte die Drogen als Zentrum."

Obwohl es damals niemand aussprach, waren die psychedelischen Drogen der Sprengsatz, der das Swinging London zur Explosion brachte. Während Marihuana im Laufe der Jahre bei Künstlern zu den „Grundnahrungsmitteln" gehörte, mussten Halluzinogene erst in die kreative Oberfläche der Stadt eindringen. 1966 induzierte eine Droge, bekannt unter dem chemischen Namen Lysergsäurediethylamid, einen lebensverändernden Effekt bei allen, die sie einnahmen. Die Geschichtsschreibung erklärte das Jahr 1967 zu dem Zeitraum, in dem LSD von größtem Einfluss war, doch hatte das Auftauchen der Droge im Jahr 1966 in London weitaus gravierendere Auswirkungen.

Schnell begannen Freizeitchemiker und Gartenlauben-Pharmazeuten aus dem Trend Kapital zu schlagen, doch LSD konnte vor dem Jahr 1965 nur in Laboratorien oder Kliniken „erfahren“ werden. In Zusammenhang mit der Psychotherapie eingesetzt, war die Droge nur mit besonderer Genehmigung bei einschlägigen Institutionen erhältlich. Doch als Berichte der geradezu „kosmischen“ Effekte aus den Behandlungszimmern sickerten, war die Künstlergemeinschaft schnell an diesem exotischen Reiz interessiert. Schon bald sollte sich eine Hintertür öffnen.

Timothy Leary wurde schnell zum populären Verkünder der transformierenden Möglichkeiten der Droge. Er selbst war durch den in den USA lebenden Briten Michael Hollingshead zuerst auf LSD gebracht worden. Dessen spektakuläre Rückkehr nach London im September 1965 wurde mit einem Sturm der Neugier begrüßt, besonders, da sein hochfliegendes Interesse darin bestand, die Welt „auf die Droge zu bringen“. Zu diesem Zweck betrieb Hollingshead das „World Psychedelic Centre“ von seiner Wohnung in der Pont Street im Stadtteil Belgravia aus. Trotz des verheißungsvollen Namens und der glamourösen Location waren die Räumlichkeiten nicht mehr als eine verkommene Kellerwohnung.

Robert Fraser kannte LSD bereits aufgrund eines Erlebnisses in Rom im selben Jahr. Die Droge ließ ihn „so richtig abschweben“, woraufhin er sich mit einigen frühen Acid-Adepten schleunigst auf den Weg in das Psychedelic Centre in der Pont Street machte. Da Hollingshead sich in der Szene kaum auskannte, wurde Fraser einer der ersten LSD-Botschafter. Man sah ihn oft in der Stadt, einen Botschafterkoffer eng an den weißen Anzug gepresst und eine Sonnenbrille mit bunten Gläsern auf der Nase, wodurch er vielen wie ein psychedelischer Arzt erschien.

Schnell verbreitete sich die Nachricht der psychisch enthüllenden und tief greifenden Möglichkeiten in der Regenbogenpresse, woraufhin LSD als gefährlich eingeschätzt wurde. Die positiven und negativen Aspekte wurden später von Musikern auf dem schrägen deutschen Plattenlabel Die Kosmischen Kuriere (oder auch The Cosmic Couriers) thematisiert. Unbeeindruckt von der Tatsache, dass sie Russisches Roulette mit ihrer psychischen Gesundheit spielten, waren Anita und Brian schnell dabei, einen Schluck aus Frasers Zauberbecher zu nehmen – angeblich in seiner Wohnung in der Mount Street. Im Glauben, LSD sei nur ein etwas stärkeres Marihuana, standen die beiden schnell unter einem Schock.

Anita behauptet, dass Fraser der Erste gewesen sei, der Brian LSD gegeben habe; zuvor gab es allerdings noch zwei weitere mögliche Gelegenheiten – und zwar 1965 bei der US-Tour der Stones. Auf jeden Fall bot der erste gemeinsame Acid-Trip Anita einen Einblick in Jones' innere Zerrissenheit.

„Robert brachte mich auf Acid“, erzählte Anita 2001. „Er war der erste Bekannte in London, der LSD hatte. Ich war an Haschisch gewöhnt, doch dann warfen Brian und ich an einem Abend einen Trip ein und gingen nach Hause. Dort begannen die Halluzinationen.“

„Das erste Mal, dass er Acid nahm“, erinnerte sich Anita später an Jones' Trip, „sah er Kreaturen, die aus dem Boden kamen, von irgendwo unter dem Parkett. Er durchsuchte alle Schränke nach irgendwelchen Leuten: ‚Wo sind sie?‘“

Für Menschen, die sich bereits auf der schmalen Grenzlinie zischen Realität und Fantasie bewegten, wirkte LSD als verbindendes Element zwischen beiden Wahrnehmungsebenen. Die Droge bestätigte und förderte Anitas Lebensgefühl und sie warf daraufhin mit Begeisterung LSD ein. Während für sie die bewusstseinerschütternde Erfahrung befreiend und lehrreich wurde, erzeugte sie bei Brians angeschlagenem Selbstvertrauen und fehlendem Selbstwertgefühl quälende Visionen. Die dämonenhaften Stimmen und das ungefilterte Erinnerungsvermögen verstärkten seine bereits vorhandene Paranoia.

Trotz seiner vielschichtigen Reaktionen auf die Droge nahm Jones mit der ihm eigenen Hartnäckigkeit weiterhin LSD. Anita hingegen entwickelte sich in London zu einem regelrechten Avatar der Droge. Für viele stellte LSD geradezu ein Sakrament dar, und so verbanden sich die gemeinsamen Acid-Trips von Anita und Brian auch mit Keith Richards' Wunsch nach psychedelischen Erfahrungen. Richards schwamm auf der Acid-Welle mit; bald bildete sich ein Trip-Triumvirat. Eine egovermindernde Droge stieß bei einem Menschen wie Mick Jagger, bei dem Charakterzüge wie eine gewisse Affektiertheit und ein ausgeprägtes Konkurrenzverhalten dominierten, nicht gerade auf Begeisterung. Seine Ablehnung schwächte zeitweilig die eigentlich starke Beziehung zwischen ihm und Richards. Daraufhin entstand eine engere Freundschaft zwischen Keith, Brian und Anita.

LSD polarisierte die Szene mehr als jede andere Droge. Menschen mit einer ausgeglichenen, „stahlharten" Psyche begaben sich auf die Acid-Achterbahnfahrt und sahen ihre Initiation als eine Art Ritterschlag, während andere sich zutiefst ängstigten. Für längere Zeit war der Zutritt zum „psychedelischen Elfenbeinturm", den Anita und ihre Freunde bewohnten, nur denen möglich, die jemanden kannten, der bereits entsprechende Erfahrungen gemacht hatte. Zu den zahlreichen Slogans, die 1966 in London die Runde machten, zählte auch „You're not hip till you trip". Das spielte auf die psychedelischen Erfahrungen an, die jemand gemacht haben musste, um in den „goldenen Zirkel" aufgenommen zu werden.

Eine neues königliches Paar – Brian und Anita – zog von nun an durch die Clubs, die wie Pilze aus dem Boden schossen. Eher seriöse Establishments mit einer gehobeneren Kundschaft, die sich durch Beruf und gesellschaftliche Schichtzugehörigkeit definierte, grenzten sich davon ab, doch exklusive Clubs wie das Ad-Lib, der Scotch Of St James und das Speakeasy wurden ins Leben gerufen, um die Protagonisten aus dem Entertainment zu beherbergen, darunter natürlich auch die Pop-Aristokratie.

„Man sah sie in den verschiedenen Clubs der Stadt", erinnert sich der ehemalige Beatles-Mitarbeiter Tony Bramwell. „Sie torkelten durch das Speakeasy und wurden beinahe rausgeworfen, weil ihr

Verhalten auf Empörung stieß. Doch man konnte keinem Rolling Stone die Tür weisen, und so blieb der Bedienung nichts anderes übrig, als sie freundlich zu bitten, sich etwas ruhiger zu verhalten. Brian war meist völlig neben der Spur, doch Anita stand auf dem Parkett und tanzte wild und ungeniert."

Oft beschränkte sich die gefährliche Abenteuerlust des Pärchens nicht nur auf die Erweiterung ihres Bewusstseins. In sexueller Hinsicht half LSD dabei, das überkommene geschlechtsspezifische Rollenverhalten zwischen Brian und Anita zu verändern. Jones war daran gewöhnt, dass Männer ihre weibliche Beute dominierten. Kam es zum Zeitvertreib mit intimen Spielchen, bestand jedoch Anita darauf, die Führungsrolle zu übernehmen. Durch ihre ausgeprägte Dominanz erforschte sie zahlreiche Ecken und Nischen des Rollentauschs der Geschlechter.

Außerhalb des Schafzimmers zeigte sich in der Öffentlichkeit Pallenbergs ausgeprägte Loyalität gegenüber Brian – die aber manchmal auch bis an eine rasende Eifersucht heranreichte. An einem Abend unterhielt er sich im angesagten Scotch Of St James mit Ronni, einem Model und der Freundin des Musikers Zoot Money. Anita bemerkte das Gespräch, steigerte sich in einen Wutanfall und giftete: „Ich will nicht, dass du dich mit der Schlampe unterhältst." Dann drehte sie sich zu Ronni und schlug sie.

Der flüchtige Hauch der Boheme, der die frühsten Tage des Paares kennzeichnete, wurde nun von einer eher gewalttätigen Stimmung verdrängt. Oftmals musste Anita Jones' Wutausbrüche ertragen und war die Unterlegene. „An einem Tag kam ich zur Wohnung in Chelsea und fand Anita vor, mit blauen Flecken auf dem ganzen Gesicht", berichtete der Stones-Laufbursche Tony Sanchez. „Es war offensichtlich, dass er sie brutal geschlagen hatte. Als ich sie fragte, was denn geschehen sei, meinte sie; ‚Das geht dich nichts an.'"

Nach einem besonders brutalen Zwischenfall flüchtete Anita ins Haus einer Freundin, um sich verarzten zu lassen. Früher hatte sie aus Rache schon mal Brians Scalextric-Bahn zerstört oder seine Modelleisenbahnen in der Elm Park Lane verbrannt, aber in diesem Fall war Anita auf eine andere Form der Vergeltung aus. „Ich saß da, in Tränen aufgelöst, und war stinksauer. Meine Wunden wurden behandelt und ich fühlte mich schrecklich“, erzählte sie dem Autor A. E. Hotchner. „Ich beschloss, eine Wachsfigur von Brian anzufertigen und sie mit einer Nadel zu malträtieren. Ich knetete mit Kerzenwachs eine symbolische Puppe, flüsterte bestimmte Worte, schloss die Augen und stach mit einer Nadel in die Wachsfigur. Ich hatte den Magen durchdrungen … Am nächsten Morgen kehrte ich in die gemeinsame Wohnung zurück und fand ihn unter extremen Bauchschmerzen leidend vor. Er war die ganze Nacht wach gewesen und hatte regelrechte Qualen durchlitten. Überall standen Flaschen mit gelöstem Magnesium und anderen Medikamenten. Er brauchte ein oder zwei Tage, um wieder gesund zu werden.“

Marianne Faithfulls Mann, der Galeriebesitzer John Dunbar, konnte aber auch berichten, dass Anita nicht immer die Opferrolle bei der zunehmenden Brutalität einnahm. „Ich erinnere mich an ein Treffen mit Brian, weil es so dramatisch ablief. Es war bei einer Party, und ich kam gerade die Treppe hoch, als er von dieser schönen Frau geschlagen wurde – richtig hart. Es war Anita, die Brian eins verpasste. Sie schlug ihn zusammen. Es war höchst spektakulär und mir blieb die Spucke weg.“

„Anita war nicht einfach die ‚Matratze‘ wie so viele andere Mädchen“, erläutert Stash heute. „Die Frauen wurden damals wirklich schlecht behandelt, doch Anita stand auf und wehrte sich. Sie war ein feuriges italienisches Mädchen. In dem Fall kümmerte sie ihr Geschlecht nicht, denn Anita stand für sich selbst ein.“

Zwischen den eher hitzigen Abenteuern lernte Anita durch Brian die Protagonisten der obersten Schicht der Popszene kennen. Von ihrem Starruhm ließ sie sich allerdings wenig beeindrucken, sondern schätzte diese Menschen nüchtern ein, während sie sich ihr vorstellten.

„Ich war nicht sonderlich aufgeregt, als ich John Lennon kennenlernte“, erzählte Anita dem Romancier und Journalisten Alain Elkann 2017. „Das entspricht nicht meiner Persönlichkeit. Als ich ihm begegnete, empfand ich ihn wie einen Kunststudenten. Ich hatte einen großen Respekt vor Jimmy Page, aber das war es dann auch. Manchmal besuchten wir einen Club namens Ad-Lib, doch ich ging auch allein aus, um mir Pink Floyd oder Jimi Hendrix anzusehen. Mehr durfte ich eigentlich nicht, da die meisten Rockstars chauvinistische Männer waren, die in ihren jeweiligen Lagern steckten. War man im Beatles-Lager oder dem der Who, konnte man nicht zu den Rolling Stones gehören."

Andere Leute außerhalb des Musikgeschäfts konnten Anita, die sich bereits über einen großen Freundeskreis freuen konnte, doch beeindrucken. Tara Browne war ein 20-jähriger Mann, der im öffentlichen Leben stand. Er hielt sich in den coolsten Locations von Europa auf, doch wie viele andere im Goldrausch Mitte der Sechziger hatte er seine Basis in London, wo er sehr geschätzt wurde. Der Sohn von Oonagh Guinness und Dominick Browne, 4th Baron Oranmore und Browne, war der zukünftige Erbe eines riesigen Familienvermögens, darunter ein 2000 Hektar großes Anwesen in Irland und zahlreiche Vermögensanlagen rund um den Globus.

Der hinsichtlich seines Vermögens die anderen wohlhabenden Aristokraten der damaligen Zeit weit hinter sich lassende Browne konnte problemlos alles unternehmen, was ihm Freude bereitete, und zeichnete sich durch eine ungewöhnliche Intelligenz aus. Er war Ehemann, Vater, Clubbesitzer, Investor, mit Hunderten von Menschen befreundet und hatte ein geradezu enzyklopädisches Interesse, was ihn in Kontakt mit denselben Kulturkreisen brachte, aus denen heraus Anita wirkte. Er hatte Zugang zu den angesagtesten Charakteren Londons, und er unterhielt schon bald eine enge und lebensfrohe Freundschaft mit Brian und Anita. Die beiden wurden von ihren Bekannten bereits als „verwunschene Zwillinge" bezeichnet, doch durch den „Neuzugang" von Browne, der einen ähnlichen Gang und auch blonde Haare hatte, wurden sie ein einzigartiges Triumvirat.

Browne konsumierte natürlich auch die damals populären chemischen Substanzen, was als eine Selbstverständlichkeit galt. Das Rasen unter Einfluss der oft stimmungsaufhellenden chemischen

Cocktails wurde gelegentlich ein Erlebnis, das er mit Freunden und Bekannten teilte.

„Ich erinnere mich, dass ich bei einem der ersten Acid-Trips von Tara Browne dabei war", berichtete Anita 1996. „Er besaß einen Lotus-Sportwagen. In der Nähe des Sloane Square wurde plötzlich alles rot, die Bäume entflammten und wir sprangen aus dem Wagen und ließen ihn stehen."

Es überraschte wirklich keinen, dass man Browne 1966 den Führerschein entzog, was ihn in sicherer Entfernung zur Straße hielt, bis ihn im Dezember des Jahres eine wesentlich tragischere Bestrafung ereilte.

Tara Brownes 21. Geburtstag im Frühling 1966 wurde zu einem Anlass, dem Überschwänglichen und Dekadenten freien Lauf zu lassen. Natürlich war Anitas Anwesenheit obligatorisch. Obwohl zahlreiche Londoner Locations die Feier problemlos ausgerichtet hätten, wurde Brownes Familiensitz Lugga Lodge in den irischen Wicklow Mountains für angemessener erachtet. Das war für den inneren Kreis des Swinging London ein willkommener Anlass, sich massenhaft zu einigen Tagen der Ausschweifungen aufzumachen.

Die Feierlichkeiten sollten am Wochenende beginnend mit dem 23. April starten, also wenige Wochen nach Taras wichtigem Geburtstag. Seinem Stil entsprechend charterte man zwei Caravelle-Passagier-Jets, um die über 200 Partygäste, ein bunt gemischter Haufen aus jungen Aristokraten und der hippen Elite, nach Dublin zu befördern. Zu den Partywütigen gehörten Paul McCartney, der wohlhabende Paul Getty und seine damalige Freundin Talitha Pol, der Designer und Lebemann Christoper Gibbs, der Innenausstatter David Mlinaric, der neue BBC-Moderator David Dimbleby und natürlich Anita, Brian und Mick Jagger, Letzterer zusammen mit seiner Freundin Chrissie Shrimpton.

Um sie alle in Partylaune zu bringen, hatte der kreative Designer Bill Willis gleich eine ganze Flasche LSD mitgebracht und Anita, Brian und Taras Frau schon auf die Reise geschickt, bevor der Flieger mit Kurs auf die irische Hauptstadt abhob. In Dublin angekommen, standen Limousinen bereit, um die Gäste zu der eine Fahrtstunde entfernten Lugalla Lodge zu bringen. In Anitas und Brians Limo saßen auch der Fotograf Michael Cooper, Paul Getty und Talitha Pol.

Die Fahrtroute führte die aufgeregten und erwartungsfreudigen Gäste über die schmalen und sich windenden Straßen durch die spektakulären Wicklow Mountains, eine Landschaft, die, verstärkt und ergänzt durch die LSD-Visionen, ein Gemeinschaftsgefühl entstehen ließ. Irgendwann forderte Brian Jones einen kurzen Halt der Karawane, um sich zu erleichtern. Sie hielten auf einem hoch gelegenen Berggipfel, der einen Ausblick auf das Guinness-Anwesen ermöglichte.

„Das war alles verdammt hart", erinnerte sich Anita in Michael Coopers *Blinds & Shutters*. „Wir fuhren in einer Limousine und sahen plötzlich eine tote Bergziege. Wir stiegen alle aus, tickten völlig ab."

Wie immer war Cooper darauf versessen, die Momente der Euphorie und des Erschreckens einzufangen, die sich vor seinen Augen abspielten. Auf einem Foto sieht man Anita, Brian, Bill Willis und Nicky Browne, die eng beieinander für die Kamera posieren, im Hintergrund die Schönheit des Lough Tay, die zu verschwimmen scheint. Ein eher intimer Schnappschuss zeigt Pallenberg in Jeans und Pullover, flankiert von Jones und der frierenden Nicky Browne. Letztere hat aufgrund der kühlen Frühlingstemperaturen das Gesicht verzogen. Im Gegensatz zu Jones, dem die Erfahrung nicht zu bekommen schien, strahlte Anita, lächelte entrückt durch die chemischen Substanzen, die ihr Bewusstsein zu neuen Horizonten führten. Nach der Ankunft beim Browne-Anwesen starteten die Gäste das, was später als „ein entscheidender Moment in den Sixties" beschrieben wurde. Laut Nicky Browne in Paul Howards fantastischem Buch *I Read The News Tody, Oh Boy* spürten sie und Anita etwas Merkwürdiges von Mick Jagger ausgehen. Der Stones-Frontmann befand sich in den Klauen eines aufreibenden LSD-Trips. „Anita und ich dachten plötzlich, dass Mick Jagger der Teufel sei", berichtete Browne dem Autor. „Wir schlossen ihn im Innenhof ein und rannten dann in den hinter dem Haus gelegenen Wald. Wir hatten Walkie-Talkies bei uns, ich glaube, sie waren ein Geschenk für Tara. Wir standen also im Wald und sprachen da rein … natürlich total paranoid, und beobachteten, wie Mick versuchte, aus dem Innenhof auszubrechen."

Da LSD eine wichtige Rolle bei der Party spielte, verbreitete sich schnell eine *Alice im Wunderland*-Stimmung. Die Sunshine-Pop-Musiker The Lovin' Spoonful (eigens von einer UK-Tour eingeflogen) halfen dabei, einen glitzernden Soundtrack zu kreieren für ein Happening, in der Realität und Fantasie miteinander verschmolzen. Diese Konzentration der Londoner-Top-Szene – weit abseits der Hauptstadt – verlieh allen Flügeln. Von diesem Moment an schienen sie die Art von Maßlosigkeit und Überschwänglichkeit erreicht zu haben, von der sie zuvor nur geträumt hatten.

KAPITEL 3

Frauen kleiden Männer ein – damit sie ihnen gefallen

Spiegel sollten länger nachdenken, bevor sie reflektieren.
Jean Cocteau

Eine Welt, die ihr Augenmerk auf London richtete, erkannte schnell, dass das Vereinigte Königreich seinen „Empire"-Status wiedererlangt hatte – obwohl auf eine wesentlich coolere Art als zuvor. Die Popbands des Landes standen weltweit an der Spitze der Charts. Die Mode und der Film wurden von London aus orchestriert und Englands Fußballteam präsentierte an einem warmen Samstagnachmittag den Weltmeisterpokal. Es gab niemals eine bessere Zeit, um sich in Großbritannien aufzuhalten. Für Anita, ein erfolgreiches Model, eng mit den Rolling Stones verbunden und im Zentrum des Swinging London, boten sich geradezu grenzenlose Möglichkeiten.

Wenn man sich London als das kreative Herz Großbritanniens vorstellte, dann war Chelsea der Puls. Historisch für seine phlegmatische Dekadenz berühmt, wurde die Gegend Mitte der Sechziger zu neuem Leben erweckt. Die Kunst war schon immer ein Markenzeichen dieses Stadtbezirks gewesen, doch jetzt lief ihm die Mode mit ihrer zündenden Kreativität den Rang ab. Die Medien machten gern einen netten Ausflug dorthin und berichteten detailliert über die aktuelle Mod-Mode mit ihren günstigen Preisen in der Carnaby Street. Doch schon kurz darauf schossen exklusivere und einfallsreichere Läden aus dem Boden an der King's Road und um sie herum.

Die Aristokraten der Upper Class schotteten sich traditionell von allem Hippen oder Trendigen ab, doch 1966 wurde eine Brücke errichtet, über die eine kleine Gruppe des betuchten Adels Einlass in die Welt des Coolen fand – und sich dann mit von der Renaissance inspirierter Mode einkleidete. Interessanterweise vollzogen die bekanntesten Boutiquen, statt ein neues Terrain zu erkunden, eine intensive romantische Hinwendung zur britischen Modegeschichte.

Obwohl der Bezirk SW3 durch Mary Quants Boutique und Ossie Clarks Quorum schon eine bemerkenswerte Präsenz in Sachen hipper Kleidung aufwies, wurden die älteren Shops 1966 von neueren, grelleren und moderneren Modetempeln übertrumpft. Innerhalb nur weniger Monate standen Geschäfte wie Granny Takes A Trip, Hung On You und Dandie Fashions für einen Regenbogen-Look, der zu der neuen Atmosphäre passte.

Hung On You wurde Ende 1965 von dem bekannten Michael Rainey (einem bis dahin branchenfremden Geschäftsinhaber) gegründet, der sich in Windeseile einen Celebrity-Ruf erarbeitete, indem er alte Häkelkleider im Regency-Stil verzierte und sie mit modernen Textilien schmückte. Der Designer Christopher Gibbs – ein regelmäßiger Besucher des Geschäfts – erinnerte sich daran, „an Schränken vorbeigeschwebt zu sein, die unter Stapeln gestreifter Satin-Hemden ächzten, und Regalen voll mit Jacken und Hosen in atemberaubenden Streifenmustern, blau, grau und grellbunt".

Trotz der etwas abgelegenen Lage in der Cale Street, dem kleinen Verkaufsraum sowie den bescheidenen Ankleidekabinen tauchten die Stars aus der Rockmusik und der Modewelt in dem Laden auf. Viele von ihnen erlebten ihre eigene, LSD-inspirierte Renaissance und suchten nach dandyhaften Kleidungsstücken.

Deutlich sichtbarer überragte Granny Takes A Trip die Fashionmeile der King's Road mit einem oftmals ungewöhnlichen Affront gegen modische Konventionen. In kürzester Zeit gesellten sich noch befremdlichere Shops dazu wie I Was Lord Kitchener's Thing und Gandalf's Garden.

„Wir verbrachten ein großartiges Leben in London, in Chelsea – immer und immer wieder Chelsea“, erinnerte sich Pallenberg gegenüber der *Times*. „Wir gingen oft in die Boutique Granny Takes A Trip, sie reichten mir Kleidung an und ich hing im Hinterzimmer ab und rauchte ’ne Menge Dope. Wir gingen auch immer zu Alvaro’s, setzten uns an einen Tisch, um uns zu zeigen, aber aßen dabei kaum etwas.“

Zwar sah man Anita häufig in den brandaktuellen Boutiquen, doch sie durchwühlte meist Stände mit exotischen Roben, Stoffen und Unmengen an Spitze auf einem der zahlreichen Antikmärkte der King’s Road. Durch die Kombination der gefundenen Klamotten mit der exklusiveren Kleidung, wie sie in den bekannten Boutiquen verfügbar war, schuf Anita – ob sie es schon wusste oder nicht – eine Art ikonenhaften Prototyp dessen, was erst drei Jahrzehnte später als „Boho Chic“ Anerkennung fand.

„Wir gingen in Läden wie Emmerton & Lambert, Hung On You und Granny’s“, erzählt Anita dem Autor Paul Gorman. „Ich stand nicht so auf Mary Quant, da sie mir zu normal war und dieses Mod-Ding und die Op-Art-Klamotten mir nicht zusagten. Und Biba war zu groß. Ich mochte den englischen Look nicht so sehr. In Italien waren Salsa, Mambo und diese ganzen lateinamerikanischen Tänze populär, die mir ein unterschiedliches Lebensgefühl vermittelten. Mein Stil war es also, Filzhüte zu tragen, Gürtel, die knappen Jacken aus den Zwanzigern und Spitze – alles von mir eigens gesammelt. Allerdings trug ich auch Miniröcke, die man mir bei Granny’s nähte.“

„Wir gingen alle zu einem [bestimmten] Verkaufsstand, der viel Second-Hand-Kleidung hatte, auch Schals und Seidentücher“, berichtete Model und Modehändlerin Jenny Boyd. „Oft sah ich dort Anita. Sie zog dein Interesse auf sich, denn sie hatte einen eigenen Stil. Wir wussten, dass Brian ihr Freund war; sie war atemberaubend. Doch im Grunde genommen war sie auch nur ein Teil der ganzen Szene.“

Waren früher die Attribute für ein angesagtes Leben vor allem äußerlich und eher oberflächlich, nahm eine andere Bewegung

1966 in London an Fahrt auf, die sich als weitaus tiefgreifender darstellte. LSD stelle die Konventionen in Frage, die sich auf das Geschlecht und den Lebensstil bezogen, und die Rolle der Frau stand vor einer kritischen Neubewertung, was sich auch in der Mode zeigte. Anita, die ohnehin nicht geneigt war, der Tradition zu folgen, arbeitete schon längst an einer eigenen Identität, die sich meilenweit von den eher unterwürfigen weiblichen Modestilen entfernte. Fotos aus dieser Zeit belegen die schnelle Transformation von einem Minikleid-tragenden Model mit Kurzhaarschnitt zu einer psychedelischen „Zigeunerkriegerin“, bei der ein Regenbogen aus Farben von ihr ausstrahlte. Ihr Stil schlug durch ihre Anwesenheit in einer Gemeinschaft, die Sternenstaub und Glamour versprühte, hohe Wellen.

„Anita hatte eine erlesene, lebendige Eleganz“, schwärmt der Schneider John Pearse, Mitbesitzer von Granny Takes A Trip. „Sie zeichnete sich durch eine einzigartige feministische Grundhaltung aus und war natürlich Europäerin, also nicht wie das damalige ‚Dolly Bird‘ aus der King's Road. Auch hatte sie diese androgyne Präsenz, die sie etwas härter erscheinen ließ.“

„Sie war einfach herrlich“, erinnert sich die Theateragentin Mim Scala an Anitas Erscheinung. „So kultiviert und intelligent. Sie konnte feiern wie keine andere und war die Königin der King's Road … eine Klasse für sich.“

„Ich empfand sie als distanziert“, berichtet der DJ und bekannte Szenegänger Jeff Dexter. „Sie war vielen Menschen gegenüber nicht offen. Ich fand sie ein wenig schüchtern, verglichen mit anderen Frauen zu der Zeit.“

Es überrascht wohl niemanden, dass viele Musiker der Londoner Szene schnell in das LSD-Raumschiff einstiegen. Zeitgleich mit den neuen veröffentlichten Sounds wurde der Modestil einer Band durch den enormen kulturellen Einfluss von LSD geprägt und spielerisch transformiert. Innerhalb nur weniger Monate ließ man die Uniformität von Anzügen und Krawatten fallen; en vogue waren kräftige, farbige und eklektische Stile, die eine Art „Fin-de-siècle“-Erhabenheit zeigten. Damit wurde die vorhergehende Moderne überschrieben und ausgelöscht.

Wie auch andere Gruppen, die in lysergische Gefilde abtauchten, verpassten sich die Rolling Stones einen psychedelischen Anstrich. Brian Jones hatte bei der Band bereits die Führung in Sachen Modestil übernommen – ungeachtet seiner Außenseiterstellung –, doch nur wenige führten diese einfallsreiche Neuorientierung auf Pallenberg zurück. Anita bestimmte die Beziehung der beiden und hatte viel Spaß daran, Jones' modischen Horizont zu erweitern, wobei sie ihn oftmals in eine androgyne Richtung führte. Das Besondere und Bizarre der neuen Accessoires ließ alle bislang bestehenden Geschlechterzuschreibungen verschwimmen, wobei der Austausch von Kleidungsstücken zur Norm wurde.

„Brian und ich bewahrten unsere Klamotten immer gemeinsam auf", berichtet Anita in *The Early Stones*. „Er ging immer in die Shops, probierte alles aus und stellte es nach seinem Geschmack zusammen. Er liebte das – und besaß Talent dafür. Damals hatte er seine weißen Hosen längst aufgegeben und zeigte einen ausgewählteren Geschmack."

„Anita ging in dem neuen Look voll und ganz auf und ermutigte auch Brian dazu", erinnert sich der Fotograf Gered Mankowitz heute. „Sie reflektierte den extremeren Look, ging total in Mode und Stil auf und übte meiner Meinung nach einen starken Einfluss auf Brian und Keith und dann auch Mick aus. Sie hatte Einfluss und liebte den damals auffälligeren Stil, denn er spiegelte sie selbst wider. [Anita] war definitiv trendy und gehörte zu der eher unangepassten, pseudointellektuellen, glamourösen, elitären Gruppe von Europäern."

Die psychedelischen Drogen brachten Anitas stahlharter Psyche sicherlich eine Menge an visuellem Spaß, doch sie grub sich auch immer tiefer in Brians Kopf ein, was einige bizarre Reaktionen hervorrief. Während eines LSD-Trips bat Brian Anita darum, ihn „wie Françoise Hardy zu kleiden". Pallenberg entsprach seinem Wunsch, woraufhin Jones seine Transgender-Tendenzen nach dem Vorbild der Pariser Chanteuse auslebte. Es dauerte noch einige Monate, bis Jones den neuen Stil tatsächlich öffentlich umsetzte, doch die Tür für eine neue Realität hatte sich geöffnet. Ein eher direkter Versuch, sich Mademoiselle Hardy anzunähern, fand zu Beginn 1966 statt.

„Ich war einfach schüchtern und unsicher", berichtete Hardy gegenüber dem *Guardian*. „Als mich Brian Anita vorstellte, fühlte ich mich geschmeichelt und geehrt, doch dann hörte ich, wie sie darüber redeten, wer von ihnen sexuell an mir Gefallen fände. Natürlich war es das Letzte, was mich interessierte. Ich war damals unglaublich unschuldig."

Brian führte die Stones also in der Abteilung Mode an, woraufhin sich die Band einen eher femininen Look gab, eine Veränderung, die sich eindeutig an Brian und Anitas ausgeprägtem Mode-Statement orientierte. Make-up, zuvor der Bühne und dem Film-Set vorbehalten, wurde soziologisch gesehen nun zu einem bedeutenden Ausdrucksmittel für Männer. Gleichermaßen wurde nun Schmuck ungeachtet der Geschlechterrollen getragen, was sich bei den Stones auf Anitas Stil und Einfluss zurückführen ließ. Mick Jagger, damals verloren in einem narzisstischen Strudel, war eindeutig von einem Brian Jones angenervt, der ihn in Bereichen Mode und uneindeutige Geschlechterrollen übertrumpfte.

Da das Cross-Dressing 1966 in der Regel nur hinter geschlossenen Türen und an diskreten Orten stattfand, war die Art der von Anita und Brian zur Schau gestellten Androgynität für die damalige Zeit noch revolutionär. Noch bevor John und Yoko, David und Angie Bowie und sogar Mick und Bianca eine Verschmelzung der einzelnen Identitäten propagierten, waren Anita und Brian das erste wirklich kaum zu unterscheidende Paar. Jones' Haarlänge und seine Frisur waren der Anitas täuschend ähnlich. Die beiden hatten die Präsenz eines Pärchens, das den mit weit aufgerissenen Augen Flüchtenden aus John Wyndhams *Kuckuckskinder* gleichkam.

„Das Bezauberndste an Anita und Brian", so der Freund und in London lebende Amerikaner Terry Southern, „war die Tatsache, dass die sich als kultiviert gebenden Gäste im Annabel's und Scott's Piccadilly [beides Clubs] wie Bauerntölpel glotzten. Das lag nicht an der zauberhaften Schönheit des Paars, sondern an der verblüffenden Ähnlichkeit."

„Sie sahen wunderschön aus", erinnerte sich Marianne Faithfull in ihren 1994 erschienenen Memoiren. „Sie waren das Ebenbild des jeweils anderen, und kein bisschen bescheiden. Ich saß stundenlang da, wie hypnotisiert, und beobachtete, wie sie sich vor dem Spiegel herausputzten und dabei die Kleidungsstücke tauschten. All die Geschlechterrollen verschwanden in diesen narzisstischen Auftritten, bei denen Anita Brian in einen Sonnenkönig, Françoise Hardy oder ihr eigenes Spiegelbild verwandelte."

„Ich dachte, sie seien Zwillinge", berichtet der US-Tourmanager der Stones Michael Gruber. „Meine Frau Louise nahm Anita und Brian immer zu Saks mit, dem Geschäft. Sie besuchten niemals die Herrenabteilung. Als sie vom Shopping zurückkamen und ich sah, was Anita und Brian sich zugelegt hatten, fragte ich: ‚Wo habt ihr das denn her?' Sie antworteten dann: ‚Louise hat uns in die Frauenabteilung mitgenommen.' Dort kauften die beiden sich dann Frauenkleidung, die der Herrenmode damals um Lichtjahre voraus war. Anita besaß diese ganzen Hüte, die Jacketts, die Anstecker und Schuhe – und das trugen sie dann beide."

Maggie Abbott, Anitas zukünftige Filmagentin, wurde auch Zeugin der bemerkenswerten Uniformität des Pärchens. „Ich wusste erst gar nicht, dass sie sich kannten", erzählt Maggie heute. „Ich erinnere mich daran, wie ich in das Restaurant Alvaro's in der King's Road ging, und da saßen Brian und Anita – es war das erste Mal, dass ich sie beide sah. Und ich dachte: ‚Wow! Was ist denn hier passiert?' Es war ein toller Augenblick. Als ich auf sie zuging, schauten sie hoch und begrüßten mich mit einem ‚Hey!', worauf ich dachte: ‚Oh mein Gott, sie sind Zwillinge.' Sie sahen bis aufs i-Tüpfelchen identisch aus, mit den blonden Ponys und dem Ausdruck in den Augen. Sie fühlten sich so glücklich und wollten, dass es die ganze Welt sieht. Es war ein herzerwärmender Augenblick. Dieses freche Grinsen und ihre totale Freude – in dem Moment schien einfach die Sonne. Ich werde das nie vergessen."

Die beiden standen für den modernen Regency-Look und wurden oft dabei gesehen, wie sie in London ähnlich zwei gehobenen Aristokraten aus einem anderen Zeitalter herumstolzierten. Um seinen neuen Status mit Anita zu unterstreichen, wechselte Brian sein Transportmittel und stieg von einem Humber in einen von einem Chauffeur gefahrenen Rolls Royce Silver Cloud um (den er George Harrison abkaufte). Wenn er und Anita ausstiegen, freuten sich die Schaulustigen immer.

„Sie waren ein magisches Paar", erinnert sich Timothy Allen an die Zeit, in der er 1966 im Hung On You arbeitete. „Sie glichen sich so sehr. Ich war einmal im Granny Takes A Trip, wo die beiden Klamotten ausprobierten. Als sie den Laden verließen, nahmen sie mehrere Treppenstufen auf einmal. Draußen stand diese dicke Rolls-Royce-Limo mitten auf der Straße geparkt, und sie hechteten sprichwörtlich da rein. Um den Schlitten scharte sich eine Menschentraube, als würde da eine Art Märchen aufgeführt. Es war ein außergewöhnlicher Moment."

Im Oktober 1966 zog auch Dandie Fashions von der eher unbekannten Lage in Queen's Gate Mews, South Kensington, in die King's Road. Zum Teil von Tara Browne als Ausstellungsfenster für seine „Foster and Tara"-Linie finanziert, gab das Geschäft bekannt, dass es plane, Anita und Brians einzigartigen Stil aktiv mit einem exklusiven Modelabel zu vermarkten. Trotz einiger Medienfanfaren realisierte sich das potenziell attraktive Sortiment niemals. Für Brian Jones (und später Jimi Hendrix) wurde Dandie Fashions der bevorzugte Shop, wohingegen Anita es wie immer vorzog, modische Accessoires aus verschiedenen Quellen zu sammeln.

Die Mainstream-Medien brauchten noch einige Monate, bis sie über das schrieben, was die Szenekenner schon längst wussten. In der *Vogue* im November 1966 wurde weltweit über Anitas und Brians verblüffende Einheit berichtet.

Texte und Fotos waren schon früher in dem Jahr fertiggestellt worden; veröffentlicht wurde der zweiseitige Artikel „Girls Dress Men To Suit Themselves" in der Sonderbeilage *Men In Vogue*, wobei die

Schlagzeile eine exzellente Zusammenfassung des Modestils der beiden war, bei dem sie Kleidung austauschten, aber immer zueinander passten. Der folgende Satz aus der Reportage spricht Bände über die Beziehung: „Wenn ein Mädchen mit überzeugenden Ideen die Kleidung für einen Mann mit ebenso überzeugenden Ideen auswählt und beide mit dem Resultat glücklich sind, ist das sehr schön (wenn nicht sogar wunderbar)."

Der Bericht beschrieb danach Anitas Shopping-Präferenzen für Männer. „Brian Jones, ein Rolling Stone", hieß es, „in einem Zweireiher mit roten und weißen Nadelstreifen, ausgewählt von Anita Pallenberg. Ein knalliges pinkes Hemd, ein scharlachrotes Einstecktuch und eine Krawatte. Gekauft in New York. Die schwarz-weißen Schuhe stammen aus der Carnaby Street."

Anita und Brian teilten sich mit Tara und Nicky Browne die Seiten des Artikels – beide Paare wurden von Michael Cooper, dem Fotografen der Stunde, meisterhaft abgelichtet. Die Brownes waren der Inbegriff der luxuriösen „Aristos" des Swinging London, doch Anitas und Brians majestätische Präsenz machte dem Modestil alle Ehre. Obwohl man die von Anita für Brian gekauften Kleidungsstücke in dem Artikel auflistete, stand das sicherlich nicht gestellte Foto hinsichtlich der Wirkung weit über der textlich coolen Aussage. Es wurde in Robert Frasers Mayfair-Wohnung aufgenommen und zeigt die beiden Hand in Hand, jedoch mit einander zugekehrtem Rücken. Die beiden liefen vermutlich wie übermütige Teenager einige Zeit durch Frasers Wohnung, bis der Fotograf genügend Material hatte. Jones wirkte in seinem Nadelstreifenanzug eindeutig konservativer als die kichernde Anita (Brian kitzelte ihre Handinnenflächen), doch ihre starke Präsenz zeigte der Welt, wer die Beziehung bestimmte.

Das Auftreten des Paares als Duo blieb in der Branche des professionellen Modelns nicht unbemerkt. Um der Modeexplosion von Chelsea Rechnung zu tragen, gründeten die Szenekenner Mark Palmer und Alice Pollock 1966 English Boy, eine Model-Agentur, deren Intention darin bestand, „das Image der britischen Männerwelt zu verändern und den jungen Mann statt einer jungen Frau auf das Magazincover der Zukunft zu bringen". Die Agentur hatte ihre Büroräume in dem Gebäude 32 Radnor Walk – zwei Stockwerke über Pollocks Quorum – und war so exklusiv, das zuerst nur zwölf ausgewählte Persönlichkeiten auf die Kundenliste kamen.

In seltenen Fällen machte man dann aber doch schon mal eine Ausnahme vom Geschlecht als Auswahlkriterium und nahm auch Anita, zusammen mit der Skandal-Königin Christine Keeler, Jaggers damaliger Freundin Chrissie Shrimpton und Keith Richards „Betthupferl" Linda Keith, in die Kartei auf. Unter einem grandiosen Foto von Anitas Karte bei English Boy stand die unsterbliche Zeile „Anita ist zu schön, um aus dem Bett aufzustehen" (der mittlerweile abgedroschene Spruch wurde Jahrzehnte später von Naomi Campbell erneut aufgegriffen). Anitas Tageshonorar lag bei 175 Pfund (was heutigen 1000 Pfund entspricht), doch trotz ihres Celebrity-Status fand sie keine nachhaltigeren Aufträge durch English Boy. Neben dem Angebot der Exklusivbuchung von Anita wurden Jones und Pallenberg als Paar angepriesen, aber nur für „besonders exklusive Aufträge". Da schon damals das Alter so wichtig wie das Aussehen war, frisierte man Anitas Geburtsdatum, und auf der Karteikarte stand statt 24 Jahre nur „um die 20", eine Finte, die später viele verwirrte. Laut dem ehemaligen Manager Jose Fonseca war die Agentur „ziemlich chaotisch", und so kann es kaum überraschen, dass die beiden nur kurz bei English Boy waren.

Außerhalb der zahlreichen Ankleidekabinen lief der Achterbahn-Lebenstil der beiden so weiter wie gewohnt. Bob Dylans Ankunft in London im Mai 1966 zog die Lichtgestalten der Metropole an, die seiner neuen „elektrifizierten Persönlichkeit" Tribut zollten. Anita, Brian und ein kleiner Freundeskreis hatten bei Bob Dylans Gig am 26. Mai in der Royal Albert Hall einen Platz in der ersten Reihe der Balkone ergattert – wie hätte es auch anders sein können. Nach dem aufwühlenden Konzert ging es für das Paar und die blutjunge Sängerin Dana Gillespie – die Dylan zu der Zeit ständig auf den Fersen war – in das Haus der Familie Gillespie zurück, wo man ein wenig feiern wollte. Die damals 17-jährige Gillespie hatte einen ähnlich paneuropäischen Hintergrund wie Anita und war von dem ersten Treffen hin und weg.

„Anita war wahrscheinlich die schönste Frau auf der ganzen Welt", erinnert sie sich heute. „Sie war atemberaubend, sensationell, witzig und abgedreht – einfach großartig. Sie und Brian kamen nach dem Dylan-Konzert mit mir nach Hause. Zufälligerweise trugen Anita und ich ein Rugby-Shirt – schwarz mit Streifen und einem weißen Kragen, doch sie sah wesentlich besser in ihrem aus als ich in meinem. Sie war dünner und hatte fantastische Beine. Ich fühlte mich sofort zu ihr hingezogen. Wie sie beherrschte auch ich vier Sprachen. Als Europäerinnen unterschieden wir uns von dem durchschnittlichen ‚Vögelchen' auf dem Arm eines Rockstars."

Da die Party weitergehen sollte, überredete man Dana, Brian und Anita zu Christopher Gibbs' Haus (100 Cheyne Walk) in Chelsea zu kutschieren. „Ich hatte gerade erst meine Führerscheinprüfung bestanden", berichtet Gillespie. „Sie kletterten alle in meinen winzigen Austin A35, und ich fuhr dann. Das war nun wirklich kein Auto, in dem man einen Rolling Stone sah. Mit den beiden zu fahren, die dicht waren und grölten, kostete mich einiges an Nerven, doch ich habe schon immer gerne Herausforderungen angenommen."

Nach der Ankunft in Gibbs' Haus machte es sich die kleine Gesellschaft gemütlich. Gibbs' am Fluss gelegene Bleibe sollte schon bald in einer Schlüsselszene von Antonionis Kultstreifen *Blow-Up* zu sehen sein, für den der hedonistische Lebensstil ein grundlegendes Thema darstellte und der damit durchaus das zeigte, was in Echtzeit ablief.

Bei all den Konzerten, Partys und Happenings zu scheinbar jeder Tages- und Nachtzeit in diesen epochalen Monaten gehörten Anita und Brian in der Stadt einfach dazu. An einem Juniabend zeigte sich Anitas pragmatischer Umgang mit „gemeinsamen sinnlichen Glücksmomenten". In Dolly's Nachtclub an der Jermyn Street 57-58 in dem schicken Stadtteil St James fand eine spezielle Party für Mitglieder von The Mamas And The Papas statt. Neben anderen Gästen und Szenegängern tauchten auch Anita und Brian auf, um die Sensation aus Kalifornien zu begrüßen und mit ihnen zu plaudern. Die Ankunft der beiden zog wie üblich die Aufmerksamkeit der ganzen Gesellschaft auf sich. Beide hatten jeweils ein blaues Auge, ein Beleg – wie Brian mit einem fröhlichen Lächeln wirklich jedem erzählte – für eine „kleine hitzige Meinungsverschiedenheit" in der vorhergehenden Nacht.

John Phillips, der hoch aufragende Kopf der Band, erinnert sich, Anita an dem Abend im Dolly's getroffen zu haben. Nachdem sie sich gut genug bekannt gemacht hatten, schnappte sich Anita den Musiker und schleppte ihn in die gemeinsame Wohnung der Band am nahe gelegenen Berkeley Square. Dort angelangt, fragte Anita unverfroren – wie immer eine Frau, die eine Situation für sich zu nutzen verstand –, ob Phillips sie noch in der Nacht nach Marokko begleiten könne. Sie wollte offenbar einen kleinen Ausflug machen und hatte sich sogar schon einen Flieger ausgesucht, der sie über Paris nach Casablanca bringen konnte, wonach es mit einem Mietwagen nach Marrakesch weitergehen sollte. Phillips musste aber aufgrund zahlreicher Engagements und Verabredungen in London bleiben, woraufhin ihm Anita vorschlug, doch die Nacht gemeinsam zu verbringen. Phillips konnte sich mit dem plötzlich bietenden Angebot mühelos anfreunden.

„Sie war so clever, so europäisch, so gut gebaut", erinnerte er sich später an die Brian geraubte Nacht. „Sie hatte so eine stylishe, verspielte Überschwänglichkeit, die gleichzeitig intellektuell, erotisch und neckisch war. Sie war eine perfekte Europäerin. Sie hinterließ bei mir einen starken Eindruck, der lange anhielt."

Ein anderer Mann, den Anita in dieser Zeit anvisierte, war der gerade aufstrebende Gitarrenvirtuose Jeff Beck. Die beiden hielten sich an einem Abend im selben Hotel auf, und Anita schickte Beck ein Zettelchen mit der Botschaft: „Du wirst zu mir kommen, schöner Junge!" Entweder total verblüfft oder anderweitig beschäftigt sandte Beck ihr die Antwort: „Nein, werde ich nicht!"

Die Leichtigkeit, mit der Anita zu der Zeit ihre körperlichen Bedürfnisse befriedigte, zeigte ihre Gewandtheit im Umgang mit Sexualität. Zwar gaben sich viele der freien Liebe hin, doch Anita war ihnen in dieser Hinsicht um Jahre voraus.

„Das grenzte schon ans Inzestuöse“, berichtet Stash de Rola. „Das ganze Ding wurde richtig kompliziert. Brian und Anita waren beide dem jeweils anderen nicht treu, doch Anita war die Einzige in dem Kreis, die sich in sexueller Hinsicht weit entwickelt hatte. Sie stand meilenweit über den anderen.“

Im Juni hatten Anita und Brian mehr als zehn Monate als Paar überstanden. Die Zeit, die sie allein und ohne Ablenkungen verbrachten, stellte für ihre kurzen Aufmerksamkeitsspannen jedoch eine Herausforderung dar. Sie führten einen erfolgreichen Lebensstil und waren in Gesellschaft sehr umgänglich, doch wenn man sie sich allein überließ, gingen die beiden aufeinander los. Das Paar war zwar hinsichtlich des Looks optisch geradezu verschmolzen, doch andere, weitaus dunklere Aspekte ihrer Persönlichkeiten begannen sich aufzuschaukeln und das mit oftmals explosiven Resultaten.

Im Juni 1966 hatten Anita und Brian einige Tage frei und beabsichtigten, eine Woche Urlaub im spanischen Marbella zu machen. Die beiden wollten eine angenehme Zeit miteinander verleben, doch bei dem kurzen Zwischenspiel kam es erneut zu gewalttätigen Auseinandersetzungen, die mittlerweile auf der Tagesordnung standen. Bei einem Streit in einem Lokal gab es Beleidigungen und körperliche Angriffe, die beiden schleuderten Tische, Gläser und Messer durch das gesamte Restaurant. Brian wurde daraufhin in polizeilichen Gewahrsam genommen; wenig später erfolgte auch Anitas Festnahme, da sie versuchte, ein Auto zu entwenden.

Dem Paar bot sich Ende August 1966 noch einmal die Chance eines längeren Friedens in der Sonne. Immer noch wie berauscht von den Sehenswürdigkeiten und den Klängen Marokkos, die er bei einer Reise im August 1965 erlebt hatte, wollte Brian Anita den exotischen Charme und das freiheitliche Ambiente der Region näherbringen. Das stellte sicherlich einen großen Reiz für Pallenberg dar, wie schon John Phillips einige Wochen zuvor bezeugen konnte. Da die beiden oft LSD schluckten, suchten sie nach Landschaften, die ihre Halluzinationen widerspiegelten, und die Aussichten in Marokko ähnelten einem Trip im realen Leben. Die atemberaubende Schönheit der

„andersweltigen" Szenerie konnte die Sinne allein schon verwirren und inspirieren, und so schien es für die beiden unvermeidbar zu sein, den Aufenthalt mit den „modischen Substanzen" zu verstärken.

Obwohl er gesetzlich verboten war, drückte man beim Konsum von Narkotika in Marokko damals ein Auge zu. Besonders Marihuana war frei verfügbar und stellte unter Reisenden eine bedeutendere Währung dar als Schmuck, irgendwelcher Modeplunder oder Teppiche. Die klimatischen Bedingungen waren ideal für den Anbau, und so wurde Cannabis – in allen Varianten – so frei wie Tee gehandelt.

An manchen Orten wirkte Marokkos liberale Atmosphäre wie eine Art mächtiger Magnet auf diejenigen, deren sexuelle Vorlieben in anderen Ländern von strengen Gesetzen eingeschränkt wurden. Die Prostitution wurde ähnlich lasch wie der Drogenkonsum behandelt, sogar wenn Minderjährige oder Partner des gleichen Geschlechts beteiligt waren. Dadurch übte das Land eine starke Anziehungskraft vor allem auf Menschen aus dem Westen aus. Das „Queer Tangier", wie Tanger auch genannt wurde, sicherte den europäischen Sextourismus, und viele Europäer ließen sich längerfristig in Marokko nieder, um ihre Präferenzen auszuleben.

Auch die Anitas Zirkel zugehörigen Paul und Talitha Getty fühlten eine starke Verbindung mit dem Land. Nach den Flitterwochen in Tanger zogen die beiden exotische Abenteuer in Marokko vor, statt an den üblichen Dinnerpartys in Chelsea teilzunehmen. Das Paar unterhielt das Sidi Mimoun genannte, palastähnliche Anwesen in Tanger. Das Innere mit seiner geschmackvollen Einrichtung erstaunte viele Freunde und bot ihnen ein wunderschönes Refugium. Der Designer und Architekt Bill Willis hatte ebenfalls in dem Land Fuß gefasst und gestaltete viele Besitztümer in seinem unverkennbaren Stil. Verzaubert durch Marokkos dünnen Schleier zwischen Realität und Traum, war Willis' sinnliches Gespür ideal, um das „East meets West"-Ambiente in etwas Konkretes umzuwandeln.

Der Designer und Geschäftsinhaber Christoper Gibbs war vermutlich die wichtigste Persönlichkeit, die eine Verbindung zwischen

London und Marokko herstellte. Gibbs, ein verwegener Dandy des 20. Jahrhunderts, war der Erste, dem der Brückenschlag zwischen der Aristokratie und der Welt des Coolen gelang.

Sein Status als Eton-Abgänger stellte für ihn kein Hindernis dar, um alte Mauern einzureißen, und mit wachsamem Auge verschaffte er sich Zugang zu den für seine gesellschaftliche Schicht verschlossenen Gefilden der Popmusik.

Schwul zu einer Zeit, in der eine solche sexuelle Orientierung einen Menschen ins Gefängnis bringen konnte, befand er sich ständig in Gefahr, während man in Marokko viel weniger hysterisch auf seine Neigung reagierte. Von der kreativen und liberalen Grundstimmung des Landes wie berauscht, behielt er einen Wohnsitz in Tanger und folgte von dort aus der Sonne, wann immer er konnte. Gibbs vereinte Lebenslust mit Geschäftsinteressen und etablierte eine Handelslinie mit einzigartigen marokkanischen Artefakten. Die spektakulären Kulturgüter beeindruckten die Kunden in seinem Geschäft in Chelsea. Durch Robert Fraser machte er die Bekanntschaft von Anita und Brian und daraufhin ihres gesamten Freundeskreises.

Brian, der auf Marokkos grenzenlose Versprechen und Möglichkeiten überschwänglich reagierte, wollte unbedingt, dass Anita dieselbe Erfahrung machte. Mit Christopher Gibbs, der die Rolle des Gastgebers und Fremdenführers übernahm, machten die beiden sich am 28. August auf die Reise in die Region.

Gibbs hatte ihnen mit dem berühmten Hotel El Minzah in Tanger eine luxuriöse Unterbringung vermittelt, doch auch dort setzten sie ihre heftigen Streitigkeiten fort.

„Die haben sich um alles gestritten“, erinnerte sich Gibbs gegenüber Philip Norman. „Autos, Preise, Menüs – Brian gewann niemals einen Streit mit Anita, beging aber immer wieder den Fehler, es zu versuchen. Es gab schreckliche Szenen, denn sie schrien sich hemmungslos an. Der Unterschied bestand darin, dass Brian nicht wusste, was er tat, Anita sich aber über ihr Handeln im Klaren war. Ich glaube, dass Anita in einem weniger freundlichen Zeitalter eine Hexe genannt worden wäre.“

Im Eifer einer heißblütigen Auseinandersetzung in ihrem Zimmer holte Brian aus, um Anita zu schlagen. Er verfehlte das anvisierte Ziel, traf den Metallrahmen eines Fensters und brach sich einen Knochen des Handgelenks. Die Fraktur war so schwer, dass Jones fast eine Woche in Tangers Clinique California verbringen musste. Der Laden glich jedoch eher einem Altenheim als einem gut ausgestatteten Krankenhaus. Seinem Charakter entsprechend, schickte Jones am nächsten Morgen ein Telegramm an das Rolling-Stones-Büro und behauptete, er habe sich das Handgelenk bei einem Kletterunfall in den Bergen gebrochen.

„Er verletzte sich immer selbst", berichtete Anita dem Musikjournalisten Stanley Booth, als dieser Zwischenfall zur Sprache kam. „Er war sehr fragil, und wenn er versuchte, mir wehzutun, fügte er sich immer selbst Schaden zu."

In Marokko gab es bestimmte „Kulturgüter", die Pallenberg nachhaltig beeindruckten. In den ersten Jahrzehnten des 20. Jahrhunderts war Marihuana in Großbritannien, wenn auch in unterschiedlicher Intensität, durchaus beliebt gewesen. Allerdings wurde es von den Dealern immer gestreckt, was eine variable Qualität zur Folge hatte. Anita und Brian waren das deutlich schwächere Dope des Westens gewohnt, und so blies sie die hohe Potenz des marokkanischen Stoffs regelrecht um.

„Und dann trafen wir auf diese schreckliche Person namens Achmed [Hamifsah], Haschischproduzent", erzählt Gibbs. „Wir schlenderten über den Blumenmarkt, und da stand so ein kleiner Mann, der einen alten Porzellantopf bei sich trug. Ich schaute auf den Topf, er sah mich an und gab uns ein Zeichen, ihm zu folgen. Wir schlängelten uns durch die engen Gassen, kamen dann zu einer Treppe an einem Haus und gingen mit ihm hoch in sein winziges Geschäft. Nachdem er zahlreiche Schlösser entriegelt hatte, traten wir ein und fanden rein gar nichts vor, bis auf eine schmale hölzerne Kiste, in der sich etwas Schmuck befand. Er bot uns eine Matte an, auf der wir Platz nahmen, und gab uns dann das ganze Dope."

Trotz Jones' Krankenhausaufenthalt und der darauffolgenden Entlassung hatte sich der Streit zwischen Anita und Brian nicht gelegt.

Das Gezänk und der Krach bestimmten den restlichen Urlaub, ausgenommen die Stunden, die die beiden mithilfe von Achmeds Dope stoned verbrachten. Trotz der guten Beziehung, die er zu den beiden in London hatte, entschied sich Gibbs, lieber eine respektvolle Distanz zu den beiden zu bewahren, sollten sie sich jemals wieder dazu entscheiden, die Region zu besuchen.

Zwischenzeitlich und dank der Hilfe des in Tanger lebenden experimentellen Künstlers Brion Gysin interessierten und faszinierten Brian die fremdartigen Sounds, die von den Hügelketten von Joujouka (häufig Jajouka genannt) im marokkanischen Hinterland erklangen. Gysin hatte einige der Musiker für sein Restaurant, das 1001 Nights, engagiert, und wurde Brians einflussreichste Kontaktperson in Marokko.

Da Jones abgelenkt war, genoss Anita eine wesentlich ruhigere Zeit. Mit Gibbs schaute sie sich die Märkte und Bazare in Tanger an. Das gemeinsame Interesse an Einrichtungsgegenständen und Mode wurde durch die schillernd bunten Waren vielfach bedient. Die schimmernde Visualität des Gesehenen wurde durch den gleichzeitigen Konsum von Haschisch und LSD überproportional verstärkt, und die inspirierte Anita integrierte die Farben und Texturen durch den Kauf nordafrikanischer Mode sofort in ihre Garderobe. Nach der Rückkehr nach England wurden Brian und sie dadurch zu den wichtigsten Botschaftern eines brandneuen Trends in London.

Nach dem Urlaub in Marokko zog sich ein Riss durch die Beziehung zwischen Anita und Brian. Während Brian unterschiedliche Details zu seiner deutlich sichtbaren Verletzung zum Besten gab – sie sei durch einen Kletterunfall oder durch ein Ausrutschen im Badezimmer verursacht worden –, beschäftigte Anita sich mit der Arbeit und glänzte durch Abwesenheit. Brian empfand eine große Leere und suchte daraufhin einen Psychiater auf, und darüber hinaus wurde er von Marianne Faithfull getröstet. Das Schicksal sollte Anita und Brian aber schon bald wieder zusammenbringen, obwohl es offensichtlich wurde, dass Veränderungen auf mehreren Ebenen notwendig waren.

Die nächtlichen Eskapaden und der Hang zum Exzess zerrten am Geduldsfaden der sanftmütigen Nachbarn in der Elm Park Lane. Obwohl der Bezirk als tolerant auch gegenüber unkonventionell lebenden Menschen galt, verursachte Anita und Brians Anwesenheit bei den Anwohnern Sorgen. Die Horden euphorischer Teenager, die täglich vor dem Haus herumlungerten, sorgten, milde ausgedrückt, für Irritation, doch nun kamen noch weitere Faktoren hinzu, die die Anwesenheit des Paars unerträglich machten.

Ein Nachbar, ein Privatarzt, der seine „Patienten" nur allzu gerne mit verschreibungspflichtigen Medikamenten „für zwischendurch" versorgte, wurde mehrmals dabei beobachtet, wie er einen Abstecher zu Jones' Haus machte – natürlich von den benachbarten Gardinen-Gaffern. Die Drogenfahndung in Chelsea – damals vom berüchtigten Detective Norman Pilcher geleitet – stand in hoher Alarmbereitschaft. Sie hatten Jones' und Pallenbergs Appetit auf Narkotika längst bemerkt und nun wurde auf sie Druck von allen Seiten ausgeübt.

Mitte September verließen die beiden die Elm Park Lane und zogen in eine sich über zwei Etagen erstreckende, geräumige Zweizimmerwohnung in der Courtfield Road 1, ungefähr eine Meile von South Kensington entfernt gelegen. Christoper Gibbs hatte sie Anita vorgeschlagen, die dann Brian darauf brachte. Da das Stones-Büro für die Bereitstellung der notwendigen finanziellen Mittel für die Wohnungen der Band verantwortlich war, konnte das Paar schnell einziehen.

Während sich die Fassade des Hauses nicht von anderen Immobilien des Stadtteils unterschied, strahlte das Innere einen unverkennbaren Charme aus. Noch bevor Pallenberg/Jones der Wohnung ihren Stempel aufdrückten, zeigte sich ihre Einzigartigkeit durch all die Winkel, Nischen und Ecken. Eine wunderschöne Holzbalustrade zog den Blick direkt auf sich, die mit geschnitzten Ornamenten verziert und nur über eine schmale Treppe zu erreichen war. Jones hatte einige Monate vorher seinen Wunsch auf räumliche Veränderung in einer Reportage im *Record Mirror* im Februar 1966 angedeutet, und wie durch Magie materialisierte sich die Wohnung in der Courtfield Road.

Anders als die Einwohner von Chelsea mit der langen Verbindung zur Boheme der Künstler zeigten sich die Kensingtoner mit ihrer ernsten, seriösen Grundhaltung weniger tolerant, was die beiden „Abflieger" aber kaum juckte. Jones beschäftigte sich mit Vorbereitungen für die UK-Tour der Stones, was Anita genügend Zeit gab, die Einrichtung zu übernehmen. Die Inneneinrichtung des nun verlassenen Gebäudes in der Elm Park Lane wies zahlreiche Beschädigungen auf, darunter viele Brandlöcher in den Teppichen, auf den Fensterbänken und den Möbeln und natürlich Bruchstellen hier und dort. Wahrscheinlich zog das aber für die beiden keine Konsequenzen nach sich.

Wie bei einer Art Initiationsritual richtete Christopher Gibbs die neue Wohnung mit Schätzen aus Marokko ein: Teppiche, kunstvoll verzierte Kissen und Wandbehänge. Diese Gegenstände stellten einen eher zufälligen Hintergrund für Anitas und Brians eigene ausgefallene Anschaffungen dar, die von Pop-Art-Postern über Kameras und Projektoren bis hin zu einer großen Wasserpfeife reichten, die beinahe dem im Lounge-Bereich platzierten, circa 60 cm breiten Fernseher die Show stahl. Kerzenlicht war die bestimmende Lichtquelle und durch Weihrauch und Räucherstäbchen entstand schnell eine sakrale, wenn auch für die damalige Zeit verwegene Atmosphäre. Weniger ätherisch, sondern eher praktisch waren die deutschen Matratzen und Federbetten, die überall herumlagen, um den zahlreichen Besuchern und Nachtschwärmern Platz zu bieten. An der hinteren Seite des Hauptraums befand sich eine Abstellkammer, in der Anitas und Brians Habseligkeiten untergebracht waren. Die meisten Gegenstände stammten von den zahlreichen Reisen und waren in Kartons verpackt.

Meist spielte sich alles im Hauptraum der Wohnung ab, wobei jedes Geräusch von den hohen Decken widerhallte und aus den riesigen Fenstern nach draußen schallte. Falls die beiden sich ein wenig Kontakt zur Außenwelt wünschten, konnten sie auf den vorderen Steinbalkon gehen, der ihnen einen Ausblick auf die U-Bahn-Station Gloucester Road bot. Anita, immer zu einer kleinen Rebellion bereit, gab im Dezember 1966 beim Einwohnermeldeamt eine gewisse „Zayda J. Y. Zuck“ als einzige Mieterin der Courtfield Road 1 an.

Die Wohnung lag im ersten Stock, wodurch unerwünschte Besucher leichter ferngehalten werden konnten. Vertrauenswürdige Gäste mussten nur einige Male rufen, bis Anita oder Brian auf dem Balkon auftauchten und die Schlüssel hinunterwarfen, womit sie durch den Lobby-Bereich Zugang erhielten.

Gelegentlich schien es aber so, als wären die Herzen der Bewohner des Elfenbeinturms in der Courtfield Road 1 mit Eis durchzogen. Linda Lawrence, die Mutter eines der Kinder von Brian Jones, war aufgrund des Fehlens jeglicher Unterstützung von Brian – nicht nur in finanzieller Hinsicht – so verzweifelt, dass sie mit dem Kleinen und ihrem Vater nach Kensington reiste, um den abtrünnigen Stone zu einem Gespräch zu bewegen. Da niemand auf ihr Klingeln antwortete, stellten sie sich auf den Bürgersteig und Linda hielt das Kleinkind hoch. Angeblich schauten sich Anita und Brian das erbarmungswürdige Spektakel an und lachten über das verzweifelt gestikulierende Paar auf der Straße.

Abgesehen von störenden Zwischenfällen auf der Straße, richteten sich die beiden in der beinahe hermetisch abgeriegelten Wohnung ein. Doch nach nur wenigen Tagen war die Courtfield Road 1 die Top-Location im Adressbuch des hippen London. Robert Fraser erklärte später: „Courtfield Road 1 war der eindruckvollste Ort der gesamten Londoner Szene.“

Die Liste der Gäste, die dort vorbeischauten, liest sich wie ein *Who's Who* des Rock-Adels der Sixties – The Beatles, The Byrds, Bob Dylan, Jimi Hendrix und nicht zu vergessen die Stones und ihre Entourage waren nur einige der berühmten Persönlichkeiten, die sich das 24-stündige Party-Angebot nicht entgehen lassen wollten.

Marianne Faithfull hielt sich mehr als nur gelegentlich dort auf und bekam die Energie zu spüren, mit der diese Wohnung aufgeladen war. Zuerst noch ein Gast, wurde sie nach und nach von Anita und Brian „adoptiert“, die ihr einen Rückzugsort inmitten der zerrütteten Ehe mit John Dunbar boten. „Es war ein richtiger Hexenzirkel von Lichtgestalten der Ausschweifung, Rock-Prinzchen und coolen Aristos“, erinnerte sie sich später in ihren Memoiren. „In meiner Vorstellung öffne ich die Tür. Abblätternde Farbe, überall verstreut Klamotten, Zeitungen und Magazine. Ein grotesker, ausgestopfter kleiner Ziegenbock steht auf einem Verstärker, [ich sehe] zwei große Sonnenblumen aus Tüll, einen marokkanischen Schellenkranz, Lampen, über denen Tücher hängen, ein symbolhaftes Bild von Dämonen (Brians) … Im Zentrum – wie ein Phönix in seinem Nest aus Flammen – sitzt die böse und verführerische Anita.“

Faithfulls längerer Aufenthalt in der Courtfield Road rief Mick Jagger auf den Plan. Von Mariannes unschuldigem, naivem Ausdruck bezaubert, machte er zahlreiche Ausflüge zu der Wohnung. Immerhin stand seine Beziehung mit Chrissie Shrimpton kurz vor dem Bruch. Auch Tara Brownes Ehe näherte sich ihrem Ende, woraufhin er sich häufig in der Courtfield Road sehen ließ, denn die Freundschaft mit Anita und Brian spendete ihm Trost. Brownes tief greifendes Interesse am Okkulten war ein starkes Band zwischen ihm und den beiden. Der junge Guinness-Erbe glaubte wie auch Jones, dass seinem Leben ein vorzeitiges Ende bestimmt war. Anita und Brian nahmen sich ausgiebig Zeit, um die kreativen Fühler auszustrecken und nach dem profunderen Wissen in der Glaskugel zu suchen.

Während die eher sedierend wirkenden Narkotika einfach nur eingenommen wurden, musste man sich bei anderen Expeditionen selbst anstrengen, um eine greifbare Magie zu erleben. LSD brachte neue Denkansätze mit sich, woraufhin eine Neubewertung der alten okkulten Philosophien stattfand und magische Rituale in den angesagten Kreisen des Jahres 1966 praktiziert wurden. Londons Underground begann von der spirituellen Nostalgie zu vibrieren; Anita war ganz in ihrem Element und gab sich dem Mystizismus hin, der in der Luft lag.

„Sie wusste, wie man ein Buch versteht, ohne es jemals selbst zu lesen“, erinnert sich der Regisseur Volker Schlöndorff an Anitas intensive Sinneswahrnehmungen. „Sie traf sich einfach mit den richtigen Leuten, die darüber sprachen, und zog das Wesentliche daraus.“

„Anita war in jenen Tagen einfach nur elektrisierend", berichtet Christopher Gibbs dem Autor Philip Norman. „Wenn sie ein Zimmer betrat, drehten sich alle nach ihr um. An ihr gab es etwas Verwegenes, das Gespür dafür, Unruhe zu stiften, ein wenig ungezogen zu sein. Bei einem Gespräch entdeckte ich ihre Intelligenz und große Belesenheit. Sie las [damals vergessene] deutsche Autoren wie den Romantiker [E. T. A.] Hoffmann und auch den obligatorischen Hesse."

Anita hatte bereits den Ruf, sich für esoterische „Wissenschaften" und Praktiken zu interessieren, und Indica Books and Gallery sorgte für Nachschub. Der kultige Laden lag zuerst am Masons Yard 6, nur einen Steinwurf von dem In-Schuppen Scotch Of St James entfernt, und zog danach in die auf den anderen Seite der Stadt liegende Gegend von Aldwych. Das Geschäft/die Galerie wurde im September von dem kreativen Triumvirat Barry Miles, John Dunbar (Marianne Faithfulls damaligen Mann) und dem Sänger Peter Asher eröffnet. Dort fanden sich Bücher über Esoterik, die selten in den Regalen der konventionellen Buchläden standen.

Mit einem Paul McCartney als taktischem Berater und Finanzier fanden sich schnell Kunden des Swinging London, die die Regale durchstöberten. Indicas literarisches Angebot sollte Anitas aufnahmebereiten Intellekt zusätzlich beleben. In dem Buchladen sah man auch erstmalig im UK Timothy Learys Anleitungen zu einem LSD-Trip, betitelt *Psychedelische Erfahrungen: Ein Handbuch nach Weisungen des Tibetanischen Totenbuchs*. Schon bald bogen sich die Regale in der Courtfield Road unter dem Gewicht der Neuanschaffungen. Zu den gemeinsam im Shop gekauften Büchern gehörten Israel Regardies *The Golden Dawn*, James George Frazers voluminöser Schinken über die Urreligionen mit dem Titel *Der goldene Zweig*, nicht zu vergessen die esoterisch angehauchten Werke von E. T. A. Hoffmann und der „Standard-Hesse". Zum Ausgleich fand sich dann noch ein Exemplar von Bernard Harts *The Psychology Of Insanity* in der Toilette der Wohnung.

„Das war alles sehr intellektuell", erinnerte sich Anita in der *Times* 2010. „Ich las die gesammelten Werke von Madame Blavatsky, der von Tibet beeinflussten Theosophin, und das in einer Woche."

Über die Jahre hielten sich Gerüchte, nach denen Anita an einigen Ritualen teilnahm und Praktiken ausübte, die weit über das hinausgingen, was die von ihr gelesenen Bücher hergaben. Wie in Mick Walls *When Giants Walked The Earth* berichtet wird, begleitete eine Frau namens Wiona Brian und Anita zu Buchanschaffungen im Indica, wobei das Paar nach Zaubersprüchen suchte, um „ein Gewitter" zu bannen. Wiona: „[Brian] und Anita hielten Seancen mit einem Ouija-Brett in der Wohnung ab, oder sie setzten sich ins Auto, um mitten in der Nacht nach UFOs Ausschau zu halten."

Andere aus dem Bekanntenkreis der beiden tauchten einfach in ihrer Wohnung auf, wenn sich die Gelegenheit bot.

„Ich war nur einmal dort", berichtet der Beatles-Angestellte Tony Bramwell. „Ich lebte in der Fulham Road, also um die Ecke herum, und besuchte sie eines Nachts. Es war ein geräumiges Studio-Apartment mit einer Empore und einem Fenster mit Ausblick auf die U-Bahnstation Gloucester Road. Überall auf dem Boden verteilt lagen Haufen von irgendwelchen Sachen und die Leute kamen und gingen einfach die ganze Nacht."

Während man einerseits eine sprichwörtliche Drehtür für die Vergnügungswilligen des Swinging London bereitstellte, war die entspannte Atmosphäre andererseits höchst einladend für diejenigen, die sich dort länger aufhalten wollten.

Als einer der drei Frontmänner der Rolling Stones hatte der 23-jährige Keith Richards 1966 immer noch etwas Rätselhaftes an sich, wobei seine größtenteils reservierte Präsenz noch durch das distanzierte Verhalten verstärkt wurde. In den Kreisen seiner musikalischen Zeitgenossen galt er als höchst kompetent und geschickt, doch seine überwiegend stille Persönlichkeit verriet so wenig über ihn, dass Interviewpartner sich kaum trauten, seine offensichtliche Komplexität auch nur anzukratzen. Sein cooles Verhalten grenzte schon an Obsession, und seine Zurückgezogenheit maskierte eine schüchterne Unschuld, die nur die wenigsten erkannten. Im Gegensatz zu den anderen Bandmitgliedern lebte Richards seine eher „unscheinbare" Libido nur mit einer Frau aus und ließ sich nicht durch die riesige

Auswahl sinnlicher Abenteuer ablenken, die sich den damals aktuellen Popstars boten.

Während der drei letzten Monate hatte Richards seinen Lebensmittelpunkt ständig gewechselt. Er bewegte sich zwischen Hotels, seinem geliebten Redlands-Cottage (einem denkmalgeschützten Gebäude in West Wittering, West Sussex) und seiner bescheidenen Wohnung in St. John's Wood. In seiner Londoner Bude hatte er sich wegen nächtlicher Ruhestörung einige Beschwerden eingehandelt und Redlands wurde gründlich renoviert, und so war ihm die gelassene Stimmung in der Courtfield Road nur recht. Seine Partnerin Linda Keith hatte sich zu der Zeit aus der Beziehung zurückgezogen, und so übte die Atmosphäre unter Anita und Brians Dach eine heilende Wirkung auf seine angeknackste Psyche aus.

„[Er] gab sich wie ein kleiner, verlorener Junge, nachdem die Beziehung mit Linda Keith vorüber war", berichtet Stash de Rola, ein regelmäßiger Besucher in der Courtfield Road. „Er war extrem deprimiert. Er lebte mit Linda im Redlands und suchte danach Zuflucht bei Brian und Anita. Es verletzte ihn zutiefst, dass seine Freundin ihn verlassen hatte."

In der Wohnung gab es jedoch einige „Stolperfallen", die man tunlichst meiden musste. Dazu gehörte nicht zuletzt Anitas verspielte und sinnliche Präsenz – eine schwer zu definierende Dualität, mächtig genug, wirklich jeden jungen heißblütigen Mann zu verzaubern. Trotz ihrer Beziehung mit Brian war natürlich alles möglich, bedenkt man die Explosion der polygamen Liebschaften und amourösen Abenteuer Mitte der Sechziger. Brian entdeckte später eine bestimmte Wärme zwischen den beiden, doch er führte das auf eine Freundschaft zurück, statt etwas anderes zu vermuten.

„Ich habe mich da langsam niedergelassen", erinnert sich Keith in seiner Bio *Life*. „Ich frage mich immer noch, ob Anita der Grund für die Entscheidung war, mich wieder mit Brian anzufreunden. Ich glaube, es war fifty-fifty. Natürlich stand ich auf sie – das war bei jedem so, wenn er sie sah –, doch ich wollte nicht die gute Beziehung zu Brian vermasseln."

Die drei wuchsen langsam zusammen, und die negativen Energien, die Brian und Keith getrennt hatten, begannen sich aufzulösen. Schon bald sah man sie beim Shopping in der nahe gelegenen King's Road, während sie sich in der Wohnung an der Vielzahl der verfügbaren Drogen bedienten. Viele sahen die Wohnsituation als momentane Notlösung, doch andere behaupten, Anita habe alle Fäden in der Hand gehalten und sie auch gezogen. „Als man seine Beziehung zu Anita noch in den Mix schüttete", berichtet Bill Wyman, „hatte man einen Cocktail, für den es kein Gegengift gab."

„Anita war sehr offen", weiß Deborah Dixon zu erzählen. „Sie war sehr stark und kultivierter als die beiden. Auch Brian war zuerst kultivierter als Keith."

„Die drei lebten in einer angeblich keuschen Ménage à trois", erinnert sich Donald Cammell in *Blinds & Shutters*. „Keith stand Brian damals sehr nahe, doch Anita flüsterte schon ihren Zauberspruch. Sie war ein vereinnahmend attraktiver Mensch, der Brian und Keith verhexte."

Viele Jahre später gab Anita eine weniger nüchterne Zusammenfassung über das Zusammenleben mit Keith in ihrer Wohnung. „Mich beeindruckte seine lässige und entspannte Natur", erzählte sie A. E. Hotchner 1990. „[Er] unterschied sich so sehr von Brians aggressiver Persönlichkeit. Zwischen Keith und mir lief nichts, aber wir begannen uns anzufreunden. Er war von Brians Ausrastern zutiefst verstört, besonders, wenn Brian mich körperlich angriff."

Andere unangenehme Ereignisse wirkten sich zusätzlich negativ auf die Atmosphäre aus. „The Drugs (Prevention Of Misuse) Act", ein Gesetz gegen den Drogenmissbrauch, wurde am Freitag, dem 5. August 1966, modifiziert, wodurch LSD in Großbritannien nun als illegal eingestuft war. Allerdings wirkte sich das nicht auf die Konsumgewohnheiten in der Courtfield Road aus. Als bereits geübte LSD-Reisende erforschten Anita, Brian und Keith ihre psychischen Gefilde innerhalb der eigenen vier Wände, wobei die gemeinsamen Erfahrungen sie noch enger zusammenschweißten. Mick Jagger, der gegen die negativen Wirkungen von LSD auf sein Ego ankämpfen musste, war während dieser Zeit von den Erlebnissen des Trios ausgeschlossen. Obwohl er sich einige Trips eingeworfen hatte, sollte das niemals eine solche Regelmäßigkeit wie bei Anita, Brian und Keith annehmen.

Gelegentlich kam es aufgrund der schmalen Grenze zwischen der Realität und der Fantasiewelt bei einem Trip zu gefährlichen Situationen. Brian plagten oftmals von der Droge angestoßene Albträume und Anita, die durch den Model-Job niemals einen routinierten Tagesablauf hatte, erlebte manchmal einen Zusammenbruch. Doch es ereignete sich auch ein lebensbedrohlicher Zwischenfall. Tony Sanchez kam laut eigener Aussage eines Tages in die Courtfield Road und fand einen verzweifelten Brian vor, der eine bewusstlose Anita wiederbeleben wollte. Darin geschult, bei Drogen-Unfällen schnell einzugreifen, gelang es Sanchez, die auf dem Boden liegende Anita in ein nahe gelegenes Krankenhaus zu befördern, wo man ihr den Magen auspumpte. Als sie wieder zu Bewusstsein gelangte, umarmte sie Brian und beide weinten.

Trotz der schwierigen und verschlungenen Beziehung musste die Arbeit weitergehen. Anitas Model-Karriere befand sich auf einem absteigenden Ast, doch dann gelang ihr ein beruflicher Anschluss bei der damals äußerst vitalen Filmindustrie, die 1966 den Zenit erreichte. Die Szene des Swinging London bot einen kostenlosen vermarktbaren Hintergrund für Filmemacher. Allem, was mit der Stadt in Verbindung stand, wurde ein Budget gewährt, und zwar schneller, als ein Scheck auf den Boden fallen konnte.

Nachdem *A Hard Days Night* die Straßen Londons in ein magisches Wunderland transformiert hatte, strömten Filmemacher aus der ganzen Welt in die Stadt, um das Glitzern und die Pracht des Augenblicks einzufangen.

Auch viele Kontinentaleuropäer ließen sich von der Explosion des Swinging London verzaubern und kamen in die Hauptstadt, um die gerade herrschende Magie in ihren Produktionen wiederzugeben. Roman Polanski machte dort seine ersten Gehversuche in die Welt der Kinos und erzielte mit dem allegorischen Doppelschlag

Ekel und *Wenn Katelbach kommt* einen beachtlichen Erfolg. Michelangelo Antonioni war ein weiterer Filmemacher, der das Potenzial der Stadt für sich ausnutzte. Der italienische Regisseur war zu Beginn 1966 in London angekommen, um einen künstlerisch gestalteten Film über die Transparenz einer Welt zu drehen, in der Anita und ihre Freunde lebten.

Die britische Mode stand vor einer Neuorientierung mit neuen Schwerpunkten, woraufhin Models, die in der Öffentlichkeit aufgefallen waren, schnell einen Vertrag für Darsteller-Jobs bekamen. Damit bot sich ihnen eine gute Voraussetzung, um ihrem ansonsten stagnierenden Berühmtheitsgrad neuen Schub zu geben.

Im Goldrausch der Sixties gelang Twiggy, Jean Shrimpton und Suzy Kendall der Aufstieg vom Catwalk zum Film-Set, da der Öffentlichkeit ihr „dolly bird"-Status leicht zu vermitteln war.

Auch wenn sie ihren Lebensmittelpunkt in London hatte, war es eine deutsche Produktion, der Anita ihre erste Filmrolle verdankte. Bei einer Fotosession als Model für das angesehene Magazin *Twen* – sie fand in der ersten Hälfte des Jahres statt – verfrachtete man Anita zum Wettersteingebirge. Am höchsten Ort, der Zugspitze, beeindruckte sie den angesehenen Fotografen Werner Bokelberg durch ihre Präsenz und ihre spektakuläre Persönlichkeit.

Wenige Tage später und immer noch wie berauscht von seiner Begegnung, traf sich Bokelberg zum Abendessen mit seinem Freund, dem Regisseur Volker Schlöndorff. „Er meinte, er habe gerade Fotoaufnahmen mit einem total abgedrehten Mädchen gemacht", berichtet Schlöndorff in einem Gespräch mit dem Autor 2017. „Er erzählte, sie habe einen Wollmantel getragen mit überall verteilten kleinen Kordeln in Regenbogenfarben, die wie Dreadlocks aussahen. Er zeigte sich wirklich von ihr beeindruckt."

Zufälligerweise steckte der Regisseur gerade im Casting für seinen zweiten Film *Mord und Totschlag*. Schlöndorff stand an vorderster Front des Neuen Deutschen Kinos und gehörte zu einer radikalen, provokanten Gruppe junger Regisseure, die die neuen Freiheiten erkundeten, die sich dem europäischen Kino boten.

Der 1939 in Wiesbaden geborene Schlöndorff entwickelte schon in jungen Jahren ein sehr eigenes Weltbild. Er studierte Politikwissenschaft an der Sorbonne in Paris und zusätzlich Filmwissenschaft am Institut Des Hautes Études Cinématographiques, wonach er sich der Filmemacherei widmete. Zuerst arbeitete er als Regieassistent bei einigen Produktionen, bevor er seinen ersten Kurzfilm *Wen kümmert's* über in Frankfurt lebende Algerier drehte. Daraufhin kam es 1963 zu einer Kooperation mit dem Filmemacher Jean-Daniel Pollet, aus der die Doku *Méditerranée* hervorging, ein Meilenstein des Genres.

Schlöndorffs Debüt als Regisseur *Der junge Törless* (eine Adaption von Robert Musils Roman *Die Verwirrungen des Zöglings Törleß*) stellte ein bemerkenswertes Highlight des Neuen Deutschen Films dar und sorgte auch für internationales Aufsehen. 1966 gewann Schlöndorff neben anderen Auszeichnungen den Kritikerpreis in Cannes.

Schlöndorff wurde zu seinem zweiten Film durch einen Zeitungsartikel angeregt, in dem über eine junge Frau berichtet wurde, die in Notwehr ihren Geliebten getötet hatte und nun versuchte, den Leichnam loszuwerden. Den Regisseur faszinierte an dem Fall vor allem, dass ihm jegliche moralischen Skrupel zu fehlen schienen.

Der nihilistische Inhalt, der Eingang in das Drehbuch fand, war zugleich ein Beleg für eine neue Schonungslosigkeit, die im europäischen Kino aufkam. In seiner Fasziniertheit vom Alltäglichen wusste sich Schlöndorff mit den neuen „jungen Wilden" verbunden, die einen normaleren und unbekümmerteren Bezug zum Tod hatten, woraufhin sich das neue Subgenre der „Anti-Thriller" entwickelte. Hier entstand eine erotische und niveauvolle Verbindung zwischen Mord, Kunst und Stil.

Zwar konnte Schlöndorff zu der Zeit nichts davon wissen, doch der Streifen kann als eine Art Echo auf den Nihilismus eines Michelangelo Antonioni beschrieben werden, den dieser mit *Blow-Up* ausdrückte. Während man Antonionis Film letztendlich mit Beifallsbekundungen feierte, bemerkten nur wenige Beobachter, dass in Schlöndorffs Film eine ähnliche Atmosphäre evoziert wurde.

Die erste Runde der Vorproduktion von *Mord und Totschlag* lief Mitte 1966. Bedenkt man, dass die Hauptfigur namens Marie beinahe jede Einstellung dominierte, hätte man die Rolle unter normalen Umständen einer eher erfahrenen Schauspielerin angeboten, die im Kino schon zu einem Charakter geworden war. Doch offensichtlich hatte der Regisseur andere Pläne.

„Die Schauspieler gehörten der alten Generation an, zumindest in Deutschland“, erinnert sich Schlöndorff heute. „Und so schaute ich mich nach einer Persönlichkeit um, nicht nach einer professionellen Darstellerin. Werner Bokelberg zeigte mir die Fotos von Anita, und ich setzte mich mit ihrer Agentur in Paris in Verbindung. Ich kannte mich in dieser Welt nicht aus, doch die Agentin arrangierte für mich ein Treffen mit Anita. Wir trafen uns in Paris mit ihrer Model-Freundin Deborah Dixon. Da [Anita] aus Rom stammte, kannte sie viele Filmleute, und da mein erster Film schon veröffentlich worden war, kannte sie auch mich.“

Im Lauf der Diskussionen über die Arbeit erkannte Schlöndorff beim ersten Treffen unmittelbar Pallenbergs ausgeprägten Sinn für Humor.

„Mit ihr zusammen zu sein und sich mit ihr zu unterhalten, war einfach wunderbar“, berichtet er. „Sie war lustig und machte Witze, deren Ironie zunächst kaum jemandem auffiel. [Anita] hatte eine starke Persönlichkeit, und wenn sie mit Deborah oder anderen zusammen war, stellte sie sich als die Lebendigste heraus.“

Um ihren noch nicht ausgeprägten schauspielerischen Fähigkeiten mehr Gewicht zu verleihen, behauptete sie gegenüber Schlöndorff, eine Nachfahrin von Deutschlands zu Beginn des 20. Jahrhunderts bekanntestem Bühnenkünstler Max Pallenberg zu sein. Der in Österreich geborene, etwas klein geratene Darsteller hatte sich in der Welt des Theaters als „Unruhestifter“ herausgestellt, indem er klassische Musikwerke neu arrangierte und sie in einem emotional aufgeladenen Stil darbot. Der für seine Bühnenarbeit gefeierte Max belebte die starren Konventionen des deutschen Theaters und wurde zu einer Lichtgestalt der Originalität. Der Übergang zum Film fiel ihm leicht, mit seinen Produktionen konnte er große Erfolge feiern. Ein Flugzeugabsturz 1934 setzte der Karriere des 56-Jährigen ein jähes Ende. Sein Nachname deutete zwar zumindest auf die Möglichkeit einer Verwandtschaft mit Anita hin, doch hieß er in Wirklichkeit Max Pollack – eine Tatsache, von der Anita vermutlich nichts wusste, als sie gegenüber Schlöndorff den Namen erwähnte.

Aber abgesehen von der fragwürdigen künstlerischen Verwandtschaftslinie waren die Aussichten auf eine fruchtbare Zusammenarbeit gut, und so lud Schlöndorff sie im September zu Probeaufnahmen in Paris ein.

„Das war noch vor den Zeiten von Videos", erzählt Schlöndorff bei dem Interview. „Ein Probedreh war also schwierig, da man große Kameras benötigte. Mein Freund [der Regisseur] Louis Malle richtete gerade ein neues Filmstudio ein und ich fragte ihn, ob ich rüberkommen könne und das Studio, die Kamera und die Ausrüstung in der Mittagspause benutzen dürfe. Der Probedreh sollte nur Anitas Präsenz testen und nicht ihre Fähigkeit, einen Text zu sprechen, was ich zu der Zeit als sinnlos empfand. Ihre Präsenz war aber augenblicklich zu erkennen, noch bevor wir die wenigen Minuten Filmmaterial entwickelt hatten. Aber ich wollte etwas in der Hand haben, um es den Distributoren und Produzenten zu zeigen. Ich persönlich vertraute meiner Intuition."

Da die Ergebnisse des Probedrehs auf ein sehr positives Echo stießen, wurde Anita für die Produktion vertraglich verpflichtet. Obwohl der Regisseur von Pallenbergs rauen und ungezähmten Fähigkeiten überzeugt war, gab er ihr dennoch einen Schnellkurs in der Filmemacherei. Auch stellte er ihr in der Industrie gefeierte Freunde vor wie Louis Malle und den spanischen Regisseur Luis Buñuel. Anita war nun bestens auf das Filmgeschäft vorbereitet und Schlöndorff hatte ein wahres Energiebündel, das er den Finanziers des Streifens präsentieren konnte.

„Sie hatte eine fantastische Präsenz", erinnert er sich. „Ihre Schönheit war nicht klassisch, denn sie hatte auch etwas Burschikoses an sich, was ich sehr mochte. Es spiegelte sich auch in ihrem Verhalten wider. Ich mochte ihre Art des Performens, weil sie nicht der eines ausgebildeten Schauspielers glich. Für die damalige Zeit war es ungewöhnlich, sich so zu präsentieren und zu verhalten, aber genau das suchte ich. Ich wollte, dass sie wie eine Jugendliche aussah, sich so verhielt und sprach, wie es auf der Straße üblich war. Anita war hip, und mit ihrer Arbeit für Magazine hatte sie sich schon ein Rollenmodel erarbeitet."

Das Drehbuch war zwar bereits geschrieben, aber die Frage, ob Anita in der Lage war, die Texte richtig rüberzubringen, stellte sich für den Regisseur nicht. Schlöndorff war sich sicher, dass Pallenberg die Energie, die Präsenz und den rauen Stil der Hauptfigur verkörperte.

„Beim Casting passiert so etwas", berichtet Schlöndorff. „Man findet eine Person, die den Charakter exakt widerspiegelt. Ich suche immer nach so einer Beziehung. Ich hätte sie niemals gecastet, wäre sie nicht so gewesen, wie sie war. Nachdem wir sie aber gecastet hatten, wurde die Rolle praktisch auf sie zugeschnitten – aber nicht mit Absicht, sondern es entwickelte sich einfach so."

Schlöndorffs Zusammenfassung des Filminhalts fiel knapp und direkt aus, aber immer mit Anitas Charakter an vorderster Stelle des Szenarios.

Es ist Abend: Marie macht sich bereit fürs Bett. Es klingelt an der Tür: Es ist ihr Freund Hans, aber sie will ihn nicht mehr sehen. Dennoch öffnet sie die Tür zögerlich, da sein Klopfen und Schreien lauter werden. Er packt seine Sachen und will sie verlassen, aber nicht ohne ein letztes Mal mit ihr zu schlafen. Doch Marie möchte das nicht. Es kommt zu einem Handgemenge, sie greift nach einer Waffe und schießt auf ihn. Hans ist schwer verletzt und stirbt vor ihren Augen.

Am selben Tag trifft Marie Günther in einer Bar und bietet ihm Geld an, um die Leiche verschwinden zu lassen. Zuvor vergnügen sich die beiden auf Maries Bett – direkt neben dem leblosen Körper. Dann, gemeinsam mit Günthers Freund Fritz, macht sich das merkwürdige Pärchen zu einer Autofahrt auf, um die in Maries Teppich eingerollte Leiche auf einer Autobahnbaustelle loszuwerden.

Nach der Rückkehr aus Paris und vor Beginn der eigentlichen Produktion zeigte sich Anita in London ganz aufgeregt von der Aussicht, als Hauptdarstellerin in einem Film zu spielen. Am Londoner Flughafen wurden einige glanzvolle Fotos von ihr und Brian für die Medien gemacht, aber Jones nahm ihren Bericht über den anstehenden Streifen ganz und gar nicht so auf, wie sie es geplant oder gehofft hatte. Als er hörte, wie sie in ihrer Wohnung mit der Rolle prahlte, schnappte er sich das Drehbuch und zerriss es in einem Anfall von Eifersucht. Nachdem seine obligatorischen Tränenfluten versiegt waren, besprach Anita mit ihm eine mögliche Beteiligung an dem Streifen und unterbreitete ihm einen für Rockmusiker damals ungewöhnlichen Vorschlag, nämlich einen Soundtrack. Die Idee gefiel Jones natürlich. Paul McCartney erntete bereits seine Lorbeeren für den Soundtrack der Boulting-Brothers-Produktion *The Family Way*, und somit war es ein kluger Schachzug, der zugleich Brians musikalischen Status bei den Rolling Stones erhöhte.

Obwohl sich Schlöndorff hinsichtlich Brians vertraglicher Verpflichtungen bei den Rolling Stones Sorgen machte, stimmte er dem Vorschlag zu. Zwar wies er mit Nachdruck darauf hin, dass für einen Soundtrack kein zusätzliches Budget vorhanden sei, aber Brian war bei so einem einzigartigen Projekt voll in seinem Element. Jones' Ego war besänftigt und seine innere Ruhe wiederhergestellt, und so konnte Anita ohne großes Bedauern die Arbeit an dem Film im München aufnehmen. Auch hielt sich Keith damals über längere Zeiträume in der Wohnung auf, was die gesamte Lage entspannte.

„Ich beneidete [die Band] wirklich“, bemerkt Anita in *The Early Stones*. „Ich machte Filme, was an sich toll war, doch hatte immer ein Problem mit Autoritäten. Und nun umgaben mich all diese Produzenten, mit denen ich arbeiten und mich arrangieren musste. Bei den Stones hatte ich eine andere Einstellung erlebt, denn bei ihnen hieß es: ‚Scheiß doch auf die.‘ Sie hielten zusammen, waren sehr jung und kümmerten sich nicht [um die Meinung anderer]. Sie machten einfach das, was sie wollten.“

Trotz der sprachlichen Probleme mit der Hauptdarstellerin sicherte das große Budget für *Mord und Totschlag* (fast eine Million D-Mark) der Produktion einen enormen Freiraum, um etwas Einzigartiges zu kreieren. Darüber hinaus wurde der Streifen als Buntfilm konzipiert, was einen gewagten Zug in der Schwarz-weiß-Welt des Neuen Deutschen Films darstellte. Die Aufnahmen waren für die Zeit von September bis Dezember 1966 festgesetzt worden, ein Zeitrahmen, der für eine „Anfängerin" wie Anita, die praktisch alle Szenen bestritt, eine schwierige Aufgabe darstellte.

Junge deutsche Schauspieler spielten an ihrer Seite. Hans Peter Hallwachs wurde ihr Komplize Günther, Manfred Fischbeck der Gehilfe und der nur kurz auftauchende Werner Enke spielte die Rolle des Partners Hans. Doch Anita musste die Hauptlast der Handlung auf ihren Schultern tragen. Ihre eigene Garderobe war groß und exotisch, sie selbst wurde jedoch – eine Entscheidung der Filmemacher – eher schlicht dargestellt. Das traf besonders für das Make-up zu, denn ihr Gesicht wurde blass geschminkt, damit sie einem ganz normalen Menschen glich, der sich aus der Masse nicht abhob.

Vor dem Filmdreh war Anitas Zeitplan eine wilde Flickschusterei gewesen, bei der sich Arbeit und das Sozialleben wirr miteinander vermischten, doch *Mord und Totschlag* wurde zu einem Symbol für Organisation und Verantwortlichkeit. Bei Filmaufnahmen für eine große Produktion sind Zwölf-Stunden-Arbeitstage die Regel und Anita bemühte sich, den Anforderungen gerecht zu werden. Ihr Kollege Hans Peter Hallwachs meint sich zu erinnern, dass Anita zu den täglichen Arbeiten nicht immer pünktlich kam, doch der Regisseur widerspricht dieser Aussage.

„Sie gab sich überhaupt nicht kapriziös", berichtet Schlöndorff. „[Anita] war ein diszipliniertes Mädchen, und da gab es nie solche Probleme. Sie war von Profis und Laien umgeben. Wenn es dann um die Schauspielerei ging, war sie eher schüchtern und sagte: ‚Aber ich bin doch keine Schauspielerin.' Ich bestärkte sie und sagte: ‚Überlass das mal mir.' Sie hatte eine natürliche Begabung, und ich drängte sie, Unterricht zu nehmen, meinte, sie könne ein Star werden. Doch was eine eigene Karriere anbelangte, hatte sie keine Ambitionen. Sie mochte es einfach, hier zu sein, und ihr reichte ihr Mitwirken."

Gelegentlich zeigte sich Anitas mangelnde Erfahrung am Set. Der Großteil der Aufnahmen fand in München und den Außenbezirken statt, und es gab anfänglich einige Szenen, für die man sie im alltäglichen Leben filmte. Bei diesen Aufnahmen geriet Anita anfangs ins Stolpern. „Das war lustig", erinnert sich Schlöndorff. „An einem der ersten Tage des Filmdrehs musste sie einfach nur vor den Kameras hergehen, doch sie duckte sich, um nicht im Blickwinkel zu sein. [Anita] war sich noch nicht bewusst, dass es hier um sie ging!"

Trotz des hektischen Zeitplans fand sie zahlreiche Möglichkeiten, um sich nach dem Ende eines Arbeitstages zu vergnügen, wenn die Lichter im Studio ausgegangen waren. Für eine 24-jährige Frau mit einem Überfluss an ungeschliffener ursprünglicher Energie boten sich permanent Ablenkungsmöglichkeiten.

Volker Schlöndorff: „Sofort hatte Anita eine Affäre mit einem 19-Jährigen. Ich hab deshalb mit ihr geschimpft, und sie antwortete: ‚Ach lass es doch, es ist nichts Ernstes – ich mag eben Jungs.' Sie war ja selbst noch jung, doch sehr reif in der Hinsicht, dass sie bis zu dem Zeitpunkt schon ein kosmopolitisches Leben geführt hatte. [Anita] war irgendwie verrückt, doch auch erwachsen. Ich würde mal sagen, ihrem Alter voraus. Sie kannte sich in der Welt aus und wusste viel über das Leben und die Menschen – erstaunlich viel sogar."

Trotz Anitas vermeintlicher Autonomie in München schien Brians Geist ihr wie ein Schatten zu folgen. Nach seinem Wutausbruch, als Brian von Anitas Beteiligung am Film erfuhr, behielt er die Produktion im Auge, auch wegen des „Soundtrack"-Bonbons, das ihm Pallenberg zur Beschwichtigung gegeben hatte. An den ersten Arbeitstagen schickte er ihr täglich Blumengestecke und rief sie unzählige Male von London aus an. Alte Bekannte aus Paris wie zum Beispiel Deborah Dixon statteten ihr Besuche ab, doch auch dann war Brians ominöser Schatten nicht weit entfernt.

„Sie fragte, ob Brian kommen dürfe", berichtet Schlöndorff. „Ich antwortete: ‚Ja, natürlich.' Doch wir waren uns bewusst, dass es ein großes Problem werden könnte. Sie checkten in kein Hotel ein. Ich hatte nicht viel Geld, besaß aber ein Zwei-Zimmer-Apartment in einem seriösen Stadtteil. Und dort brachte ich sie auch unter, während ich selbst in die Wohnung eines Freundes zog. Niemand sollte etwas von Anitas und Brians Anwesenheit in dem Apartment wissen."

Nachdem Brian Anfang November mit seinem Rolls Royce und dem Roadie Tom Keylock am Steuer angekommen war, lief in Schlöndorffs Wohnung in der Tengstraße 48 zuerst alles ganz entspannt ab. Da Anita den überwiegenden Teil des Tages mit der Arbeit beschäftigt war, überließ sie Brian sich selbst – was eine Kehrseite hatte. Das führende deutsche Magazin *Stern* war darauf versessen, einen Bericht inklusive Interview über den München-Aufenthalt des Paares zu publizieren. Aus nicht nachvollziehbaren Gründen blieb es Brian und Anita überlassen, für eine passende Bebilderung des Artikels zu sorgen. Was sie letztendlich beisteuerten, stellte sich als weitaus kontroverser heraus als jedes beim Interview gesagte Wort. Laut Schlöndorff hatte Brian die Idee, Anitas führende Rolle beim Film spektakulär „aufzumotzen". Dazu fuhr er mit ihr und Tom Keylock zur Heiler KG, einem bekannten Münchener Requisitenhaus mit Tausenden von Kostümen. Offensichtlich wusste das Paar genau, was es wollte. Anita trat in einem schlichten Schwarz auf und Jones hatte eine SS-Offiziersuniform angelegt – mit allen dazugehörigen Aufnähern und Insignien – was deutlich machte, in welche Richtung die Fotoaufnahmen gehen sollten.

Wie mit dem Paar zuvor ausgemacht, kam Werner Bokelberg, der Fotograf, der Volker Schlöndorff auf Anitas verblüffende Präsenz hingewiesen hatte, ebenfalls zur Heiler KG, um dort die Fotos zu schießen. Im Hinterzimmer des Kostümverleihers fand er Brian in der SS-Kluft vor, dazu Anita, in einfarbiger Kleidung, sehr blass und bereit, sich gegenüber Brian in einer untergeordneten Rolle zu präsentieren. Um die Aussage noch zu unterstreichen, sicherte eine Hakenkreuzarmbinde den Effekt. Auf einem Foto nimmt Brian eine herrische Haltung ein, während er mit dem bestiefelten Fuß eine Puppe zermalmt. Auf einem anderen entspannt sich Anita auf Brians

Schoß – zu ihren Füßen liegt die zerstörte Puppe. Allein schon die symbolische Unschuld der Puppe sagte alles, doch Brian und Anitas schockierende arische Androgynität steht für weitaus düstere Implikationen. Die Beatles hatte einige Monate zuvor schon mit dem sogenannten „Butcher"-Cover für Wirbel gesorgt, auf dem man einige Puppen mit abgerissenen Teilen sieht, doch diese unverhohlene Anspielung auf die Nazi-Vergangenheit öffnete ein neues Kapitel in der Geschichte des schlechten Geschmacks. Um das Fehlen jeglichen Unrechtsbewusstseins zu kaschieren, behauptete Brian später, dass er und Anita bei den Aufnahmen unter LSD gestanden hätten.

Was für eine fragwürdige Symbolik das Foto damals auch immer ausdrücken sollte, für den kommerziellen Erfolg von *Mord und Totschlag* stellte die Fotosession ein spektakuläres Eigentor dar, das besonders die am härtesten traf, die am intensivsten bei der Produktion arbeiteten.

„Sie versuchten, die Fotos vor mir zu verstecken", erinnert sich Schlöndorff heute. „Es war, politisch gesehen, die wohl schlimmste Aktion, die sie bringen konnten. Ich gehörte sicherlich nicht zu den politisch immer korrekten Menschen, doch jetzt machte ich mir Sorgen, da es dem Film schaden konnte. Es weckte eine falsche Erwartungshaltung und das beunruhigte mich sehr. Ich wollte nicht, dass der Film so eine Publicity bekam, und fand es auch überhaupt nicht lustig. Was Anita darüber dachte, wusste ich nicht."

In den folgenden Jahren gab Anita zu, dass sie hinter der dreisten Aktion mit dem SS-Kostüm steckte. „Das war alles meine Idee", gestand sie dem Autor Philip Norman. „Das war dreist und frech, aber meine Güte … Er sah doch gut aus in der SS-Uniform."

Für den Fotografen Werner Bokelberg, zugleich eine Persönlichkeit, die sich von kreativen Menschen nicht einschüchtern lässt, wurde es die am meisten kontroverse Session seiner Laufbahn. Er erinnert sich hinsichtlich der skandalträchtigen Idee anders als Anita: „Es war absolut Brians Idee. Er bestand darauf, dass ich in dem Kostümverleih Fotos von den beiden schoss, auf denen er die Hitler-Klamotten trug."

Der *Stern* lehnte das Material, wie zu erwarten war, ab und verzichtete auch auf den Artikel. Die Veröffentlichung blieb weniger bekannten Zeitschriften überlassen, denen es lediglich darum ging, die Fotos sensationell zu vermarkten.

Durch die Vergabe von Lizenzen für die Fotos wurde der Skandal Ende 1966 weltweit publik, und die negativen Auswirkungen machten Anita und Brian schwer zu schaffen.

„Sie hat ein Herz aus Stein“, lautete der Aufschrei der *Sunday People* in einer Schlagzeile neben den Bildern. „Eine Puppe liegt zu ihren Füßen, nahe einem Ornament, das ein weiteres Hakenkreuz zeigt. Das ist die Kleidung, die Jones und seine Freundin, die deutsche Schauspielerin Anita Pallenberg, beide im Kriegsjahr 1942 geboren, für ein Publicity-Foto in München auswählten. ‚Es sollten realistische Fotos sein‘, kommentiert Jones. ‚Das Ganze hatte keinen tieferen Sinn.‘“

Von der desaströsen Fotosession mal abgesehen, lief die Arbeit an *Mord und Totschlag* zügig und dem Drehplan entsprechend. Anitas Performance war klar umrissen und effizient und kaum jemand hätte erahnen können, dass sie sich zum ersten Mal vor einer Filmkamera zeigte.

Ausgeschlossen von Anitas zeitraubenden Aufgaben (und mit einer gehörigen Portion schlechten Karmas dank des Foto-Shootings) zog sich Jones nach London zurück. Er hatte sich anfangs überschwänglich über den Auftrag gefreut, die Filmmusik zu schreiben, doch nun machte er sich eher phlegmatisch an die Komposition und die Aufnahmen. Der notorische Spätaufsteher hatte kaum Interesse, die Arbeit vor Einbruch der Nacht zu beginnen. Aber auch dann fand es Jones – ohne visuelle Vorlagen – sehr schwierig, seine Kompositionen zu „sehen“. Die ersten Aufnahmen begannen am 5. September in den IBC Studios in London und trotz zahlreicher anwesender Talente war das Resultat gestalt- und strukturlos – meist beschränkte es sich auf freie Klangspielereien, die ein Abbild seiner Psyche darstellten.

Brian ging im späten September auf eine zweiwöchige UK-Tour mit den Stones. Nach seiner Rückkehr – Anita war nach wie vor in

München – stürzte er sich in das Londoner Nachtleben. Obwohl South Kensington etwas außerhalb der Karte des Swinging London lag, fand Brian genügend interessante Zufluchtsorte wie zum Beispiel den Nightclub Blaises im Souterrain des Imperial Hotel, Queens Gate 121.

Ende 1966 machte er einen schicksalsträchtigen Abstecher ins Blaises, nur einen Steinwurf von der gemeinsamen Wohnung entfernt, auf der Suche nach Gesellschaft oder anderen Ablenkungen. Schnell stand er wegen seines dandyhaften Äußeren im Zentrum der Aufmerksamkeit und, wie zu erwarten, fand er zwei junge weibliche Fans, die sich im Licht des Ruhmes sonnen wollten. Auch andere wollten mit Brian ins Gespräch kommen, darunter zwei nicht bekannte Männer, deren hinterhältige Fragen den Musiker dazu brachten, unter anderem seine aktuellen Drogenpräferenzen auszuplaudern. Nachdem er sich über seine Erfahrungen mit LSD und Marihuana ausgelassen hatte, würzte er den Bericht mit einigen Benzedrin-Tabletten, die er einwarf, und prahlte: „Wenn ich die Dinger nicht hätte, könnte ich in solchen Läden nicht wach bleiben."

Das Gespräch mit den überneugierigen Männer näherte sich seinem Ende, woraufhin Brian den Club mit den beiden Fans verließ und „auf einen Kiff" in die Courtfield Road zurückkehrte.

Brian mag in dieser Nacht wohl einige seiner Wünsche befriedigt haben, doch andere hatten einen wirklich dicken Fisch an Land gezogen. Die beiden Männer, die Brian in ein Gespräch verwickelt hatten, waren zwielichtige Reporter aus den widerlichsten Abgründen der Regenbogenpresse. Brian hatte ihnen mit seiner Aussage eine Steilvorlage geliefert, die sie in einem niederträchtigen Artikel über den Drogenkonsum von Großbritanniens bekanntesten Musikern ausschlachteten. Diese Vertreter der Journaille waren nur darauf aus, die Menschen aus der Popwelt in die Pfanne zu hauen, und ihr mit zahlreichen Protagonisten angereicherter Bericht stellte sich in den folgenden Wochen als veritables Dynamit heraus.

Anita schloss die Aufnahmen zu *Mord und Totschlag* Anfang Dezember ab, musste aber danach wieder zur Postproduktion und diversen

Overdubs nach Deutschland reisen. Die Filmemacher waren von ihrem Beitrag zu dem Streifen begeistert und genauso von der Aussicht, dass der Soundtrack von Jones ein Bonus sein würde, der trotz der sprachlichen Beschränkungen (das Original war in Deutsch und wurde erst später übersetzt) das Potenzial für ein weltweites Publikum hatte.

Anitas Rückkehr nach England am 3. Dezember – mit Zwischenaufenthalt in Paris – schien für die zahlreichen wartenden Paparazzi berichtenswert zu sein. Gekleidet in einen modischen Lammfellmantel, einen Minirock mit Blumenmuster und kniehohen Stiefeln gelang es ihr und dem wartenden Brian, ein Lächeln für die Fotografen aufzusetzen. Die für die Schlagzeilen verantwortlichen Journalisten wussten offensichtlich nichts über Pallenbergs Herkunft und identifizierten sie – wahrscheinlich aufgrund des blonden Haares und des breiten Lächelns – als ein „schwedisches Model".

Das freudige Wiedersehen der beiden sollte aber nur von kurzer Dauer sein, denn innerhalb weniger Tage begannen die Streitigkeiten erneut. Die Postproduktion von *Mord und Totschlag* erforderte eine Synchronisation des Soundtracks mit dem Film. Brian hatte zwar schon einiges Material aufgenommen, doch es bislang nicht geschafft, den Score komplett abzuschließen. Da Anitas Zukunft von der Fertigstellung des Films abhing, spitzte sich die Lage zu. Brian verbrachte den Tag mehr oder weniger breit oder schlafend, woraufhin Volker Schlöndorff nach London flog und die Situation zu klären versuchte.

„Es sah wirklich schlecht aus", erinnert sich Schlöndorff heute. „Brian stand ständig unter Drogen, konnte nicht aufstehen und verpasste die Recording-Sessions. Anita wütete. Sie hatte unsere Zusammenarbeit in die Wege geleitet, und nun versagte er. Sie nahm das nicht auf die leichte Schulter. Es war alles sehr angespannt, überhaupt nicht lustig. Dann gab es diese schrecklichen Streitereien. Brian war ein schwieriger und unzuverlässiger Mensch. Während der Aufnahme half oft Keith, achtete darauf, dass alles fertig wurde. Brian fehlte häufig."

Trotzdem – und mithilfe von Schlöndorffs Vorschlägen – wurde ein Teil des Soundtracks eingespielt, was dem Regisseur und Anita erlaubte, nach München zurückzukehren und mit der Postproduktion anzufangen.

Kurz danach ereilten das Paar schreckliche Nachrichten, denn Anitas und Brians gemeinsamer Freund Tara Browne war ums Leben gekommen. Eine Woche vor Weihnachten 1966 zog Browne durch das Party-Netzwerk Londons, gemeinsam mit seiner Freundin Suki Potier, einer Persönlichkeit, die Anitas Look und lässige Gangart nachzuahmen versuchte. Browne überfuhr mit seinem Lotus Elan eine rote Ampel an der Kreuzung Redcliffe Square und Redcliffe Gardens (nur wenige Straßen von Brian und Anitas Wohnung entfernt) und krachte mit dem Wagen in einen geparkten LKW. Potier erlitt nur leichte Verletzungen (hauptsächlich, weil Browne das Steuer herumriss, um einem anderen Wagen auszuweichen), doch der Fahrer verstarb auf der Stelle.

In einer Atmosphäre, die bislang unbekannte Höhenflüge und niederschmetternde Tiefpunkte kannte, war Browne das erste populäre Opfer seiner furchtlosen Generation. Während ihrer kurzen Freundschaft hatte er Anita als Ausdruck seiner Zuneigung einen Ring mit einem Amethysten geschenkt – ein Schmuckstück, das sie noch viele Jahre nach seinem Tod tragen sollte.

Anita musste wegen ihrer Arbeit in Deutschland bleiben, sodass nur der erschütterte Jones zu Taras Beerdigung nach Irland reiste und dessen trauernder Partnerin Suki beistand. Um ihren Kummer zu ertränken, trafen sich Anita, Brian, Keith und seine On/Off-Freundin Linda Keith am Weihnachtsabend im Hotel George V in Paris. Nach der Ankunft verbrachte das Quartett Berichten zufolge seine Zeit mit Amphetaminen, Koks und anderen Substanzen während des Tages und sehr starken Beruhigungsmitteln in der Nacht (Letztere wurde von einer mitfühlenden Krankenschwester bereitgestellt). Diese Kontinuität wurde nur durch ein gelegentliches Truthahn-Dinner durchbrochen.

Für Anita begann das neue Jahr 1967 in einer niedergedrückten Stimmung. Ein Gedenkgottesdienst für Tara Browne am 10. Januar in der St Paul's Church, Knightsbridge, bestätigte nur die düstere Atmosphäre, die Brians und Anitas Leben im vorhergehenden Jahr bestimmte. Die Presse berichtete, dass Anita am 21. Januar noch bei Granny Takes A Trip in der King's Road shoppte, doch sie wurde kurz darauf wieder zur Fertigstellung der Postproduktion von *Mord und Totschlag* nach München beordert. Während Brian sich immer noch mit dem Soundtrack abplagte, sprach Anita – neben der Erledigung einiger anderer Verpflichtungen im Zusammenhang mit dem Film – noch die englische Synchronstimme.

Brian gesellte sich dann im Februar zu Anita, um in Deutschland den Soundtrack zu schneiden. Da die Presse verkündete, dass der Score schon Ende Januar fertig sei, stand er unter enormem Druck. Außerdem gab es für Jones noch einen weiteren Grund, seinem Heimatland zu entfliehen. Sein schlimmster Fauxpas – das Gespräch mit den beiden Undercover-Journalisten im Dezember 1966 – manifestierte sich nun in einer Reportage, die am 5. Februar in der *News Of The World* unter der Überschrift „Pop Stars and Drugs" veröffentlicht wurde. Die Schmierfinken legten Jones prahlerische Worte Mick Jagger in den Mund, sodass durch Brians Enthüllungen Mick (und natürlich auch manch anderer in dem Kreis) durch den Dreck gezogen wurde. Keith, der zu der Zeit auf dem Sofa in der Courtfield Road herumlungerte, spürte, dass das Aufsehen um die Band es ratsam erscheinen ließ, sich eine Auszeit zu nehmen und zu verreisen, woraufhin er Anita und Brian in München besuchte.

Das Trio stimmte die Rückkehr nach London zeitlich mit einem psychedelischen Ereignis ab, das am 10. Februar stattfand. In dieser Nacht nahmen die Beatles in den Abbey Road Studios den Orchester-Teil ihrer halluzinogenen Hymne „A Day In The Life" auf. Die Band war sich bewusst, dass es ein bestimmendes Schlüsselerlebnis für die aufstrebende Gegenkultur werden sollte, und lud einige Freunde und Bekannte zur Session ein. Neben Anita zählten Brian, Keith, Mick, Marianne Faithfull und Robert Fraser zu den Anwesenden, die sich den Spaß nicht entgehen lassen wollten. Und auch andere Personen – ohne Celebrity-Status, aber dennoch schillernde Charaktere – wohnten den Aufnahmen bei.

Um das Happening einzufangen, dessen Verlauf nicht vorhersehbar war, gab man einige 16mm-Kameras aus, die die prickelnde und halluzinogene Atmosphäre sichtbar machen sollten. Das Material wurde schließlich zu etwas Unbestimmten zusammengeschnitten, das bestenfalls einem Home-Movie oder einem Augenblick des Cinéma Vérité nahekam. Die planlosen und oft verwackelten Aufnahmen fingen jedoch Anita unter all den Gästen ein. Obwohl man sie direkt vom Flughafen in die Studios gebracht hatte, wirkte sie locker, aber dennoch mitgerissen von dem Event, mit einem ausladenden und zustimmenden Lächeln auf den Lippen.

Doch auch diese Party hatte irgendwann ein Ende. Anitas Rückkehr in die Courtfield Road war der zündende Funke zu weiteren Streitigkeiten mit Brian hinsichtlich der Fertigstellung des Soundtracks von *Mord und Totschlag*. Durch ihre Arbeit in München hatte Anita eine aktive, dynamische Gruppe junger Künstler kennengelernt, sodass Jones mit seiner Lethargie und kreativen Redundanz ihre Frustration noch verstärkte. Vor diesem Hintergrund wurde das Wochenende 11./12. Februar für die Arbeit reserviert.

An diesem Wochenende hielt sich Keith nicht in der Courtfield Road auf. Während er noch bei Anita und Brian in München gewesen war, hatte Robert Fraser – der viele Events in der Szene organisierte – eine Party in Redlands organisiert. Der Gaststar des Abends war der Weltenbummler David Schneiderman – alias Acid King Dave. Der Kanadier verteilte besonders starkes LSD in London, auch bekannt als Orange Sunshine, und hatte sich einen gewissen Bekanntheitsgrad als Prediger der Droge erarbeitet. Das LSD war von dem Chemiker-Guru Owsley Stanley synthetisiert worden und hatte eine geradezu elektrisierende Wirkung.

Die Party sollte am 11. Februar beginnen und bis zum nächsten Tag andauern, womit sich die Chance bot, die Droge ausgiebig zu testen, mit einem Schneiderman als Lieferanten und Trip-Führer. Die Einladung von Anita und Brian war unverbindlich, jedoch sollten sie nach Möglichkeit kommen. Am Samstagabend hatten die Stones eine Session in den Olympic Studios im südwestlichen London beendet, und Mick, Keith und Freunde machten sich auf den Weg nach Redlands, während Brian noch weiter im Studio blieb, um an dem Soundtrack von *Mord und Totschlag* zu arbeiten. Danach ging es wieder in die Wohnung an der Courtfield Road. Berichten zufolge schauten einige Gäste auf dem Weg zu Richards' Anwesen bei Brian und Anita vorbei, die sich aber schon wieder zankten, und so „ließ man sie einfach weiter streiten", wie Keith lakonisch bemerkte.

Es ist unwahrscheinlich, dass Anita – oder gar Brian – schon früh am Morgen des 12. Februar aufgestanden wäre, doch sicher ist, dass die Arbeit am Soundtrack den kompletten Tag bestimmte. Während ihre auf LSD „trippenden" Freunde und Bekannten in West Wittering unter „marmalade skies" herumalberten, verdrängte die Deadline für den Soundtrack alle anderen Gedanken bei Anita und Brian.

Um circa 21 Uhr hatte sich Jones wieder von seinem Aufnahme-Marathon erholt und Anita rief in Redlands an, um den anderen mitzuteilen, dass sie jetzt auch kommen würden. Das Paar hatte während des Wochenendes immer wieder dort angerufen, sich angekündigt und danach wieder abgesagt, doch endlich würden sie es „auf die Reihe kriegen". Doch dann erlebte Pallenberg einen Schock.

„Jetzt braucht ihr auch nicht mehr zu kommen", berichtete Keith. „Die haben uns hochgenommen."

KAPITEL 4

„Blood and Thunder"

Satire or sense, alas! can Sporus feel?
Who breaks a butterfly upon a wheel?
Yet let me flap this Bug with gilded wings,
This painted Child of Dirt that stinks and stings;
Whose Buzz the Witty and the Fair annoys,
Yet Wit ne'er tastes, and Beauty ne'er enjoys,
So well-bred Spaniels civilly delight
In mumbling of the Game they dare not bite.
Alexander Pope, *Epistle to Dr. Arbuthnot*

[Am Samstag, dem 1. Juli 1967 erschien ein Leitartikel mit der Überschrift „Who Breaks a Butterfly on a Wheel" in der Londoner *Times*. Der Autor William Rees-Mogg griff darin die Lynchjustiz-Mentalität vieler britischer Zeitungen und der Rechtsprechung an und forderte eine höhere Toleranz im Prozess gegen Mick Jagger und Keith Richards. Der Artikel entwickelte sich zu einem kulturell und soziologisch relevanten Meilenstein der Sixties.]

Die Rache des Establishments begann mit der Redlands-Razzia, der Polizeieinsatz ließ alle unterschwelligen Ängste harte Realität werden. Über Nacht hatte sich die Meinung gegenüber der Popkultur radikal und überproportional verändert. Von der Öffentlichkeit bislang als jugendlich, ein wenig skurril, aber auch unschuldig kategorisiert, war sie plötzlich verdreckt, korrupt und pervertiert. Das einst einladende Lächeln, die elfenhafte Schönheit und der schräge Modegeschmack einer Anita Pallenberg wurden nun mit höchstem Misstrauen beäugt.

Doch die Götter standen ihr diesmal noch zur Seite. Hätten nicht andere Dinge an diesem Februar-Wochenende Vorrang gehabt, wären auch Brian und Anita auf der Party aufgetaucht, woraufhin man sie durchsucht, befragt und wahrscheinlich angeklagt hätte. Jones wäre mit seinem pseudo-aristokratischen Gehabe eventuell noch in der Lage gewesen, eine nähere Untersuchung abzuwehren, doch hätte Anitas aufbrausende Persönlichkeit den Konflikt noch bis zum Äußersten verschärft. Was Autoritäten anbelangte, war Anita dafür bekannt auszurasten, und ihre lautstarke Anwesenheit hätte die ganze Angelegenheit sicherlich verschlimmert. Die Neuigkeiten über die Razzia verbreiteten sich trotz des Zeitalters ohne Internet rasend schnell. Es war egal, dass die Presse mehr als eine Woche lang keine Details über den Vorfall bekannt gab, denn in den Clubs, Bars und an den Dinner-Tischen des südwestlichen Londons gab es nur noch ein Gesprächsthema. Zwar sickerten die Informationen über die Razzia lediglich bruchstückhaft durch, doch die Tatsache, dass Leute „aus der Szene" hochgenommen worden waren, reichte aus, um deren gesamtes Umfeld zu verunsichern.

„Wir hatten alle Angst", erklärte Jeff Dexter. „Wir wussten, dass es nun so weit war. Die waren drauf aus, uns zu packen."

„Jeder in dem Kreis wusste, was passiert war", berichtete Maggie Abbott, die Filmagentin von Anita und Mick. „Am Tag danach kamen die Anrufe, zuerst von Mick und dann Keith. Mick wütete über die *News Of The World* [wegen des kurz davor erschienenen Artikels] und Keith sagte: ‚Die CIA steckt dahinter.'"

Die Polizei machte sich über das Sammelsurium beschlagnahmter Substanzen her und so stellte die Wahrscheinlichkeit einer weiteren Razzia – wenn auch nicht mehr bei Jagger oder Richards – eine ernstzunehmende Möglichkeit dar. Angst griff in der Szene um sich. Anita und Brians recht auffällige Wohnung in South Kensington war der Polizei längst ein Begriff. Wie auch Brian war Anita größtenteils auf einen blütenreinen Reisepass angewiesen. Hätte die Polizei ihre Aufmerksamkeit auf das Paar gerichtet, wäre Anitas gerade angelaufene internationale Filmkarriere ernsthaft in Gefahr gewesen.

Nach zwei Wochen ohne eine auf der Razzia basierende Anklage machten Anwälte und wichtige Personen aus dem Management der Rolling Stones einen Vorschlag (und auch Freunde aus dem näheren Umfeld). Sie befürchteten, dass dunkle Kräfte weitere böswillige Aktionen planten, und sahen im Verlassen des Landes die einzige Chance, weitere Schikanen zu vermeiden.

„Obwohl die Razzia schon im Februar war, gab es da noch keine Anklage", ärgerte sich Keith im Gespräch mit dem Autor Victor Bockris. „Die hatten uns noch nicht mal festgenommen. Eine Zeit lang hofften wir, dass es den Rechtsanwälten gelingen würde, die ganze Sache unter den Tisch zu kehren. In der Zwischenzeit – davon waren alle überzeugt – war es das Beste, sich aus England so schnell wie möglich zu verpissen, damit nicht noch was anderes abging."

„Und so ging es also nach Marokko", erinnerte sich Anita und hebt hervor: „Es war aber mehr eine Art von Rebellion gegenüber der Polizei. Das war wirklich ein Trip!"

In einem von Höhe- und Tiefpunkten bestimmten Leben war der Trip nach Marokko im Februar 1967 ein Erlebnis, das sich auf Anitas Zukunft auswirken sollte. Obwohl während der Reise ihre Emotionen geradezu Amok liefen, sprach Anita in der Öffentlichkeit niemals ausführlich darüber. Ihr reichte es scheinbar, ein Patchwork zerbrochener Bilder, nebulöser Erinnerungen und mythischer Annahmen zu hinterlassen, die sich bis zum heutigen Tag halten.

Zwar war weder Brian noch Anita in die Redlands-Affäre verwickelt, doch ging es bei ihrer Beziehung um alles oder nichts. Jones' fragiler Zustand, durch seinen unglaublichen Drogenmissbrauch zusätzlich schwer belastet, war Grund für große Sorgen. Das Paar hatte sich in dem vorhergehenden Jahr in seiner Androgynität gesonnt und in einem Wirbelsturm der Exzesse gelebt, doch 1967 erlebten die beiden eine Stagnation in ihrer Beziehung. Ihre komplexen Energien waren raumgreifender, als es ihre Wohnung in der Courtfield Road zuließ, und das klare, blendende Licht Afrikas sagte ihnen eher zu als das, was ein Winter in London bieten konnte.

Da der LSD-Konsum des Zirkels ungeahnte Ausmaße erreicht hatte, passte die fantastische exotische Atmosphäre Marokkos wunderbar zur psychedelischen Erfahrung. Darüber hinaus wirkte das liberale, tolerante Ambiente besonders anziehend auf „schräge" Künstler und Aussteiger. Durch die Anwesenheit literarischer Koryphäen wie William Burroughs, Jack Kerouac, Truman Capote oder Joe Orton, deren Werke als progressiv und provokant galten, hatte sich Marokkos Ruf als Gastgeber des Bizarren, Perversen und Verfolgten gut gefestigt.

Auch andere suchten nach schnellen Ausstiegmöglichkeiten. Obwohl Marianne Faithfull nur eine Nebenrolle bei der Razzia spielte, hatte der Einsatz ihr einen größeren Schaden zugefügt, als jede Anklage wegen Rauschgiftkonsums hätte anrichten können. Vulgäre, grund- und haltlose Unterstellungen machten die Runde bei den Journalisten, in Umkleidekabinen und den Pubs in Großbritannien. Das Geschwätz war ein nachhaltiger Angriff auf ihre Integrität. Faithfull probte noch für die Aufführung von Anton Tschechows *Drei Schwestern* in London, war dann aber sofort bereit, bei der ersten sich bietenden Gelegenheit auf den von Crosby, Stills & Nash besungenen „Marrakesh Express" aufzuspringen.

Der kleinen Reisegesellschaft standen zwei exzellente Führer mit guten Kontakten zur Verfügung: Robert Fraser und Christoper Gibbs. Wie Mick und Keith hatte „Groovy Bob" ein großes Interesse daran, so schnell wie möglich dem Vereinigten Königreich zu entfliehen. Der dritte (und am wenigsten bekannte) „Player" auf der Redlands-Liste der Personen, bei denen Drogen gefunden wurden, musste sich ernsthafte Sorgen machen. Man griff Fraser mit 20 Heroin-Tabletten auf, nach seinen Angaben ein Diabetes-Medikament, dessen tatsächlicher Inhaltsstoff aber natürlich bei einer forensischen Analyse entdeckt werden würde. Trotz der angespannten Atmosphäre zeigt sich Fraser auf beeindruckende Weise unerschütterlich, wodurch es ihm gelang, die Energie der größtenteils niedergeschlagenen Gruppe wieder aufzuladen.

Bei Christoper Gibbs wurden bei der Razzia keine belastenden Substanzen gefunden, doch als Gast der Party war er natürlich mit betroffen, denn seine Familie wollte wissen, was er in solch einer schäbigen Gesellschaft zu suchen hatte. Für die anderen in der Gruppe war Gibbs' Anwesenheit in Nordafrika unerlässlich. Er war bekannt dafür, dass er das Lebensgefühl von Marokko in Londons hippe Enklaven importiert hatte, und seine geniale Ausstrahlung machte ihn zu einem wichtigen Reisebegleiter.

Sowohl Gibbs als auch Fraser verfügten über zahlreiche Kontakte in Marokko, darunter der in Großbritannien geboren amerikanische „artist extraordinaire" Brion Gysin und der Schriftsteller Paul Bowles sowie Paul und Talitha Getty, die sich mehr als erfreut zeigten, den populären Gästen die bunten Märkte zu zeigen, die Wüste und die Bergregionen, ohne dabei zu viel Aufsehen zu erregen.

In London gab es Ablenkungsmöglichkeiten an jeder Ecke, und so freuten sich Anita und (vor allem) Brian auf einen Trip nach Marokko, der die Konzentration fördern konnte. Trotz ihrer geradezu „vulkanischen" Persönlichkeiten, die während der Reise oft zum Ausbruch kamen, wurden die beiden von den Sehenswürdigkeiten, den Klängen und den Düften des Landes wie magisch angezogen.

Die Pläne für ihre Flucht aus London wurden schnell zusammengeschustert. Um einem Verdacht seitens der Polizei vorzubeugen, entschieden sich die meisten, in kleinen Gruppen zu reisen. Dass die Nachricht über die Razzia noch nicht bis zu den Grenzen und den Häfen Großbritanniens vorgedrungen war, verminderte nicht die allgegenwärtige Paranoia. Die Tickets und Visa wurden unabhängig voneinander beschafft, und am Wochenende 25./26. Februar entflohen die einzelnen Grüppchen der unerbittlichen Stimmung, die sich in Großbritannien aufgeschaukelt hatte.

Christopher Gibbs, Michael Cooper und Robert Fraser bildeten die Vorhut und flogen alle nach Nordafrika. Mick wartete ein wenig länger, bis er sich auf den Weg machte. Auf Keiths Bestreben reiste er mit Anita und Brian. Der Gitarrist lebte nun bereits seit drei Monaten mit in der Courtfield Road und hatte sich als ein Puffer der eher explosiven Momente des Paars bewährt. Da Keith darüber hinaus eine Art neuer Freundschaft mit Brian aufgebaut hatte – und LSD ein gemeinsamer Faktor darstellte – bestand die Hoffnung, dass die Reise sie noch stärker miteinander verbinden würde.

Im Gegensatz zu den anderen der Gruppe, die sich für einen Flug nach Tanger entschieden hatten, waren die Reisepläne des Courtfield-Trios eher idyllisch ausgerichtet. Um sich langsam „runterzubringen", entschied man sich für einen Flug nach Paris, gefolgt von einer Autofahrt durch Frankreich und Spanien. Um die drei möglichst luxuriös zu kutschieren, stand Richards' prunkvoller, dunkelblauer Bentley zur Verfügung – ein „limited edition" S3 Continental Flying Spur, eins von nur 68 Exemplaren mit Linkssteuerung. Keith hatte sich den Schlitten, den er (nach der Schauspielerin Lena Horne) „Blue Lena" taufte, 1966 zugelegt, nachdem er ihn in Mayfair im Ausstellungsraum eines Autohändlers gesehen hatte. Mit dem kraftvollen V8-Motor und dem speziellen Viergang-Automatik-Getriebe konnten sie die von Richards anvisierte Reiseroute leicht herunterreißen. Die Fensterscheiben waren getönt, doch verfügte der Wagen über ein Schiebedach für den Fall, dass man ein wenig die Sonne genießen wollte. Die bislang – bis auf die 60 Meilen lange Strecke von Redlands nach London – kaum genutzte Karosse sollte sich auf der Reise durch die verschiedenen Länder bewähren.

Obwohl Keith bei der Führerscheinprüfung durchgerasselt war, fühlte er sich sicher genug, um das Steuer bei der Fahrt durch Europa zu übernehmen, wenn er musste. Der Chauffeur vom Dienst war Tom Keylock, ein zweifelhafter Charakter, der als Fahrer zum Organisationsteam der Stones gestoßen war und darüber hinaus noch andere Erledigungen machte. Der Ex-Soldat mit Verbindungen in alle Londoner Schichten (von gehoben bis zwielichtig) war höchst aufmerksam, vorsichtig und bereit, alle Schwierigkeiten aus dem Weg zu räumen. Tom Keylock hatte alles überstanden, was das Leben an Negativem zu bieten hatte (er war als ehemaliger Fallschirmjäger in Kampfhandlungen in El Alamein und Palästina verwickelt gewesen), und sein Unterwelt-Slang sowie ein knallhartes Auftreten machten ihn zu einem bevorzugten Angestellten der Stones. Ursprünglich als Brians Chauffeur angestellt, machte sich Keylock zwischendurch auch kurzfristig als

Fahrer für John Lennon und Bob Dylan (während dessen Tour 1966) nützlich. Da Brian die ersten Monate des Jahres 1967 London kaum verließ, stellte man Keylock als Fahrer für Richards ab. Er löste den belgischen Chauffeur Patrick ab, den man als wahrscheinlichen Spitzel im Redlands-Skandal ausgemacht und gefeuert hatte. Keylock hatte bei der Ankündigung der weiten Fahrt nicht mit der Wimper gezuckt, doch während der Reise sollte er eine ganz besondere Geschichte um Kampf, Verrat und Verlust miterleben.

Angesichts der Befürchtung, dass es auf beiden Seiten des Kanals einiges an Aufmerksamkeit erregen würde, wenn sie mit diesem Wagen durch den Zoll fuhren, wurde Keylock beauftragt, den exklusiven Fahrzeugtransportservice vom Lydd Airport in Kent nach Le Havre in Nordfrankreich zu nutzen und nach Paris vorauszufahren.

Der Transport über diese VIP-Route verlief ohne großes Aufsehen. Abgesehen von den abgetönten Scheiben hatte man in die Nussbaum-Auskleidung des Innenraums alle nur erdenklichen Löcher gebohrt und für geheime Verstecke gesorgt, sodass Keylock – seine Kontakte zur Polizei im UK gaben ihm praktisch einen Diplomatenstatus – die Limousine nebst „Proviant" mühelos über den Kanal bringen konnte. Nachdem er auf ausländischem Boden angelangt war, machte er sich unverzüglich auf den Weg nach Paris, um die kleine Reisegesellschaft abzuholen. Als Anita am Samstagmorgen, den 25. Februar 1967, am Londoner Flughafen in die Maschine stieg, hätte sie niemals ahnen können, was sie in den nächsten Wochen erwartete. Glücklicherweise hielten sich keine Paparazzi am Flughafen auf und so schlüpften sie, Keith und Brian auf dem Weg nach Paris schnell durch die Zollabfertigung.

Nach der Ankunft am Flughafen Paris-Orly machte sich das Trio zum Hotel George V nahe den Champs-Élysées auf. Paris hieß Pallenberg immer willkommen und mit ihr auch die Stones; die Stadt hatte eine weitaus liberale Einstellung vorzuweisen, als sie es von Großbritannien gewöhnt waren. Auch wirkte die gehobene Klasse des von ihnen ausgewählten Hotels als eine Art Schutzschild gegen die Presse oder sonstige Schnüffler.

Im Hotel hielt sich zu Anitas Begrüßung ihre alte Freundin Deborah Dixon auf, deren Beziehung zu Donald Cammell gerade Sendepause hatte, sodass sie über genügend Freizeit verfügte. Da Anita kaum Zeit hatte, um sich ausgiebig mit ihrer früheren Model-Kollegin zu unterhalten, lud sie Deborah zum Urlaub nach Marokko ein, ein Angebot, das diese gerne annahm.

„Sie sagten einfach: ‚Komm doch mit'", erinnerte sie sich. „Da ich damals nicht mit Donald zusammen war, entschied ich mich dazu."

Nachdem sie sich kurzfristig im George V eingerichtet hatten, traf auch schon Tom Keylock mit der Blue Lena ein. In seinen Tagebuchaufzeichnungen, die 2005 als Serie erschienen, malt Keylock ein komödienhaftes Bild von der Reise und beschreibt sich selbst als Lakaien. Obwohl er sicherlich den zahlreichen an ihn gerichteten Wünschen nachkam, stellt er in den Tagebüchern eine größtenteils verachtenswerte Gruppe dar, die er als verzogene Prinzen und Prinzessinnen sah. Und bei Prinzessin Anita unterdrückte er eine Menge Wut.

„Die Reise war der reinste Albtraum", erinnerte sich Keylock. „Ich buchte die Zimmer und musste immer das Gepäck raufschleppen. Anita hatte wahrscheinlich mehr Klamotten dabei, als es bei Dorothy Perkins [Bekleidungsgeschäft] gab. So verfluchte Federboas, Hüte, das ganze Zeug. Ich musste immer die vollgestopften Taschen schleppen, Dutzende!"

Wie üblich, musste Keylock auch am folgenden Morgen die Rechnung mit Keiths Diners-Club-Karte begleichen, während sich die Truppe auf den Weg zum Bentley machte. Doch die exklusive Kreditkarte wurde in Paris nicht akzeptiert. Da Keylock seine Arbeitgeber nicht stören wollte, versuchte er dem Hotelier einen gefälschten Scheck (in Keiths Namen ausgestellt) anzudrehen. Dem Manager fiel der Betrugsversuch auf, woraufhin er panisch reagierte.

„Nein, nein, nein, das dürfen Sie nicht. Sie haben hier keinen Kredit", soll der Manager Keylock geantwortet haben. „Ich rufe die Polizei!" Keylock berichtet weiter: „Dann hing er auch schon an der Muschel. Plötzlich lief alles aus dem Ruder, denn die Angestellten hatten schon Keith und Brian beim Verstauen der Taschen gesehen, wobei sich Anitas Federn in alle Himmelsrichtungen verteilten."

Keylock versuchte das Hotelmanagement zu beruhigen und fragte, ob jemand aus der Gruppe Bargeld dabei habe. Wie die königliche Familie auch, behaupteten alle, kein Bargeld mit sich zu führen. Unter Drohung mit der Polizei zwang man Keith dann, einen Scheck zu unterzeichnen. Keylock meinte, dass Anita einige Stunden nach den Unannehmlichkeiten ein Bündel mit Geldscheinen in französischer Währung gezeigt hätte, „mit dem man einen Ochsen ersticken konnte".

Trotz des kleinen Zwischenfalls im George V war der Bentley am Sonntag, dem 26. Februar, beladen und bereit, die zweitausend Kilometer herunterzureißen. Keylock saß am Steuer und Keith hockte sich auf den Beifahrersitz. Mit einem Philips-Plattenspieler in der Nussbaumverkleidung des Armaturenbretts übernahm Keith die Rolle des DJ, während die urbane Umgebung von Paris verschwand und die idyllischen Wälder und das Land im tiefen Nebel auftauchten. Die Gedanken von Jones, Pallenberg, Richards und Deborah Dixon schienen eine gleichgerichtete Energie auszustrahlen und so lag zumindest die ersten Stunden lang ein Hauch kollektiver Boheme über der Reisegruppe.

Die Kissen, Pelze und Kleidungsstücke, die überall verstreut im hinteren Sitzbereich herumlagen, ließen das Innere des Bentley wie ein mobiles Beduinenzelt erscheinen. Während der Drogenkonsum von Anita, Brian und Keith nach der Redlands-Razzia klammheimlich und voller Nervosität abgelaufen war, machten sie sich, erst mal im Ausland angelangt, mit Heißhunger über Pillen, Puder und Kräuter her, die überall in der Limousine zu finden waren. Um die möglicherweise schwache (wie behauptet wurde) Libido aufzupeppen, war auch eine regelrechte Bibliothek an Pornomagazinen mit an Bord.

Nach dem Verlassen von Paris grenzte die Fröhlichkeit des Grüppchens beinahe ans Ekstatische. „Das erinnerte an Cliff Richards schnulzige Single ‚Summer Holiday'", berichtete Keylock. „Brians Geburtstag stand kurz bevor, und er hatte sehr gute Laune, hatte vor, stilvoll zu feiern." Was aber auffiel: Die Playlist von DJ Richards war – zumindest empfand sie es so – auf Anita ausgerichtet.

Zuerst befand sich Jones ganz in seinem Element, trank Brandy und rauchte mit den anderen pures Haschisch, wobei die Aussicht auf einen unbeschwerten 25. Geburtstag frei von jeglichen Belästigungen die Erwartungshaltung nur noch steigerte. Da die Gruppe es nicht eilig hatte, hielt der Schlitten immer an, wenn einer der Beifahrer eine Pause brauchte oder wollte. Die Truppe, die scheinbar aus einem *Fünf-Freunde*-Roman entsprungen war, verbrachte die erste Nacht in einer kleinen Pension. Da es keine Voranmeldung gegeben hatte und die Zimmer belegt waren, gestattete man ihnen eine Notunterkunft direkt unter dem Dach. Die Befreiung von allem, was mit London zusammenhing – Schikanen seitens der Polizei und die allgemeine Repression –, wirkte sich so positiv aus, dass sich alle bereitwillig auf die beengte Übernachtungsmöglichkeit einließen und sich aufeinander einstellten.

Bedenkt man allerdings die Achterbahnfahrt von Emotionen, die durch Drogen ständig manipuliert wurden, können die Geschehnisse des zweiten Tags nur als Abwärtsspirale beschrieben werden. Die anfängliche familienähnliche Atmosphäre reichte nicht aus, um Brians berühmt-berüchtigte Stimmungsschwankungen in einem erträglichen Rahmen zu halten. In der Blue Lena verbreiteten sich nicht nur exotische Aromen und Vibrationen – das Fahrzeuginnere verdichtete auch Jones' Paranoia und Probleme.

Wie vorherzusehen, gewann seine launische Seite Oberhand, woraufhin er schnell seinen Unmut äußerte. Jones litt an Asthma und sein Gesundheitszustand verbesserte sich sicherlich nicht durch die gigantische Menge an Nikotin und Haschisch, die er inhalierte. Schnell zeigte sich bei ihm die gewohnte Hypochondrie und so wurde jedes Husten schnell als Anzeichen für einen schweren Anfall interpretiert. Jones' kaum unterdrückte Dämonen, eingepfercht im Bentley, wurden immer deutlicher sichtbar. Geschwächt durch Schlafmangel und zugedröhnt mit unterschiedlichsten Substanzen, begann er kräftig zu husten und zu keuchen. Niemand – auch nicht Anita – machte sich große Sorgen, da Jones immer mehrere Inhalatoren bei sich trug. Die Fahrbewegungen des drei Tonnen schweren Bentley und auch die Höhenunterschiede auf der Strecke schienen sich gegen Brian zu verschwören, wodurch sich sein Gesundheitszustand verschlechterte.

Brians erneut aufflammende Streitigkeiten mit Anita über ihre Pläne, im Filmgeschäft intensiver einzusteigen, gaben Anlass zur Sorge. Die Wunde öffnete sich wieder, doch diesmal in Anwesenheit anderer. Keith beobachtete die Szenerie im Rückspiegel und merkte – trotz seines supercoolen Äußeren – den tiefen Bruch, der in der bereits angeknacksten Beziehung des Paars immer größer wurde.

Der Bentley fuhr auch am zweiten Tag zügig durch die Landschaft, doch innerhalb der Gruppe schienen sich Gefühlsausbrüche zu mehren und die Dünnhäutigkeit zuzunehmen. Ganz im Geiste ihrer spontanen „Magical Mystery Tour" tauchte in der Ferne die von Mauern umgebene Stadt Cordes-sur-Ciel auf. Die auf dem Gipfel eines Hügels gelegene Enklave aus dem 13. Jahrhundert stand für dieses bestimmte Ambiente, das nur Frankreich bieten kann. Deborah kannte die Stadt bereits von einem früheren Ausflug mit Donald Cammell. An den Hang gebaute Häuser und eine Burg auf dem Gipfel boten eine willkommene visuelle Abwechslung, besonders, weil Jones' Verhalten die Ruhe immens störte.

Kurz vor Cordes-sur-Ciel sah Jones einen Rettungswagen – mit Blaulicht und offensichtlich auf dem Weg ins nächste Krankenhaus. Er verlangte von Keylock, dem Wagen nachzufahren. Jegliche Hoffnung auf einen erholsamen Stopp löste sich in Luft auf, als sie sich auf die Verfolgungsjagd machten. Schließlich erreichten sie das 25 Kilometer entfernte Centre Hospitalier d'Albi, wo Jones sich schleunigst in der Notaufnahme meldete. Die diensthabende Krankenschwester, irritiert von Jones' längerem blonden Haar und seiner Androgynität, brachte ihn mit dem Hinweis zu den Ärzten: „Ich bringe euch hier ein Mädchen."

Die Mediziner diagnostizierten bei Brian eine Lungenentzündung. Da auch Blut in den Lungen entdeckt wurde, überwies man ihn aufgrund der Schwere der Erkrankung in ein großes Klinikum in Toulouse. Die anderen fanden eine Unterkunft im Hotel Saint Antoine; dort wollten sie zunächst abwarten in der Hoffnung auf Brians schnelle Genesung. An seinem 25. Geburtstag statteten Keith, Deborah und Anita dem bettlägerigen Rockstar einen kurzen Höflichkeitsbesuch ab; mehr ließ sein Gesundheitszustand nicht zu. Da es keine Anzeichen für eine baldige Entlassung gab, schien ein längerer Aufenthalt in Toulouse unvermeidbar zu sein. Sicherlich war ein Frankreich-Urlaub nicht unattraktiv, aber kein Vergleich mit einer Reise in abenteuerliche exotische Gefilde. Nach zwei Tagen des Herumlungerns fällte die Gruppe die Entscheidung, ohne Brian zu fahren.

„Es war sogar Brian selbst, der den Vorschlag machte, dass wir ohne ihn nach Tanger reisen sollten", erinnerte sich Anita. „Das bedeutete gleichzeitig, dass Keith und ich mehr Zeit zu zweit verbringen würden."

„Okay, Brian, wenn's cool für dich ist", meinte Keith im Krankenhaus. „Wir fahren durch Spanien und fliegen dann rüber nach Tanger."

Brian schien der Änderung des Plans zwar grünes Licht gegeben zu haben, doch Deborah erinnert sich, dass er sie bat, die beiden nicht allein zu lassen.

Tom Keylock wiederum erinnerte sich, dass der Abschied zwischen Anita und Brian deutlich ruppiger ausgefallen sei, aber egal, wer was zu wem sagte, die Gruppe verließ Toulouse ohne Jones. Nicht nur wurde die Limo ohne den „verlorenen Stone" leichter, auch die Stimmung hellte sich auf. Auf Brians Platz auf der Rückbank saß nun Keith. Durch seine und Anitas erhöhte Aufmerksamkeit füreinander schien jeder Augenkontakt, sei er auch noch so flüchtig, eine große Bedeutung anzunehmen.

Deborah war zwangsläufig die Erste, die die hochkochende Chemie zwischen den beiden bemerkte. Richards wies das Jahre später von sich.

„Wenn ich überhaupt an Miezen dachte", berichtete er gegenüber der Biografin Barbara Charone, „dann wahrscheinlich daran,

Deborah zu bumsen. Ich war echt vorsichtig und wollte diese neue Sache [Freundschaft] mit Brian nicht zerstören.“

Nach dem Zwangsaufenthalt in Toulouse sehnte sich jeder nach spannender Abwechslung. Die Reise durch den kühlen Nebel der Pyrenäen und in die sonnenüberfluteten Regionen Spaniens belebte die sich aufladende Stimmung in der Blue Lena. Nach ungefähr fünf Stunden Fahrt und genügend Abstand zu Brians traumatisierter Welt erreichte die Gruppe Barcelona.

Nachdem sie im Hotel eingecheckt hatten, ging es in einen Flamenco-Club, um die Beine ein wenig auszustrecken. Erneut stellte sich Keiths Diners-Club-Kreditkarte als problematisch heraus, und die Kellnerin verlangte einen Pass zur Authentifizierung. Nach einem hitzigen Gespräch verließ die Gruppe den Club. Die Einheimischen, von denen die meisten noch nie eine solche Karosse gesehen hatten, kriegten zu viel beim Anblick der Blue Lena, die mit einem Wimpel des Vatikans verziert war und in der sich Gestalten herumflegelten, die scheinbar einem Film in Technicolor entsprungen waren. Eine aufgeregte Meute ging auf den Bentley los und Keith, Anita und Deborah steckten mitten in dem Schlamassel. Die Unruhestifter zeigten mit den Fingern auf die Insassen, die daraufhin eine Nacht in einer Polizeizelle verbringen mussten. Um sich so schnell wie möglich aus dem Staub machen zu können, stimmte Richards einer Strafe hinsichtlich eines (erfundenen) tätlichen Angriffs zu, woraufhin die Gruppe mit einem leichteren Portemonnaie und einem Riss in der Windschutzscheibe entkam.

Der Zwischenfall hatte die Reise verzögert, die von Deborah Dixon mittlerweile als langweilig empfunden wurde. Obwohl die spontane Abwechslung vom Pariser Leben verheißungsvoll gewirkt hatte, war die Atmosphäre in der Blue Lena öde und bedrückend geworden. Anderen Berichten zufolge fühlte sie sich von der sich anbahnenden Beziehung zwischen Keith und Anita unangenehm berührt, doch offensichtlich waren die Gründe für die Unzufriedenheit eher banal.

„Ich fühlte mich überhaupt nicht kompromittiert“, erzählt Dixon heute. „Für mich war es klar, dass die beiden zusammenkamen. Ich hatte schon lange gemerkt, dass Keith ein Auge auf Anita geworfen hatte. In der Courtfield Road spürte ich immer diese unterschwelligen Schwingungen, und ich hatte auch nicht das Gefühl, mich für Brian einsetzen zu müssen. Ich hatte einfach keine Lust mehr weiterzureisen, denn es wurde mir langweilig. Ein weiteres Problem war, dass Keith und Anita die ganze Nacht aufblieben, und das war nichts für mich. Ich hatte genug und flog nach Paris zurück. Das hatte nichts mit Brian zu tun."

Anita und Keith verabschiedeten sich von Dixon und fuhren weiter nach Valencia, eine Stadt, deren coole und unverfälschte Atmosphäre den beiden entsprach. Und nun – mit nur noch Tom am Steuer als einzigem Mitreisenden – pendelten sich Keith und Anita intensiver aufeinander ein und erforschten die gegenseitigen Stimmungswelten. Das, was bislang unterschwellig abgelaufen war, erblühte zu vollem Leben. Die emotionale Verfassung der beiden war mit Händen zu greifen, denn Pallenbergs Erlebnisse in der explosiven Beziehung mit Brian fanden einen Gegenpol in Keiths Orientierungslosigkeit nach der Redlands-Razzia und dem Ende der Beziehung mit Linda Keith. Ihre jeweils erlebten Enttäuschungen brachten sie näher zusammen. Die Pelzteppiche und die Felle, bislang nur exotische Einrichtungsgegenstände, verwandelten sich zu einer Spielwiese der sinnlichen Lust.

Nachdem sie Dixon am Flughafen abgesetzt hatten, „war keiner mehr da, der auf uns aufpasste", schrieb Richards später, „und so fuhren wir nach Valencia. Zwischen Barcelona und Valencia fanden Anita und ich heraus, dass wir uns sehr füreinander interessierten."

Was wirklich geschah, blieb lange ihr Geheimnis, bis 2011, als Richards in seiner Autobiografie *Life* die pikanteren Details enthüllte. „Und so machte Anita den ersten Zug", offenbarte der Gitarrist. „Ich konnte mich einfach nicht an die Freundin meines Freundes ranschmeißen, obwohl er zu einem Arschloch geworden war und sich auch gegenüber Anita so verhielt. Das ist der Sir Galahad in mir. Dann kamen wir uns näher und näher und plötzlich, ohne ihren Alten, hatte sie die Eier, das Eis zu brechen und auf die alte [Beziehung] zu scheißen. Hinten im Bentley, irgendwo zwischen Barcelona und Valencia, war die Spannung auf der Rückbank zum Zerreißen. Bevor ich mich versehen konnte, lutschte sie mir einen. Dann war die Anspannung vorbei. Puuuh. Und plötzlich waren wir zusammen. Man quatscht nicht viel, wenn so was voll abgeht. Ohne was zu sagen, hat man dieses Gefühl der Erleichterung, dass etwas gelöst wurde."

Während Keiths und Anitas Leidenschaften sich im Rückraum des Wagens entluden, versuchte Keylock mit einem Auge die Straße im Blick zu halten, während das andere sich auf die nun ehemalige Freundin von Jones richtete. Ein Tagebucheintrag von Keylock belegt das: „Auf dem Rücksitz wurde alles recht freundlich." Später ergänzte er: „Wusste ich davon? Na klar, aber was hätte ich machen sollen? Ich hatte nichts damit zu tun."

Den ersten Teil der „sinnlichen Übernahme" abgeschlossen, erreichte die Limo Valencia, wo das in der Luft schwebende Zitrusaroma die romantische Stimmung unterstrich. Dass sich hier eine längerfristige Verschiebung der Liebesverhältnisse anbahnte, wurde deutlich erkennbar, als Keith Keylock instruierte, ein gemeinsames Zimmer für ihn und Anita zu buchen.

Die Geschichte wiederholt sich manchmal, und so wurde Keiths Diners-Club-Karte wieder nicht angenommen, als er damit das gemeinsame Abendessen des Paars bezahlen wollte. Diesmal war Richards aber nicht auf Konfrontation aus, Anita ebenfalls nicht, die aber auch nichts unternahm, um die Unannehmlichkeit zu klären.

„Anita zeigte sich als eine richtige Schlampe", erinnert sich Keylock an den Zwischenfall. „Die konnte in über einem halben Dutzend Sprachen labern. Sie hätte das viel schneller lösen können, doch tat einfach nichts."

Mittlerweile hatte man die Polizei verständigt, was aber noch lange nicht das Ende der Zwischenfälle bedeutete. Nach Klärung des Problems mit der Kreditkarte zogen sich Keith und Anita ins Hotel zurück. Bedenkt man, dass Keylock das Londoner Büro der Stones über alle Neuigkeiten informierte, war es höchst wahrscheinlich, dass auch Brian die Nachricht von der Buchung des Doppelzimmers erreichte. Angeblich soll Brian Anita unverzüglich ein Telegramm geschickt haben, in dem er verlangte, dass sie nach Toulouse kam und ihn abholte. Laut Keylock dachte Anita nicht im Traum daran, woraufhin Jones erbost im Hotel anrief.

„Er war sehr besitzergreifend", beschrieb Richards später Jones' Verhalten. „Er wusste, dass Deborah nicht mehr da war, und kam voll auf Paranoia … Anita und ich hatten einen unglaublichen Spaß, und so ignorierten wir den Anruf und fuhren am nächsten Tag weiter in den Süden."

Die praktischen und emotionalen Schwierigkeiten konnten die aufkeimende Leidenschaft zwischen den beiden nicht verhindern. Sie steigerten sich in ihre Gefühlswelten – und da das Vorspiel schon im Wagen stattgefunden hatte, ließen sie in der Nacht ihrer neu gefundenen Liebe freien Lauf.

„Als wir in Valencia angelangten", erinnerte sich Anita, „konnten wir einander nicht mehr widerstehen. Am Morgen wurde mir klar – und auch Keith – dass wir in einer unvorstellbaren Situation steckten, und so zogen wir uns auf dem Rest der Reise so weit voneinander zurück, wie es ging."

Die Erzählungen, was nach dieser ersten Nacht geschah, unterscheiden sich. Einige behaupten, dass Anita das schlechte Gewissen geplagt habe und sie direkt nach Toulouse geflogen sei, um Brian abzuholen. Keith hingegen versichert, sie seien weiter in Richtung Tanger gefahren und hätten einige Tage in Marbella verbracht. Bedenkt man die Details von Keiths Schilderungen in seinen Memoiren, ist es wahrscheinlich, dass die beiden bis zur Hafenstadt Algeciras reisten, wo sie ein Hotel unter den Namen Graf und Gräfin Zigenpuss buchten.

Am folgenden Morgen steuerte die Blue Lena auf die Fähre, und das Trio unternahm die dreistündige Überfahrt über die Straße von Gibraltar nach Tanger. Auf marokkanischem Boden angelangt, ging es weiter in Richtung des vereinbarten Treffpunkts, dem Hotel El Minzah, eine beliebte Location und erste Adresse für Reisende, die von dort aus Nordafrika erkunden. In dem Hotel herrschte eine koloniale Atmosphäre, wobei sich Glanz und Prunk mit ausgefallenen Artefakten aus der Region vermengten.

Als Anita und Keith im Hotel eincheckten, fanden sie eine Flut von Telegrammen Brians vor, geradezu eine „Papierspur", die bis zu seinem Krankenhausbett zurückreichte. Seine Schreiben verlangten in forderndem Ton von Anita, dass sie unmittelbar nach Toulouse zurückkehre, um ihn nach Tanger zu bringen. In einem Telegramm stand: „Fühle mich fast wieder gesund. Muss hier so schnell wie möglich weg. Nach Tanger. Komplikationen unwahrscheinlich. Bitte für nächste Woche Flüge buchen, Erste Klasse Toulouse/Paris/Tanger. Tickets sofort schicken. Andere von meiner Ankunft benachrichtigen und bitten, auf mich zu warten. Werde mich in der Sonne erholen. In Liebe, Brian."

Brians Gesundheitszustand überschattete die Unternehmungen des Paars in Tanger. Obwohl sie sich körperlich in beinahe olympischen Maßstäben verausgabten, waren sich beide unsicher, ob es sich dabei lediglich um eine Urlaubsromanze handelte oder um mehr. Schuldgefühle kamen auf und Loyalitätskonflikte trübten das Geschehen. Sie standen vor einer „unlösbaren Situation", wie Keith es später beschrieb. Andere Anwesende spürten eine von dem Paar ausgehende Energie, die weit über das Freundschaftliche hinausreichte, doch Anita – gequält von der Angst, was wohl durchgesickert sein mochte – entschied sich, nach Toulouse zu fliegen, um Brian einzusammeln.

Das spricht allein schon Bände für eine andere Seite der Geschichte – eine Realität, die vielen verborgen blieb und die auch Anita damals nicht in vollem Umfang verstand. Während der Zeit der ungewollten Trennung hielten Brian und sie regelmäßigen Kontakt! Inmitten dieses hochkomplexen Dreiecks wurde Anitas Loyalität auf den Prüfstand gestellt.

„Was die meisten nicht wissen", erläutert Stash de Rola, „ist die Tatsache, dass es während Brians Krankenhausaufenthalts in Albi einen regen Briefwechsel gab. Sie versuchten sich ständig anzurufen. Brian und Anita schrieben sich täglich. Ich sah Anitas Briefe, und sie fühlte sich zu der Zeit zwischen den beiden Geliebten hin und her gerissen."

Trotz der regen Kommunikation fand Anita im Hospital einen Brian vor, der unter seiner Paranoia litt. Anita: „Von dem Moment meiner Ankunft in Toulouse an behandelte Brian mich miserabel." Dennoch kam Anita ihrer Verpflichtung nach und nahm ihn mit. Da er immer noch behandelt werden musste, flog das Paar nach London, zuerst in das West London Hospital und dann in die Privatklinik an der Harley Street, wo man sich intensiv um ihn kümmern konnte.

Während Brian im Krankenhaus versorgt wurde, stand Anita genügend Zeit zur Verfügung, um sich von der erlebnisreichen Reise mental zu erholen. Sie befand sich in guter Gesellschaft, um über den Trip zu berichten. Marianne Faithfull hatte zu den Ersten gehört, die nach Tanger wollten, doch die Proben für die Royal-Court-Produktion von Tschechows *Drei Schwestern* hielten sie auf. Nun waren die Vorbereitungen so gut wie abgeschlossen, und mit einem fast genesenen Jones sollte es am Abend des 11. März 1967 nach Marokko gehen. Das Trio wollte so schnell wie möglich in das Land gelangen und wählte aus diesem Grund die recht komplizierte, aber zeitlich kürzeste Route mit Flügen über Paris und Madrid nach Gibraltar zur Fährenüberfahrt nach Tanger.

Da sich die Enthüllungen über die Redlands-Razzia immer schneller verbreiteten, waren die Medien Pallenberg, Jones und Faithfull dicht auf den Fersen. Die Paparazzi versuchten sie unter allen Umständen zu erwischen und schossen dann Fotos von dem Trio, als es in einer Cafeteria von Heathrow auf den Flieger wartete. Trotz der guten Stimmung setzten die drei ein eher formelhaftes Lächeln für die Kameramänner auf. Anita stand an dem Tag symbolhaft für das Swinging London: ein modisches Minikleid mit einem Ledergürtel, Stiefel, die bis zu den Knien reichten, und eine um ihren Hals gelegte Federboa. Jones wirkte durch seine modische Lässigkeit und trug einen schicken schwarzen Anzug und ein cremefarbenes Seidenhemd. In Hüfthöhe befand sich seine transportable Uher-Bandmaschine mit dem Soundtrack von *Mord und Totschlag*.

Für Anita war Mariannes Anwesenheit auf der Rückreise nach Marokko äußerst willkommen, da sie mögliche Gefühlsausbrüche eines immer noch unberechenbaren Jones verhinderte. Aufgrund der engen Freundschaft zwischen den beiden Frauen war Faithfull sicherlich schon über Anitas Techtelmechtel mit Keith informiert. Darüber hinaus hatte wahrscheinlich auch schon Mick etwas von den Gerüchten aus Marokko gehört, die dann wiederum Faithfull erreicht haben mögen. Ganz im Geiste der Zeit waren Anita und Marianne die vorhergehende Nacht wach gewesen und hatten sich einen LSD-Trip eingefahren, der noch wirkte, als sie in den Flieger stiegen. Immer noch wackelig und unsicher auf den Beinen, warf sich auch Brian eine Tablette ein, wobei die Stärke der Dosis ihn beim Flug von seiner Hypochondrie ablenkte.

Marianne vertiefte sich während der Stunden im Flieger in eine Gesamtausgabe von Oscar Wilde, doch die Funken, die wieder zwischen Anita und Brian flogen, erforderten kreatives Denken.

„Ich spürte die Spannungen zwischen den beiden", erinnerte sich Marianne 1990. „Und so schlug ich vor, gemeinsam *Salome* zu lesen. Ich gab Brian die Rolle des Herodes, Anita die der Salome und ich selbst übernahm Herodias. Und so lasen wir. Das brachte uns auf andere Gedanken, bis wir schließlich Gibraltar erreichten."

Der Aufenthalt auf dem britischen Territorium ermöglichte den dreien einige Stunden Pause, bevor die Fähre sie nach Tanger bringen sollte. Ein Teil des Felsens von Gibraltar war einer Berberaffen-Kolonie vorbehalten, eine geschützte Enklave in der Nähe des britischen Militärs. Jones torkelte mental immer noch in den Fängen seines Acid-Abenteuers und so schien es ihm Spaß zu machen, den Affen all die Klänge vorzuspielen, die aus seiner Bandmaschine kamen. Allerdings gefiel das den Tieren überhaupt nicht, sie erstarrten regelrecht.

Geschockt von der Reaktion, steigerte sich Brian in einen Wutanfall hinein und schrie Anita und Marianne an: „Die Affen mögen meine Musik nicht. Scheiß auf die Affen! Scheiß auf die Affen!"

Anita kannte Brians Trauma, was Zurückweisungen anbelangte, doch Marianne schockierte dieses Verhalten. Sie behauptete, er habe so gewirkt, als sei er kaum noch am Leben.

„Ich wusste in dem Moment, dass es eine fatale Woche werden würde", berichtet Faithfull, „denn Anita hatte mich den ganzen Tag über Keith ausgefragt, was ich über ihn dachte, und ihn mit Brian verglichen."

Die Ankunft des Trios entwickelte sich zu einer höchst unangenehmen Situation. Wie vorauszusehen, reichte die Wiederbegegnung von Anita und Keith für Brian aus, um sein angeschlagenes Selbstvertrauen ins Wanken zu bringen.

Tom Keylock: „Ich bemerkte Jones' Ankunft durch den Klang seiner Stimme, die aus einem über dem Korridor gelegenen Zimmer herausschallte. Er wusste, dass etwas zwischen ihr und Keith abgegangen war, aber nicht, was genau. Natürlich würde er mich grillen, und so machte ich mich rar." Auch andere waren darauf bedacht, sich von dem emotionalen Vulkan, der kurz vor dem Ausbruch stand, in Sicherheit zu bringen. Christoper Gibbs erholte sich immer noch von dem ereignisreichen Marokko-Trip des Paares im vorhergehenden Jahr. Eine Wiederholung befürchtend, ging er natürlich kein Risiko ein.

„Ich wollte nach Marokko reisen, um mich zu entspannen, und so hielt ich mich abseits von ihnen auf", berichtete er dem Autor Terry Rawlings 1994. „Ich wollte mich nicht an Brian binden, denn dann hätte sich alles nur um ihn gedreht, und ich wollte gern mein eigenes Leben leben. Damals war er gegenüber allen paranoid. Er hinterfragte die Motive jedes Einzelnen – besonders von Fremden [anderen Urlaubern] und Einwohnern. Ich beschwichtigte ihn: ‚Brian, die haben noch nie was von dir gehört, die machen einfach Urlaub oder leben hier und kennen dich nicht', doch er sagte immer: ‚Nein, nein, nein …!'"

Obwohl Tangers Künstlerkolonie, besonders die Briten, gewohnt war, Reisende zu empfangen, die Inspiration, Abenteuer oder Zuflucht suchten, sorgte die Ankunft der Stones-Gruppe für einiges an Trubel. Es kam auch zu Begegnungen mit einigen der dort lebenden Künstler, darunter Bill Willis, William Burroughs und Paul Bowles.

„Sie waren letzte Woche hier“, schrieb Bowles daraufhin in einem Brief an einen Freund. „Die rollten wirklich [das Geld in die Geschäfte] und waren ständig dicht.“

Burroughs hatte *The Naked Lunch*, seine gefeierte Hymne an den Exzess, in Tanger verfasst und allein seine Präsenz sicherte ihm in der Stadt den Status eines Altmeisters. Der Brian am nächsten stehende Mensch auf marokkanischem Boden war der amerikanische Künstler Brion Gysin, mit dem Jones sich auf seinen früheren Reisen angefreundet hatte. Trotz seines eigenen Hangs zum ausschweifenden Leben zeigte der 51-jährige Gysin schon beim ersten Treffen ein Gespür für Jones komplizierte Psyche. Durch den eher trägen Eklektizismus des Künstlers stellte sich sofort eine Verbindung zu Brians vielfältigen Talenten und seinen sich ständig ändernden Launen ein.

„‚[Robert] Fraser, the razor‘, der Mann, der quasi das Swinging London erfunden hatte, brachte die Gruppe zu einem Plätzchen, von dem man über die Bucht von Tanger schauen konnte“, erinnerte sich Gysin in einem Tagebucheintrag. „Es waren Mick und ein melancholischer Keith, dessen Blick an Anitas Minirock klebte, und Brian Jones mit einer pinken Haarsträhne, die über seine glasigen, roten Kaninchenaugen hing.“

Bei einem kleinen Strandausflug kam es zu einer faszinierenden und unerwarteten Begegnung. Anita und Fraser schlenderten die Küstenlinie entlang, als sie auf zwei bullige Männer trafen, gekleidet in schicken schwarzen Anzügen und ganz sicher nicht auf das Klima vorbereitet. Fraser begrüßte die beiden herzlich und stellte ihnen Anita vor. Erst nachdem sie sich verabschiedet hatte, erfuhr Anita, dass es sich bei den beiden um die berüchtigten Londoner Gangster Ronnie und Reggie gehandelt hatte. Der Ruf von Tanger als verruchter Tummelplatz für männliche Sex-Raubtiere hatte die Mafiosi auf der Suche nach einer gefährlichen Liaison in der Sonne angezogen.

Die Gruppe brauchte nur wenige Tage, um Tanger komplett zu erkunden, und da sie nach noch größerer Authentizität suchten, reisten sie die 350 Meilen ins Landesinnere nach Marrakesch, eine Stadt, in der die Vergangenheit noch überall sichtbar war. „Wir mochten es, uns überall hineinzuversetzen“, kommentierte Keith die traumähnliche, verschwommene Realität. „Man konnte *Sinbad* sein oder eine Figur aus *Tausendundeine Nacht*. Wir liebten das.“

Bei der Ankunft ging es zuerst in das Es Saadi, ein Hotel so opulent wie der Glanz und das Schillern der Region. Sich immer bewusst, dass so eine illustre Reisegruppe die Aufmerksamkeit in der Gegend auf sich ziehen konnte, und um neugierige Augen und Ohren abzublocken, mieteten sie die komplette achte Etage des Hotels. Trotz der Abgeschiedenheit – allein schon durch die Höhe des Gebäudes – ließ sich Jones' gefährlich fragiler Zustand nicht lindern.

Anita berichtete 1990: „Als Brian und ich in der Nacht in Marrakesch ankamen, checkten wir ein und dann ging es auch schon im Zimmer los. Er schimpfte mich aus und griff mich körperlich an, schlug mich und weinte dabei voller Frustration.“

Trotz der gewünschten Anonymität drang die Nachricht über ihren Aufenthalt im achten Stock des Es Saadi schnell an die Außenwelt. Einer der bekannteren Gäste war der Maler, Fotograf und Lebemann Cecil Beaton. Geradezu bezaubert von der „Fin-de-siècle“-Dekadenz, die die Stones und ihre Gefolgschaft ausstrahlten, ließ sich Beaton besonders von Jaggers „tuntigem“ Gang und seinem anziehenden Profil verzaubern. Beaton gelang es, einige Schnappschüsse von der Gruppe in ihren Zimmern zu schießen, doch der Fotograf fühlte sich am Swimmingpool wohler, wo sie die meiste Zeit verbrachten.

Als besessener Tagebuchschreiber erinnerte sich Beaton glasklar an das Treffen mit dem Trüppchen und genauso intensiv an Anita, die ausgelaugt wirkte. Etwas zusammenhängender als Gysins Beobachtungen, bietet Beatons Eintrag vom 7. März einen faszinierenden Einblick in das Stones-Lager auf seinem afrikanischen Außenposten. Er schrieb: „Am Dienstagabend kam ich spät zum Dinner und setzte mich kurz in die Hotel-Lobby. Von dort aus entdeckte ich zu meiner Überraschung Mick Jagger und eine verschlafene Truppe von Zigeunern. Robert Fraser, einer von ihnen, trug einen großen, schwarzen Filzhut und hockte neben dem Swimmingpool. Es war eine seltsame Gruppe. Die drei Stones: Brian Jones und seine Freundin Anita Pallenberg – schmutziges, blasses Gesicht, schmutzige, schwarz geschminkte Augen, schmutzige, strohblonde verfilzte Haare und barbarischer Schmuck; Keith Richard [sic] in einem Anzug aus dem 18. Jahrhundert und einem langen schwarzen Samtmantel und in den wohl engsten Hosen steckend, die man sich vorstellen kann, und, natürlich, Mick Jagger …“

Beatons Fotobibliothek bestand größtenteils aus Aufnahmen von Mick Jagger, aber er „verfolgte“ auch Anita und Brian, als sie außerhalb des Hotelareals spazierten. Dabei schoss er ein geradezu ikonenhaftes Foto der beiden – die letzte Aufnahme, die das Paar alleine zeigt. Anita sitzt auf einem weißen Kamin und wirkt resolut, während unterhalb davon der ausgemergelte Brian zu sehen ist, der seinen Rekorder an seine Seite gepresst hält, sich vermutlich bewusst, dass der letzte Vorhang für seine Beziehung schneller fallen würde, als er gedacht hatte.

Durch seine Freundlichkeit vermochte Beaton die Beziehung diskret zu beobachten, während sich alles entfaltete. Am nächsten Morgen stand die Gruppe, wie nicht anders zu erwarten, spät auf, doch die Tageshitze verhinderte größere Aktivitäten, woraufhin man sich am Abend und in der Nacht ungezwungener bewegte. Auf der Suche nach etwas nächtlichem Vergnügen fuhr Beaton gemeinsam mit Brian, Anita und Mick in die Stadt. Da Keith anderweitig beschäftigt war, stellte er ihnen seinen Bentley zur Verfügung.

Anita wird in dem Tagebucheintrag zwar nicht beim Namen genannt, doch Beaton notierte sich detailliert die verschiedenen Stimmungen in der Limo, nicht zuletzt Anitas dominante Präsenz. Er schrieb: „Im ganzen Wagen lagen Pop-Art-Kissen herum, scharlachrot gefärbte Teppichfelle und Sexmagazine. Von einem Moment zum anderen dröhnte die wohl lauteste Popmusik [, die ich jemals gehört hatte,] in der Höhe meines Nackens los. Mick und Brian reagierten mit rhythmischen Bewegungen darauf und das Mädchen lehnte sich vor und schrie, dass sie gerade eine Mörderin in einem Film gespielt habe, der auf dem Filmfestival in Cannes aufgeführt würde.“

Die unbeschwerte Laune, wie sie in Beatons Tagebuch dokumentiert wird, sollte nicht lange anhalten. Wie vorherzusehen, war es Brian, der wieder aus der Rolle fiel, wobei seine kaum verborgene Paranoia erneut in Anitas Richtung zielte, durch eine unglaubliche Menge an Drogen zusätzlich überproportional verstärkt.

„Brian litt sehr zu diesem Zeitpunkt“, erinnerte sich Anita 1992. „Er hatte ständig Anflüge von Paranoia. Er begann mitten auf einer Straße in Marokko die Klamotten auszuziehen, und wir mussten ihn schleunigst irgendwo reinbugsieren und dann ins Hotel zurückbringen.“

Keith spürte mit allen Sinnen, dass Jones nichts unversucht lassen würde, um bei seiner intensiver werdenden Beziehung mit Anita dazwischenzufunken.

„Zu der Zeit musste man seine Augen in alle Richtungen offen halten“, berichtet der legendäre Gitarrist. „Ich spielte noch den Coolen, versuchte keinen Druck zu machen. Ich konnte mir ausmalen, dass Brian alles zerstören würde, wenn etwas [zwischen Anita und mir] abging. Er wurde immer boshafter.“

Ein anderer Beobachter des Dramas war der Fotograf Michael Cooper. Angeblich selbst auf Urlaubsreise in Marokko, verfolgte er die Gruppe mit seiner Linse, während sie die Landschaften und die exotischen Klänge des Landes aufnahm. Von allen Fotos, die von den Stones und ihrem Gefolge im Jahr 1967 geschossen wurden, stechen Coopers authentische Arbeiten am meisten hervor. Seine Marokko-Bilder fangen die unterschiedlichen Stimmungen ein, die innerhalb der Gruppe bestanden. Vielleicht ist ein Foto von Anita, Keith und Brian, die in einem Café sitzen, die intimste Darstellung, denn ihr Ausdruck sagt mehr aus als eine ganze Litanei von Worten. Im Zentrum des Bildes sitzt Anita, abweisend, humorlos, eine Zigarette in der rechten Hand, wobei sich ihre Augen regelrecht in das Kameraobjektiv bohren. An ihren beiden Seiten hocken die Männer, die um ihre Aufmerksamkeit kämpfen – Jones, immer noch in dem Jackett und dem Hemd, in denen er London verließ, und Richards, der scheinbar nichts anderes zu tun hat, als cool und abwesend zu wirken.

Brion Gysin, Brians reiselustiger, enger Freund, war mit der Gruppe von Tanger nach Marrakesch gezogen. Das Notizbuch hatte er stets griffbereit und dokumentierte darin das hedonistische Treiben. Voll auf LSD, fing er in seinen Berichten trotz des halluzinogenen Nebels sowohl die Ereignisse als auch die komplexen Stimmungen zwischen Anita, Brian und Keith perfekt ein.

„Wir nehmen die oberste Etage des Hotels in Beschlag, eine Art Laufstall, der sich zehn [sic] Stockwerke über dem Swimmingpool befindet“, schreibt Gysin. „Alles geht sehr schnell. Brian und ich werfen LSD. Anita schmollt und pfeift sich Schlaftabletten rein. Sie begibt sich in die Suite, die sie mit Brian bewohnt. Keith stöpselt seine Gitarre ein und sendet großartige, pulsierende Klänge aus, die ihr nachwehen und im Mondlicht über der Wüste verklingen. Dann schiebt sich Brian in das Bild und verkleinert sich vor dem Hintergrund. Sieht aus wie eine winzige Kewpie-Puppe, umgeben von einem ganzen Chor identischer kleiner Puppen, die ihm ähneln und mehrstimmige Hymnen singen.“

Während er die Geschehnisse verfolgt, macht Gysin eine erstaunliche Beobachtung, die der Ansicht zusätzliches Gewicht verleiht, dass Keylocks Loyalität immer noch bei Brian lag.

„Tom, der boshafte Chauffeur, taucht auf, rollt mit den Augen, schwebt über Brian und flüstert ihm etwas ins Ohr, wie ein Zuhälter.“

Am folgenden Tag war Gysin auch dabei, als sich der Schauplatz an den Pool verschoben hatte. Alle Antennen ausgefahren, empfing er die Energie, die in ungeahntem Ausmaß von Anita und Keith ausging.

Gysin: „Am nächsten Tag stehen wir spät auf und liegen faul am Pool. Und dann sehe ich etwas, das sich nur als mythologisch [sic] bezeichnen lässt. Am hinteren Teil des Pools schaukelt Anita auf einer Sitzgarnitur. Keith schwimmt im Pool, taucht im Wasser auf und ab, nähert sich ihr. Als ich aufstehe und am Rand des Pools zwischen ihnen durchgehen will, kann ich es nicht. Ich schaffe es nicht. Ich schaffe es nicht! Dort ist etwas, eine Art von Barriere, die ich sehen kann. Ich erkenne eine Art flüssigen Glases, das sich schnell dreht.

Es befindet sich zwischen Keiths und Anitas Augen, schießt in Lichtgeschwindigkeit hin und her. So gefährlich wie ein Laserstrahl. Was ich da wahrnehme, gefällt mir ganz und gar nicht, und so verlasse ich das Hotel."

Wenn dieses Ereignis schon Gysins geschärfte Sinne verwirrte, musste die ganze Situation bei Jones in seinem fragilen psychischen Zustand sicherlich zum Kollaps führen. Um die Bombe zu entschärfen, wies Robert Fraser Brian darauf hin, dass die Stimmung außerhalb des Hotels angenehmer sein würde. Das Areal des Es Saadi verfügte über einige abgeteilte Villen, und so zog Jones in eine eher isolierte Behausung.

In der Villa war Brian nun in sicherer Entfernung untergebracht. An einem späten Nachmittag entschied sich die Gruppe, auf der Suche nach psychedelischen Erfahrungen den Beschränkungen des Hotels zu entfliehen. Das sich am Horizont von Marrakesch abzeichnende Atlasgebirge bot eine gute Gelegenheit, die natürliche Schönheit auf einem Trip zu erleben, eine Gelegenheit, die man nicht verstreichen lassen durfte. Da der frühe Abend optimal für einen Ausflug unter dem orangefarbenen Himmel war, warfen sie sich Acid ein und bereiteten sich vor. Anita wollte Brian fragen, ob er Lust auf einen kleinen Spaß in den Bergen habe, doch sie fand ihn in einem nahezu komatösen Zustand vor – verursacht durch Alkohol und andere Drogen – und entschied sich, ihn in Ruhe zu lassen.

Die psychedelische Träumerei fand durch einen unerwarteten Sturm ein schnelles Ende. Auf dem eiligen Rückzug ins Hotel ging Anita bei Brian vorbei. Sie hatte ihn zuletzt beinahe regungslos erlebt, doch in der Zwischenzeit hatte er sich erholt und in einen Zustand nervöser Erregung hineingesteigert.

Während die Reisegruppe die Wüstensonne auf sich wirken ließ, war Jones auf Rache aus. Natürlich spielten die Nachwirkungen diverser Drogen eine große Rolle. Noch weitere Trips reichten Brian nicht, und er suchte nach einer anderen Ablenkung. Auf sich allein gestellt, regten sich seine Gelüste.

„Brian begann zu trinken und steigerte sich immer mehr in einen bestimmten Zustand hinein", sagte Tom Keylock. „Als Nächstes hatte er diese beiden ekligen Berber-Nutten organisiert, die über und über mit Tattoos bedeckt waren."

Während Keylocks Erinnerungen immer hinterfragt werden müssen, liefern Brion Gysins Tagebücher einen eindeutigen und frühen Hinweis auf das „Berber-Szenario". Angeblich habe Jones schon bei der Ankunft im Hotel nach „sinnlicher Gesellschaft" verlangt, die ihn später besuchen solle. Einem anderen Bericht zufolge hatte Jones am Abend zuvor gemeinsame Sexspielchen mit Anita und anderen Frauen vorgeschlagen, doch sie lehnte ab, schloss sich in ihrem Zimmer ein und nahm einige Schlaftabletten. Wann und woher auch immer sie kamen: An irgendeinem Punkt hatte Jones die beiden Ladys in seine Villa geschleust. Da in dem Gebäude einige spezielle Spielzeuge herumlagen, begann die Party augenblicklich.

Als Anita ankam, waren der Spaß und die Spielchen schon in vollem Gange, was Jones zu dem Vorschlag brachte, sie solle doch an einer „ménage à quatre" teilnehmen. Anitas sexuelle Erfahrungen in der Vergangenheit beinhalteten gewiss einige ausgefallene Erlebnisse und auch durch Drogen variierte Spielchen, doch das überaus Vulgäre dieser Begegnung war auch für sie zu viel. Anita hatte das Duo mit den riesigen, groben Tattoos und primitiven Piercings schon früher am Tag in der Lobby gesehen und sie als „voll behaart" bezeichnet. Sicherlich musste sie noch an die abstoßenden Bilder dieses wilden Äußeren denken.

Gedemütigt von der Frage lehnte Anita ab, drehte sich um und wollte gehen. Die Ansicht von Anitas Rücken und ihre Ablehnung, als Spielball bei dem Vierer mitzumachen, provozierte Jones und er holte aus. Er schlug sie mit einer unkontrollierten Wucht, in der sich all der aufgestaute Hass, die Furcht, Unsicherheit und Paranoia entlud. Seine Eifersucht hinsichtlich ihrer Beziehung zu Keith brachte er nicht mit Worten zum Ausdruck, sondern legte all seine Befürchtungen in den tätlichen Angriff. Der beschränkte sich nicht auf einen Schlag – so wie er sie früher als physische Antwort in einem

Streit oder wegen ihrer Hartnäckigkeit malträtiert hatte – nein, es war mehr als ein Schlag. Er verpasste ihr Faustschläge und sogar Fußtritte, bewarf sie mit allem nur Erdenklichen. Anita erinnerte sich 1990 an diese schlimme Szene: „Er kippte ein großes Tablett mit Sandwiches um, verteilte sie auf dem ganzen Teppich, hob sie wieder auf und bewarf mich dann."

Neben den auf den Rumpf abzielenden Faustschlägen wurde auch Anitas Gesicht zur Zielscheibe von Jones' Hass. Sie spürte, dass es für sie nur einen Zufluchtsort gab, woraufhin sie zu Keith ins Hotel rannte. Richards wusste von den gewalttätigen Auseinandersetzungen der beiden, wenn ihnen die Worte fehlten, war aber zutiefst schockiert, als er sah, wie weit Jones diesmal gegangen war, um seine Frustrationen abzureagieren.

Anita: „Als Keith sah, was mir Brian angetan hatte, versuchte er mich zu trösten. ‚Ich kann nicht mehr mit ansehen, wie Brian dir das antut. Ich bringe dich nach London zurück.'"

Anita, die wusste, wie unberechenbar Brian werden konnte, wenn er einen Verrat witterte, fragte besorgt: „Und was ist mit Brian? Er wird mich nicht gehen lassen – er würde mich eher umbringen."

Auch wenn Richards das Sinnbild des Coolen darstellte – das Gesehene hatte etwas bei ihm ausgelöst.

„Ich habe sie ihm nicht weggenommen, ich habe sie gerettet", berichtete er später. „Zu dem Zeitpunkt hatte ich Brian bereits aufgegeben. Mich widerte es an, wie er Anita behandelte, wie er sich benahm. Mir wurde damals klar, dass es keine Aussicht auf eine lang anhaltende Freundschaft zwischen Brian, mir und Mick geben würde. Auch Anita hatte genug. Mal davon abgesehen, standen wir aufeinander."

Fast jeder bislang bekannte Bericht stellte Jones als den Angreifer dar, doch Richards bot in seinen Memoiren *Life* eine neue Perspektive. Er behauptet, dass Anita während des Tumults genauso gut austeilte, wie sie einsteckte, was bei Jones zu zwei angebrochenen Rippen geführt habe und einem gebrochenen Finger. Egal, wie exakt sich der Zwischenfall abgespielt hatte, wer nun wen geschlagen hatte oder was gebrochen wurde – die Schürfwunden auf Anitas Gesicht waren ein eindeutiger Beweis. Es waren Verletzungen, die man nicht verschleiern oder überschminken konnte.

Bill Wyman erzählte später, dass sich Keith ihm anvertraute. Richards war hinsichtlich der Beziehung zu Anita zögerlich und überzeugt, dass „schlechte Vibes entstehen werden“, doch die Brutalität des Angriffs ließ jeden zuvor gehegten Zweifel verschwinden.

Brians Verhalten zog jedenfalls einen Schlussstrich unter die Reise. Jede Hoffnung, dass der Marokko-Abstecher ein Gegengift zu den Geschehnissen in Großbritannien darstellen könnte, war nun endgültig zerplatzt. Nun war Flucht die einzige Lösung, um das letzte Quäntchen Erholung zu bewahren, und in Windeseile fällte man die Entscheidung, Marrakesch so schnell wie möglich zu verlassen.

Die bislang nur hinter geschlossenen Türen geflüsterten Worte hinsichtlich Brians Verhalten wurden nun klar und deutlich ausgesprochen; sogar der sich oft gepflegt ausdrückende Jagger sagte: „Das wird hier alles zu hart und beschissen.“

Alle waren sich einig, dass Jones' explosive Paranoia – besonders was Anita anbelangte – alles nur noch komplizierter machte, und so musste ein geschickter Plan ausgeheckt werden, um Brian aus dem Hotel zu locken, damit sich den anderen die Gelegenheit zu einer zügigen Flucht bot.

Natürlich brachte sich der immer einfallsreiche Tom Keylock ins Spiel, der eine Finte vorschlug. Er wollte behaupten, Wind davon bekommen zu haben, dass eine Chartermaschine voller Reporter der berüchtigten *News Of The World* in Marrakesch gelandet sei. Angeblich bestand der Plan der Reporter darin, die Reisegruppe zu stellen, während die Anklagepunkte hinsichtlich der Redlands-Razzia bekannt gegeben wurden. Brion Gysin, der einzige verbliebene Freund Brians in der Region [und nicht eingeweiht], sollte Jones klammheimlich zur Flucht verhelfen, damit es nicht zu einer Begegnung zwischen ihm und den Reportern kam.

„Brian quatscht sich bei Reportern um Kopf und Kragen“, erklärte Keylock ihm. „Er verrät denen alles.“

Gysin war sich bewusst, dass Brians angeknackste Psyche eine besondere Ablenkung benötigte, woraufhin er ihn zum Jemaa el-Fnaa führte, dem uralten Marktplatz in Marrakeschs Altstadt. Das sich ihm darbietende lebendige, schrille Farbenspiel wurde von den magischen Klängen der Meistermusiker aus Joujouka belebt, was Jones eine zeitweilige Ablenkung von der harschen Realität brachte, die er selbst herbeigeführt hatte.

Da Brian nun nicht mehr im Weg stand, begann Anitas und Keiths Flucht. Keith erinnerte sich später, er habe die Lage als so brenzlig empfunden, dass er die zögerliche Anita packte und sie förmlich in den Wagen warf. Erst 2011 behauptete Richards in seiner Autobiografie, dass Anita eine Art von Bedauern über die Abreise empfunden habe.

„[Sie] heulte", berichtete er. „Sie wollte nicht weg, sah aber ein, dass ich mit der Behauptung recht hatte, dass Brian sie möglicherweise umbringen würde."

Laut Keylock, der das Paar durch die engen Gassen Marrakeschs chauffierte, ähnelte die Situation dem Film *Carry On*. Das bizarre Bild, das der Chauffeur von Anita während der Fahrt von Marrakesch nach Tanger zeichnete, drückte kaum mehr als Verachtung aus.

„Ich hatte nicht mit Anitas Aktionen gerechnet", erinnert er sich. „Sie begann sich [in Tanger] den ganzen Einheimischen zu präsentieren, nestelte mit der Federboa herum, spielte ihnen was vor und machte aus dem wohl am verdächtigsten aussehenden Vehikel der Welt, das auf die Fähre fuhr, eine Kulisse für ihre Show … Schnell verbreiteten sich die Neuigkeiten, und da stand sie und zog eine ganze verfluchte Menschentraube an."

Wie bei jedem Teilzeitroadie üblich, musste Keylock eine große Ladung Haschisch für seine berühmten Arbeitgeber transportieren. Die Limo erregte große Aufmerksamkeit, doch er spürte, dass noch eindringlichere Blicke die Karosse begutachteten.

„Ich sah die beiden Bullen in Zivil, die aus der Menge hervorstachen … Ich drehte mich zu Keith um und sagte: ‚Hör mal, da drüben ist die Polente, und ich halte das Zeug in den Händen. Ich lass es verschwinden!' ‚Nein, nein, nein', piepste Anita dazwischen, ‚Nicht wegwerfen!' Ich raunzte sie an: ‚Lass mich. Ich will nicht, dass die mir an die Gurgel gehen.'"

Keylock hatte den richtigen Riecher gehabt, denn die beiden Personen waren Polizeibeamte. Die Limousine und die kleine Truppe wurden gründlich durchsucht, doch Keylock war es gelungen, die verdächtigen Substanzen unter einem Flansch zu verstecken, der zum Tank überleitete. Daraufhin fand man nichts, und die Gruppe setzte ihre Reise ungehindert fort.

Nach einem kurzen Zwischenaufenthalt in Tanger fuhren sie am folgenden Morgen auf die Fähre nach Malaga. Allerdings waren die spanischen Behörden von ihrer Ankunft in Kenntnis gesetzt worden, woraufhin sich die Gruppe einer weiteren Durchsuchung unterziehen musste. Da die drei von allen Seiten unter Beschuss genommen wurden, setzten sie die Reise mit dem Flieger nach London fort.

In Marokko kündigte der Sonnenuntergang das Ende von Brians Erkundungen der Stadt an, und er zog sich ins Hotel zurück. Bei der Rückkehr ins Es Saadi musste er feststellen, dass die Gruppe, die ihn unter chaotischen Bedingungen nach Marokko begleitet hatte, nun ohne ihn abgereist war.

In tiefster Verzweiflung rief er Brion Gysin an. „Komm schnell!", brüllte er tränenerfüllt. „Sie sind alle weg und haben mich verlassen – sind einfach abgehauen. Ich weiß nicht, wo sie hin sind, verdammt! Keine Nachricht, und die Leute im Hotel sagen mir auch nichts. Ich bin hier allein. Kannst du sofort kommen?"

Seine Welt schien sich um ihn herum aufzulösen, und Brian sank wie ein Häufchen Elend auf den Boden der Hotellobby. Er wurde daraufhin in die Räumlichkeiten der Gruppe gebracht, mit der er gereist war. Als der Arzt Brians labilen Zustand sah, verschrieb er ihm Tranquilizer. Durch die Medikamente sediert, fand er allmählich wieder ein wenig Haltung.

Viele vertreten die Ansicht, dass das Trauma dieser Trennung Brian schweren psychischen Schaden zufügte, ihn vielleicht sogar unheilbar zerstörte.

„Ich glaube fest daran, dass der Wendepunkt in Brians Leben kam, als er das einzige Mädchen verlor, das er jemals wirklich liebte", berichtete Brians Vater Lewis der BBC 1971. „Ich glaube, es war ein schwerer Schlag für ihn. Er veränderte sich plötzlich und beängstigend – von einem intelligenten und enthusiastischen jungen Mann zu einem stillen, griesgrämigen und in sich gekehrten Menschen. Das war so offensichtlich, dass seine Mutter und ich, als wir ihn einige Monate nach dem Vorfall zum ersten Mal sahen, schockiert von den Veränderungen in seinem Auftreten waren. Seitdem war er nie mehr derselbe Junge, [der er einst gewesen war]."

„Ja, Brian war zutiefst verletzt", meint Stash de Rola. „Plötzlich waren sie weg, ohne ein Wort zu sagen, und er stand allein und ohne Geld da. Auf eine Art war es aber auch ein taktvolles Handeln. Da sie ihn verließen, verhinderten sie einen vielleicht viel schlimmeren Zwischenfall, der sich für alle Beteiligten als verheerend herausgestellt hätte."

„Die haben sich gegenseitig schweren Schaden zugefügt", meint Paul Trynka, Autor der ultimativen Jones-Biografie *Sympathy For The Devil – Die Geburt der Rolling Stones und der Tod von Brian Jones*. „Bei Brian fand eine psychische ‚Kernschmelze' statt, und er war von seinen Bandkollegen herabgewürdigt worden. Aus historischer Sicht war es unvermeidbar. Ich denke, Brian wusste, dass es keinen Bestand haben würde – wie auch die anderen. Die Art und Weise, wie das ablief, lässt sich nur als außergewöhnlich brutal und unmenschlich beschreiben, doch sie waren einfach noch sehr jung."

Inmitten all der auf sie einprasselnden Meinungen und Anwürfe blieb Anita cool und hielt sich zurück. Erst Jahre danach enthüllte sie ihre tatsächliche Gefühlslage während der sich entfaltenden Ereignisse in Marokko.

„Schon vor der Reise nach Afrika hatte ich meine Entscheidung hinsichtlich Brian gefällt", erinnerte sie sich. „Ich war bereits von Keith bezaubert, hin und weg. Brian wusste das."

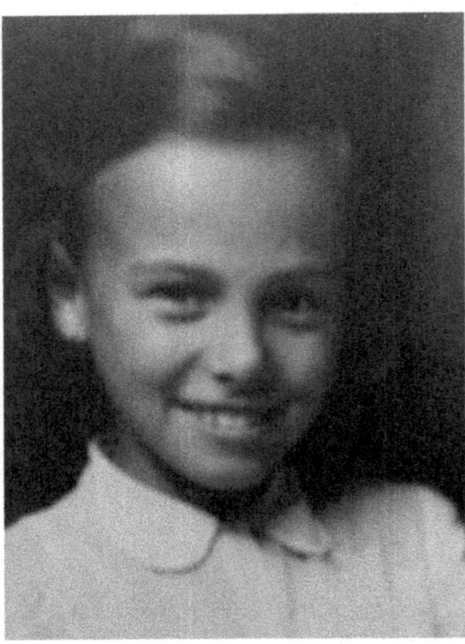

Die junge Anita Pallenberg. Über ihre Abstammung sagte sie später, sie trage „Sonne, Feuer und Eis im selben Körper".
PALLENBERG FAMILIENARCHIV

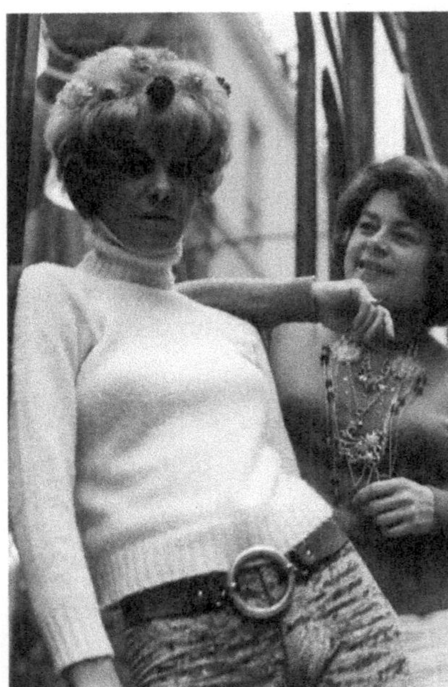

Mit ihrer Modeagentin Catherine Harlé vor dem Gebäude 38-42 Passage Choiseul in Paris, Anfang 1965.
AKG-IMAGES/PAUL ALMASY

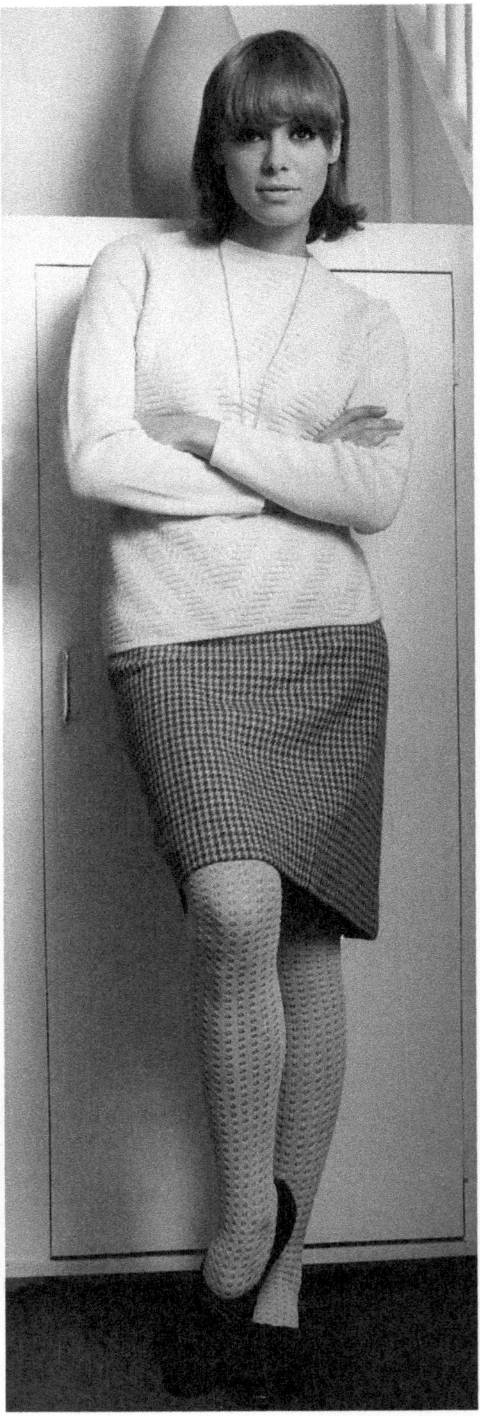

In Brian Jones' Apartment, London-Chelsea, Ende 1965.
MIRRORPIX

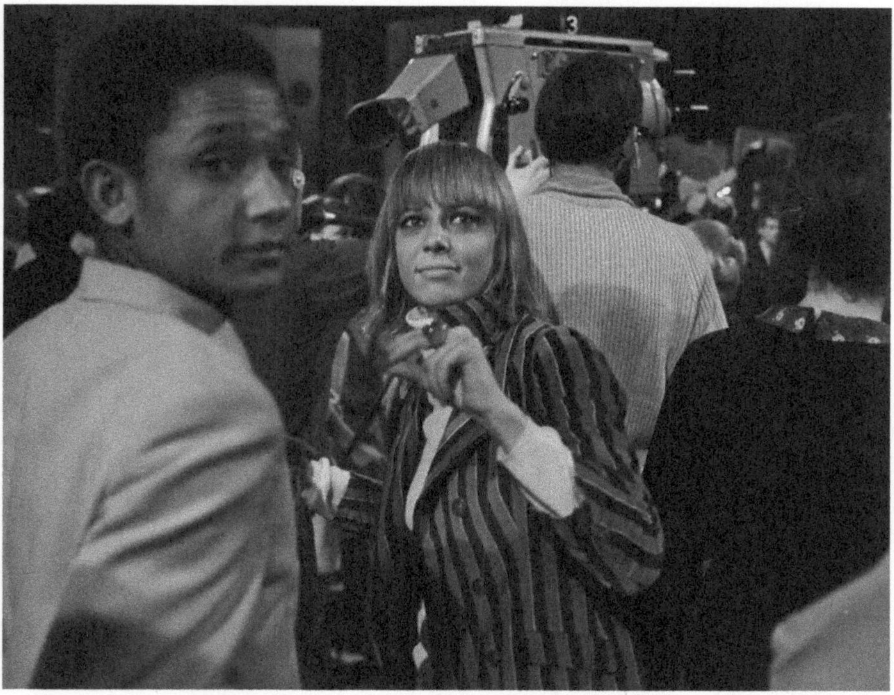

Auf der Tanzfläche während der Aufzeichnung der Kult-Musik-Show *Ready Steady Go!*, 29. Oktober 1965.
PHILIPPE LE TELLIER/GETTY

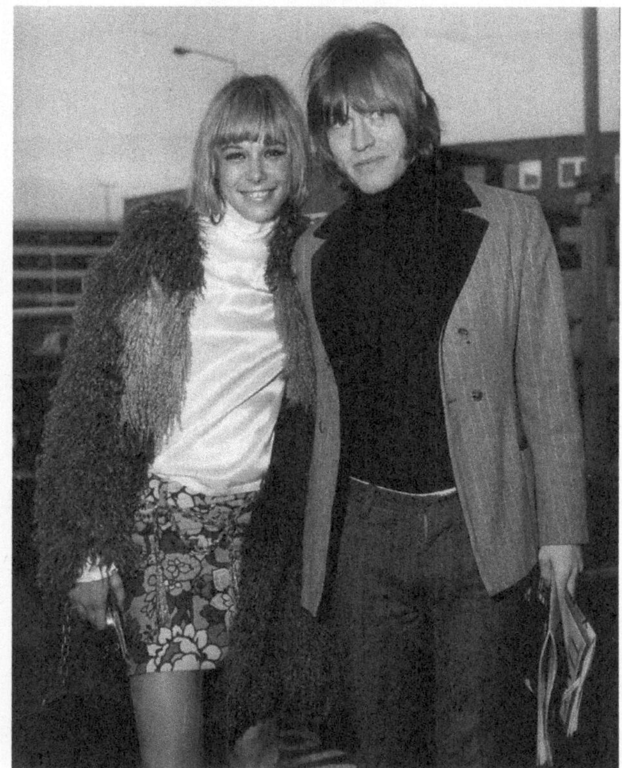

Nach den Filmaufnahmen von *Mord und Totschlag* in München wiedervereint mit Brian Jones. Heathrow Airport, 3. Dezember 1966.
ZUMA PRESS, INC./ALAMY

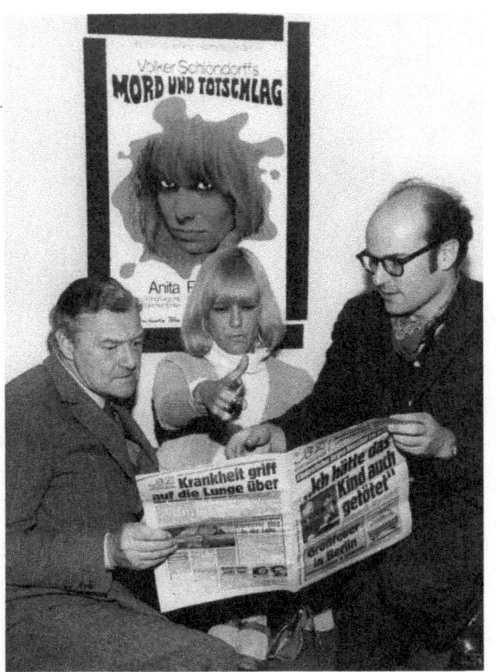

Mit Regisseur Volker Schlöndorff und einem Finanzier von *Mord und Totschlag* im Gespräch über Werbemaßnahmen.
MARIO MAH/VOLKER SCHLÖNDORFF COLLECTION/
DEUTSCHES FILMINSTITUT & FILMMUSEUM

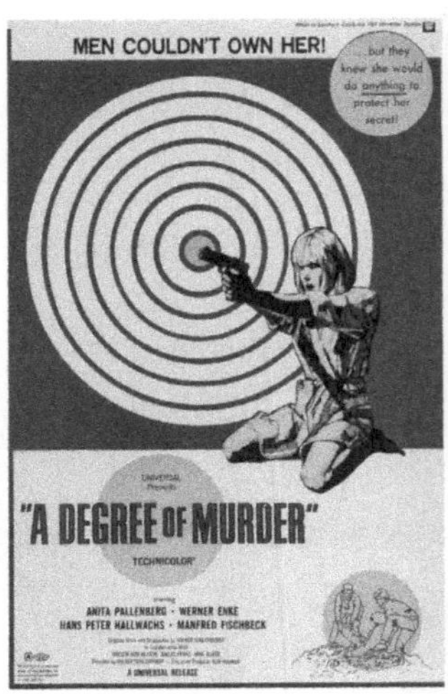

Ein seltenes Plakat für die englische Version von *Mord und Totschlag* (*A Degree Of Murder*).
EVERETT COLLECTION INC./ALAMY

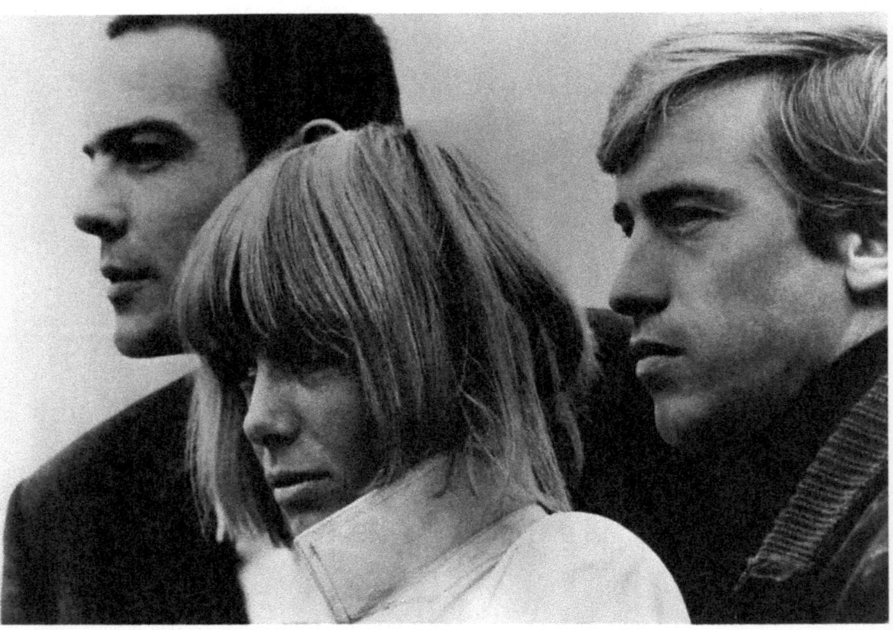

Anita während der Dreharbeiten zu *Mord und Totschlag* in München, November 1966.
EVERETT COLLECTION INC./ALAMY

Auf dem Weg nach Marokko mit Marianne Faithfull, Heathrow Airport, 11. März 1967.
DOVE/STRINGER

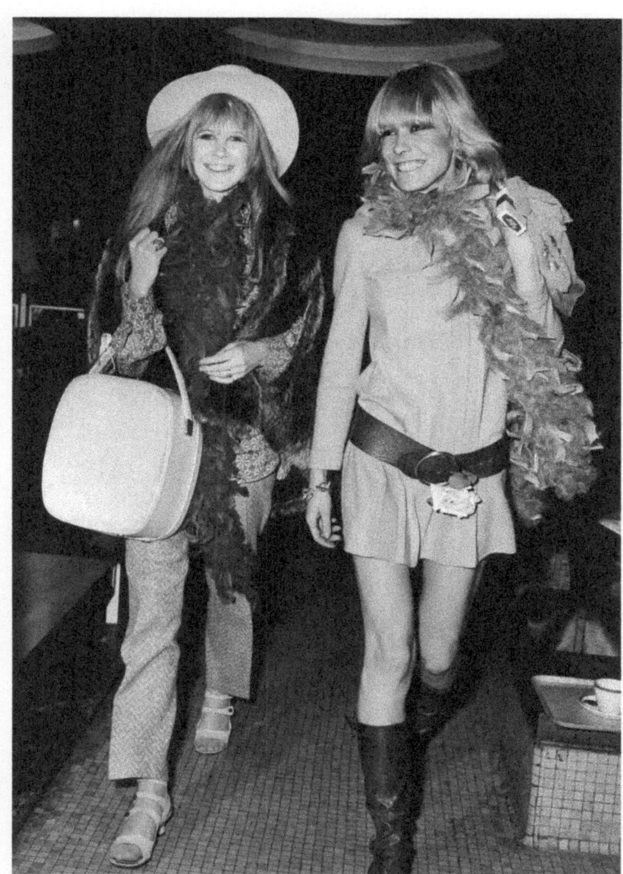

Der Auftritt! Keith und Anita besuchen eine Vorführung des Films *Privilege* in Cannes, 6. Mai 1967.
REPORTERS ASSOCIES/GETTY

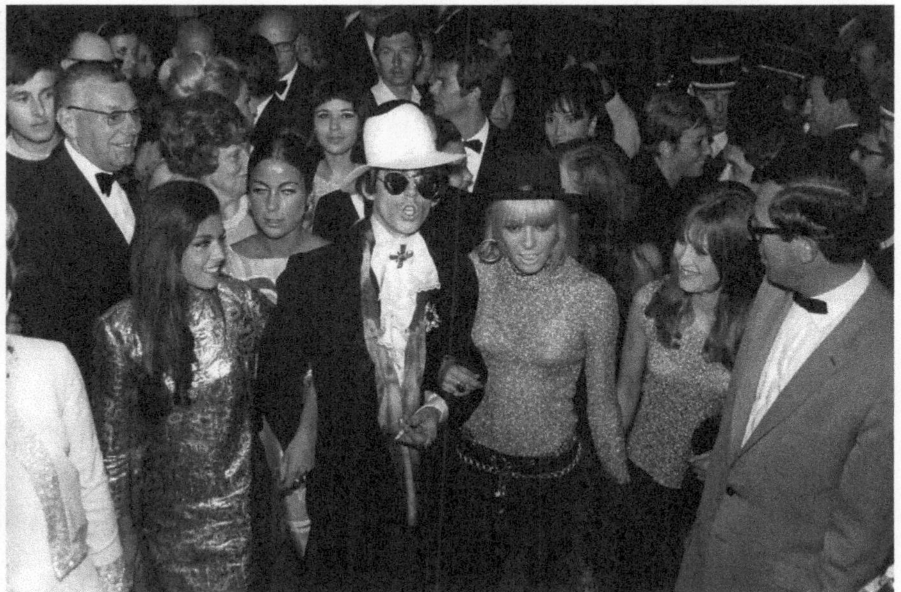

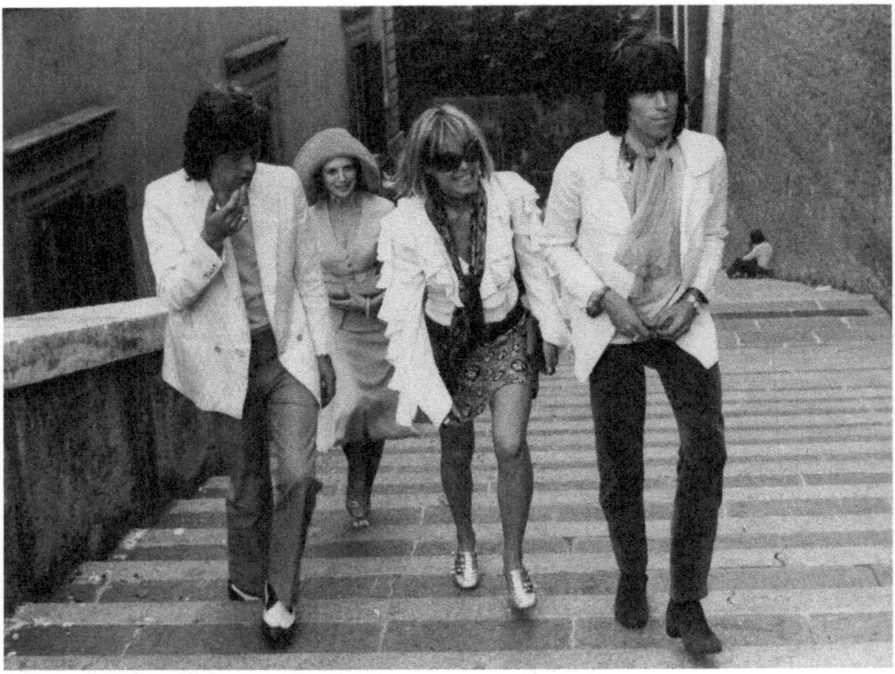

Mick, Anita und Keith bei einem Stadtrundgang durch Rom, Ende Sommer 1967.
ROBERT HUNT LIBRARY/SHUTTERSTOCK

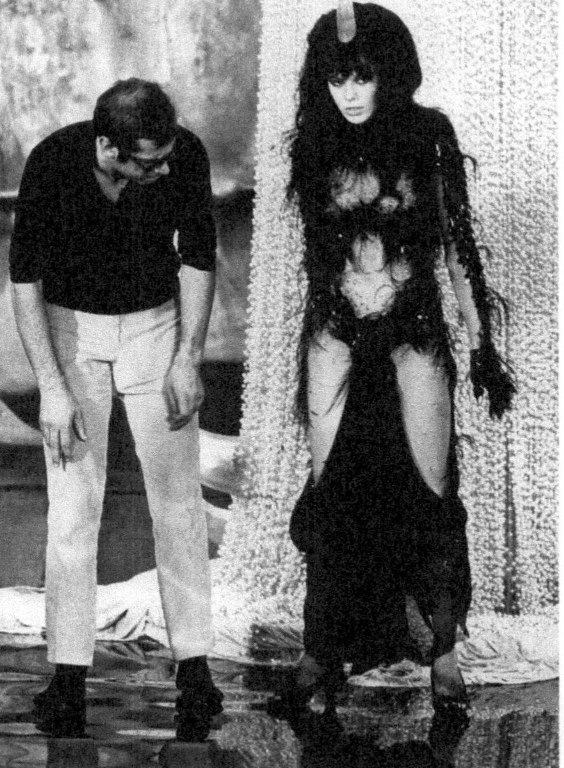

Die Black Queen aus *Barbarella* – Anitas wohl spektakulärste Filmrolle.
PARAMOUNT/KOBAL/SHUTTERSTOCK

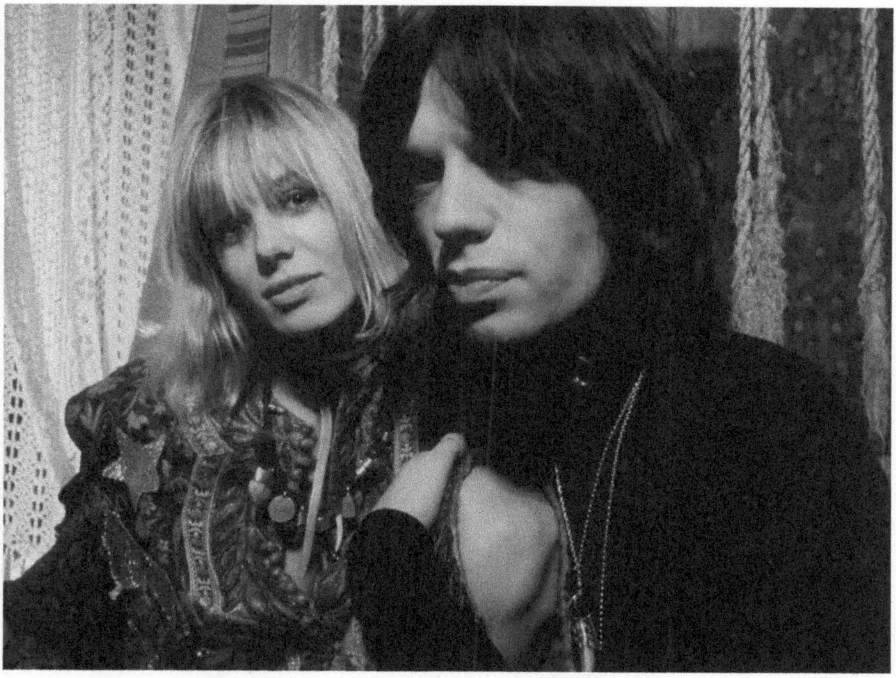

Im verworrenen Netz von *Performance*. Anita und Mick Jagger bei einer Drehpause.
ANDREW MACLEAR/GETTY

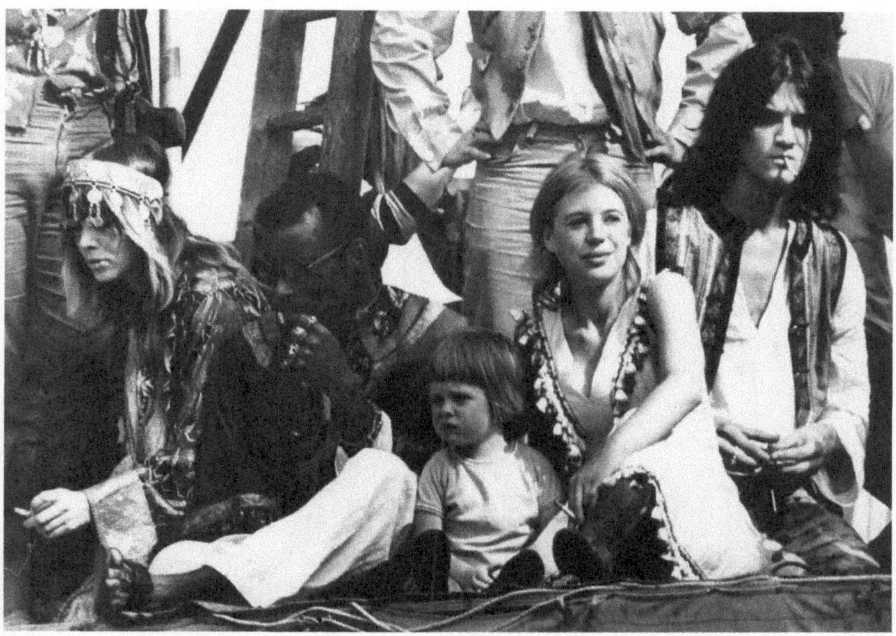

Anita zusammen mit den Künstlern Rufus Thomas, Leonardo Treviglio und Marianne Faithfull sowie deren Sohn Nicholas. Beim legendären Hyde-Park-Konzert der Rolling Stones, 5. Juli 1969.
BETTMANN/GETTY

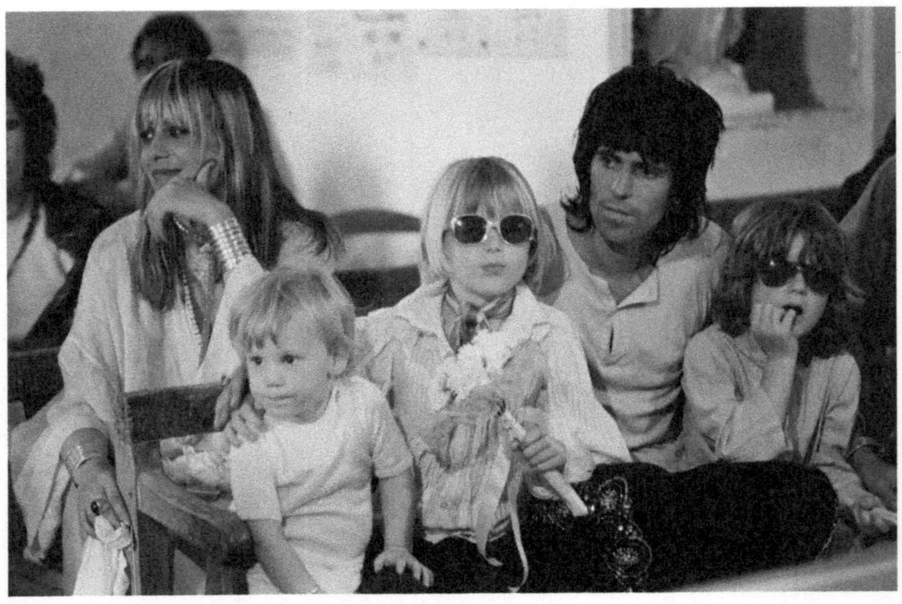

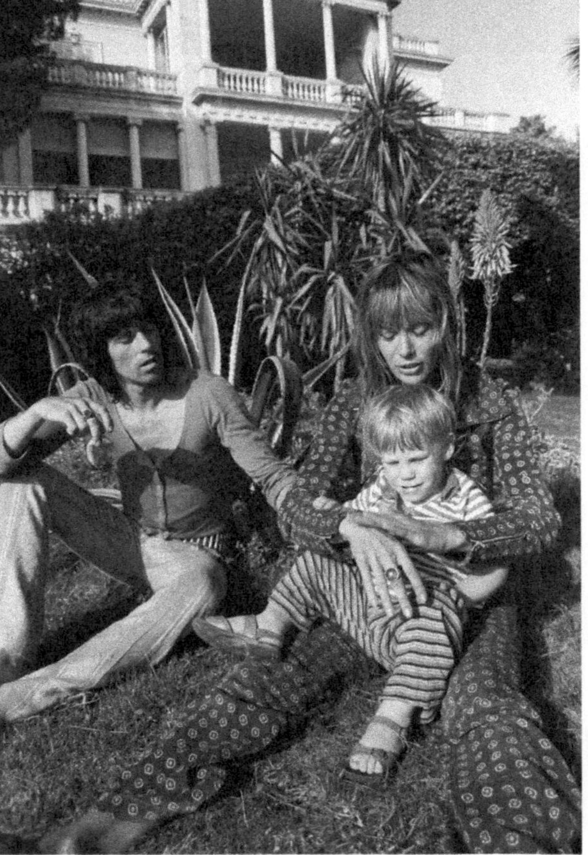

Ein „Familienausflug“ von Anita, Keith, Sohn Marlon und Freunden bei der Hochzeit von Mick Jagger und Bianca Pérez-Mora Macías, Chapelle Sainte-Anne, Saint-Tropez, 12. Mai 1971.
REG LANCASTER/STRINGER

Keith, Anita und Sohn Marlon genießen einen kurzen Moment der Ruhe in der legendären Villa Nellcôte, Sommer 1971.
MIRRORPIX

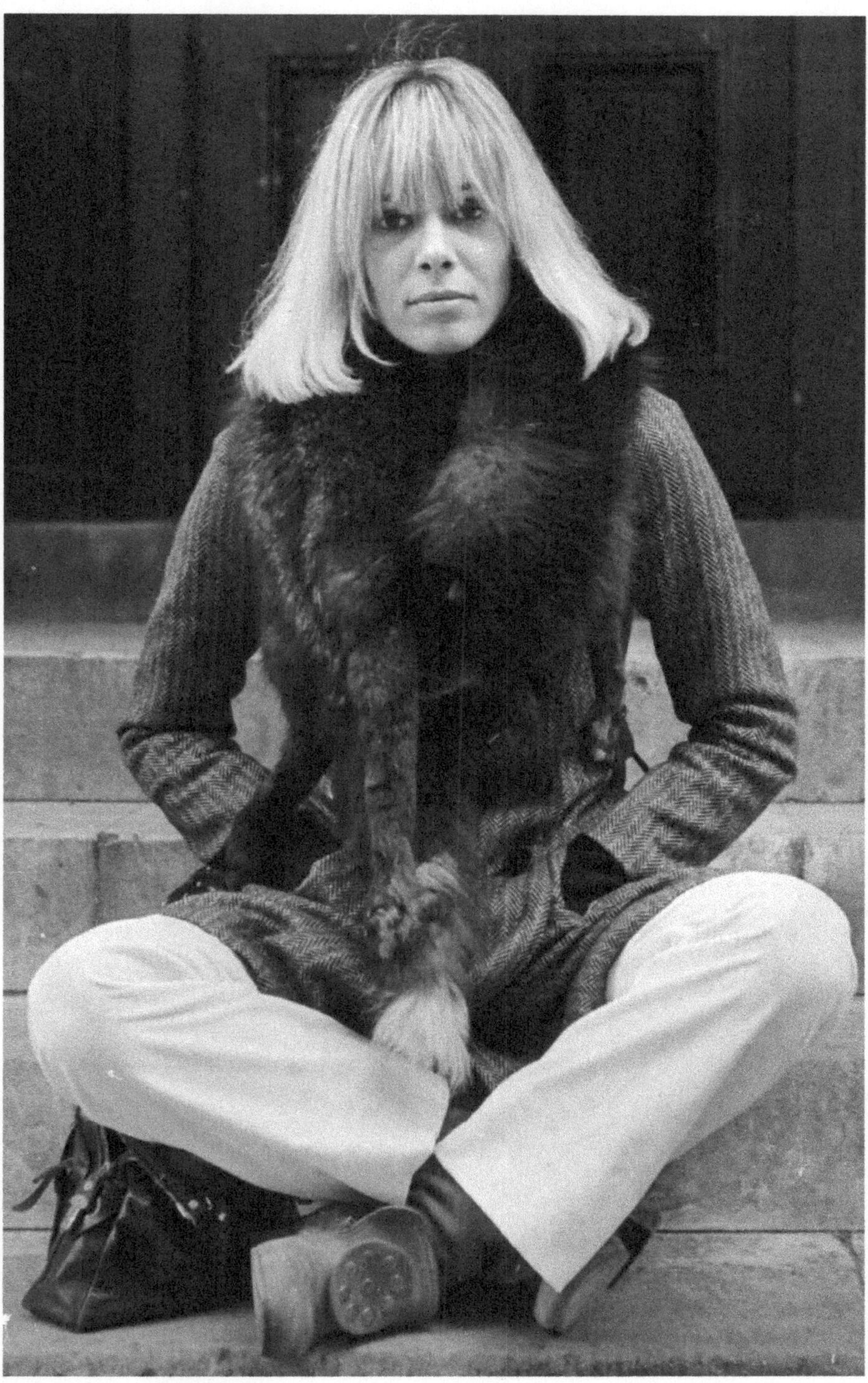

Anita, bezaubernde Schönheit, Oktober 1968.
LARRY ELLIS/STRINGER

KAPITEL 5

Die schwarze Königin

Männer konnten sie nicht besitzen.
Unterschrift für ein Foto aus dem Film *Mord und Totschlag*

Innerhalb weniger Stunden nach der Flucht vor Brian aus Marrakesch erreichte die Nachricht von der aufsehenerregenden Trennung London. Das löste zwangsläufig eine Lawine von Spekulationen innerhalb ihres Freundeskreises über das aus, was da nach außen gedrungen war. Robert Fraser, der Marokko vor dem dramatischen Szenario verlassen hatte, stand auch noch nach seiner Rückkehr nach London im Zentrum der Ereignisse, denn er klärte den Fotografen Michael Cooper über alles auf. Frasers und Coopers in gewisser Weise bizarres Gespräch in dem Buch *Blinds & Shutters* dokumentiert die lüsterne Neugierde, mit der Informationen über die Trennung gehandelt wurden.

„‚Tja, mein junger Herr', meinte Robert mit einem gespielt herablassenden Unterton. ‚Im Rialto verbreitet sich die Kunde, dass zwei deiner geschätzten Kumpane – der Knappe Keith Richards und Anita Pallenberg – einen schlechten Stil an den Tag gelegt haben, einen sehr schlechten Stil.'

Michael strahlte: ‚Oh, wie kommt denn das?'

Robert hatte (während er klassische Seriosität vorspielte) einen großen Spaß daran zu berichten, wie Keith und Anita gemeinsam in die nordafrikanische Nacht flüchteten und Brian seinem Schicksal überließen."

Andere wiederum zeigten sich von der Finte in Marrakesch schockiert. „Was Keith und Anita Brian angetan haben, war eine der widerlichsten Aktionen überhaupt", berichtete Jane Perrin, die Frau des Bandpromoters Les, gegenüber der Autorin Laura Jackson. „Brian war Hals über Kopf in Anita verliebt. Er wurde auf das Schlimmste verraten."

Mit dem Gefühl, dass die Welt und seine Frau ihn verlassen hatten, stieg der leicht erholte Jones in den Flieger. Von Marrakesch ging es nach Casablanca und dann nach Paris, wo Brian den guten Freund Donald Cammell anrief.

„Ich hatte überhaupt keine Ahnung, was da vor sich ging", berichtete Cammell 1990. „Ich dachte, sie machten Urlaub, doch dann hatte ich einen schrecklich verwirrten und stammelnden Brian an der Strippe, meinen guten Freund. Er achtete stets auf seine Kleidung, doch als er mich aufsuchte, sah er verdreckt und schlampig aus. Er trug sein Hemd schon längere Zeit. Es hatte einen verknitterten Kragen aus Spitze und zerknautschtem Samt. Er war allein, Anita hatte ihn verlassen."

Cammell kümmerte sich um den trauernden Brian und musste noch mehr in Erfahrung bringen.

„Ich rief Robert und verschiedene Londoner Freude an und fragte: ‚Was geht da vor sich? Was ist denn los?' Natürlich empörten sich alle, denn Anita und Keith waren direkt nach London zurückgekehrt und inszenierten sich hochherrschaftlich – stolzierten überall herum und präsentierten sich. Brian hingegen war ein Bild des Jammers, völlig verzweifelt und außer sich."

Brian zog einige Tage leidend durch Paris. Außer Cammell berichtete er auch Deborah Dixon von seinem Trauma. Kurzfristig wohnte er auch bei dem Fotografen Tony Kent. „Er sah wirklich ungepflegt aus", erinnert sich Deborah, als der verwahrloste Brian vor ihrer Tür stand. „Er weinte sich an jeder Schulter aus."

Bei seinem Rundgang des Trauerns besuchte Brian auch Anitas frühere Agentin Catherine Harlé in ihrem Büro in der Passage Choiseul. Dabei sagte er zwei Sätze, die zu einer Art Refrain wurden, was seine „Verräter" anbelangte: „Zuerst nahmen sie mir die Musik. Dann nahmen sie mir die Band und dann meine Liebe."

Während Brian in Paris sein Herz ausschüttete und seiner Seele Erleichterung verschaffte, machte sich Anita angeblich unverzüglich daran, sich die Gegenstände aus ihrem Zusammenleben mit Brian zu beschaffen. Zuerst holte sie die wichtigsten Habseligkeiten aus der Wohnung in der Courtfield Road. Glaubt man den Gerüchten, geschah das schnell und unsentimental. Angeblich schnappte sich Anita die Hälfte des gemeinsamen Haschisch-Vorrats, während sich Keith einen ordentlichen Teil von Brians geschätzter Schallplattensammlung unter den Nagel riss.

Während der hastigen Aktion wohnte Anita teils in Hotels oder in Keiths bescheidener Wohnung in Londons St John's Wood. Wenig Tage nach der Rückkehr nach London geschah das Unvermeidbare. Am 18. März tauchte Jones wieder in der Stadt auf und fand schnell heraus, wo die beiden sich „eingegraben" hatten. Laut Richards kam Brian direkt zu seiner Wohnung. Er verlangte, mit Anita zu sprechen, stürzte in die Wohnung und landete auf seinem Hintern. Es folgte eine tränenreiche Szene, bei der Brian versuchte, Anita wieder zu einem gemeinsamen Leben zu überreden. Laut Keith zeigte sich Anita trotz aller Theatralik überhaupt nicht gewillt, darauf einzugehen. „Sie wollte nichts davon wissen", erzählte er Barbara Charone. „Sie wollte nur die [letzten] Klamotten aus der Wohnung haben." Laut Keith fiel Anitas Reaktion auf Brians Wunsch, die Beziehung wieder aufzunehmen, kurz und knapp aus: „Du bist ein viel zu großes Arschloch, um mit dir zu leben. Keith und ich haben was am Laufen."

Keiths lebendige Erinnerungen an die Abfolge der Ereignisse wurde im Laufe der Jahre mehrmals wiederholt, doch laut dem nahen Beobachter Stash de Rola war Anitas Rückzug aus der Courtfield Road deutlich komplexer. Ein sporadischer Besucher wurde Zeuge des sich abspielenden Dramas, das mit großen Gefühlen einherging. Der Autor Keith Altham, damals beim *New Musical Express* tätig, erinnert sich an die heikle Atmosphäre, in der sich der emotionale Übergang und das Zurückholen der Habseligkeiten abspielte: „Ich besuchte sie in ihrer Wohnung in Kensington", berichtet Altham heute. „Eine in Tränen aufgelöste Anita verließ die Wohnung untergehakt bei Keith Richards. Als sie gingen, sagte mir Keith in Anwesenheit von Brian: ‚Er weiß nicht, wie man sich um seine Freundinnen kümmert.'"

In den emotionalen Turbulenzen dieser lebensverändernden Phase lud Keith seine Mutter zu sich nach Hause ein, damit sie Anita kennenlernte.

„Als ich sie das erste Mal traf, sah Anita wie ein Schulmädchen aus", beschreibt Doris die Begegnung. „Die beiden waren am Anfang wie Turteltäubchen. Keith meinte zu mir, sie seien Zigeuner, würden wie Zigeuner essen und leben. In seiner Wohnung gab es einen Raum, auf dem die Kleidung auf dem ganzen Boden verteilt war."

In dem Mahlstrom, der nach Anitas Trennung toste, blieb Brian in der Courtfield Road wohnen und fand einen Hauch von Ablenkung bei verschiedenen Frauen aus der Stadt. Dabei lebte Keiths Ex Linda Keith kurzfristig bei ihm und später – was eher in der Öffentlichkeit ablief – Anitas „Rachegöttin" Nico.

Jones beschäftigte sich mit seinen Psychospielchen und körperlichen Eskapaden, während sich Anita und Keith ein Liebesnest einrichteten, doch beiden Fraktionen blieb nur wenig Zeit. Nur wenige Tage nach der Rückkehr aus Marokko trafen Keith und Brian bei den Proben zu der am 25. März beginnenden Europatournee der Stones wieder aufeinander. Aufgrund der ungelösten und potenziell zerstörerischen Konsequenzen der Redlands-Razzia, die über ihnen wie ein böses Omen schwebten, war kaum an eine angenehme Tournee auf dem Kontinent zu denken. Marianne Faithfull behauptete später, dass Anita Brian die Fortführung ihrer Beziehung nach Ende der Tour versprochen habe, um einem möglichen Auseinanderbrechen der Band vorzubeugen.

Keith und Brian mussten während der Tournee eine eisige Atmosphäre überstehen, während Anita wieder ins Filmgeschäft drängte, da sie nach der Marokko-Reise immer noch bestrebt war, diese Laufbahn einzuschlagen. Ihre Karriere schien ins Rollen zu kommen, und ihre Freundschaft mit zahlreichen Persönlichkeiten des Filmgeschäfts ermöglichten ihr einen größeren Aktionsradius, verglichen mit meist statischen Mode-Shootings. Informationen hinsichtlich ihres Leinwand-Potenzials machten bereits die Runde und so unterbreitete man Anita mehrere Angebote.

Der junge Filmmarkt erreichte 1967 einen profitablen Zenit. Die Szene begann mit den eher fantastischen und kaleidoskophaften Elementen zu experimentieren, die zu der halluzinogen ausgerichteten Stimmung der Ära passten. LSD hatte sich zu einem globalen Phänomen entwickelt, und viele Regisseure versuchten nun die „andersweltigen" Visionen und die unverfälschte und hemmungslose Sexualität auf Zelluloid zu bannen, die mit der Droge einhergingen. Darüber hinaus drang ein feministischer Ansatz vom Underground ausgehend immer stärker in die Medien vor; das Image einer dominanten Frau – zuvor nur in Karikaturen zu sehen – nahm nun reale Gestalt an.

Terry Southern gehörte zu den Autoren, die synchron mit dem Zeitgeist arbeiteten. Er sollte für Anita zu einer Schlüsselfigur werden, indem er ihr half, sich die zweite Filmrolle in nur einem Jahr zu sichern.

Southern hatte bereits zahlreiche einflussreiche Kreise in den kreativen Gefilden weltweit angeregt und erwies sich auch in London als Taktgeber, als sich der Zeiger des Hippen auf das Vereinigte Königreich hin drehte. Der Autor beackerte mit seinen einfallsreichen Dialogen neues Territorium in Kubricks Allegorie-überfülltem *Dr. Seltsam oder: Wie ich lernte, die Bombe zu lieben* und der parodistischen Umsetzung von Ian Flemings Bond-Story *Casino Royale*, die 1967 in die Kinos kam. Neben seinen tadellosen Filmreferenzen sollten Southerns Kontakte zu den bekanntesten Charakteren der Gegenkultur noch größere Auswirkungen nach sich ziehen. Er verpasste nicht nur dem davon nicht beeindruckten Robert Fraser den Spitznamen „Groovy Bob", sondern wurde auch auf der Collage abgebildet, die den Hintergrund des *Sgt. Pepper's-Albums* bildet.

Neben unzähligen anderen Kontakten pflegte Southern eine lange Freundschaft mit dem französischen Drehbuchautoren, Produzenten und Regisseur Roger Vadim.

Zu Beginn des Jahres 1967 waren Vadim und seine Frau Jane Fonda eine kreative Allianz eingegangen, wie sie in der unbestimmten und unbeständigen Welt des Entertainment nur selten vorkam. Vadim hatte seine kreativen Interessen schon lange auf die Möglichkeiten ausgerichtet, die in Comics realisiert wurden. 1964 richtete sich sein Augenmerk auf den Erwachsenen vorbehaltenen und von Jean-Claude Forest geschriebenen Titel *Barbarella*. Die im 41. Jahrhundert spielende galaktische Story beschreibt die bizarren Abenteuer einer jungen Frau, die zu verschiedenen Planeten reist, wobei die Handlung ein stark erotisierendes Element aufweist.

Barbarella wurde damals in verschiedenen Ländern von der Zensur strengstens unter die Lupe genommen, und nun stand der schlüpfrige Comic kurz davor, in die Filmrealität transferiert zu werden.

Vadim war darauf bedacht, die futuristische Moralität der Geschichte in den Fokus zu nehmen, und beauftragte Terry Southern mit dem Verfassen des Drehbuchs, mit der zusätzlichen Absicht, die reißerischen und intergalaktischen Begegnungen in eine cineastische Improvisation zu verwandeln, auch mit lesbischen Elementen. Bei einem sensationellen Budget von neun Millionen Dollar kamen Schauspielerinnen wie Brigitte Bardot oder Sophia Loren für die Hauptrolle infrage. Dennoch – aufgrund der Beharrlichkeit des Produzenten Agostino „Dino“ De Laurentiis – überredete man die zögerliche Jane Fonda, Vadims Frau, die Rolle zu übernehmen. Während Fonda das Konzept eines „sexuellen *Alice im Wunderland*“ eher abgeschreckt hatte, verfolgte Southern die Idee mit Begeisterung und schmückte das Skript mit allen Arten des erotischen Symbolismus und „unanständigen“ Anspielungen aus. Southern kreierte für Fonda eine hochgradig erotische Rolle und bewies sich darüber hinaus als Visionär, was Handlung und Struktur anbelangte.

Während der ersten Castings schlug Southern Anita für die Rolle der Schwarzen Königin vor, wie man sie aus dem Comic kannte. Für den Film bezeichnete man den Charakter wahlweise als die Schwarze Königin oder die Große Tyrannin. Die Geschichte spielt während eines intergalaktischen Kriegs, wobei die fantastischen Elemente regelmäßig auf eher sexuelle Szenen reduziert werden.

Southerns Visionen für die Ausgestaltung der Rolle mit kaum verhüllten lesbischen Bezügen und Anspielungen auf Bondage waren für Anita sicherlich kein unbekanntes Terrain. Bei der Comic-Version wirkte die lesbische Neigung der Schwarzen Königin gelegentlich lächerlich, doch die der Filmrolle von Southern zugeschriebene überzogene Sexualität stellte eine deutliche Anspielung auf Anitas breit gefächerte Vorlieben dar. Zeilen, in denen die Schwarze Königin das Dekret verkündet, „die Grenzen der Lust zu erweitern", und der Domina-Aspekt kamen Anitas sinnlicher Ausrichtung sicherlich durchaus nahe.

Roger Vadim wusste über Anitas Aufstieg in der Filmbranche sehr gut Bescheid. Er und De Laurentiis hatten eine Vorab-Vorführung von *Mord und Totschlag* gesehen. De Laurentiis kannte darüber hinaus Donald Cammell und wusste somit auch einiges über Pallenbergs Potenzial und ihren aufsteigenden Celebrity-Stern. Als sie von Vadim während des Vorsprechens gefragt wurde, welche besonderen eigenen Vorzüge sie zu dem Charakter beitragen könne, soll Anita geantwortet haben: „Sex!"

Viele vom *Barbarella*-Team – sowohl aus der Branche als auch aus dem privaten Bekanntenkreis – machten sich für sie stark, und so gab man Anita schnell grünes Licht. Zu der Zeit ohne einen konventionellen Filmagenten unterschrieb Catherine Harlé von der Pariser Model-Agentur den Papierkram.

Barbarella sorgte in der Branche für einiges Aufsehen und das allgemeine Casting fand Anfang April 1967 in Roms berühmtem Cinecittà-Studiokomplex statt. London hatte damals einen „Hollywood UK"-Status, wohingegen Rom eher für das Provokante und Abenteuerliche stand.

„In den Sixties stand die prickelnde Atmosphäre in *Roma ladrona* vor dem Überkochen", berichtet der Filmemacher Tony Foutz. „Alles war möglich und die Entwicklungen im Underground – Kunst, Musik, Mode, einfach alles – stellten die einzige kreative Quelle dar. Dort lag Energie in der Luft und die Euphorie bezüglich grenzüberschreitender Ideen. Der ganze Tumult ließ die Mauern von New

York und London einstürzen und alles schwappte in die ewige Stadt, oder – wie es Zyniker sagen – die teuflische Stadt."

Um sich auf den sogenannten „Screen Test" vorzubereiten, stellte Anita sicher, dass sie sich in der Zeit vor dem Termin in der italienischen Hauptstadt aufhalten konnte, und wurde angemessen mit einer Wohnung mitten in Rom versorgt. Es war eine kurzfristige Stippvisite, doch sie benötigte kaum Zeit zum Akklimatisieren, bedenkt man ihre Beziehung zu der Stadt.

Da sowohl Anita als auch Keith zu der Zeit einen vollen Terminplan hatten, sahen sie sich nur flüchtig. Durch die Frühjahrestournee der Stones stand Brians und Keiths Beziehung auf dem Prüfstand. Auf der Bühne stellte sich eine halbwegs entspannte Atmosphäre ein, doch die Zeit außerhalb der Hallen wurde zu einer Herausforderung. Für die Personen, die sich in ihrer Nähe aufhielten, war die Situation höchst unangenehm.

„Kurz bevor die Stones in Rom im Palazzo dello Sport spielten, hatten sich Brian und Anita getrennt", erinnert sich Nathanson, ein enger Freund von Pallenberg und der Band. „Das war echt schräg, denn kurz vor dem Auftritt herrschte eine seltsame Stimmung. Wir konnten uns das überhaupt nicht erklären. Keith hockte in seiner Garderobe und übte Gitarre, und kurz nach der Show verließ er das Gebäude, um mit Anita zusammen zu sein. Brian kam mit uns. Armer Brian. Ich habe in meinem ganzen Leben noch nie so einen traurigen Menschen gesehen. Er war total von der Rolle."

Noch bizarrere Ereignisse trugen sich wenige Tage nach dem Rom-Auftritt zu. Nach Beendigung einiger Promo-Aktionen für *Mord und Totschlag* in München traf Anita am 11. April im Hotel George V in Paris ein, in dem Brian laut Keith einen Versöhnungsversuch einläutete. Während sie Jones' Vorschlag ablehnte, verschwanden Diebe mit ihrem Schmuck und anderen Wertgegenständen, die in den von den Stones gebuchten Zimmern lagen. Der Wert der Beute belief sich auf 20.000 Pfund, doch Anita führte einige der Tourteilnehmer mit der ihr eigenen Gelassenheit in ein Restaurant an den nahe gelegenen Champs-Élysées, um ihre Sorgen runterzuspülen.

Trotz der Chance, endlich einige Zeit mit Anita zu verbringen – und in sicherer Entfernung zu den Problemen in England –, reagierte Keith auf die Nachricht von ihrer Rolle in *Barbarella* recht seltsam. Im Grunde genommen spiegelte er Brians verletztes Auftreten hinsichtlich ihres ersten Filmjobs wider und bot ihr Berichten zufolge 10.000 Pfund an für den Fall, dass sie darauf verzichtete, den Streifen zu drehen. Allerdings wurde dieses Angebot nicht als Versuch Richards interpretiert, Anitas Karriere ins Stocken zu bringen: Da Micks und Keiths Gerichtsverfahren bevorstand, ist es wahrscheinlicher, dass er sich die Sicherheit von Anitas Anwesenheit wünschte in einem Sommer, der zahlreiche aufreibende Tage mit sich bringen würde. Was auch immer hinter Keiths Versuch steckte – Anita wollte den Film unbedingt machen, egal, ob ihre Loyalität beansprucht würde oder nicht.

Der Beginn der Aufnahmen zu *Barbarella* war auf Montag, den 19. Juni 1967 festgesetzt worden, doch Anitas Rolle als Hauptdarstellerin von Schlöndorffs *Mord und Totschlag* erforderte zusätzliche Arbeit. Anitas und Brians Beiträge zu dem Projekt hatten die Vermarktungschancen exponentiell erhöht. Die damals mächtigen Universal Pictures sicherten sich die Distributionsrechte, was dem Film zusätzlichen Schub verlieh. Dadurch wurden Werbemöglichkeiten gesichert, die weit über die Szene der Filmkenner hinausreichten.

Nun stand der Film vor der Veröffentlichung in verschiedenen Ländern, wobei der Titel für das englische Publikum mit *A Degree Of Murder* deutlich harmloser ausfiel. Um die neugierigen Kinobesucher anzuziehen, wurde eine Fülle von Werbematerial produziert, wobei Anita jedes Plakat und jedes Foto dominierte. Ohne eine beabsichtige Anspielung auf ihr Leben wurden die Images mit dem Slogan „Männer konnten sie nicht besitzen" unterstrichen. Die deutsche Filmförderung hatte den Streifen als Beitrag zum prestigeträchtigen Festival in Cannes ausgewählt, das im Mai 1967 stattfand und die Erfolgschancen beträchtlich erhöhte. Obwohl in Deutschland schon einige Aufführungen stattgefunden hatten, wirkte die Präsentation in Cannes wie eine Weltpremiere, da auch die wichtigsten Journalisten anwesend waren.

Die Rechteinhaber von *Mord und Totschlag* zeigten sich von der Möglichkeit begeistert, dass Anita, Brian Jones und vielleicht ein oder zwei Stones zur Promotion des Films anwesend sein würden, was natürlich schwer vorstellbar war. Auch die Presseabteilung wusste sicherlich nichts über das Chaos des Paares, wie eine Mitte März veröffentlichte Mitteilung belegt, die Anita als „Brians Verlobte" beschrieb.

Die verlängerte Nachproduktion des Films, hauptsächlich durch Jones' überfälligen Soundtrack verursacht, wirkte sich nicht auf die Vorfreunde aus, mit der die Veröffentlichung erwartet wurde. Da Cannes einen globalen Brennpunkt darstellte, würde der Streifen mit kostenloser Publicity in Hülle und Fülle bedacht werden. Die Erwartungen waren hoch, bedenkt man zusätzlich Anitas feurige Präsenz, die allein schon genügend Aufmerksamkeit erregte.

Trotz starker Konkurrenz, wie Michelangelo Antonionis *Blow-up* und Joseph Loseys *Zwischenfall in Oxford*, bestand eine gute Chance für *Mord und Totschlag*, einiges an Edelmetall abzuräumen. Da der Film darüber hinaus das Highlight des Programms am 5. Mai sein sollte, gab es einen guten Grund zum Feiern.

Cannes versprach ein bedeutendes Ereignis in Brians und Anitas Karriere zu werden, und somit entschlossen sie sich, die Unstimmigkeiten zu ignorieren und vereint aufzutreten. Der Stones-Bassist Bill Wyman beschrieb das später als „den letzten Versuch einer Versöhnung".

Stash de Rola bestätigt das: „Brian fragte mich: ‚Glaubst du, ich kann sie zurückgewinnen?' Und ich antwortete: ‚Ja, daran glaube ich fest.' Und so bat er mich, meine Abreise nach Amerika zu verschieben, um ihn nach Cannes zu begleiten. Er bestand darauf, meinte, er wolle sonst nicht dorthin reisen. Irgendwie einigten wir uns dann."

Das Büro der Filmproduktionsfirma hatte Anita und Brian bereits ein Doppelzimmer in Cannes gebucht, woraufhin Keith zwangsläufig präsent sein wollte. Er begleitete Anita, und sie flogen über Paris an die Côte d'Azur.

In Cannes verbrachten Anita und Brian zum ersten Mal nach dem Marokko-Debakel eine längere gemeinsame Zeit. Natürlich versuchte er sie davon zu überzeugen, zu ihm zurückzukehren, auch wenn einige fantasievolle Autoren anmerkten, dass sein paranoides Verhalten direkt wieder ausbrach und er Anita mit Fragen nach den Gründen der Trennung überhäufte. Wieder andere behaupteten – darunter auch Keith –, dass Brian gegenüber Anita erneut gewalttätig wurde. Angeblich sollen die Streitigkeiten so laut gewesen sein, dass sich der Hotelmanager gezwungen sah, sich Einlass in das Zimmer zu verschaffen, um zu sehen, was tatsächlich geschah. Der Streit wurde als eine Art Wiederholung der Auseinandersetzung in Marokko dargestellt, und Anita soll angeblich aus dem Apartment geflohen sein, um Zuflucht in Keiths Zimmer zu suchen. Letztendlich verbrachte sie die Nacht bei ihm.

Dagegen spricht die Aussage von Stash de Rola, der während der ganzen Zeit in Cannes anwesend war. Er beharrt darauf, dass die beiden keinen gewaltsamen Konflikt ausgetragen, sondern die gesamte Situation intensiv durchgesprochen hätten. „Absoluter Unsinn!", kommentiert er heute die eher sensationsträchtigen Berichte. „Da gab es keinen Streit, überhaupt nichts in der Art. Die Begegnung zwischen den beiden war absolut freundlich."

Die Filmcrew wusste noch nichts vom Bruch der Beziehung und erwartete mit Vorfreude die Ankunft des Paares in Cannes. Am Morgen des 5. Mai, also des Premierentags, ging Volker Schlöndorff zum Zimmer des „Paares", um sie formal zu begrüßen und bestimmte Vorkehrungen für die Festivitäten des Abends abzusprechen. Als er erfuhr, dass Anita in einem anderen Zimmer wohnte, zeigte er sich verblüfft.

„Das hat mich vollkommen überrascht", erinnert sich Schlöndorff. „Ich ging rauf, um Anita zu begrüßen, doch sie war nicht in Brians Zimmer, sondern in Keiths, wo die beiden frühstückten. Ihre alte Beziehung war aber offensichtlich noch nicht komplett abgeschlossen. Obwohl sie der Bruch mit Brian erschütterte, blieb Anita fröhlich und genoss das Erlebnis. Sie nahm alles nicht so ernst, sah es nicht als eine große Liebesbeziehung."

Der Zeitplan des Festivals in Cannes wird traditionell von Partys und endlosen Gesprächen bestimmt, doch am Premierenmorgen hatte ein französisches Fernsehteam Aufnahmen von Anita außerhalb des Hotels Majestic gemacht, wo sie am Strand mit zwei großen Settern spazieren ging. Später schlich sie sich aus dem Hotel, um einige private Momente mit Keith in einem der unzähligen Strandcafés zu verbringen, die sich an der Promenade de la Croisette aneinanderreihten.

Ein weiteres Team – diesmal aus Deutschland – hatte die beiden entdeckt und begann sie am Tisch sitzend zu filmen, da scheinbar weder Anita noch Keith etwas dagegen hatte. Allerdings war Richards die ganze Aufmerksamkeit etwas peinlich, während sich Anita vor der Kamera präsentierte, bevor beide das Café verließen. Richards schnappte sich demonstrativ ihre Handtasche und trug sie, doch das Kamerateam filmte noch eine Einstellung, bei der Anita in der Ferne verschwand. Keith zog daraufhin seines Weges, und die Filmcrew heftete sich an Anitas Fersen, die einen Friseur besuchte, um sich für den prunkvollen Abend zurechtmachen zu lassen.

Bei der „Glitzer- und Glamourparade" stand hingegen Brian an Anitas Seite. Keith hielt sich während des ganzen Abends eher zurück, doch Stash de Rola tauchte häufiger bei den zweien auf – deutlich sichtbar! Jones trug ein Bill Willis Design-Jackett und einen Schlapphut, und de Rolas „Kluft" ähnelte der eines Gentleman aus dem 17. Jahrhundert, und so zeigte sich kurzfristig ein Hauch modischer 67er-Psychedelia in Cannes.

„Sie wollten alle nach Cannes kommen", berichtet Volker Schlöndorff. „Wir standen vor der Aufführung, alle [wichtigen Personen] waren dort und wir schritten den roten Teppich entlang. Um Anita herum standen Brian und Stash. Das war schon eine Szene!"

Anita – strahlend in allen Aspekten ihres Auftretens – kam sicherlich die Ehre zu, die am besten gekleidete Schauspielerin des Filmfestivals zu sein. Ihr weißes Ballkleid wurde von einer glitzernden Tiara getoppt, und ihr Lächeln war so atemberaubend wie nur vorstellbar. Sie stellte das Idealbild eines vollendeten eleganten Filmstars dar.

Nach dem „Tanz" über den roten Teppich und in dem berühmten Kino angelangt, feierte das versammelte Publikum Anita mit Standing Ovations. Auch Brian wurde als Komponist des Soundtracks mit einer separaten Nennung gewürdigt, was die Anwesenden mit einem tosenden Applaus honorierten. Nach dieser überschwänglichen Begrüßung ging das Paar die Treppe hinunter und nahm im VIP-Bereich des Auditoriums Platz. Abgesehen davon, dass der Film keinen der begehrten Preise ergatterte, wurde der gesamte Abend als unglaublicher Erfolg gefeiert, nicht zuletzt wegen der kaum zu beschreibenden Publicity.

Gemäß der Tradition in Cannes verlagerte sich das Geschehen nach den jeweiligen Aufführungen zu den an der Riviera gelegenen Restaurants, wo die Feierlichkeiten begannen. Mit dem Regisseur, den Produzenten und der Hauptdarstellerin im Schlepptau begann die ausgelassene, wilde Party, die sich bis in die frühen Morgenstunden erstreckte. Die Paparazzi aus der ganzen Welt hatten sich in Cannes versammelt, folgten der Gruppe ins Restaurant und ließen ein Blitzlichtgewitter auf sie niedergehen.

Natürlich zogen Anita und Brian die Aufmerksamkeit der Meute auf sich. Die Fotografen fingen dabei einige glückliche Momente ein, das Trauma und die Traurigkeit der vorhergehenden Wochen konnten ihre Bilder jedoch nicht ansatzweise einfangen. Bei der After-Party, bei der es heiß herging, waren Andy Warhol sowie Anitas alte Freunde Amanda Lear und Gerard Malanga anwesend, was dem Ganzen einem Hauch von künstlerischer Boheme verlieh. Anita strahlte über das ganze Gesicht und sogar der neben ihr am Tisch sitzende Brian zeigte sich über die kurzfristige Wiedervereinigung augenscheinlich mehr als glücklich. Ohne Keiths Anwesenheit strahlte er eine unverkennbare Fröhlichkeit aus. Zwar wurde behauptet, dass sich Brian während der Tage in Cannes gegenüber Anita gewalttätig verhalten habe, doch ließen sich während der Premiere und kurz danach nicht die geringsten Hinweise auf einen Antagonismus erkennen.

Ganz in ihrem Element genoss Anita die Aufmerksamkeit auf ihre einzigartige Weise und tanzte sogar auf dem Tisch des Restaurants.

„Sie war wild“, erinnert sich Schlöndorff. „Wir nahmen das Dinner in einem dieser Restaurants ein, die vorzugsweise Fisch servierten.

Mein Gott, alle waren betrunken oder high und einige Leute fielen sogar von den Stühlen und lagen dann auf dem Boden.“

Als sich der ganze Trubel gelegt hatte, fanden die Journalisten genügend Zeit, um ihre Kritiken zu *Mord und Totschlag* verfassen, die überwiegend positiv ausfielen. Der angesehene deutsche Kommentator Karl Korn nannte ihn den „meisterhaftesten Film des Neuen Deutschen Kinos“. *Le Monde*, die bedeutendste französische Zeitung, veröffentlichte eine von der Korrespondentin Yvonne Baby geschriebene Besprechung, die behauptete, Anitas Präsenz würde sich auf die französische Darstellerin/das Model Mireille Darc beziehen. Louis Chauvet von *Le Figaro* meinte, dass „der Film das Interesse auf verschiedenen Ebenen anregt“, und fügte hinzu, dass „Frau Pallenbergs Interpretation der Rolle reizend ist“.

Das British Board of Film Classification gab den Streifen erst am 18. August frei, womit die englischsprachigen Kritiker ein weniger länger warten mussten, um die synchronisierte Fassung mit dem Titel *A Degree Of Murder* zu sehen. Die wichtigen Magazine der Filmindustrie – *Monthly Film Bulletin* und *Variety* – stellten das Werk zwar pflichtgemäß vor, unterschlugen dabei jedoch den Namen Anita Pallenberg. Vielmehr konzentrierten sich die Besprechungen auf den Anspruch im Rahmen des Neuen Deutschen Kinos.

Trotz des zum Nachdenken anregenden Themas schätzte man *Mord und Totschlag* im Heimatland am ehesten. Anita wurde bei der Verleihung des Deutsche Filmpreises für die Kategorie „Beste weibliche Hauptrolle“ nominiert, doch der Film konnte den begehrten Preis nun auch für die Kameraführung (Gold) und den allgemeinen deutschen Filmpreis (Silber) einheimsen. Ungeachtet der Beteiligung von Anita und Brian legte man die Altersfreigabe auf 18 Jahre fest, was bedeutete, dass das jüngere Zielpublikum den Film nicht anschauen durfte, wodurch sich der Erfolg minimierte. Ein ähnliches Schicksal ereilte Jones’ Soundtrack, der nicht veröffentlicht wurde. Abgesehen von einigen ausgewählten Vorführungen in Großbritannien sollte es mehr als eine Dekade dauern, bis *A Degree of Murder* in Nordamerika auf den Markt kam, da Volker Schlöndorffs Riesenerfolg *Die Blechtrommel* das Interesse an seinen bisherigen Werken wieder anfachte.

Während das Filmteam aufgrund der Anerkennung auf der sprichwörtlichen Wolke 7 schwebte, fand am folgenden Abend der erste gemeinsame öffentliche Auftritt von Keith und Anita statt. Ohne Anzeichen eine hinterhältigen Finte besuchten sie eine Aufführung von Peter Watkins' sehenswertem Werk *Privileg* mit Paul Jones und Jean Shrimpton in den Hauptrollen. Das Pärchen unternahm keinen Versuch, die Beziehung zu verbergen, und verließ den Vorführsaal händchenhaltend. Da *Privileg* nicht zu den offiziellen Teilnehmern der Ausscheidung in Cannes gehörte, lagen nur wenige Kameramänner auf der Lauer. Dennoch fand dieser Auftritt blitzschnell Einzug in die Klatschkolumnen.

Nach dem Cannes-Abenteuer fuhr man Anita und Keith die 560 Meilen in die französische Hauptstadt, während sich Brian mit Stash de Rola auch auf den Weg nach Paris machte, bevor er wenige Tage darauf wieder in die Courtfield Road zog. Falls er die Hoffnung gehegt hatte, dass die in Cannes gezeigte Herzlichkeit zwischen ihm und Anita – von der Filmaufführung bis zum Dinner-Tisch – auf ein erneutes Interesse hinwies, lag er damit falsch. Laut Stash fühlte er sich allerdings nicht wie am Boden zerstört.

„Schon bald war klar, dass keine Hoffnung mehr auf ein Arrangement mit Anita bestand“, berichtet Stash heute. „Brian schien jedoch zufrieden, war überhaupt nicht deprimiert. Er fand sich mit der Tatsache ab, dass es nie mehr klappen würde. Er gab Anita keine Schuld. Zerrissen zwischen zwei Geliebten zu sein – das war schwer für sie. Hätte Brian seine Karten geschickt ausgespielt, hätte er sie vielleicht zurückgewonnen.“

Anitas und Keiths Sause durch Frankreich erlaubte ihnen einige harte Partytage in der französischen Hauptstadt. Da sie sich ganz nach ihrem Geschmack entspannen wollten, mietete sich das Paar ein Zimmer in einem schmuddeligen Hotel im Stadtviertel Saint-Germain. Dort trafen sie unerwartet ihren Freund und Mitinhaber der Indica Gallery John Dunbar, der selbst seinen „inneren Weltraum“ in dem wohl liberalstem Pariser Arrondissement erforschte. Was die allgemeine Stimmung anbelangte, stand ihnen nach wie vor die Anhörung von Mick und Keith im Verfahren hinsichtlich der Redlands-Razzia bevor, auf welche die Medien gierig warteten. Keith schlenderte durch Paris und wollte jegliches Aufsehen vermeiden, verwechselte allerdings einen Zeitungs-Straßenverkäufer mit einem Journalisten, woraus sich eine hitzige Auseinandersetzung ergab.

Im grellen Scheinwerferlicht von Cannes konnte es nicht ausbleiben, dass das märchenhafte Ambiente, welches Anita und Brians Beziehung ausstrahlte, einer genauen Analyse unterzogen wurde. *Rave*, ein Teenie-Magazin, das über die ersten öffentlichen Schritte des Paars vor einem Jahr detailliert berichtet hatte, schrieb nun in der News-Kolumne vom 1. Juni, dass Brian und Anita nicht mehr „so eng verbunden“ seien. Wenige Wochen danach veröffentlichte das Magazin *Fabulous 208* eine Story mit der grellen Schlagzeile: „Ihre Romanze mit Brian ist kaputt und Anita geht nun mit – uns bleibt die Luft weg! – dem Kollegen Keith Richard [sic] von den Stones aus.“

Anita war am 9. Mai nach Deutschland geflogen, um *Mord und Totschlag* beim Berlin Film Festival zu bewerben. Sie konnte somit nicht an der ersten Anhörung von Mick und Keith vor dem Chichester Magistrates' Court am folgenden Tag teilnehmen, bei der sie sich hinsichtlich der Vorwürfe des Drogenbesitzes im Fall der Redlands-Razzia verantworten mussten. Sie endete damit, dass die beiden einem Prozess vor einem Geschworenengericht zustimmten. In einem offensichtlich choreografierten Versuch, in ihrem Freundeskreis für möglichst viel Unruhe zu sorgen, wurden Brian Jones und sein Gast Stash de Rola von Detective Sergeant Norman Pilcher hochgenommen, eine Art Oliver Cromwell des Pop. Das geschah in der Courtfield Road mit den aufgebauschten „Beweisen“ für Marihuana- und Kokain-Besitz. Jones und de Rola waren erst am Morgen in die Wohnung zurückgekehrt, und ihre Ankunft war offensichtlich von der Polizei erwartet worden. Da sich auch einige Habseligkeiten von Anita in der Wohnung befanden, war ihr das Eindringen der Obrigkeit wahrscheinlich mehr als unangenehm.

Unmittelbar nach diesem Zwischenfall fühlte sich Jones wie am Boden zerstört. Durch Stash de Rolas moralische Unterstützung fand er Trost, indem er ein Techtelmechtel mit der 21-jährigen Suki Potier begann. Nachdem sie den schrecklichen Autounfall mit Tara Browne im Dezember 1966 überlebt hatte, konnte Potier ihre halbwegs erfolgreiche Model-Karriere aufrechterhalten. Sie gehörte zudem zu den Persönlichkeiten des Swinging London. Was allerdings einige zum Erstaunen brachte, war ihre äußerliche Ähnlichkeit mit Anita – die Haare, der Gang und das Profil glichen beinahe einem Spiegelbild. Charakterlich gesehen unterschied sie sich sehr, und die enge Beziehung zu Brian lag vermutlich in der Tatsache begründet, dass sie beide einen geliebten Menschen verloren hatten.

Ende Juni 1967 begann der Redlands-Prozess, der die Aufmerksamkeit der Medien mehrere Wochen in Beschlag nahm. Die im Rahmen der Redlands-Razzia als Femme fatale dargestellte Marianne Faithfull wurde unweigerlich mit der öffentlichen Schmierenkampagne gegen Mick und Keith in Verbindung gebracht. Sie verbrachte die gesamte Zeit der Anhörungen in Chichester. Im Gegensatz dazu glänzte Anita bei Keiths Prozess und der darauffolgenden Inhaftierung durch Abwesenheit, da sie dringlichen Verpflichtungen nachgehen musste – es waren nicht nur ihr zweiter großer Film *Barbarella*, sondern eine Fülle von Angeboten, die nach den ersten Vorstellungen von *Mord und Totschlag* folgten.

Nach dem Erfolg der Premiere von Cannes machte der Streifen bei den europäischen Filmfestivals seine Runde und stieß auf eine beachtliche Resonanz. Nach einer Vorführung in Berlin zeigte sich Sandford „Sandy" Lieberson – damals Agent der mächtigen CMA-Gruppe – von ihrer Darstellungsgabe und Leinwandpräsenz beeindruckt.

„Sandy war gerade vom Berlin Film Festival zurückgekommen", erinnert sich Maggie Abbott, Liebersons Kollegin und Anitas zukünftige Agentin bei CMA. „Er berichtete mir, er habe dieses wunderbare Mädchen in einem Film von Volker Schlöndorff gesehen."

„Ich erinnere mich daran, wie sie durch ein Zimmer ging", berichtet er heute. „Die Kamera verfolgte sie sprichwörtlich. Sie wirkte anziehend wie ein Magnet. Schließlich besuchte sie uns im Büro und war ganz sie selbst, nämlich charismatisch. Ich begleitete sie zu Vorstellungsgesprächen. Irgendjemand im Büro fragte: ‚Warum gehst du denn mit – zu all den Gesprächen mit Anita? Versuchst du sie vor den ganzen Produzenten zu beschützen?' Ich erinnere mich daran, gesagt zu haben: ‚Nein, ich muss die Produzenten vor Anita beschützen!' Wir gingen also zu diesen Meetings, und sie setzte sich in eine Sofaecke, legte die Beine hoch und schaute sie mit diesem lüsternen Katzenlächeln an, das sie draufhatte. Man sah, dass sie [die Produzenten] sich mühten, ihre Energie aufzunehmen, diese wunderbar provokante Aura, die sie umgab. Das war witzig. Ich hatte das Gefühl, dass ich sie nicht allein ziehen lassen durfte, da ich dachte: ‚Diese armen Männer in den Todesstrahlen von Anitas Magnetismus.' Sie hatte einfach den Look."

Auch bei Sandy Lieberson selbst hinterließ Anita einen starken Eindruck.

„Ich kannte Anita", erzählt er heute. „Zuerst als Brians Freundin und dann als Keiths. Doch am meisten beeindruckte mich die Kraft ihres Intellekts und ihrer Persönlichkeit. In einem Raum war sie immer die dominierende Persönlichkeit – energiereich, interessant und unwiderstehlich."

Trotz all der Ereignisse in London musste Pallenberg nach Rom reisen, um sich auf den Dreh von *Barbarella* vorzubereiten. Anders als die eher bescheidene Produktion von *Mord und Totschlag*, beinhaltete die Produktion von *Barbarella* das ganze Drum und Dran und das Equipment eines Hollywood-Drehs, das komplett in die italienische Hauptstadt geschafft worden war.

Die Filmarbeiten fanden in Roms Cinecittà-Studios statt, doch Anita blieb genügend Zeit, sich in die Szene der Filmemacher zu begeben und ihre römischen Kontakte aufzufrischen. Die Hauptdarstellerin Jane Fonda und der Regisseur wurden bei der Produktion beinahe wie königlichen Hoheiten behandelt, doch es gab dort auch andere Persönlichkeiten wie den Modedesigner Paco Rabanne, die mit Anita auf einer Welle lagen. Als Befürworter der aufkommenden

Frauenbewegung kreierte Rabanne als Kostümdesigner des Streifens die außergewöhnlichen Kleidungsstücke für Anita und Jane, die entsprechend Southerns ursprünglichem Drehbuch unverhohlen die sexuellen Instinkte ansprachen. Während es bei Fonda ersichtlich wurde, dass ihre sexuelle Energie durch das einzwängende Kostüm eher zurückgehalten wurde und sie sich teils unwohl fühlte, passte der von Rabanne entworfene „Catsuit" zu Anita, da er ihren Hang zu solchen Accessoires unterstrich.

Viele Textzeilen hatte sie zwar nicht zu sprechen, doch Anitas raue Stimme und ihr multieuropäischer Dialekt wurden für die Rolle der Schwarzen Königin als unpassend empfunden, woraufhin sich Vadim entschied, dass Pallenberg Unterricht nehmen musste. Für die Schulung der sprachlichen Fähigkeiten erwählte er den griechischen Schauspieler Andreas Voutsinas, doch dessen Bemühungen stellten sich als sinnlos heraus.

Von der Sprache mal abgesehen, zog Anitas physische Leinwandpräsenz die Aufmerksamkeit auf sich. Da sie die schwarze Königin darstellte, mussten ihre blonden Haare unter einer schwarzen Perücke versteckt werden. Zwar mag das lange Nashorn, das man ihr gelegentlich an der Stirn befestigte, lächerlich gewirkt haben, doch die Verführungsszene zwischen ihr und Fonda war so eindeutig wie nur möglich. Außer einigen noch existierenden Fotos ist bislang kein Material von der kontroversen Sequenz aufgetaucht.

Die Beziehung zwischen Anitas und Fondas Leinwandcharakteren wird nichtsdestotrotz positiv durch die angedeutete lesbische Sexualität aufgeheizt, was in einer Zeit gewagt war, in der das Thema allgemein tabuisiert wurde.

„Anitas ‚Great Tyrant' [zweiter Name der Rolle] half nicht gerade, dem negativen Bild von Lesben entgegenzuwirken", resümiert Stephen Bourne, Autor von *Brief Encounters: Lesbians And Gays In British Cinema 1930–1971*. Doch im Gegensatz zu Beryl Reids stereotyper, manischer ‚Sister George' [sic] in *Das Doppelleben der Schwester George* – ein Film, der ungefähr zur gleichen Zeit wie *Barbarella* in die Kinos kam – war die laszive und abwegige Anita atemberaubend schön und machte viel Spaß. Anita Pallenberg hinterlässt in dem Film einen so überzeugenden Eindruck, dass sie trotz ihrer dargestellten Boshaftigkeit überlebte. Am Ende erwartet man, dass sie für ihre Sünden mit dem Tod ‚bestraft' wird."

Trotz des fantasievollen Themas des Films bedeutete die Realität der Dreharbeiten, dass man stundenlang nichts zu tun hatte, sondern nur auf die nächste Szene warten musste.

„Wir nahmen einen Take pro Tag um ungefähr 18.30 Uhr auf", erzählte Anita dem Autor Alain Elkann 2017. „Den ganzen Tag warten. Wahrscheinlich habe ich darum Drogen genommen, denn das Warten war so unendlich langweilig. Vadim war aber lustig. Er dachte, er sei ein kleiner Junge, und verhielt sich auch wie ein kleiner Junge."

Abgesehen von der brodelnden sexuellen Chemie auf der Leinwand entwickelte sich zwischen Pallenberg und Fonda eine herzliche Freundschaft zwischen den Takes. Anita kannte Roger Vadim schon von den frühen Tagen in Rom, doch mit Fonda kam sie hier erstmalig in Kontakt.

Die neu gefundene Freundschaft zwischen den beiden wurde durch Keiths Ankunft auf dem Set zusätzlich belebt. Durch das Gerichtsverfahren saß er im Grunde genommen fest und konnte sich kaum frei bewegen, woraufhin er kontinuierlich mit Anita in Rom telefonierte. Da die Stones zu der Zeit wenig arbeiteten, wurde die Langeweile durch Anitas Abwesenheit verstärkt, und so entschied sich Keith zu einem spontanen Besuch in Rom.

Verständlicherweise reagierten alle Beteiligten mit Nervosität auf Keiths bevorstehende Reise aus dem UK. Seine Kaution war auf 7000 Pfund festgesetzt und an eine Reihe von Bedingungen geknüpft worden. Richards Anwälte mussten also beim High Court die Genehmigung für einen Auslandsaufenthalt einholen. Allerdings war ein triftiger Grund vonnöten, um ihm eine Ausreise zu gewähren, und so kam Anita auf die Idee, dass er unbedingt in Rom sein musste, um einen angeblichen Soundtrack aufzunehmen, während die Rohkopien des Films täglich eintrudelten. Offensichtlich funktionierte die List und Keith flog unverzüglich nach Rom – allerdings nach Hinterlegung einer erhöhten Kaution – während sein Fahrer Tom Keylock ihm mit der Blue Lena folgte. Dort angekommen, traf er sich mit Anita in einer luxuriösen Suite im Hotel de la Ville.

Keiths gelegentliche Anwesenheit am Set erweiterte die Riege der sich dort aufhaltenden Stars, darunter David Hemmings, der gerade seinen Durchbruch mit dem Film *Blow up* erlebte, und der Archetypus des Mimen, Marcel Marceau. Jane Fonda – damals sehr verletzlich, hinsichtlich ihres Körpers verunsichert und daraus folgend an Bulimie leidend – hatte sich mit Anita eng zusammengeschlossen, die zwischen den Takes ihre bevorzugte Gesellschaft war. Fonda war Berichten zufolge von Keiths superlässiger Präsenz geradezu verzaubert. Keith und Anitas gelegentliche Stippvisiten in der außerhalb von Rom gelegenen Villa von Fonda und Vadim an der Via Appia verstärkten das Interesse noch.

„Ich verbrachte mit Jane Fonda viel Zeit beim Warten am Set", berichtet Anita 2017. „Sie hatte ein tragisches Leben, war aber unglaublich professionell. Keith besuchte mich und Jane verliebte sich in ihn."

Fondas Interesse an Keith überdauerte den Dreh von *Barbarella.* Anita erinnerte sich daran, dass Fonda sie und Keith in London besuchte und von Richards sträflichst ignoriert wurde, der sagte, sie ähnele seiner Tante.

Nach den unendlich langen Wartezeiten am Set wurde die Entspannung am Ende eines Drehtags sehr wichtig. Da ihnen die Blue Lena zur Verfügung stand, kutschierte das Paar nebst Anhang nachts oft durch Rom, wobei am Bentley immer noch die Flagge des Vatikans angebracht war. In dem Schlitten befanden sich ein Mikrofon versteckt im Armaturenbrett und Lautsprecher hinter dem Kühlergrill (eine Idee von John Lennon). Anita hatte großen Spaß daran, anderen Fahrern Anweisungen über die PA zu erteilen. So befahl sie den anderen Verkehrteilnehmern, an die Seite zu fahren – sie las dabei die Nummernschilder vor –, damit die Blue Lena ihres Weges tuckern konnte.

Während der Zeit der Dreharbeiten traf sich Pallenberg mit Freunden aus der Vergangenheit wie ihrer alten Flamme Mario Schifano, dem Dichter Gerard Malanga und den Filmemachern Tony Foutz und Pier Paolo Pasolini. Auch einige Darsteller des bunt zusammengewürfelten Living Theatre aus New York gesellten sich zu ihnen. Seit ihrem sich selbst auferlegten Exil tauchte die bunte Truppe überall in Europa auf, und die Begegnung wurde von beiden Seiten als überaus freudig beschrieben.

„Ich war 18, als ich sie zum ersten Mal traf", berichtet Leonardo Treviglio, einer der Darsteller des Living Theatre. „Mick und Keith waren bei ihr, und da sie für mich Helden waren, zitterte ich [vor Aufregung], als ich sie sah. Ich sprach überhaupt kein Englisch und so war Anita die Einzige aus der Gruppe, zu der ich eine Beziehung aufbauen konnte – ein römisches Mädchen! Ich war mit ihr befreundet und hatte bereits einige Gedichte in einem Magazin veröffentlicht, das ich ihr gab und das sie sehr mochte. Später benutzte sie [die Zeilen] in *Performance* (natürlich wurde ich niemals dafür bezahlt). Als Anita in den Raum kam, richteten sich alle Augen auf sie. Für andere Mädchen gab es da keinen Platz mehr. Sie hatte etwas Besonderes, war sehr schön und hatte eine Art des Lächelns – nicht mit ihrem Mund, sondern den Augen. Sie drückte sich mit den Augen aus! Anita konnte ihre Beine gekonnt einsetzen, und sie wirkte durch die starke, energiereiche Persönlichkeit."

Bei *Barbarella* gehörten Feierabend-Partys zur Regel, und Anita durchstreifte Rom bis in die frühen Morgenstunden.

Viele, darunter auch Marianne Faithfull (eine Besucherin am Set) bemerkten, dass Anita die Rolle der Schwarzen Königin vollkommen absorbiert hatte. Faithfull erklärte später, Pallenberg habe „sich in dem Part verloren". Da sie den ganzen Tag das Kostüm tragen musste, verließ sie das Cinecittà-Studio oft in voller Montur.

Anitas strahlende Präsenz zog die Aufmerksamkeit zahlreicher Personen auf sich, und nicht zuletzt auch die der Polizei. Nach einem wilden Abend mit Mitgliedern des Living Theatre machten die Feierwütigen Bekanntschaft mit einer römischen Polizeistreife.

Als hätte nicht allein die Präsenz der schrillen Typen des Living Theatre gereicht, um bei den Behördenvertretern Schlimmstes vermuten zu lassen, behauptete Anita dreist, sie sei die Schwarze Königin und stände demzufolge über dem Gesetz. Das gefiel den Polizisten ganz und gar nicht, woraufhin sie Pallenberg unter dem Verdacht des Drogenbesitzes in eine Zelle verfrachteten. Obwohl sie ihren gesamten Haschisch-Vorrat geschluckt hatte, wütete Anita feurig und wetterte lauthals. Da sie sich als wahre Furie entpuppte und durch die maskuline Präsenz und das Verhalten auffiel, hielt die Polizei sie für einen Transvestiten und steckte sie in eine Zelle voller männlicher Straftäter.

Damals hielt sich auch Stash de Rola in Rom auf. Dank des Status seines Künstlervaters – Balthus war Direktor der französischen Akademie in Rom – stand ihm ein Apartment in der Villa Medici zur Verfügung, einer der geschichtsträchtigsten Residenzen Roms. Andere wollten natürlich auch zur exklusiven Boheme gehören. Mick Jagger und Marianne Faithfull – ihre seit dem Redlands-Vorfall angeknacksten Psychen brauchten dringend Trost und Linderung – kämpften sich nach Rom durch und wurden von Stash eingeladen, ihre freie Zeit in der Villa zu verbringen. Die Atmosphäre war entspannt, wobei LSD gelegentlich die freizügige Stimmung begleitete. Mit Paul und Talitha Getty kam noch stärkerer Stoff in die Stadt. Ihre Ankunft in der Villa Medici schien der Auftakt zu einer „Grand Tour" des Hedonismus zu sein. Wie vorherzusehen, fiel die Fülle an Narkotika auch irgendwann am Set von *Barbarella* auf. Zufälligerweise wurde von Jane Fonda und Roger Vadim einen Party für die Darsteller, die Crew und Bekannte an dem Tag gegeben, an dem man Keith im Rahmen einer VIP-Tour die Cinecittà-Studios zeigte. Die Einladung beinhaltete ein „bring einfach eine Flasche mit", doch der Filmemacher Tony Foutz und andere kredenzten einen exotischen Haschisch-Kuchen, der nach einem Rezept des Leiters der ägyptischen Botschaft gebacken worden war.

Der „Kicherkuchen" belebte in dem Sommer so manche Party, und man schenkte der Crew und den Anwesenden ein ganzes Blech der

„Delikatesse". Vom Darsteller John Phillip-Law (er spielte den geflügelten Engel Pygar) hörte man später, dass er für den Rest der Aufnahmen kein Kostüm mehr benötige, da er „tagelang ohne die Flügel fliegen" könne. Die Postproduktion erforderte einen enormen Aufwand, sodass das Veröffentlichungsdatum auf mehr als ein Jahr nach den Aufnahmen festgelegt wurde. Trotz Anitas leidenschaftlichem Einsatz musste sie die Demütigung ertragen, dass die britische Schauspielerin Joan Greenwood ihre Stimme synchronisierte. Doch Änderungen waren ein Schicksal, mit dem sich einige der wichtigen Darsteller abfinden mussten. Auch Terry Southerns Drehbuch wurde mehr als ein Dutzend Mal überarbeitet, von ebenso vielen Autoren. Allerdings stand mit der Film-Adaption von *Candy*, einem Roman, den er als Ko-Autor geschrieben hatte, Ende 1967 ein weiteres Projekt in den Startlöchern.

Die Verfilmung von Southerns und Mason Hoffenbergs Kultroman *Candy* aus dem Jahr 1958, in dem es um LSD und Sex ging, war eine Farce, wie sie nur in den Sechzigern entstehen konnte. Trotz des enormen Budgets von 3 Millionen Dollar war die Übertragung in das Format eines Films von zahlreichen Hindernissen begleitet. Alles Wesentliche des Romans lag im Text an sich, womit das Potenzial der Verfilmung allein von den damals gefeierten Darstellern abhing. Neben Ringo Starr, der seine erste längere Rolle außerhalb eines Beatles-Streifens spielte, konnte der Film mit Größen wie Charles Aznavour aufwarten, Richard Burton, James Coburn und John Huston. Das „Schwergewicht" des Streifens war Marlon Brando, der die Produktion wie üblich durch seine Präsenz überragte.

Southerns Beteiligung bei der Produktion von *Candy* sicherte Pallenberg eine Nebenrolle, ein Vorschlag, dem der Regisseur Christian Marquand bereitwillig zustimmte. Anitas Rolle als Schwester Bullock fiel zwar eher bescheiden aus, doch kam sie dadurch in Kontakt zu Marlon Brando. Die ungebändigte und unersättliche Libido des Schauspielers genoss in der Industrie einen legendären Ruf, und offensichtlich nahm er auch Anita ins Visier.

„Brando war auf dem Set, aber ich arbeitete nicht mit ihm", erinnerte sich Anita gegenüber dem Autor Victor Bockris. „Ich arbeitete mit James Coburn. Doch Brando lockte mich in sein Landhaus. Und dort begann er diese Brando'sche Verführung, die mich völlig einschüchterte. Ich erinnere mich, wie er im Bett lag und seine Gedichte vorlas. Ich hab mich irgendwohin verdrückt, und da lief irgendeine Musik. Ich legte ‚(I Can't Get No) Satisfaction' auf und es knallte voll aus den Lautsprechern. Dann kam er rein und meckerte: ‚Das ist doch ein Haufen Scheiß. Es sind nur die Drums, auf die es ankommt.' Er laberte all dieses Brando'sche Zeug. Ich landete nicht bei ihm im Bett, sondern haute ab. Er schlief ein, und ich schlich mich raus. Am nächsten Morgen [am Set] gaffte er mich an. Irgendwie machte das schnell die Runde, und Keith erfuhr davon. Er kam am Nachmittag. Während Keith da war, führte sich Brando gemein und boshaft auf. Er saß da, legte einen Arm um mich und grinste Keith an, spielte all diese kleinen Spielchen, woraufhin ich dachte: ‚Tja, er steht wohl auf Keith.' Indem ich mir sagte, Brando sei schwul und würde eher auf Keith stehen, zog ich einen Schlussstrich unter die Angelegenheit."

Die ersten, eher durchwachsenen Besprechungen konnte die kultige Popularität von *Candy* nicht verhindern. 1968, in einem Jahr, in dem sich die meisten noch von drogengeschwängerten Nachwirkungen des Summer of Love erholen mussten, gelang es dem Streifen, die Position 18 der umsatzstärksten Filme einzunehmen.

Bei all dem Sternenstaub, der auf die Stadt hinabrieselte, schossen nur wenige Paparazzi Fotos von Anita während ihres Rom-Aufenthalts. Erst nach Ende der Dreharbeiten von *Barbarella* gelang es den Medien, Anita und Keith aufzustöbern. Während sich das Paar im Hotel Excelsior in Venedig entspannte, kurz vor Beginn des berühmten Filmfestivals, entstanden einige Fotos. Bei der Reise entstand eine wunderschöne Aufnahme, denn das glückliche Paar harmonierte miteinander und ließ es sich in der Sonne Venedigs gut gehen.

Betrachtet man Keiths Erscheinungsbild circa Mitte 1967, wird klar, dass Anita einen Einfluss auf seinen Kleidungsstil hatte, ähnlich wie bei Brian einige Monate zuvor. Richards trug nun Halstücher, Armreife, Ringe und Ketten. Darüber hinaus unterstrich er seine

Augen mit einem Hauch Mascara, und sogar diskreter Lippenstift und Nagellack stellten keine Tabus mehr dar.

Während die Szenerie in Venedig noch malerisch anmutete, wurde diese Beschaulichkeit schon bald zerstört. Richards musste nach London zurückkehren, um wegen des Berufungsverfahrens zum Redlands-Fall am Montag, dem 31. Juli, im Appeal Court zu erscheinen.

Die Götter müssen mit Keith und Mick wohl ein Einsehen gehabt haben (aber wahrscheinlicher war es der angeknackste Ruf der britischen Rechtsprechung, der sich positiv auf die Urteilsfindung auswirkte). Bei Jagger wurden die Anklagepunkte auf wenige zusammengestrichen, woraufhin ihn und Marianne Faithfull ein wahres Blitzlichtgewitter außerhalb des Justizgebäudes erwartete. Keith wurde freigesprochen und machte sich unmittelbar nach der Anhörung per Flieger auf nach Rom, um Anita wiederzutreffen.

Ungeachtet der freudigen Hysterie, die dieser Erfolg auslöste, stellte die Inhaftierung von Robert Fraser einen Sieg der „Law and Order"-Fraktion dar. Sein Besitz von 20 Heroin-Tabletten brachte ihm erwartungsgemäß eine Gefängnisstrafe ein, doch Frasers sechsmonatige Haft einigte die Gegenkultur. Gemeinsam mit scheinbar allen wichtigen Hipstern Londons hielt Anita die Kommunikation zu Fraser aufrecht, während er im Knast schmorte. Sie schickte ihm einen Joint mit der herzlichen Botschaft: „Robert! Come Home!!!!! A."

Es lässt sich darüber streiten, ob der Konflikt mit dem Establishment einen eindeutigen Effekt auf den Drogenkonsum hatte, aber jedenfalls verschwand LSD langsam aus dem Fokus. Die Beatles hatten die locker-flockige Atmosphäre des Summer of Love mit ihrem hymnenhaften „All You Need Is Love" eingefangen, doch Anita verpasste die Aufnahmesession zu dem Song, der so viele Freunde aus ihrem Kreis beiwohnten. Darüber hinaus schien sie es nicht eilig zu haben, an weiteren Liebes-Happenings teilzunehmen, während der Sommer in den Herbst überging.

Die Fab Four waren damals die Trendsetter in allem, was die Mode und die allgemeine Atmosphäre anbelangte, und nun stand bei ihnen die Bewusstseinserweiterung auf der Tagesordnung. Dabei favorisierten sie besonders die Transzendentale Meditation, wie sie von Maharishi Mahesch Yogi gelehrt wurde, der eine neue Dimension auf der Suche nach Selbstfindung offerierte, die viele anzog, die auf der Suche nach Erleuchtung schlechte Erfahrungen mit Drogen gemacht hatten.

Im späten August suchten alle vier Beatles sowie Mick und Marianne den „kichernden Guru“ in Bangor, Wales, zu einem bewusstseinserweiternden Wochenende auf. Später sollte auch Brian Jones auf den Zug aufspringen und sich nach Amsterdam aufmachen, um dort den Guru zu treffen. Die Meditation und das Fasten wurden zu einem Hype, doch Anitas lebhafte und lebendige Sinneswelten wollten sich ganz und gar nicht auf die Findung der inneren Ruhe durch Mantren einlassen.

„Dieses ganze psychedelische Zeug …“, berichtet sie 1992. „Ehrlich gesagt, fand ich das abstoßend … Ich glaube nicht, dass Keith sich auf den Maharishi einließ. Ich hatte nicht mit ihm gerechnet – und dann war er plötzlich da, doch ich ignorierte diese ganze Sache.“

Nach Beendigung der Postproduktion von *Barbarella* war Anita Anfang September wieder in London. In einem Jahr, das ohnehin von Filmaufnahmen bestimmt wurde, stand sie unerwarteterweise wieder vor einer Kameralinse. Da sie zu den „Würdenträgern“ des Swinging Circus zählte, der durch ganz London zog, war es quasi unvermeidbar, dass sie bei *Wonderwall* mitmachte, einer auf Zelluloid gebannten bizarren Reflexion von LSD. Mit tatkräftiger Unterstützung durch George Harrison kreierte der Regisseur Joe Massot ein 90-minütiges visuelles Kaleidoskop, das – berücksichtigt man den damaligen Geschmack – auf eine bestimmte Art auch als Mainstream-Film durchging. Mit der unbestimmten Aneinanderreihung von Sequenzen stellte sich *Wonderwall* als müder, letzter Aufschrei des Swinging London heraus und präsentierte ein oftmals verwirrendes und undurchdringliches Medium für eine Bewegung, die schon länger in Auflösung begriffen war. Anita tauchte in dem Streifen bei einer Partyszene inmitten anderer bildschöner Menschen auf, was ihrerseits sicherlich eine Gefälligkeit und keinen regulären Job bedeutete. Es ist ein flüchtiger Augenblick, doch die Ironie, dass sich Suki Potier, die aktuelle Freundin von Brian Jones, auch unter den vielen Gästen befindet, bleibt nicht verborgen. Jane Birkin zog im Film das Scheinwerferlicht eindeutig auf sich, wohingegen Anita aufgrund des Kurzauftrittes noch nicht einmal im Abspann Erwähnung fand.

Nur drei Tage vor dem Weihnachtsfest 1967 reisten Anita und Keith nach Marokko. Mit von der Partie war Robert Fraser, der nach seiner sechsmonatigen Gefängnisstrafe dringend eine Auszeit benötigte. Aber auch Michael Cooper, Mick Jagger und Marianne Faithfull wollten nach Tanger; ganz offensichtlich waren sie bestrebt, einen Schlussstrich unter die vergangenen zwölf Monate zu ziehen. Laut Anita gesellte sich sogar Brian Jones kurzfristig zu ihnen. Er reiste von seinem Aufenthaltsort Casablanca aus an, was darauf hindeutet, dass ein längerer Frieden in der einst zerrissenen Gesellschaft eingekehrt war.

Wie vorauszusehen, wurde die Zeit unter Marokkos Dezemberhimmel mit bewusstseinserweiternden Drogen intensiviert. Natürlich erwies sich Robert Fraser als „Ober-Psychedeliker" in Sachen Narkotika und schottete sich beinahe den gesamten Trip über chemisch ab. Sein wiederbelebtes Gefühl der Freiheit zog einige ungewöhnliche Annäherungsversuche in Richtung Anita nach sich. Obwohl er ein waschechter Schwuler war, jagte ihr sein Verhalten an einem Punkt gehörig Angst ein.

„In Tanger gab es einen Zwischenfall", berichtete sie in einem Interview mit Harriet Vyner. „Ich trug gerade nur eine [Federboa], und Robert kam rein und begann mich zu umarmen, was ich sehr merkwürdig fand. Es ähnelte einer gewaltsamen Attacke. Es war das einzige Mal, dass ich seine Sexualität erlebte. Robert hielt sich hinsichtlich seines Sexlebens zurück. Wir waren alle auf Acid, und ich weiß nicht mehr, was wirklich geschah. Ich erinnere mich aber noch an die Federn."

Während des Tanger-Aufenthalts stockte Anita ihre bereits überquellende Garderobe auf. Sie ergänzte die Sammlung von nordafrikanischer Seide und diversen Textilien mit neuen Mustern und

Geschmeiden. Was ihre Modeaccessoires anbelangte, grenzte die Sammlung von Schals ans Manische. Es existieren nur wenige Fotos, auf denen ihr Hals unbedeckt zu sehen ist.

Nach einem Jahr, in dem die emotionale Welt aller Beteiligten bis zum Äußersten gereizt wurde, fand der Jahreswechsel ohne den geringsten Anflug von Sentimentalität statt. Der Summer of Love hinterließ einige Opfer, nämlich leicht beeinflussbare Menschen, die durch übermäßigen Drogenkonsum geradezu erstarrt waren, doch das folgende Jahr sollte eine noch schonungslosere Realität offenbaren. Pallenberg hatte sich nie dem zurückhaltenden „Love and Peace"-Manifest verschrieben, womit die neue Atmosphäre ihr eher entsprach.

Trotz Anitas häufigen Ortswechseln musste ihr berufliches Leben weitergehen. Ihre Modelkarriere stand hinter der Schauspielerei an zweiter Stelle, doch sie eröffnete das Arbeitsjahr 1968 mit einem Event am 25. Januar für Ossie Clarks und Alice Pollocks Quorum-Linie, wobei viele wichtige Personen des Modegeschäfts anwesend waren. In dem eher kleinen Revolution Club in London trat sie mit einem weißen Satin-Jackett und einer schwarzen Hose auf, womit sie gegenüber den naiv glotzenden jungen Models für mehr als einen Hauch von Eleganz sorgte.

Da die Stones beruflich nur unregelmäßig in London zu tun hatten und auch die Nachtclub-Szene der Stadt kaum mehr besucht wurde, entstand eine Bewegung hin zu ländlicheren Regionen – vor allem, weil sich so viele wichtige Persönlichkeiten aus der Stadt zurückzogen.

Zu Beginn des Jahres 1968 richteten sich Anita und Keith auf dem Redlands-Anwesen häuslich ein. Zwar war der Polizei klar, dass die Razzia im Februar 1967 weder Richards noch seinen Freunden ihre Lust auf Drogen nehmen konnte, doch die Obrigkeit hatte es überhaupt nicht eilig, so eine Aktion zu wiederholen, die letztendlich die Aufmerksamkeit auf sie selbst gelenkt hatte. Dennoch ging Richards keine Risiken ein und ließ eine Mauer von geradezu biblischem Ausmaß um Redlands herum errichten. Auch baute er den Wassergraben aus, sodass er um das ganze Haus herum verlief.

Anita übernahm die Inneneinrichtung und schmückte die schweren Holzbalken und den Steinboden in ihrem unverkennbaren Stil. Sie hatte die Wohnung in der Courtfield Road als „Grand Central der Rockmusik“ bezeichnet, doch Redlands wurde nun zum metaphorischen Landsitz der Rock'n'Roll-Monarchie. Die verwunschen anmutende und verträumte nähere Umgebung schien für sie wie gemacht zu sein, denn die Wälder und die Weizenfelder strahlten Erhabenheit und Weite aus.

Weniger als eine Meile von Redlands entfernt lag West Witterings außergewöhnliche Küstenlinie. Die Sanddünen und die Vielfalt maritimer Flora und Fauna bildeten zusammen eine überwältigende Landschaft, die so nah wie möglich an einen halluzinogenen Trip heranreichte. Keith und seine glückselige Truppe hatten einige Stunden vor der berüchtigten Redlands-Razzia am Strand Acid geworfen, und nun wurde der weitläufige Abschnitt zu einem Rückzugsort für das Paar – besonders für Anita, die man häufig am Strand vorfand, wo sie Keiths zahlreiche Hunde ausführte.

Richards hatte einen Proberaum auf dem Gelände gebaut, und statt sich auf die mühselige Fahrt nach London zu machen, musste er nun einfach über den Rasen schlendern. Nach den eher unerfreulichen Reaktionen auf das letzte Album *Their Satanic Majesties Request* ließ die Gruppe die Scheibe schnell in der Versenkung verschwinden und begann mit der Arbeit an eher ursprünglicheren und direkteren Kompositionen.

Während dieser Phase stellte sich eine entspanntere Situation zwischen Keith und Brian ein. Durch den überbordenden Drogenkonsum 1967 an den Rand der Band gedrängt, gliederte sich Jones nun wieder in das Gruppengefüge ein. Brian stand synchron zur neuen Atmosphäre, die die Welt der Stones durchdrang, während sich Keith und Anita auf die Routine des Lebens einstellten. Um weitere Brücken zu Brian hin zu bauen, lud Keith ihn nach Redlands ein, wenn Anita längere Zeit mit Filmaufnahmen beschäftigt war.

Anfang 1968 boten sich Anita weitere Chancen für Gehversuche in der Welt des Films. Der gefeierte Filmregisseur Peter Gidal lud sie neben Koryphäen wie Marsha Hunt, David Hockney und Marianne Faithfull zu einer Teilnahme am Kurzfilm *Heads* ein, eine avantgardistische Arbeit, inspiriert durch das Werk Andy Warhols aus den frühen Sixties. Zwar war das nur eine kurze Stippvisite ins Geschäft, der aber eine längere Arbeit folgte.

Eine Nebenrolle, in der Anita lediglich anwesend zu sein brauchte, flatterte mit den Aufnahmen zu Jean-Luc Godards *Eins Plus Eins* ins Haus (später unter dem Titel *Sympathy For The Devil* bekannt). Die Aufnahmen der Stones fanden vom 4. bis zum 10. Juni 1968 in London statt und erforderten von ihnen nicht mehr, als sich selbst im Studio zu spielen. In dem Film ist auch eine Performance der Jagger/Richards-Komposition „Sympathy For The Devil" zu sehen, die einiges der sich ankündigenden Zerrissenheit der damaligen Zeit widerspiegelt, wobei die prickelnde revolutionäre Stimmung durch den okkulten Einfluss an Brisanz gewinnt. Der Film fing auch Anitas Präsenz in der Band ein – in einer Einheit also, die bei Aufnahme-Sessions bislang eine chauvinistische Grundhaltung eingenommen hatte.

An der populären Chor-Sequenz des Refrains war Pallenberg beteiligt. Zu der Backing-Group gehörten auch Marianne Faithfull (mit einem an ihrer Schulter lehnenden Brian Jones) und der Fotograf Michael Cooper. Jagger, ganz in seinem Element, steht manchmal hinter einer Studiotrennwand, auf der anderen Seite Keith und Anita – Letztere in einem weiten Umhang –, die bei der Action mitswingen. Die Bänder konnten vor den Flammen eines Feuers in der letzten Aufnahme-Nacht, das beinahe das Studio komplett verwüstet hätte, noch in Sicherheit gebracht werden und bewahren seitdem Anitas Beitrag zum Studiowerk der Stones.

Anitas Anwesenheit wirkte sich auch praktisch aus, denn sie machte oft musikalische Vorschläge – ein seltenes, wenn nicht sogar außergewöhnliches Verhalten in dem wohl am meisten von Männern dominierten Kunstbereich. Jagger, der seine Meinung über Anita fast immer für sich behielt, zeigte sich dennoch von der Klarheit ihrer Gedanken beeindruckt – eine Tatsache, die der Fotograf Tony Sanchez bezeugen kann.

„Ich erlebte mal, wie Anita sich ein Tape mit dem ‚Stray Cat Blues' anhörte", berichtet Sanchez, „und Jagger wartete stolz darauf, dass sie ihm sagte – wie es all die anderen Arschkriecher machten –, wie brillant er doch sei. ‚Mist', meckerte sie am Ende der Nummer. ‚Der Gesang ist viel zu laut und der Bass ist nicht laut genug.' Mick, mit der jedem Künstler untergründig eigenen Unsicherheit, war es nicht gewohnt, dass sich jemand traute, seine Arbeit zu kritisieren. Er fuhr direkt wieder ins Studio und ließ die Nummer neu abmischen."

Andere schätzten Anitas Rolle bei den Stones als weitaus wichtiger ein, nicht nur auf die einer sporadischen Kommentatorin ihrer Aufnahmen beschränkt.

„Sie, Mick, Keith und Brian waren die Rolling Stones", erinnert sich Jo Bergman, Presseagent der Gruppe zwischen 1967 und 1973. „Ihr Einfluss war tief greifend. Sie sorgte für das verrückte Element."

Später bestätigte Anita, dass sie ein integraler Teil der Band war. „Ich fühle mich wie der sechste Rolling Stone", sagte sie. „Mick, Keith und Brian brauchen mich, damit ich sie anleite, kritisiere und auf Ideen bringen."

Ihr beträchtlicher Einfluss lässt sich anhand des prägendsten Covers der Band zeigen; *Beggars Banquet* revolutionierte das Verhalten der Plattenkäufer. Das zuerst erdachte Konzept des Covers – die Band bei einem Bankett in mittelalterlicher Kleidung – stand ursprünglich im Gegensatz zur rauen und erdigen Musik des Albums. Als sich der finale Mix in Los Angeles seinem Ende zuneigte, verführte Anita die Band zu einem weitaus provokanteren Foto für die Außenhülle. Barry Feinstein wurde beauftragt, das Foto eines verdreckten Klos zu schießen. Das allein – bedenkt man das visuelle Empfinden 1968 – war schon überaus herausfordernd, doch die zu sehenden Graffiti erschienen in gleicher Weise bizarr. Statements wie „Lyndon Loves Moa", „John Loves Mojo" und „Bob Dylan's Dream" und Anitas Beitrag „I Sit Broken Hearted" wirkten so bissig wie das gesamte Bild. Als die Fotos auf dem Tisch der Plattenfirma landeten, entfachte das – wie nicht anders zu erwarten – ein Höllenfeuer, woraufhin ein längerer Kampf um den Entwurf begann. [Das

Album erschien daraufhin in diversen Ländern in einem schlichten Cover mit lediglich den Titelangaben.]

1967 hatten sich viele Menschen für eine neue Weltsicht geöffnet, die auch außerirdische Phänomene durchaus zuließ, und im darauffolgenden Jahr wurden Vorstellungen dieser Art konkreter. Wie so viele, deren sensible Antennen durch Acid noch empfangsbereiter wurden, erwärmte sich auch Anita für das neue Interesse, den Kosmos nach UFOs abzusuchen. Die Werke des esoterisch ausgerichteten Autors John Mitchell gaben die Blickrichtung vor. Sein Buch *The Flying Saucer Vision* gehörte damals zur angesagten Lektüre der Szene. Die Popularität der Publikation wurde noch verstärkt durch eine Titelstory in dem Subkulturmagazin *International Times* vom 16. Juli 1967 und eine Doku der BBC im Mai 1968 mit dem Titel *UFOs And The People Who See Them*. Anita gehörte zu den vielen, die gerne einen Blick auf diese Besucher von einem anderen Stern geworfen hätten.

Mitchells blumiger Text verband zahlreiche Einzelvorkommnisse zu einem verlockenden Gesamtbild und präsentierte damit eine Semantik, die bei Anita und ihrem Zirkel auf fruchtbaren Boden fiel. Mitchell erklärte, dass die Sixties „der Beginn einer neuen Ära in unserer Geschichte sind", und postulierte, dass die mythischen Stätten Großbritanniens aktive Portale seien, durch die man Kontakt zu anderen Seinsebenen aufnehmen könne. Dadurch wurden bislang unbeachtete Monolithen, Steinkreise, Hügelkuppen und Wälder zu schillernden Anziehungspunkten für Suchende der New-Age-Bewegung, die genügend Zeit hatten, in die Ferne zu starren. Da zudem der Kult des Antimaterialismus bei Anita und ihren Zeitgenossen an Popularität zunahm, wurde der Besuch solcher historischer Stätten überaus attraktiv.

Während Primrose Hill in London einen beliebten Ort für UFO-Sichtungen darstellte, behaupteten Anita und Keith, dass sie unidentifizierbare, schwebende Objekte über Redlands gesehen haben, was natürlich bequemer war. Da profunde Sichtungen eher im Westen gemacht worden waren, machten sie und ihre Freunde sich oft auf den Weg und zogen einen Joint durch, um einen eventuellen außerirdischen Besuch bei Englands Megalithen zu beobachten. In Mark Palmer, ihrem ehemaligen Agenten bei English Boy, fand sie einen lebensfrohen Gastgeber: Der wohlhabende „Aristo" hatte alles aufgegeben, um West Country in einem Wohnwagen zu bereisen. Später sollten sich noch viele auf Palmers Spuren in den Westen begeben.

„Damals führte die King's Road direkt nach Glastonbury", weiß Barry Miles, Mitinhaber von Indica Books. „Die Leute, die wir kannten, führten oft ein Doppelleben ... Sie experimentierten mit Acid, verbrachten ganze Abende damit, sich über fliegende Untertassen zu unterhalten, über Kraftlinien und den Hof von King Arthur. Andere warteten bei Arthur's Tor in Glastonbury geduldig auf die Landung von UFOs ... Was ich aber als interessant empfand, war die Tatsache, dass die reichen Hippies dachten, sie [die Außerirdischen] seien mild und gütig, was im Gegensatz zur traditionellen amerikanischen Perspektive stand (Hollywood, Pulp-Comics und Paperbacks), für die sie eine Bedrohung, einen potenziellen Feind darstellten."

„Wir blieben die ganze Nacht auf und gingen bei Tagesanbruch nach Stonehenge", erinnerte sich Anita gegenüber dem *Evening Standard* 2001. „Man stand mit einem Minirock aus Satin mitten im Nichts."

Michael Cooper fing mit seiner Kamera eine morgendliche Pilgerreise nach Stonehenge ein. Dabei waren Anita, Keith, Mick, Gram Parsons (der sich von seinem Split mit den Byrds erholen musste) und Marianne Faithfull. Sie standen dicht zusammengedrängt zwischen den alten Steinen auf dem gerade erwachenden Salisbury Plain – „die King's Road trifft auf Albion" scheint das Bild auszudrücken. Anita ist in einen Pelzmantel gehüllt und trägt einen Filz-Schlapphut, und erscheint daher eher wie eine Boheme als eine New-Age-Suchende.

Was die Kosmologie anbelangte – davon gab es noch mehr, und zwar im Juli 1968 beim Endmix von *Beggars Banquet* in Los Angeles. Bei den letzten Vorbereitungen zur Veröffentlichung hatte die Band ausreichend Freizeit. Auf der Suche nach anderen Realitäten nahm Gram Parsons Keith, Anita, Mick und Marianne Faithfull mit zum

Joshua Tree National Park, der die Mojave- und die Colorado-Wüste verbindet. Es war der erste von zahlreichen Trips in die Gegend. Mit Michael Cooper, dem Filmemacher Tony Foutz und dem hartgesottenen Roadmanager Phil Kaufman im Schlepptau pilgerte das Grüppchen ins kalifornische Hinterland.

Die Truppe setzte sich in einen Wagen mit offenem Verdeck und nahm die Suche nach außerirdischen Beobachtern auf. Neben Decken und Sandwiches führten sie noch einige Substanzen chemischer Natur bei sich. Ganz dem Beispiel Timothy Learys folgend, ging es zuerst nach Cap Rock, einer Bergformation aus Quarzmonzonit, von wo aus sich ein traumhafter Ausblick auf die San-Andreas-Verwerfung und das Firmament bot. Die Popularität dieses besonderen Ortes in der Wüste war so groß, dass jemand (angeblich soll es der Schauspieler Dennis Hopper gewesen sein) einen alten, ausladenden Friseurstuhl an der besten Aussichtsstelle aufgestellt hatte. Dieses praktische Utensil fand bei der Gruppe Gefallen, während sie die Unendlichkeit des Kosmos auf sich wirken ließen, der sich über ihren Köpfen erstreckte.

„Wir hatten Ferngläser, tonnenweise Decken und einen dicken Klumpen Koks", berichtete Anita Barney Hoskyns 1997. „Das war unsere Art, nach UFOs Ausschau zu halten! Glaubten wir an UFOs? Tja, das gehörte zu der Ära. Wir suchten einfach etwas."

Wenn sie nicht gerade zu einem Wüstentrip unterwegs war, genoss Anita ihre Zeit in Los Angeles. Phil Kaufman erleichterte ihr das dortige Leben. Der in LAs Rock-Zirkeln schon zu einer Legende gewordene „Deluxe-Roadmanager für alles" hatte ein eigenes Serviceunternehmen aufgebaut, The Executive Nanny Service, mit der Maxime „Wir kümmern uns um die Kinder des Rock'n'Roll".

„Sie war eine liebenswerte Lady", erinnert sich Kaufman heute. „Ich ging immer mit ihr shoppen und denke noch daran, wie ich mit Anita und Keith abgehangen habe. Sie war überhaupt nicht prätentiös, einfach ein netter Mensch. Ich erinnere mich noch an einen Club-Besuch zu einem Ray-Charles-Konzert. Im Laufe des Abends bat sie mich, vor der Damentoilette Wache zu schieben, während sie drinnen war und sich Drogen zischte."

Abgesehen vom Sternegucken gab es noch einige handfeste Film-Angebote. Während des Jahres 1968 nahm Anita eine Einladung von Volker Schlöndorff an, dem deutschen Regisseur, dem 1966 ihr enormes Leinwandpotenzial aufgefallen war. Während sich Anitas Arbeit mit Schlöndorff bislang auf moderne Sujets beschränkt hatte, sollte sie bei seinem neuen Streifen in geschichtliche Gefilde eintauchen.

Der Film *Michael Kohlhaas – Der Rebell* (engl. Titel *Man On Horseback*) war als eine Neuinterpretation von Heinrich von Kleists Roman *Michael Kohlhaas* aus dem 19. Jahrhundert gedacht. Bei dem historischen Werk hatte Kleist sich an der Geschichte des Kaufmanns Hans Kohlhase aus dem 16. Jahrhundert orientiert, eines Menschen mit Prinzipien, der sich durch seine Unnachgiebigkeit und sein Gespür für Gerechtigkeit gegen einen örtlichen Machthaber im Kurfürstentum Sachsen auflehnte. Der fast immer intuitiv arbeitende Schlöndorff zog damit Parallelen zu den Ereignissen seiner eigenen Zeit wie den Studentenprotesten und der Bilderstürmerei, die sich in Europa ausbreiteten. Bei einer Besetzung, die mit David Warner (*Protest*) und der Jean-Luc-Godard-Anhängerin Anna Karina aufwarten konnte, fand sich Anita in der eher bescheidenen Rolle von Katrina wieder, einer Marketenderin/Prostituierten, die sich in der Welt des Protagonisten durchkämpfen musste und damit die Aspekte von Negativität und Selbstbezogenheit widerspiegelte, die oftmals mit einer Revolution einhergingen.

Der Film wurde im Frühjahr 1968 in der Slowakei gedreht, in einer ländlichen Gegend außerhalb von Bratislava. Man gestaltete das Set so, dass es einem alten bayerischen Fürstentum aus dem 17. Jahrhundert glich. Während die ersten angereisten Schauspieler in einem ungenutzten Freizeit-Camp untergebracht wurden, gestatteten die Finanziers des Streifens Anita ein weitaus luxuriöseres Quartier in einem schicken Hotel.

„Für mich war sie der schönste Mensch auf der Welt", berichtet ihr Schauspielerkollege Anthony May heute. „Sie hat mich umgehauen. Das lag überwiegend an ihrer Lebenseinstellung. Anita war völlig überdreht und ihr war alles egal. Sie war wie ein Freigeist, vielleicht auch weil Keith und sie das Geld hatten, um zu machen, was sie wollten. Ich erinnere mich daran, dass sie im Hotel ankam und mit einer Pfeife kiffte. So was war in der Tschechoslowakei noch nicht angekommen und somit wusste niemand, was sie da gerade trieb."

May knüpfte eine enge Freundschaft mit Anita, und bevor die tatsächlichen Filmaufnahmen begannen, wurde er eingeladen, sie in ihrem Apartment zu besuchen. Nachdem klar war, dass die Dreharbeiten sich über einen Monat hinziehen würden, hatte sie ihr Quartier entsprechend eingerichtet.

„Das ähnelte einer Taverne in Marrakesch", erzählt May. „Auf ihrem Bett lagen überall kleine Teppiche und Seide und überall standen Räucherstäbchen herum. Ich werde immer daran denken, dass neben ihrem Bett ein Telegramm lag, auf dem stand ‚Ich liebe dich – Keith'. Dass er so etwas zum Ausdruck brachte, fand ich sehr romantisch."

Wie man es in der Vergangenheit bei den verschiedenen Film-Sets schon bemerken konnte, ließen sich – wenn die Kamera lief – überhaupt keine Anzeichen ihres heftigen Partylebens erkennen. Anthony: „Sie war sehr professionell. Sie spielte ihre Rolle und machte das gut, obwohl sie sich von anderen Schauspielerinnen unterschied. Ich würde sie nicht als klassische Darstellerin beschreiben, denn sie spielte sich selbst, aber das sehr gut. Der Film hatte einen bestimmten revolutionären Geist und das brachte sie mit ihrer Performance rüber."

Da Keith Anita ganz offensichtlich vermisste, reiste er nach Bratislava, während die Dreharbeiten in vollem Gange waren. Die Truppe spielte zu der Zeit in einer Burg, und Anita erfuhr, dass Keith gleich da sein würde. „Sie eilte zu mir", berichtet Anthony, „und sagte: ‚Keith kommt gleich.' Da die Rolling Stones meine Lieblingsband waren, wurde ich ganz nervös. Wir standen oben auf der Burg und sahen dann diesen schwarzen Wagen ankommen und Anita meinte freudig: ‚Ah, das muss er sein.' Dann rannte sie runter, um ihn zu begrüßen. Der Chauffeur stieg aus dem Wagen, ging herum, öffnete die hintere Tür und Keith stieg aus und fiel direkt in den Schlamm. Schließlich kam er in die Burg und bat: ‚Lasst uns doch allein.' Das war ungefähr um neun Uhr morgens. Dann schlief er ein, und sie konnten ihn erst um 17 Uhr wecken. In den nächsten drei Tagen sahen wir weder Anita noch ihn!"

Während des Rom-Aufenthalts beim Dreh von *Barbarella* hatten sich den beiden zahlreiche Ablenkungsmöglichkeiten geboten, doch der Dreh von *Michael Kohlhaas – Der Rebell* fand in der ländlichen Slowakei statt. Hier war gar nichts los! Poker bis spät in die Nacht und das gelegentliche „chemische Abenteuer" belebten Keiths Abende, doch wenn Anita tagsüber arbeiten musste, gab es für ihn nichts zu tun. Trotz der Bitte der Crew, doch seine Gitarre in die Hand zu nehmen, entschied er sich für eine andere Beschäftigung, bevor die Langeweile überhandnahm. Keith erklärte sich zu einem Haarschnitt bereit, zog ein traditionelles Kostüm an und machte bei einer groß angelegten Szene mit.

„Er mochte die alten Kostüme", erinnert sich Schlöndorff. „[Keith] schnappte sich ein Schwert und spielte in einer Szene, in der eine Horde Banditen ein Gefährt bei einer Flussüberquerung überfällt. Es machte ihm viel Spaß und er war mit dem Herzen dabei."

Nach Abschluss der anstrengenden Dreharbeiten arrangierte der Produktionsleiter für Anita, Keith und Anthony ein langes Wochenende in dem noblen Hotel Sacher in Wien; danach flogen sie nach London zurück.

Doch die Reise heimwärts sollte nicht ohne Zwischenfall ablaufen. Beim Warten auf den Anschlussflug in München konnte Anita ihre Sprachkenntnisse einsetzen.

„Wir warteten in der Ersten-Klasse-Lounge in München", weiß Anthony noch, „und dort hielten sich eine Reihe italienischer Geschäftsleute auf. Natürlich verstand Anita Italienisch und flüsterte zu Keith: ‚Diese Business-Typen haben dich ein dreckiges Schwein genannt.' Er sprang von seinem Stuhl auf, schnappte sich einen von denen und schleuderte ihn quer durch den Raum."

Michael Kohlhaas – Der Rebell setzte einen Schlussstrich unter Anitas Karriere mit Volker Schlöndorff. Nach eine kurzen Ruhepause in Sommer 1968 in Großbritannien reiste sie wieder nach Rom, um die Arbeit an dem Film *Dillinger ist tot* aufzunehmen, bei dem der angesehene Marco Ferreri Regie führte. Er gehörte zu den Persönlichkeiten, die – ähnlich wie Fellini und Antonioni – den Zuschauer mithilfe von Metaphern und Suggestionen in ihren Bann zogen.

Dillinger ist tot (Originaltitel: Dillinger È Morto) setzte sich intensiv mit den Themen auseinander, mit denen Anita sich wenige Jahre zuvor schon bei *Mord und Totschlag* beschäftigt hatte. Die Geschichte auf dem Papier war linear: Glauco (gespielt von Michel Piccoli) führt ein überwiegend ereignisloses Leben. Sein Job, das Entwerfen von Gasmasken, erfordert nur wenig Vorstellungsgabe. (Anita sollte die wohlhabende, lethargische Frau des Protagonisten spielen.) Nach einem unerfreulichen Arbeitstag kommt er nach Hause, wo seine Frau krank im Bett liegt. Da ihm das Essen nicht zusagt, richtet sich Glauco seine eigene, etwas verfeinerte Mahlzeit an. Um der Langeweile zu entgehen, spielt er mit einem alten Revolver herum, einer Waffe, die er eingepackt in vergilbtem Zeitungspapier gefunden hat, auf dem sich ein Artikel über den Mafiosi John Dillinger befindet. Das deutet darauf hin, dass der Revolver früher möglicherweise von dem Gangster selbst benutzt worden war. Durch diese Waffe findet Glaucos Frau, gespielt von Anita, ein frühzeitiges Ende. Der Film *Dillinger ist tot* „erstickt" im Symbolismus und Anspielungen auf die Psychoanalyse. Dennoch, die Bilderstürmerei des Regisseurs fand in Pallenberg eine exzellente Besetzung, denn sie wirkt durch eine geradezu magnetische Präsenz, obwohl ihre Leinwandzeit – gemessen an der, der anderen Darsteller, minimal ist.

Um eine möglichst hohe Authentizität hinsichtlich Anitas Vergangenheit sicherzustellen, bestand Ferreri darauf, dass der Großteil der Innenaufnahmen im Apartment ihres ehemaligen Partners Mario Schifano gemacht wurde – eine Location in Rom, in der Pallenberg viele glückliche Tage vor dem Umzug nach New York verbracht hatte. Der Nachhall der Vergangenheit war an sich schon eindringlich, aber verstärkt wurde er noch durch die zahlreichen Bilder Schifanos, die immer noch an den Wänden hingen. Da *Dillinger ist tot* nur ein kleiner Vertrieb zur Verfügung stand, besetzte er letztendlich nur eine bescheidene Nische im Segment des alternativen Kinos. Dennoch wurde der Streifen dazu auserkoren, als italienischer Beitrag beim Cannes Film Festival 1969 teilzunehmen. Durch die starke Konkurrenz von Lindsay Andersons *If* … und dem Biker-Epos *Easy Rider* konnte er keinen der begehrten Preise einfahren, obwohl sich die Kritiker begeistert zeigten. Im Laufe der Jahre wurde *Dillinger ist tot* allerdings zu einem bedeutenden Kultstreifen.

1968 reiste Anita ständig zwischen England und dem Kontinent hin und her; es wurden Pläne geschmiedet, sie als Leinwanddarstellerin verstärkt zu fördern. Mit Blick auf das „Andersweltige", für das Anita schon bei *Barbarella* zumindest partiell stand, arbeiteten der Filmemacher Tony Foutz und der Schauspieler/Drehbuchautor Sam Shepard an einem Skript, das neben anderen Elementen den Fokus auf Anitas Leinwandaura und ihr schauspielerisches Potenzial legte. Wie auch Pallenberg hatte Foutz sich in Rom einen vorzüglichen Ruf erkämpft und mit Lichtgestalten des Genres gearbeitet wie zum Beispiel Orson Welles, Marco Ferreri und Gillo Pontecorvo. Darüber hinaus war er ein Vertrauter Schifanos und hatte somit dessen und Anitas frühe Streifzüge in Rom miterlebt. Da er seit Ende 1967 auch im Kielwasser der Stones schwamm, war es ihm gelungen, Zutritt zu einer beinahe hermetisch abgeriegelten Welt zu erlangen.

Während des Jahres 1968 arbeiteten Foutz und Shepard wie besessen an einem höchst ambitionierten und futuristisch angelegten Drehbuch, bei dem das Leinwand-Potenzial der Band zur Geltung kommen sollte, indem man sich auf die Psychologie der „Frontline" der Band während ihrer prä-psychedelischen Ära konzentrierte. Neben der Teilnahme am Film mit dem geplanten Titel *Maxigasm*, bei dem ein ganzes Arsenal an Special Effects eingesetzt werden sollte, war es geplant, dass die Rolling Stones – und das war sicherlich eine ganz besondere Verlockung – auch einen Soundtrack beisteuerten.

Um konzentriert am Drehbuch zu diesem „verdrehten Western für Seele und Psyche" arbeiten zu können, hatten sich Foutz und Shepard zu Beginn des Frühlings 1968 in Redlands eingenistet. Da sich auch Keith und Anita zu dieser Zeit hauptsächlich in West Wittering aufhielten, erlebten die beiden Autoren deren Persönlichkeiten, die Gespräche und die Abenteuer eines solchen Lebensstils, was sich zwangsläufig im Drehbuch niederschlug.

Maxigasm sollte die Stones als eine verwegene Bande von Söldnern ohne Auftrag darstellen, die sich auf einer bizarren Odyssee durch eine futuristische Wüste im Nichts befinden. Thematisch wurden dabei die Exotika aufgegriffen, die auch Anitas Leben kennzeichneten: UFOs, esoterische Rituale, Wüstenwanderungen und Magie. Da im damaligen Kino beinahe wöchentlich neue Genres auftauchten, war die Idee eines psychedelischen, futuristischen (und oft brutalen) Spaghetti-Westerns auch ein Novum und wahrscheinlich für Investoren und potenzielle Kinogänger überaus attraktiv.

„Ich schrieb es für Anita", erinnert sich Tony Foutz, „und für Jagger, Richards und Brian Jones. Wir fuhren alle auf John Mitchells Buch *The Flying Saucer Vision* ab. Jeder war von dieser besonderen Ära fasziniert, von all dem Mystizismus, Aleister Crowley und vor allem Marokko. Anita hätte auch eine Frau aus dem Weltraum sein können, die mit einer fliegenden Untertasse kam."

Innerhalb einer verschlungenen Handlung wurde Anita die Rolle von „Child" zugeschrieben, einer Alien-Ninja-Attentäterin. Sie sollte – in Wildleder gekleidet und mit Perlen geschmückt – die Gefährtin von James Coburn spielen. Für Jagger war der Part eines Maya-Schamanen geplant, der den beiden folgte, während die anderen Bandmitglieder ähnliche idiosynkratische Rollen einnahmen. Darüber hinaus waren Auftritte für das exotische Model Donyale Luna sowie einige der energiereichen Charaktere des Living Theatre geplant.

Das Ende des Films sollte Pallenberg und Coburn zeigen, die sich auf einem Berggipfel (Soul Bowl genannt) „vergnügen", mit einem Jagger als Schamanen, der als rituelle Opferhandlung beim Höhepunkt der beiden mit dem Messer zusticht. Damit wurde das Thema des Films symbolisch dargestellt, nämlich eine Manifestation des ultimativen („maximum") Orgasmus („orgasm"). Um den Moment noch stärker herauszuarbeiten, sollten drei UFOs parallel zum Sonnenaufgang aufsteigen, wobei man im Hintergrund „Gimme Shelter" hört.

In einer Ära, in der bizarre Streifen wie *Zardoz* und *Zabriskie Point* auf ein großes Interesse stießen, hätte *Maxigasm* sicherlich zahlreiche Zuschauer angezogen. Der Streifen transportierte die unbekümmerte und unbeschwerte Authentizität der damals aktuellen Road Movies, und man könnte die futuristischen Ambitionen als Vorläufer des auf Fantastik ausgerichteten Kinos der nächsten Dekade interpretieren.

Am 21. September wurde eine Pressemitteilung veröffentlicht, dass *Maxigasm* vor der Verwirklichung stehe, das Drehbuch nun filmisch umgesetzt werde. Die Produktion übernahm ein Konsortium mit unter anderem Carlo Ponti (*Blow-Up*), und die Dreharbeiten sollten in Marokko stattfinden. Trotz aller Professionalität verlängerte sich der Vorbereitungsprozess und brachte das Projekt zum Stillstand, noch bevor man mit der tatsächlichen Produktion begann. Trotzdem setzte sich Tony Foutz aufgrund ihrer Leinwandpräsenz weiterhin für Anita ein.

„Sie war großartig", berichtet er heute. „Sie konnte als Schauspielerin für sich stehen, denn sie hatte das Charisma, auch eine wilde Seite, eine Präsenz vor der Kamera und eine natürliche Nonchalance. Sie strahlte das natürliche Flair des *joie de vivre* aus – eine klar erkennbare Intensität, nicht manisch, sondern eine geistige Intensität. Sie wirkte durch ihre Einzigartigkeit und ein Lächeln, das sogar ein trojanisches Pferd zum Stehen gebracht hätte. Doch sie kratzte nur an der Oberfläche [ihres Könnens]."

Während der Weg für das *Maxigasm*-Projekt immer steiniger wurde, was dazu führte, dass der Streifen nie realisiert wurde, gab es 1968 ein anderes Projekt, das sich bis zur fertigen Produktion verwirklichen ließ. Anders als bei *Maxigasm* mit seinen futuristischen Geschichten von sexuell aufgeladenen, intergalaktischen Späßen standen bei *Performance* eher bodenständige und ursprüngliche Emotionen im Fokus. Es war eine Erfahrung, deren Konsequenzen Anita für den Rest des Lebens nicht entfliehen konnte.

KAPITEL 6

Laster, Lust oder auch nicht

Niemals hat jemand etwas geschrieben, gemalt,
etwas in Stein gemeißelt, modelliert, gebaut oder erfunden,
um nicht buchstäblich der Hölle zu entkommen.
Antonin Artaud

Obwohl die Aufnahmezeit von *Performance* lediglich acht Wochen betrug, dominierte dieses Werk Anitas Filmkarriere. Vom Konzept über die Präproduktion und die Dreharbeiten bis hin zu einem labyrinthartigen Nachleben konnte kein anderes Projekt von Pallenberg mit solch einer großen Aufmerksamkeit und Langlebigkeit glänzen. Sogar nach über 50 Jahren gibt es immer noch analytische Versuche, ihr Alter Ego im Film vom wahren Leben zu trennen. Mittlerweile ist es schon zu einer Legende geworden, dass die Produktion von *Performance* eine aufreibende und unauslöschliche Erfahrung darstellte. Nicht nur Anita verfing sich im gnadenlosen Netz des Streifens, sondern scheinbar alle an der Produktion Beteiligten, deren Leben sich durch den Film radikal veränderte.

„*Performance* war von Anfang bis zum Ende ein bizarrer Abschnitt [meines Lebens]", reflektierte Anita 1992. „Es lief weiter und weiter, bis alles viel zu kompliziert, viel zu chaotisch und auch traumatisch war."

Trotz der scharfen, teils sehr emotional vorgetragenen Kritik bleibt Anitas Rolle bei *Performance* einer der bedeutendsten feministischen Momente des britischen Kinos. Dominant, durchsetzungsfähig, promiskuitiv, nicht zu vergessen der Kontext des Rock-Chick/Groupie-Phänomens, zeigt Anita eine phänomenale Präsenz in der Rolle der

Pherber – der lustvollen Anhängerin eines in Ungnade gefallenen Rockmusikers. Damit gab sie eine Blaupause vor, der viele andere folgten.

Nach der komplizierten und hinausgezögerten Veröffentlichung von *Performance* 1970 blieb das Werk in der Kultfilm-Nische stecken; erst eine neue Generation wusste den Streifen angesichts seines enormen Einflusses angemessen einzuordnen, wobei ein Kritiker ihn zum besten britischen Film aller Zeiten erklärte. Kein einziges Adjektiv kann das ungeheuere Ausmaß der Gefühle beschreiben, die im Laufe der über 50 Jahre nach dem Dreh angestoßen wurden, besonders bei denen, die sich intensiv mit dem britischen Kino der Sechzigerjahre beschäftigten. Anitas Rolle stand für eine seltene dominante Präsenz in einer Industrie, die noch nicht darauf vorbereitet war, Frauen an erster Stelle zu präsentieren.

Bis 1968 beschränkten sich die Rollen für Frauen im britischen Film größtenteils auf unterwürfige, kaum durchsetzungsfähige Charaktere, die meist Opfer widriger Umstände waren. Julie Christies kurzer emanzipatorischer Moment bei *Geliebter Spinner* stellte eine rare Ausnahme von der Regel dar, und in *Darling* bewies sie immerhin eine nennenswerte Durchsetzungsfähigkeit. Andere wie zum Beispiel Rita Tushinghams Rolle einer in Verruf gekommenen Jugendlichen in *Bitterer Honig* oder Carol Whites aufgesetzter *Poor Cow*-Charakter Joy bestärkten dagegen das mitleiderregende Kontinuum.

Zahlreiche auf Sensationen ausgerichtete Filmemacher aus aller Welt versuchten wirklich alles zu dokumentieren, was in London Mitte der Sechziger ablief, doch nur wenigen gelang es, die reichhaltige und unendliche Möglichkeiten offerierende Atmosphäre glaubwürdig abzubilden. Während *A Hard Days Night* von den Beatles die geradezu funkenschlagende optimistische Fröhlichkeit der frühen Sechziger einfing, wurde es bei *Help!* im folgenden Jahr offensichtlich, dass diese Unschuld durch eine versteinerte Lethargie ersetzt worden war. Andere Versuche in dieser Zeit boten wenig Realitätsanspruch, sondern Slapstick (*Der gewisse Kniff*, *Smashing Time*), zynische, wenn auch gehaltvolle Kommentare (*Blow-Up*), oder sie verloren sich in amorphen Metaphern (*Modesty Blaise – Die tödliche Lady*, *Hausfreunde sind auch Menschen*).

Ein Film, der sich leicht in die Serie der Exploitation-Streifen des Swinging London einreihen lässt, ist *Zwischen Beat und Bett*, ein schwülstiges Loblied auf das verruchte Leben eines dekadenten Rockstars. Während der Film wegen des Regisseurs Robert Freeman erwähnenswert ist (er fotografierte gelegentlich die Beatles), ist die Autorenschaft des Drehbuchs weitaus interessanter, denn einer der drei Mitwirkenden war der ehemalige Künstler Donald Cammell.

Seit 1966 spielte seine bislang bevorzugte Kunstform für Cammell nur noch eine untergeordnete Rolle. Er hatte das Gefühl, dass die Malerei als Medium in kreativer Hinsicht passé sei, und da der Film einen direkten Bezug zur Realität herzustellen vermochte, konzentrierte sich Donald auf das Verfassen von Drehbüchern. Großbritannien sendete damals in vielfacher Hinsicht starke Signale aus, und jeder, der ein Drehbuch zusammenschustern konnte, fand ein williges Publikum, besonders in London, wo sich ein „Hollywood UK"-Gefühl etablierte. Bestärkt durch seinen künstlerischen Hintergrund spürte Cammell, dass er die surreale Atmosphäre der Kunst allgemein und der Literatur mit den bewegten Bildern vereinen konnte. Kennzeichnend für das Kino Mitte der Sechziger war der Denkansatz „Alles ist möglich", und somit war sein Konzept zeitgemäß. Darüber hinaus pflegte Donald eine starke Beziehung zur lebendigen Sphäre des Pop (eine Welt, aus der er Energie zog). Durch diese Verflechtungen war es einfach, ein Zeichen zu setzen.

„Er hatte diese durchgeknallten Filmszenarien im Kopf, meist über Rockstars", erinnerte sich Anita gegenüber der Autorin Victoria Balfour. „Donald war von der ganzen Popszene fasziniert, und er dachte, diese Menschen seien sehr sexy und erotisch. All diese schlimmen Jungen mit all ihrem Geld … Er stand total im Bann der Stars."

Zwischen Beat und Bett war Cammells Versuch, eine Story zu kreieren, die die Vitalität und Lebendigkeit der Welt einfing, in der er lebte. Ersonnen mit seinem Bruder David (der später eine sehr erfolgreiche Karriere in der Werbung machte) spiegelte die Handlung –

ein Popstar wird von seinen besessenen Fans gekidnappt – Donalds Leben am Rande der Stones wieder.

Längere Zeit vor Beginn der Aufnahmen hatte der Drehbuchautor Ian La Frenais kurz mit der Idee gespielt, Anita für eine der Hauptrollen zu casten. Er führte einige Gespräche mit Pallenberg und ließ sogar eine berauschende Nacht mit ihr und Brian Jones in dem angesagten Nachtclub Sibylla's über sich ergehen, doch die Überlegungen hinsichtlich Anitas Mitarbeit bei *Zwischen Beat und Bett* kamen niemals über ein oberflächliches Diskussionsstadium hinaus.

Trotz aller aktuellen Bezüge zur Jugendkultur wurde *Zwischen Beat und Bett* ein Flop. Kurz nachdem der Film im Kasten war, erschien ein weiterer Streifen, bei dem sich der entschlossene Cammell verewigte. Bei *Duffy* bewies er sich erneut als Ko-Autor, und die beiden bestimmenden Themen, Popmusik und Verbrechen, stellten zwei Konstanten dar, für die sich Cammell interessierte. Auf eine bestimmte Art rasant und verrückt und ganz im Geiste der damaligen Gangsterstreifen, wird hier die Geschichte von zwei Brüdern erzählt, die sich von der Amerikanerin Duffy (einem Hippie-Mädchen) dabei helfen lassen, ihren Vater auszurauben – und das gefiel einem Mann wie Donald Cammell. Dennoch ereilte *Duffy* ein ähnliches Schicksal wie *Zwischen Beat und Bett*, da hier den Kinobesuchern die europäischen Bezüge nicht zusagten. Berichten zufolge soll Cammell aber trotzdem 60.000 Pfund für seine Beteiligung am Film erhalten haben, ein üppiger Honorarscheck, der ihm bestätigte, dass das Kino weitaus lukrativer war als die Porträtmalerei. Darüber hinaus kam er durch den Film in Kontakt mit zwei Persönlichkeiten, die sich an seinem nächsten Projekt enthusiastisch beteiligten: dem Schauspieler James Fox und dem Agenten Sandy Lieberson.

Da *Zwischen Beat und Bett* und *Duffy* mitten in der Popkultur wurzelten, wollte Cammell zwangsläufig einige seiner Freunde bei dem nächsten cineastischen Unternehmen dabei haben. Wie viele in dem Geschäft empfand er es als verwunderlich, dass Mick Jagger (oder die Rolling Stones) bislang noch nie in einem größeren Film aufgetreten waren. Danks des Filmerfolgs der Beatles wurde mittlerweile praktisch jede Band aus dem UK auf Zelluloid gebannt. Das reichte von den Dave Clark Five über die Spencer Davis Group bis hin zu – und das verwundert nun wirklich – Freddie & The Dreamers. Eine Kino-Offensive für jede Band mit einem Hit war quasi obligatorisch und meist (wenn auch nicht immer) nur dazu gedacht, jeden Penny eines Fans in einer Jukebox zu versenken.

Mehrere Projekte waren den Stones in Aussicht gestellt worden. 1966 wurde *Only Lovers Left Alive*, der Kultroman des Lehrers Dave Wallis, als aussichtsreicher Kandidat für den ersten Film der Band vorgeschlagen. Die an *Herr der Fliegen* erinnernde Handlung stellte ein nur von Teenagern bewohntes Land dar. Andrew Oldham und Allen Klein empfanden das Projekt als ansprechend genug, um zu verkünden, dass die Band ein Honorar von einer Million Pfund für den Auftritt erhalten sollte, bei dem man Nicholas Ray als Regisseur vorsah. Der Grund ist nicht bekannt, aber der Streifen blieb im Diskussionsstadium stecken.

Obwohl Peter Whiteheads Dokus *Charlie Is My Darling* und *Tonite Let's All Make Love In London* die Band zeigte (in Letzterem ist Pallenberg in einer Nebenrolle zu sehen), blieben beide Arbeiten im Segment des Art-House-Kinos hängen. Jean-Luc Godards *Eins Plus Eins* dokumentierte die Stones und Anita bei der Studioarbeit, doch ihr allgemein statisches Auftreten darin deutete kein schauspielerisches Potenzial an. Tony Foutz' und Sam Shepards Drehbuch zu *Maxigasm* kämpfte sich zwar bis zur Vorproduktion durch, doch zu regulären Dreharbeiten kam es nicht. *Maxigasm* sollte die gesamte „Frontline" der Stones zeigen, doch andere interessierten sich mehr dafür, Mick Jaggers Leinwandpräsenz zu fördern.

Viele sahen den Sänger als Symbol des kollektiven Bösen, doch für aufmerksame Beobachter (und potenzielle Kinogänger) war er ein schillernder, undurchsichtiger und gefährlicher Charakter. Sein leicht vermarktbarer Status als gesellschaftlicher Desperado schrie förmlich nach Profit. Eine mögliche Rolle als Alex in einer angedachten Verfilmung von Anthony Burgess' Roman *Clockwork Orange* löste sich in nichts auf (sehr zum Bedauern seines Freundeskreises –

darunter auch Anita), was aber gleichzeitig bedeutete, dass seine profilierte und anziehende Persönlichkeit immer noch nicht adäquat vermarktet worden war.

Aufgrund der Nähe zum Sänger spürte Donald Cammell, dass er für Jagger eine Rolle maßschneidern konnte, die seine erstaunliche Aura nutzte, während dabei die Welt des Pop und der Kriminalität erkundet wurde, zweier Elemente, die er bei *Zwischen Beat und Bett* und *Duffy* kurz angerissen hatte. Gleichermaßen von der Idee und den Persönlichkeiten verzaubert, mit denen er im Film zusammenarbeiten würde, stimmte Jagger dem Projekt zu und erlaubte Cammell, ernsthaft am Konzept zu arbeiten.

Anitas Einblick in die Welten, die Cammell in dem Film abbilden wollte, machte sie zu einer idealen Beraterin. Als Donald sie hinsichtlich ihres Wissens über den Lebensstil einer Rockstars löcherte, zeichnete sie ihre eigene Rolle vor, ob sie es wusste oder nicht. Viele der erste Präproduktionstreffen fanden in Paris oder Saint-Tropez statt, wobei die Location an der Côte d'Azur ein beliebter Rückzugsort für Anita, Cammell und seine Partnerin Deborah Dixon wurde.

„An manchen Tagen schafften wir kaum, etwas für das Drehbuch zu schreiben", erinnerte sich Anita später. „Wir verbrachten die ganze Zeit mit Unterhaltungen über Filme."

Auch wenn sie mit ihrer Aufgabe Fortschritte machten, „holperte" es schon mal im kreativen Prozess. An einem Tag – während des Schreibens – erfasste eine plötzliche Böe die Seiten des Skripts und beförderte sie auf die Wellen des Mittelmeers. Das Trio rettete die durchnässten Blätter, woraufhin Dixon und Pallenberg sich in die Wohnung zurückzogen und jedes einzelne Papier trocken bügelten. Cammell ließ sich solch eine Chance natürlich nicht entgehen und schoss ein Foto der beiden, die so werkelten, als würden sie ihre Abendgarderobe glätten.

Trotz zahlreicher Ablenkungen begannen die emotional besetzten Welten des Pop und des Verbrechens Gestalt anzunehmen. Mit dem Arbeitstitel *The Liars* handelte die ursprüngliche Story von einem New Yorker Ganoven namens Corelli, der sich in London auf der

Flucht befindet (die Rolle war zuerst für Cammells Bekannten Marlon Brando vorgesehen). Er taucht in der Kellerwohnung eines exzentrischen Musikers namens Haskin auf, wo er sich aufhalten darf, obwohl die Situation auf ein eher gezwungenes Arrangement hinweist. Der „Liebespol" in dieser Konstellation ist eine Figur namens Simon (das uneindeutig dargestellte Geschlecht der Rolle signalisiert, dass Cammell eine unsichere sexuelle Orientierung erfassen wollte). Obwohl sie mit Haskin zusammen ist, verschiebt sich ihre Aufmerksamkeit auf den Gangster. Sich in der Szene des Swinging London herumtreibend, taucht das Groupie Pherber auf (im Drehbuch auch als Pilar oder Phoebe angedacht). Auch sie „angelt" sich Cornelli – an einem Punkt sitzt sie mit ihm in der Badewanne, wo sich beide vergnügen.

Das Groupie mit Haltung war, laut Pallenberg, „sehr direkt, spontan, hartnäckig, witzig, ziemlich arrogant und ausweichend, was Fragen über sie anbelangte – auf eine bestimmte Art automatisch verschlossen."

Das Drehbuch charakterisierte sich durch Einflüsse, die Donald und Anita direkt betrafen (und auch die Leute ihres näheren Umfelds). Der Text und die Bildsprache in frühen Versionen des Drehbuchs erinnerten an William Burroughs, Francis Bacon, Jean Genet und Vladimir Nabokov. Die visuelle Textur des Streifens wurde zudem von der Cut-up-Technik beeinflusst, so wie sie von Burroughs und Brion Gysin propagiert wurde.

Hinsichtlich der Atmosphäre waren die literarischen Arbeiten von Jorge Luis Borges und (besonders) Antonin Artaud eine profunde Inspirationsquelle. Dass Anita einige Zeit mit dem von Artaud inspirierten Living Theatre verbracht hatte, stellte sich als ein wichtiger Faktor beim Drehbuch heraus. Artauds bedeutender Kommentar aus *Das Theater und sein Double* sprach geradezu Bände hinsichtlich der Blaupause des Films: „Ich kann keine Kunstform erschaffen, die eine separate Existenz außerhalb des Lebens an sich führt."

„Anita hatte einen großen Einfluss auf die Art und Weise, wie ich *Performance* sah", reflektierte Cammell viele Jahre später. „Ich begann mich für Themen zu interessieren, mit denen sie sich schon lange auseinandersetzte, wie das Artaud Theatre oder das Theatre Of Cruelty, und für ihre Arbeitsweise mit Volker Schlöndorff beim ersten Film."

Wie so oft in der unsicheren Welt des Castings, ließ sich Marlon Brandos Rolle als Cornelli trotz einiger Vorbesprechungen nicht realisieren. Daraufhin änderte sich konsequenterweise der Fokus des Drehbuchs. Das Thema USA wurde gestrichen und Cammell tauchte nun in Londons ebenso schillernde Unterwelt ein.

Angeregt durch die klassenüberschreitende Verbindung zwischen den jungen „Aristos" und der Welt der erdigen Popmusik sowie der Hinwendung zu einem größeren Realitätsanspruch bei *The Liars* zog Cammell Ende 1967 von Paris nach London. Er fand eine Wohnung ganz in der Nähe der Kensington Church Street. Beseelt von dem Wunsch, seine alte Persönlichkeit vollständig abzustreifen, zerstörte er als finalen Akt jedes Gemälde in seinem Atelier, bevor er Paris verließ.

Als ehemaliger Student der Royal Academy kannte sich Cammell nur zu gut mit den bizarren Aktionen der angesagten Charaktere des Swinging London aus, doch die Welt der Gangster war schwieriger zu durchdringen. Obwohl die Macht der Londoner Mafiosi, der Krays und der Richardsons, im Schwinden begriffen war, hatten sie durchaus noch erheblichen Einfluss in der Stadt. Die Krays – und das stellte das Geheimnis ihrer Langlebigkeit dar – hatten ein besonderes Gespür für Glamour und Celebrities –, was im Gegensatz zur schmuddeligen Welt des Verbrechens stand. Darüber hinaus stand Ronnie Krays Homosexualität für eine neue Tendenz in einer Domäne, die früher dem bulligen, heterosexuellen Mann vorbehalten war. Diese zahlreichen Widersprüchlichkeiten wirkten sich zunehmend auf die Grundlage von Donalds Drehbuch aus.

Ein Brückenschlag zwischen der Gangsterwelt und der Aristokratie mochte früher unmöglich erschienen sein, doch in der liberalen Stimmung ab Mitte der Sechziger durften auch „Abtrünnige" einen Platz an der vornehmen Dinner-Tafel einnehmen. Die Stones hatten sich schon einige Jahre zuvor ihren Weg in das Netzwerk der Upper Class von Chelsea geschmeichelt, und nun gab es zusätzlichen Platz für die windigeren Charaktere, deren Herkunft nicht sicher geklärt war – ein sozialer Mix, der Cammell anregte. „Er konnte diese befremdliche Mischung sofort erkennen", erinnerte sich Donalds Bruder 2002. „Aristokraten und Gangster, Politiker, kreative Menschen und zerstörerische Menschen vereinten sich alle in einer spannenden Melange."

„Donald gehörte einfach dazu", berichtete Anita der *Independent On Sunday*, „als sich englische Intellektuelle unter Rockmusiker mischten und mit ihnen den östlichen Mystizismus diskutierten. Sie saßen auf exotischen Teppichen, brannten Räucherstäbchen ab und kifften."

In der von Cammell genutzten Wohnung, wo er das Drehbuch Mitte 1967 finalisierte, ließ sich gelegentlich ein nützlicher Gast blicken – David Litvinoff. Von denen, die sein manisches Reden kapierten, auch Litz genannt, war der liebenswerte, aber meist launische Jude aus dem East End für seine Präsenz in den Welten der Kunst, des Pop und des Verbrechens bekannt. Trotz seiner beängstigenden Nähe zu den Kray-Brüdern und anderen zwielichtigen Mafiosi wurde er im Kreis von Anita, den Stones und Cammell warmherzig empfangen. Die notorisch selbstgefällige Dinner-Party-Clique aus Chelsea wurde von Litvinoffs übergroßer Persönlichkeit und seinen unergründlichen Streifzügen durch die Stadt geradezu belebt, und Geschichten seiner haarsträubenden Abenteuer sorgten für aufregenden Gesprächsstoff. Nachdem Cammell Litvinoff über seine Erfahrungen mit Londons gefährlicher Unterwelt ausgefragt und diese auch entschlüsselt hatte, bestand nun durch Jagger, Pallenberg und Litvinoff eine authentische Verbindung zwischen den verschiedenen Welten, die ihn faszinierte.

Obwohl Anita den überwiegenden Teil von Cammells früher Drehbuchfassung begleitete, behauptete sie später, das Gangster-Element sei mit ihr vor den Aufnahmen nicht besprochen worden. Es stimmt, dass sie bei dem Dreh der härteren Szenen nicht anwesend war, doch es bleibt fraglich, ob Donald Cammell das Skript im Zuge der Bearbeitung nach ihrer Zusammenarbeit so wesentlich ergänzte, ohne ihr etwas davon zu sagen. Wenn ja, war es ein merkwürdiger Zug seinerseits.

„Ich weiß überhaupt nichts von dem ganzen Gangster-Kram", meinte Anita, als sie von der BBC auf die Handlung des ersten Filmdrittels angesprochen wurde. „Erst als ich den Film das erste Mal sah, erfuhr ich davon."

Besessen und berauscht von dem, was sich da zusammenbraute, grub sich Cammell tiefer zu den dunklen Gefilden vor und verließ dabei die zuerst eher linear konzipierte Handlung des Drehbuchs. Er setzte sich mit dem Thema von Sexualität und Gewalt auseinander und richtete das Augenmerk auf die Psychologie der Identität, die er kritisch hinterfragte. Mit Hilfe einer Vielzahl von psychedelischen Drogen führte ihn das Schreiben des Drehbuchs auf eine verschlungene Odyssee, bei der sich Brutalität, Sex und Demütigungen von Untergebenen in eindeutig existenzialistischen Bezügen wiederfanden.

Die neuen Entdeckungen Cammells zogen ihn in einen sich immer schneller drehenden Strudel, sodass er das größtenteils noch formlose Skript, welches er mit Pallenberg erarbeitet hatte, gründlich überarbeitete. Nun *The Performers* genannt, reflektierte der neue Titel kaum den radikalen Ansatz, für den seine Arbeit nun stand. Auch die Liste der Darsteller wurde einer gründlichen Überprüfung unterzogen. Der abgehalfterte Musiker hieß nun Turner, wohingegen der Gangster (Brando stand nicht zur Verfügung) nun vorübergehend Chas Devlin hieß. Seine Rolle bezog sich eindeutig auf die Krays und die Richardsons. Während seine Entwicklung vom Geldeintreiber zum fliehenden Mörder dem alten Drehbuch entsprach, wurde die Realität etwas verzerrt, als er bei dem Musiker einzog und zu einem „Spielzeug" der uneindeutig agierenden Bewohner wurde.

Trotz der strukturellen Änderungen blieben andere Elemente bestehen. Pherber, die Rolle, zu der Pallenberg am meisten beitrug, wurde nicht umbenannt, was möglicherweise einen Dank an ihre Mitarbeit darstellte. Allerdings schrieb man ihr nun die Rolle der „Sekretärin" zu.

Schon von Anfang an war klar, dass die Rolle des abgestürzten Rockstars Turner auf einer Person basieren sollte, die sowohl in

Beziehung zu Pallenberg als auch zu Cammell stand. Obwohl Cammell sich mit allen Stones intensiv auseinandergesetzt hatte, hinterließ Brian Jones den nachhaltigsten Eindruck. Anitas ereignisreiche Zeit, die sie mit dem schwierigen Pop-Adonis verbracht hatte, gab ihr die Möglichkeit, Elemente seiner komplexen Persönlichkeit in das Drehbuch einzubauen. „Ich schätze, dass Turner auf Brian basierte", berichtet Pallenberg. „Doch es war alles eher oberflächlich."

Hinsichtlich der Atmosphäre inspirierte die Courtfield Road 1 die Kulisse der Story. Während seiner Trips nach London im Jahr 1966 hatte Donald – wie viele andere auch – in der Wohnung in South Kensington übernachtet und die Fülle der dortigen Einrichtungsgegenstände auf sich wirken lassen. Keith Richards' Anwesen Redlands spiegelte auf eine ähnliche Art das lässige, verrückte und bequeme Leben wider, und langsam begannen sich die Details der „Behausungen" im Skript niederzuschlagen.

Da Cammells Drehbuch kurz vor dem Abschluss stand, war sein Agent Sandy Lieberson nun in der Lage, die Fäden zu verknüpfen. Seit 1965 hatte Lieberson als Teil seines Jobs bei der Agentur CMA einige zweitrangige Angelegenheiten für Jagger und die Stones gemanagt. Lieberson war sich auch Jaggers cineastischen Potenzials bewusst und zeigte sich gewillt, den Faktor der Rockmusik in Zusammenhang mit *The Performers* positiv herauszustellen und den großen Firmen schmackhaft zu machen.

Da sich die Filmwelt gedanklich immer noch um das Geld drehte, das die beiden Beatles-Streifen eingespielt hatten, zeigten sich Warner Brothers bereit – trotz einiger schwerwiegender Vorbehalte – ein Paket zu akzeptieren, in dem Jaggers Leinwandpräsenz und gleichzeitig ein Soundtrack enthalten war. Die Beatles-Filme hatten United Artists Unmengen an Cash in die Kassen gespült, doch das Sahnehäubchen war ein Vertrag, mit dem sich die Firma die exklusiven Rechte am Soundtrack von *A Hard Day's Night* für den amerikanischen Markt sicherte, da die Veröffentlichung einen immensen Profit brachte. Da auch *The Performers* potenziell lukrativ erschien, stimmten Warner einer Finanzierung des Films zu und übertrugen die Aufgabe der Produktionsfirma von Lieberson und Cammell, die diese eigens für solche Projekte gegründet hatten – sie trug den optimistisch klingenden Namen Goodtimes Enterprises. Die Verträge wurden innerhalb von 72 Stunden unterzeichnet. Die einzigen verbindlichen Verpflichtungen waren die rechtzeitige Fertigstellung, das Budget und der überaus wichtige Soundtrack.

Während Mick Jaggers mangelnde Erfahrung als Darsteller Warner nicht störte, gab es einige Bedenken hinsichtlich des Produktionsteams. Weil er mit allen Entwicklungsstufen so intim vertraut war, bestand Cammell auf die Gesamtleitung. Da er bei einem Film noch nie Regie geführt hatte und sein Bruder Danny und Sandy Lieberson niemals produziert hatten, war der Kameramann Nicolas (Nic) Roeg eine willkommene Ergänzung. Er hatte erst kürzlich *Die Herrin von Thornhill* (*Far From The Maddening Crowd*) von John Schlesinger und *Fahrenheit 451* von François Truffaut gedreht. Zuerst offerierte Cammell ihm die Rolle der Bildregie, doch schließlich gab er ihm den Posten des Ko-Regisseurs, damit die hellen und dunklen Schattierungen gesichert waren, die der Film brauchte, um sich erfolgreich durchzusetzen.

Die ursprünglich Marlon Brando zugeschriebene Gangsterrolle ging nun an James Fox. Jung, eifrig und aufstrebend, war der Harrow-Abgänger sorgsam darauf bedacht, alles zu unterlassen, was seine Herkunft aus der gehobenen Gesellschaft und als Guardsman verraten hätte. Fox hatte schon bei Cammells vorigem Film *Duffy* mitgespielt und nahm in den folgenden Jahren Rollen mit einem eindeutig britischen Flair an. Zu der Zeit hatte er aber noch nicht den verheißungsvollen Status erreicht, den sein Part als Tony in Harold Pinters *Der Diener* mit sich brachte, ein Film, bei dem die sozialen Rollen verschwimmen. Der Freund von Donald Cammell und Mick Jagger hatte auch weitere Kontakte in den hippen Kreisen Londons und schien die unterschiedlichsten psychologischen Schattierungen, die mit dem Drehbuch kamen, mühelos umsetzen zu können.

Jaggers globaler Celebrity-Status war leicht vermittelbar, doch es bestand die Befürchtung, dass das auf Großbritannien zugeschnittene

Gangster-Element für die Überseemärkte befremdlich sein könne – besonders für die USA. Da Brando nicht mehr auf dem Spielplan stand, dominierte eine typisch britische Note den Film. Berichten zufolge stand die weibliche Hauptrolle noch zur Diskussion und bei Warner wurden Stimmen laut, die meinten, dass ein Weltstar mit genügend Glamour wichtig sei, um die Attraktivität des Streifens zu erhöhen. Die weibliche Hauptrolle – besetzt mit einer anziehenden Darstellerin – war eine Voraussetzung, um männliche und weibliche Kinogänger anzuziehen. Die Produzenten sprachen daraufhin über verschiedene Namen, um mögliche Reibungen mit den Finanziers zu vermeiden. Die Produzenten Sandy Lieberson und David Cammell sowie Anitas Agentin Maggie Abbott bestätigen, dass Pallenberg „immer Donalds erste Wahl [für die Rolle der Pherber] war", doch im Laufe der Jahre sind einige andere mögliche Namen aufgetaucht. Marianne Faithfull gehörte dazu. Ihre Nähe zu Jagger versprach eine packende Film-Beziehung. Marianne hatte die Hauptrolle bei Michael Winners *Was kommt danach…?* und – noch substanzieller – einen Part mit Alain Delon in Jack Cardiffs *Nackt unter Leder* bereits im Kasten, und nach dem Redlands-Skandal wies eine Faithfull/Jagger-Kombination auf ein traumhaftes Vermarktungspotenzial hin. Die erste Version von Cammells und Anitas Drehbuch beinhaltete eine Drogen-Razzia, womit die Beteiligung ihrer Freunde ein realistisches Element in die Handlung gebracht hätten. Da Lieberson als Faithfulls Filmagent arbeitete, kannte sie schon die näheren Details der Produktion. Egal, ob es nun schon handfeste Diskussionen hinsichtlich einer Leinwand-Kombination von Marianne und Jagger gab oder nicht: Während der Vorbereitungen erfuhr Faithfull, dass sie von Mick schwanger geworden war. Da die Schwangerschaft alle weiteren Verpflichtungen unmöglich machte, war auch die Rolle obsolet geworden.

Ein anderer Name, der regelmäßig in Verbindung mit der Rolle der Pherber ins Gespräch kam, war Tuesday Weld, damals Mitte zwanzig und potenziell höchst zugkräftig. Sie hatte das amerikanische Fernsehpublikum bereits mit ihrem letzten Film *Der Engel mit der*

Mörderhand um den Finger gewickelt (ein Streifen, den viele aus der Clique des Swinging London mit Begeisterung sahen) und zeichnete sich durch eine Dualität aus, die an eine nach allen Seiten offene Sexualität grenzte. Weld reiste für Probeaufnahmen nach London und stieg mit starken Rückenschmerzen aus dem Flieger, wonach sie sich einer New-Age-Osteopathie-Behandlung bei Deborah Dixon unterzog, was einen gebrochenen Knöchel zur Folge hatte. Daraufhin ging es wieder schleunigst in die USA, womit sich das *Performance*-Kapitel für sie geschlossen hatte.

Andere Darstellerinnen für Pherber standen nur kurz zur Diskussion. Das Model und gleichzeitig auch die Muse von Yves Saint Laurent Loulou de la Falaise wirkte durch eine gelangweilte neureiche Ausstrahlung, und da sie eine für die Zeit typische „sinnliche Kurzbeziehung" mit Cammell einging, wurde die spätere Modedesignerin auch vorgeschlagen. Trotz fehlender Erfahrungen hatte sie Nic Roeg durch ihre Ausstrahlung überzeugt, der Loulou um Probeaufnahmen bat. Trotz der beeindruckenden Aura ließ sie sich die Chance auf die Rolle entgehen und stürzte sich stattdessen in eine leidenschaftliche Affäre mit Jones in Marokko.

Die spekulativen Diskussionen gehörten laut Sandy Lieberson und David Cammell zu dem unabdingbaren Prozess der aktiven Vorproduktion und waren höchstwahrscheinlich auch dazu gedacht, die Finanziers ruhig zu halten. Nach Angaben der beiden war die Rolle der Pherber immer schon für Anita vorgesehen gewesen.

„Von Anfang an sollte es ein Film mit Anita werden", berichtete David Cammell dem Autor 2018. „Wir haben diese Namen in den Raum gestellt, um den Eindruck eines Castings zu erwecken. Donald wäre es niemals in den Sinn gekommen, eine andere als Anita für die Rolle zu verpflichten. Um aber Warner zufriedenzustellen, musste es so erscheinen, als würde er eine wohl überlegte Entscheidung treffen."

Anitas Agentin Maggie Abbott erinnerte sich daran, dass Anita „aufgrund ihres unheimlichen Mystizismus und des verschlagenen Katzenlächelns ohne Zweifel die erste Wahl für [die Rolle der] Pherber darstellte".

Im Laufe der Jahre behauptete Anita, es sei aufseiten Cammells eine Entscheidung in letzter Minute gewesen, ihr die Rolle anzubieten, was sich als ein Segen für den Regisseur erweisen sollte. Vielleicht hat es tatsächlich eine tickende Uhr gegeben, denn es ist durchaus möglich, dass er Anita zwar ausgewählt hatte, aber Bedenken hegte, ob diese Wahl allgemein gut ankam. Da die Aufnahmen bereits liefen, wurde Anita vor vollendete Tatsachen gestellt. Natürlich konnte sie auf einen stattlichen Lebenslauf zurückblicken – und sie genoss einen gehobenen Celebrity-Status, allein durch die Verbindung zu den Stones, was dem Profil des Films natürlich zuträglich war.

„Donald kam zu mir und bat mich, beim Film mitzumachen, da er schon alles zusammengebracht hatte", erzählt Anita 2003. „Da gab es auch einige Gespräche mit Mick, ob ich es denn nun machen soll oder nicht."

Unumstritten bleiben die Auswirkungen in ihrem unmittelbaren Freundeskreis, denn die Nachricht kam einem Erdbeben gleich, besonders bei Keith Richards. Da er mit Pallenberg seit ihrer Trennung von Brian im Februar 1967 zusammen war, hatte er auch die Entstehung des Drehbuchs mitverfolgt und fand den „Liebesdreier" ursprünglich „voll cool". Natürlich hätte er es sich nicht für eine Sekunde träumen lassen, dass die sinnlichen Erotik-Spielchen, die bisher nur auf dem Papier standen, letztendlich zwischen Anita und Mick stattfänden.

Die Alarmglocken schrillten, und Keiths innerer Seismograf begann bei dem Gedanken, was denn wohl beim Dreh alles passieren könne, nach allen Seiten auszuschlagen. Wie auch schon bei den Vorbereitungen zu *Barbarella* im vorhergehenden Jahr bettelte er Berichten zufolge Anita an, die Rolle auszuschlagen.

„Keith fragte ständig: ‚Wie viel bekommst du für den Film?'", erinnerte sich Anita 2003. „‚Ich gebe dir das Geld – lass das mit dem Film.' Er verstand nicht, dass ich das machen wollte, was mir vorschwebte."

Wenn es schon schwelende Bedenken hinsichtlich Jaggers lüsternen und nach allen Seiten Ausschau haltenden Augen gab, war Donald Cammells Rolle als Regisseur für Keith Richards' gutes

Gespür noch ungeeigneter. Schon immer hatte es in der Beziehung zwischen Richards und Cammell an Übereinstimmungen gemangelt. Bedenkt man dann noch die Gerüchte, dass Donald während Anitas Modelzeit in Paris ihre Sexualität „erkundet" hatte, blieb eine deutliche Spannung bezüglich der wahren Motive des Regisseurs bestehen.

„Ich mochte Donald Cammell wirklich nicht", schrieb Richards später. „[Er war] ein Verdreher und Manipulator, dessen einzige Liebe im Leben darin bestand, andere zu verarschen. Ich wollte mich von der Beziehung zwischen Anita und Donald fern halten ... Er war der destruktivste Wichser, der mir jemals begegnete. Er versuchte immer die Fäden in der Hand zu halten, war ein Raubtier und erfolgreich dabei, den Frauen den Kopf zu verdrehen."

Ein anderer möglicher Grund, Anita von der harten Arbeit am *Performance*-Set abzuhalten, lag in ihrer Schwangerschaft mit Richards' Kind. Nachdem Keith eine schwierige emotionale Zeit erlebt hatte, in der er Anita von Brian Jones loseiste, war ihm überhaupt nicht danach, die Grundlage für eine noch engere Beziehung möglicherweise zu verlieren. Anita wiederum hatte überhaupt keine Lust, die Bindung weiter zu verfestigen, und – wie es durchsickerte – auf eine Schwangerschaft, die ihr beim Film in die Quere gekommen wäre.

„Ich wollte sicherlich nicht heiraten, wurde dann aber schwanger", sagte Anita 2003. „Und da ich *Performance* machen musste, blieb mir nur ein Schwangerschaftsabbruch übrig."

Dass Anita eine Abtreibung vornehmen ließ, unterstreicht ihren brennenden Wunsch, sich voll und ganz auf *Performance* zu konzentrieren. In der Zeit unmittelbar vor dem Film tauchten aber weitere Schwierigkeiten auf, bei denen die Emotionen hohe Wellen schlugen. Laut einer der ersten Fassungen des Drehbuchs wurde eine dritte Frau – ein Charakter namens Lucy – zwangsläufig für den „sinnlichen" Dreier benötigt. Die von Anita gespielte Pherber sollte die dominante weibliche Rolle einnehmen, wohingegen die junge und gefährliche Lucy weniger scharf konturiert war. Der Charakter – sinnlich, aber gestaltlos und ohne klare Herkunft – diente größtenteils als Spiegelfläche für Pherbers prägnantere Rolle. Wie das exakt funktionierte, sollte erst bei den Dreharbeiten geklärt werden.

Mit einem Auge auf Warner schielend und spekulierend, wie man die Marketingabteilung am besten zufriedenstellen könne, wurde Berichten zufolge Mia Farrow für die Rolle vorgeschlagen, eine Darstellerin, deren Privatleben ähnlich brisant wie ihre Filmkarriere war. Erst kürzlich hatte sie die weibliche Hauptrolle in Roman Polanskis „Teufelsbraut-Schocker" *Rosemaries Baby* gespielt. Die auf Jobsuche befindliche Farrow hätte den androgynen Charakter bedient, der in Cammells Skript vorgesehen war. Laut Sandy Lieberson (zufälligerweise ein Agentur-Vertreter von Farrow) ist dieser Vorschlag aber lediglich diskutiert worden; ein direktes Angebot an Farrow habe es nicht gegeben.

Ideen und Vorschläge machten die Runde, bis man letztendlich Michèle „Mouche" Breton für die Rolle vertraglich verpflichtete. Um sich auf ihren Part vorzubereiten, musste die damals gerade 17-Jährige einen Crash-Kurs in Englisch machen.

Breton hatte einen miserablen Start ins Leben: Ihre lieblosen Eltern warfen sie aus dem Haus, gaben ihr lediglich 100 Francs mit und verboten ihr, jemals wieder zurückzukehren. Die für ihre jungen Jahre sexuell recht aktive Frau traf Donald Cammell und Deborah Dixon zufälligerweise an einem Strand in Saint-Tropez und begleitete das Paar nach Paris. Cammell fand ihre äußerliche Unschuld höchst verführerisch und machte sich „mentale Notizen" für einige erotische Szenen, die später beim Film realisiert werden sollten.

Nachdem die Besetzung und das Filmteam in trockenen Tüchern waren, wurde der Streifen am 7. Mai 1968 in den Medien angekündigt, aber noch unter dem Titel *The Performers*. Da Mick Jaggers Name die Pressemitteilung dominierte, war es klar, wo Warners Intentionen lagen. Der Aufnahmebeginn wurde auf Montag, den 29. Juli, festgelegt, und so ergab sich nun eine große Lücke in Micks und Anitas Kalendern. Während Jagger bei jeder Schlagzeile in den Medien präsent war, erwähnte lediglich das Regenbogenblatt *Daily Sketch* Anitas Namen und erwartungsgemäß nur ihre enge Beziehung zu den Stones.

Shaun Usher schrieb: „Anita Pallenberg, die Schauspielerin, die sich in den Rolling Stone Brian Jones verliebte und danach Keith Richards' Freundin wurde, hat nun die Rolle eines Ko-Stars in Mick Jaggers erstem Solofilm ergattert – als *seine* Freundin … Ein Freund sagte gestern Abend: ‚Anita ist ganz aufgeregt, mit Mick zu arbeiten. Die Tatsache, dass sie die Stones einige Jahre kennt, sollte ihr bei der Schauspielerei helfen.'"

Obwohl Warner Brothers weiträumige Filmstudios zur Verfügung standen, entschied man sich dazu, *Performance* in einer anderen Location aufzunehmen. Donald Cammell versuchte ein praktisch hermetisch abgeriegeltes Umfeld zu kreieren, und durch diese Entscheidung konnte man sich der Kontrolle der notorisch reglementierten und beeinflussbaren Umgebung eines Filmstudios entziehen, das zudem noch von den Gewerkschaften beäugt wurde. In einer der ersten Fassungen des Drehbuchs sollte die Handlung in der vergänglichen Atmosphäre von Earl's Court spielen, dann aber in dem damals eher verwahrlosten Ambiente von Notting Hill Gate. Der überwiegende Teil der Innenaufnahmen fand in einer heruntergekommenen Häuserzeile am Lowndes Square, Knightsbridge statt, während winzige Außen- und Innen-Szenen am Powis Square, Notting Hill, gekurbelt wurden.

Und in Knightsbridge, in einem verfallenen Gebäude, das noch einstmaligen Wohlstand ausstrahlte, begann Cammell mit etwas, das Marianne Faithfull später als „psycho-sexuelles Labor" beschrieb, „ein brodelnder Kessel voller diabolischer Ingredienzen Drogen, inzestuöse sexuelle Beziehungen, Rollentausch, bei dem Kunst und Leben zusammen einen Hexentrank ergaben". Als die Konstruktion dieser phantasmagorischen, verkommenen Lusthöhle begann, wollte Cammell zuerst, dass alle wichtigen Darsteller in das Haus am Lowndes Square einzogen, wo sie sich über eine längere Zeit intensiv auf den Dreh vorbereiten sollten. Allerdings ließ sich das nicht realisieren, und so wurden die Identitätserkundung und die symbolische Depersonalisation auf den tatsächlichen Dreh verschoben.

Deborah Dixon gehörte zu den Persönlichkeiten, die die Unbestimmtheit und das Vage von *Performance* verstanden. Obwohl sie nicht mehr mit Cammell zusammen war, hatte sie die thematische Entstehung und die zugrunde liegende Vision des Projekts miterlebt. Marianne behauptet, dass Dixon für eine Rolle vorgesehen war, doch dafür gibt es keine Beweise. Dennoch fand sich ihr ausgewählter Geschmack bei der Requisite am Set wieder, da sie die Räumlichkeiten mit ornamentverzierten Gegenständen einrichtete, viele von ihnen aus der gemeinsamen Zeit mit Donald.

Dixon schlug vor, Christopher Gibbs als Design-Berater für den Film zu engagieren. Rückblickend erscheint es logisch, dass Gibbs das Set ausstattete, denn seine angenehme Gesellschaft half zusätzlich dabei, die Nervosität und schwierige Befindlichkeiten beim Dreh abzuschwächen. Im Grunde genommen war die Arbeit an der Requisite – Seide aus dem Mittleren Osten, persische Teppiche, exotische Tapeten und Wandbehänge und Kunstgegenstände – eine Fortführung der Arbeit, die er in Brians und Anitas Wohnung in der Courtfield Road begonnen hatte. (Später richtete er auch Micks und Mariannes Stadthaus im Cheyne Walk in Chelsea ein.) Mithilfe der exotischen Utensilien war Gibbs in der Lage, eine marokkanische Atmosphäre in das kalte Innere am Lowndes Square zu zaubern. Das zentrale Möbelstück war ein lädiertes Himmelbett. Behängt mit Leinen und Seide und bedeckt mit afghanischen Steppdecken und Fellen wirkte es wie das Innere eines Beduinenzelts der Lust. Das Interieur sollte sich deutlich auf die späteren Ereignisse auswirken.

„Das Bett zum Beispiel basierte auf dem Märchen *Die Prinzessin auf der Erbse*“, erklärte Gibbs gegenüber der Webseite Sothebys.com 2016. „Viele aufeinandergeschichtete Matratzen und ein Stapel mehrfarbigen Samts aus Marokko wurden nach London gebracht.“

Die Aufnahmen begannen am 29. Juli, doch Anita und Jagger mussten noch warten, bis sie vor der Kamera standen. Nach Cammells Wünschen wurde *Performance* in verschiedenen Sequenzen aufgenommen. Da man den Abschnitt mit den Gangstern zuerst aufzeichnete, mussten die beiden einen geschlagenen Monat warten, bis ihre Rollen auf Zelluloid gebannt wurden.

Das bedeutete für Jagger, mehr Zeit mit Marianne verbringen zu können, die aufgrund der Schwangerschaft behutsam behandelt werden musste. Da die überschwappende Stimmung des Swinging London einer schwierigen Schwangerschaft nicht dienlich war, zog das Paar (nebst Mariannes Mutter) nach Galway in Irland, um dort die Zeit in einem handverlesenen Etablissement zu verbringen, für 105 Pfund die Woche. Während dieser Phase bereitete sich Jagger auf den Film vor und wurde von Marianne gecoacht, die ihm verdeutlichte, wie die Figur Turner sein sollte. Aber bei all ihrer Intelligenz konnte auch Faithfull nicht vorhersehen, dass das, was auf dem Papier stand, schließlich die Hauptdarsteller verschlingen würde.

„Ich schlug vor, dass Mick seine Rolle auf Brian aufbauen solle", erinnerte sie sich in ihren 1994 veröffentlichten Memoiren. „Man muss sich vorstellen, ein bemitleidenswerter, durchgeknallter, desillusionierter, androgyner Brian mit Drogenproblemen zu sein, doch man braucht auch etwas von Keiths harter, selbstzerstörerischer und romantischer Gesetzlosigkeit ... Er machte einen guten Job und so wurde aus ihm dieser hybride Charakter, der er für immer blieb. Was ich überhaupt nicht vorhersehen konnte, war die Tatsache, dass Mick – indem er die beiden Menschen verkörperte, die für Anita extrem attraktiv waren – plötzlich einen großen Reiz auf sie ausübte."

Anita hatte nach den Aufnahmen von *Dillinger ist tot* sprichwörtlich kaum Zeit zum Luftholen gehabt und flog von ihrer Urlaubsresidenz in Positano, Italien, nach London, wo sie für die Dauer der Dreharbeiten ihre Zelte aufschlagen wollte. Ihr Freund Robert Fraser bot ihr seine Wohnung in der Mount Street 23 in Mayfair an, die nur circa zwei Kilometer vom Lowndes Square entfernt lag. Dort herrschte ein Treiben wie in einem Jean-Cocteau-Film, ständig gingen Künstler, Musiker und Besucher der Boheme ein und aus, und das zu allen nur erdenklichen Zeiten. In der „Bude" lebte auch ein Maler aus Guatemala als Untermieter. Als sich Keith und Anita die Wohnung ansehen wollten, behauptete Fraser, dass das Haus Nummer 23 nur ihr vorbehalten sei, während er in Nummer 120 ziehen wollte. Allerdings stimmte das nicht.

„Ich mietete Roberts Wohnung in der Mount Street“, erinnerte sich Anita in *Blinds & Shutters* 1992. „Er zog aber nicht aus, sondern stellte mir nur sein Bett zur Verfügung und hing ansonsten da ab.“

Dennoch war Frasers Wohnung für Pallenberg angemessener als der Durchgangsverkehr in einem Hotel. Sie lag in einem angenehmen Stadtteil, dort herrschte immer eine gute Stimmung und der Vermieter stand ihren Vorlieben positiv gegenüber, sodass ihre Einquartierung dort insgesamt sinnvoll erschien. Da Fraser Gefallen an Anitas Spesenbudget hatte, setzte man einen Vertrag über 30 Pfund wöchentlich auf, den der Produzent Sandy Lieberson unterzeichnete. Die Firma zeigte sich gewillt, die Unterbringung komplett zu übernehmen, doch vermerkte, dass Anita ihre Telefonrechnung selbst bezahlen und „die Verantwortung für einen während der Mietzeit entstandenen Schaden oder Verlust“ selbst übernehmen musste.

Die Vereinbarung, wie sie auf dem Papier stand, war durchaus üblich, doch Anitas Aufenthalt in der Wohnung sorgte für ein ganzes Schlangennest voller komplexer Emotionen. Groovy Bobs Haftstrafe nach der Redlands-Razzia hatte seinen Appetit auf Drogen kaum verringert, und trotz einer Heroin-Zwangspause aufgrund des Knastaufenthalts versorgte er sich nach seiner Entlassung wieder leidenschaftlich an vorderster Narkotika-Front. Da er es nicht eilig hatte, die Mount Street 23 zu verlassen, hielten sich Keith und Anita in bequemer Nähe zu seinem legendären Koffer auf. Somit war es vorhersehbar, dass die beiden sich mit Fraser eine Nadel teilten.

„Die harten Drogen brachten uns nicht weiter“, erinnerte sich Anita gegenüber Harriet Vyner 2002. „In der Zeit schienen Drogen das größte Ereignis überhaupt zu sein. Das Badezimmer wurde zum wichtigsten Ort, denn zuerst setzte man sich einen Schuss und danach kotzte man. Für mich verpuffte das schnell, denn ich musste am nächsten Morgen immer arbeiten. [Was die Drogen uns brachten,] schien einfach nicht real zu sein.“

Ungeachtet der Drogen begann Anita die Arbeit am Montag, dem 2. September, an einem der kontroversesten britischen Filme des 20. Jahrhunderts. Die Story, die sich die Autoren ausgedacht hatten, wurde nun von der Realität des Filmdrehs verändert, da die tatsächliche Arbeit der Poesie des Themas viel raubte. Die Anforderungen waren hoch, denn es herrschte ein rigider Zeitplan, der von 8 Uhr morgens bis um 20 Uhr reichte. Anita war dafür bekannt, die Kerze an beiden Enden anzuzünden, doch egal welch weitläufigen Aktivitäten sie in ihrer Freizeit nachging – am Set stand sie laut Sandy Lieberson für sprichwörtliche Professionalität.

„Wenn es zum Dreh kam, war sie höchst professionell und zuverlässig", erzählte Lieberson dem Autor 2018. „Nach den Aufnahmen des Tages wurde sie aber zu einem völlig anderen Menschen. Anita respektierte die Rolle der Pherber als Teil ihrer Arbeit. Sie verhielt sich nicht wie: ‚Ich mache mal den Job und spiel so ein bisschen', sondern war ernsthaft bei der Sache."

„Sie war sehr unabhängig, sehr stark und sehr professionell", erklärt Anitas Agentin Maggie Abbott. „Wenn der Dreh vorbei war, haben sie vielleicht einige Joints geraucht oder was immer sie auch machten – doch am Set verhielten sie sich professionell. Donald, Mick und Anita hatten sich dem Film verschrieben. Die waren total ernst bei der Sache."

Während sich Donald Cammell auf die Ästhetik der Performance und die eher „esoterischen" Belange konzentrierte, erwies sich der Ko-Regisseur Nic Roeg als Gegengewicht, besonders was die Fragen von Kameraeinstellungen und die Ausleuchtung anbelangte, bei denen er penibel vorging.

Die Zeit der Untätigkeit brachte Anita in Rage, da sie nur über eine kurze Aufmerksamkeitsspanne verfügte. Mehrmals verschwanden sie und andere Schauspielerkollegen von der Etage, wo man filmte, und stöberten durch die zahlreichen Räume des Hauses am Lowndes Square 23, um sich inspirieren zu lassen. Anita zog sich häufig in einem düsteren Kellerraum zurück, wo sie sich auf einer Matratze ausruhte.

„Nic Roeg brauchte einige Stunden, um eine Einstellung vorzubereiten", erinnerte sie sich. „Wir saßen dann eng zusammen im Keller, froren, kifften und warteten auf die Szene, die wir dann vielleicht 28-mal spielen mussten. Das war alles ein riesiges Durcheinander."

Dennoch bestimmte Cammell die Stimmung am Set. Zur optimalen Darstellung und Steigerung der psychologisch ausgerichteten Themen versicherte er sich, dass jedes Fenster verschlossen und mit schweren Vorhängen abgedunkelt war. Dieses Verhalten grenzte oft ans Manische.

„Da gab es immer diese rituellen Spielchen, die unbedingt so ablaufen mussten. „Bestimmte Bücher mussten an ihrem Platz stehen, und wenn wir in der Küche saßen, gab es eine bestimmte Anordnung der Gabeln und Messer. Das hatte alles was mit Donalds kleinen magischen Spielchen zu tun, und er brachte uns dazu, das exakt so zu machen."

Wie beinahe schon obligatorisch zu der Zeit, waren milde Drogen mit ihm Spiel, um die Stimmung zu beleben oder zu beruhigen. Für diejenigen, die bereits exotisch ausgerichtete Locations kannten, wirkte das Set völlig normal. Die 51 Mitarbeiter, darunter Schreiner und „Elektrolurche", empfanden die Atmosphäre jedoch als außergewöhnlich und bizarr.

Die immer geschlossenen Fenster verstärkten die klaustrophobe Stimmung. John Clark, der Art Director des Films, erinnert sich: „Man hat nur einmal Luft geholt und war breit." Ein anderer Mitarbeiter des Teams meinte in seiner rustikalen Ausdrucksweise: „Es gab keine Chance, an eine verdammte Tasse Tee zu kommen, aber die blöden Joints kamen dir schon aus den Ohren raus!"

Trotz der sporadischen Erholung in einem im Garten gelegenen Gewächshaus war Anitas Psyche in den oberen Etagen des Hauses quasi gefangen. Da die Dreharbeiten in verschiedenen Sequenzen erfolgten, war ihre Anwesenheit nicht immer schon von Beginn an erforderlich. Wenn die Kameras aber für sie liefen, konnte sich das bis ins Unendliche erstrecken. Die Aufnahme eines gemeinsamen Bades von Anita, Jagger und Michèle Breton hätte eigentlich zügig im Kasten sein können (auch mit dem gemeinsamen Joint), doch die Szene beanspruchte übermäßig viel Zeit. Erst nach mehr als zwei Dutzend Durchläufen wurde sie als gelungen abgehakt.

Als sich die Action ins Schlafzimmer verlagerte, nahm die Vorlage ein Eigenleben an. Die Szene wurde von zwei grellen Scheinwerfern ausgeleuchtet, deren Licht die farbigen Textilien durchdrang. Zuerst wurde das Trio vom Kameramann Mike Molloy unter den Decken liegend gefilmt. Die tragbare 16-mm-Bolex erlaubte ihm, die sich entfaltende Handlung aus allen Winkeln zu verfolgen.

Da die leidenschaftliche Hingabe so überzeugend wirkte, hielt auch Donald Cammell eine Kamera unter die Decke. Kurz danach ließ sich sogar der sonst reservierte Nic Roeg mitreißen. „Als es darum ging, einen neuen Film einzulegen", erinnert sich Molloy in einem Gespräch mit dem Jagger-Biografen Anthony Scaduto, „sagte Nic: ‚Hau ab, du hast nur allein den Spaß.' Danach tauchte er selbst unter die Decken ab."

Der ekstatische Gefühlsaustausch wurde nicht nur mit verschiedenen Kameras vom Set eingefangen, sondern auch Anita schnitt einige Szenen mit ihrer eigenen kleinen Kamera mit. Das hört sich unglaubwürdig an, doch später tauchten Ausschnitte davon auf – vermutlich von Anita weitergegeben, was auf die Wahrheit der Aussage hinweist. Insgesamt dauerten die Aufnahmen für diese Szenen, die schließlich nur einige Minuten im vollendeten Film ausmachen, auch wenn sie ihn letztlich dominierten, Gerüchten zufolge fünf Tage bis zur Fertigstellung. Der beim Dreh anwesende Regieassistent Peter Jaques widerspricht dem.

„Das war alles schnell gemacht", berichtete er dem Autor. „Es dauerte ungefähr zwei Stunden. Die wollten, dass niemand sonst im Zimmer war, woraufhin ich die Tür von innen abschloss. Es war nur ganz kurz. Der physische Sex lief genau nach dem Drehbuch ab – das gehörte zur Darstellung. Letztendlich stellte es eher ein Symbol dessen dar, was das Skript andeutete. Es erschien [mir] damals nicht als ungewöhnlich."

Sandy Lieberson erklärte später, dass die Umsetzung fast einen ganzen Tag in Anspruch nahm, doch insgesamt kann man davon ausgehen, dass es kein Marathon-Sex war, wie früher berichtet wurde. Was auch immer für sinnliche Gefühle während der Szene potenziell möglich gewesen sein mögen – sie wurden für Anita durch das kalte Film-Ambiente neutralisiert.

„Das hat nie viel Freude gemacht", erinnerte sich Anita in der Doku *Influence And Controversy*. „Auch wenn das wie Spaß aussah, war es das nicht, vor allem nicht für Michèle, die damals noch so unsicher war. Die Realität ist etwas anderes, und darin liegt wohl auch die Magie eines Films." Darüber hinaus erforderte eine Filmproduktion 1968 aufgrund der gewerkschaftlichen Bestimmungen zahlreiche Mitarbeiter, was bedeutete, dass die Umsetzung sinnlicher Szenen (egal wie sie ausfielen) höchst beschwerlich war.

„Da waren ständig diese ungefähr 25 Gewerkschafts-Typen", berichtete Anita gegenüber Chris Campion für *Dazed & Confused* 1999. „Ich erinnere mich an einen Kerl, der auf einem sorgfältig hergerichteten Bett mit Spiegeln saß und nur ein Kabel hielt. Und ich stellte mir immer die Frage, was zum Teufel er denn machte – außer auf einem Bett zu sitzen und ein Kabel zu halten. Der Kameramann hatte ein Blatt Papier an seiner Kamera befestigt, mit einem X und einem O. Jeden Tag kreuzten sie einen der beiden Buchstaben an. Ich wurde regelrecht paranoid und fragte mich, was es denn damit auf sich hatte. Dann fand ich heraus, dass es darum ging, wie viel die von dem Höschen des Skript-Girls sehen konnten! So was passiert bei jedem Film. Es waren die damalige Zeit und die düstere Atmosphäre und die Leute, die daran beteiligt waren, es genau so wirken zu lassen. Wir spielten dauernd [passend dazu] Dr Johns ‚Walk On Gilded Splinters'." Schließlich landete das ganze Material im Schneideraum. Die Bettszene wurde sowohl auf 16-mm als auch 35-mm aufgenommen. Außerdem hatte man auch einige Szenen mit partiell verdeckter Linse aufgezeichnet, wodurch sich der Schnitt in eine unbestimmte Länge zog. Während die im Film veröffentlichte Szene nur auf eine heißblütige Action hindeutete, mussten andere hart an dem arbeiten, was sich ihnen in der Realität bot.

Kürzlich veröffentlichte Sequenzen bestätigen, dass die Grenze zwischen Film und tatsächlicher Lust regelmäßig verschwamm. Während Jaggers Gesicht kaum sichtbar ist, erkennt man Pallenberg und

Breton, die die Handlung dominieren. Besonders Breton scheint von den „athletischen" Spielchen mit Mick und Anita erregt zu sein.

Aus der Perspektive des 21. Jahrhunderts steht die Präsenz eines Teenagers im Film für eine höchst heikle Interpretationsmöglichkeit. Pallenbergs und Jaggers Alter trifft mit Bretons sinnlicher Geschmeidigkeit zusammen. Die Szene entfachte eine große Kontroverse, stand aber im Einklang mit Donalds Vision.

„Das war wie ein Pornodreh, und Donald stand total da drauf", berichtet Pallenberg. „Da gab es alle sexuellen Spielarten. Ich beschränkte es auf die Darstellung … Ich kannte Mick Jagger. Ich kannte die Stones aus einer ganz anderen Perspektive und so war es mir ziemlich unangenehm, diese Szenen mit Jagger zu spielen. Keith fand das auch nicht toll. Darum gab es damals einige Streitigkeiten. Es war nicht leicht für uns und besonders die Art, wie Donald weitermachte … es wurde sehr intensiv."

Auf Anweisung von Cammell durfte keiner der Darsteller die Probeaufnahmen des Tages sehen – eigentlich eine Formalität. Bedenkt man die Intimität des Materials, war es klar, dass Donald nicht die bereits angespannte und zerbrechliche Stimmung zusätzlich belasten und somit von der eigentlichen Aufgabe ablenken wollte.

Die eindringlichen und mit viel Einsatz gespielten Szenen im grellen Scheinwerferlicht erforderten regelmäßige Ruhephasen. In dem Haus am Lowndes Square gab es einige zu Garderoben umgebaute Zimmer, und angeblich wurden Jagger und Pallenberg am dritten Tag der Aufnahmen dabei ertappt, wie sie in Jaggers Refugium die bislang unter der Decke gespielte Leidenschaft zu einem Höhepunkt bringen wollten. James Fox hat ein Interview hinsichtlich *Performance* für dieses Buch abgelehnt, doch Berichten nach musste der Schauspieler (ein enger Freund von Jagger und Marianne – und sich deren Schwangerschaft bewusst) erst mal schlucken bei dem, was er sah.

„Ich glaube, dass er und Anita Pallenberg, die eine große Rolle hatte, begannen, eine Beziehung einzugehen", erinnert sich Fox im *Guardian* 2008. „Da meine Rolle ganz eindeutig war, machten sie solche Mätzchen, um mich zu schocken."

Während das vermeintliche Liebesleben zwischen Pallenberg und Jagger stattfand, spielte sich angeblich eine weitere Affäre im Verborgenen ab, die sich aber nicht belegen lässt. Keiner merkte etwas, doch Donald Cammell erfreute sich, so das Gerücht, einiger intimer Momente mit Anita. Während manche ein kurzes Liebesverhältnis mit Jagger für möglich erachten – und das ist generell nicht von der Hand zu weisen –, gibt es für den später aufgebrachten Klatsch über eine Affäre mit Donald Cammell keine überzeugenden Belege. David Cammell berichtet, dass zwischen seinem Bruder und Anita früher mal etwas „gelaufen" sein soll, doch er äußert größte Zweifel daran, dass sich etwas Vergleichbares während des Drehs abgespielt hätte.

„Alles in allem ist die Zeit bei einer Produktion höchst kostbar", erzählte er dem Autor 2018. „Da gibt es keinen Raum, um einfach rumzumachen. Man muss den Job durchziehen. Es war ein professioneller Job und man hatte keine Zeit zu verschwenden. Jeden Abend setzte er sich mit Nic hin und schrieb das Drehbuch um – er hatte überhaupt keinen Freiraum für eine Liebesbeziehung."

Wie vorherzusehen, erreichten die Gerüchte über Micks und Anitas angebliches Techtelmechtel Richards' Ohren. Er hielt sich damals in der Mount Street auf, um neue Songs für die Stones zu schreiben, und seine kaum verdeckte Paranoia war bereits bei der Aussicht auf Intimitäten am Set durchgebrochen. Er brauchte jemanden, der seine sich im Kopf ständig drehenden Verdächtigungen bestätigte, und somit kam Robert Fraser ins Spiel. Eigentlich leistete er ihm die zwölf Stunden Gesellschaft, die Anita beim Dreh arbeitete, aber man konnte ihn auch geschickt als unauffälligen Beobachter beim Lowndes Square einschleusen. Da Fraser die meisten der mit *Performance* beschäftigten Mitarbeiter kannte, schlich er mühelos durch Christopher Gibbs samtene Vorhänge, um beim Dreh zu spionieren und dann die Informationen an Richards weiterzugeben. Auch andere hatten Zutritt zu den angeblichen „Spielchen der besonderen Art". Als Drogen-Dealer durfte Tony Sanchez, „der Spanier", am Lowndes Square zu jeder Zeit ein und aus gehen. Er war aufgrund seines Jobs darauf gedrillt, immer die Ohren aufzuhalten und jedes neue Gerücht aufzuschnappen. Auch er behauptete, einen innigen Moment von Mick und Anita beobachtet zu haben. Da Diskretion sicherlich kein Charaktermerkmal von Sanchez war, überbrachte er Richards schadenfroh die Nachricht.

Da dieser Bericht Richards' Paranoia zusätzlich anheizte, ließ er sich vom Chauffeur Tom Keylock in seinem Bentley zum Ort des Geschehens bringen, um sich Gewissheit zu verschaffen. Erst mal in Knightsbridge angekommen, parkten sie neben dem Haus Lowndes Square 23, und Richards rauchte, trank und zermarterte sich das Gehirn, was da drinnen wohl geschähe. Von der Straße aus konnte man die verdunkelten Fenster klar erkennen, doch trotz seiner schlimmsten Befürchtungen weigerte sich Keith, dort reinzugehen.

Sanchez sagte: „Er schien Angst zu haben, dass es da Stress geben würde. [Keith] erkannte, dass er – wenn er die zwei beim Sex erwischte – beide verlieren würde. Seine Welt würde genauso einstürzen wie Brians."

Keylock schrieb später über den erbärmlichen Rückzug vom Lowndes Square: „Wir fuhren zurück in Bobs [Frasers] Wohnung, und ich hörte, wie er etwas über Mick, Anita und Donald Cammell quatschte, der für ihn ein Wichser war."

Wie mehrere Quellen berichten, ließ Richards durch Robert Fraser oder Tony Sanchez Anita kleine handbeschriebene Zettelchen ins Haus bringen. Nicht alle kannten Sanchez, doch für den immer freundlichen und liebenswürdigen Fraser öffneten sich alle Türen ohne den Hauch eines Verdachts. Niemand hätte von dem Mann mit der getönten Brille vermutet, dass er das „Aufklärungsmaterial" direkt an Richards weitergeben würde.

Die Aufnahmen am Lowndes Square zogen sich oft bis in die späten Abendstunden, und so verharrte Richards in seiner Einsamkeit in der Mount Street – nur in Gesellschaft von Fraser, der seine Paranoia beschwichtigte oder neuen Zündstoff gab. Ohne Aussicht, dass Anita vor der Geisterstunde heimkehrte, wurde die Atmosphäre durch Grübeln und Sorgen verdunkelt.

Wenn Anita endlich zurückkam, verlangte der in eisiger Stimmung verharrende Richards von ihr, eine Zusammenfassung des Drehtags abzuliefern – mit einem Fraser, der ihm wissende Blicke zuwarf.

Pallenbergs Antworten fielen oft knapp und unschlüssig aus, und auch ihre Körpersprache gefiel dem Gitarristen ganz und gar nicht.

„Keith und Robert waren beide so zynisch und sarkastisch", erinnerte sich Anita 1997. „[Sie] machten den Film jeden Tag runter. Ich kam vom Dreh nach Hause und sie putzten Jagger runter, putzten einfach alles runter. Das verwirrte mich ... Ich weiß nicht, was Robert über Donald Cammell und den Film dachte, aber Keith hielt ihn für Mist."

Obwohl Cammell im Zentrum der Sticheleien stand, nahm er an, dass Anita die Machtspielchen gefielen, die durch den Streifen möglich waren: „Anita unternahm nichts gegen Keiths Unsicherheit. Sie schien ihn aufzuziehen, tat so, als wolle sie Mick, ähnlich wie sie es schon bei Brian und Keith getan hat."

Richards wehrte sich später gegen die Behauptung, er habe sich bei den Filmarbeiten gemein verhalten. „Für mich ist es der einzige Weg, mit so einer Situation umzugehen", erklärte er der Autorin Barbara Charone. „Wäre es ein anderer Film gewesen, hätte ich mich vielleicht auch anders verhalten, doch bei dem Streifen ging es um die Interaktion zwischen Mick und Anita. Ich kann nicht erkennen, was ich denn da für eine Hilfe gewesen wäre."

Da Anita beschäftigt war, zog sich Richards oft allein nach Redlands zurück. Einmal führte das zu einer Einladung an Brian, nach West Wittering zu kommen. Da Richards' und Jones' Verhalten häufig von Anita abhing, erlaubte der Besuch den beiden, einige der Feindseligkeiten beizulegen, die sie zuvor ertragen mussten.

Mick hingegen schickte Marianne täglich Blumen nach Irland – vielleicht aus Schuldgefühlen, ernsthafter Fürsorge oder einem plötzlich erwachten floristischen Interesse. (Billy Wyman besteht auf der Aussage, dass er Anita auch an jedem Drehtag ein Bouquet zukommen ließ.) Faithfull durchlitt zwar eine Risikoschwangerschaft, doch ihre Sinne waren hellwach, und sie konnte sich auch aus der Entfernung die energieaufgeladenen Beziehungen am Set von *Performance* vorstellen, besonders das Dilemma, in dem sich Richards wiederfand. „Die Tiefe der Beziehung zu Anita war überall bei ihm zu erkennen", schrieb sie in ihrer Biografie. „Eine sehr romantische, alles verschlingende Liebe. Darum empfand er Anitas und Micks Betrug am Set von *Performance* als so niederschmetternd."

Die Nachricht von Keiths angeschlagener Beziehung zu Anita kam blitzschnell bei Cammell an, dem augenblicklich klar wurde, dass Frasers Umtriebe als „Agent" einen negativen Einfluss auf die bereits schwierige Stimmung hatte – auch am Set. Ohne viel Federlesens verbannte er Fraser aus dem Haus, obwohl klar wurde, dass der Schaden bereits angerichtet war.

„Ich verbot Fraser, am Set von *Performance* herumzulungern", berichtet Donald 1992, „da er zu viel Ärger verursachte. Keith versuchte bereits meinen Film zu sabotieren, weil er auf Mick und Anita eifersüchtig war. Er wollte nicht, dass Anita den Film machte … Doch für Anita war es die schönste Zeit ihres Lebens."

Bei der Menge an Gerüchten – die alles überstiegen, was je über Dreharbeiten getratscht wurde – benötigten die Protagonisten mehrere Dekaden, um die angesprochenen Ereignisse zu verstehen – falls sie überhaupt jemals so stattgefunden hatten.

In einem Interview mit David Del Valle 1998 behauptete Cammell vehement, dass es während der Dreharbeiten zu einer Affäre zwischen Anita und Jagger gekommen sei – auch wenn nicht direkt am Set. „Die Beziehung zwischen Mick und Anita hat es gegeben", bekräftigte er. „Die beiden wurden Liebende, obwohl sie Richards' Lady war. Ich werde niemals Keith Richards' Rolls Royce vergessen, der auf der anderen Straßenseite, gegenüber der Location parkte. Er behielt seine Geliebte im Auge. Jagger nahm Anita zum Sex mit in den Keller. Keith kam zum Set und wollte sehen, ob da was abging, doch er wusste nicht, dass er nur einen halben Meter über dem Ort der Action stand!"

Einige Jahre später gab Pallenberg eine eindeutige Antwort zum Thema, ob es zwischen den beiden gefunkt hätte: „Nein, hat es nicht", antwortete sie auf die direkte Frage. „Ich war damals nur einem Mann treu, und das war Keith. Ich liebte ihn. Und davon mal abgesehen, war Jagger der wohl letzte Mann, mit dem ich es gemacht hätte." Als sie mit Mick Brown 2004 sprach, drückte sich Anita kryptischer aus: „Ich stand niemals auf Mick. Doch ich fand eins heraus: Wann immer man einen Film dreht und einen Drehpartner hat, gibt es eine kleine Affäre oder es passiert etwas anderes."

Aber auch andere Personen, die sich von ihren Emotionen leiten ließen, hatten etwas zu sagen. Donald Cammells Kontrollsucht und sein legendäres Temperament führten oftmals zu Szenen, bei denen Mick und Anita vor Angst in einer Ecke kauerten. „Es war ein absoluter Albtraum", berichtete Pallenberg gegenüber Chris Sullivan 2007. „Donald war wirklich eine Primadonna – er bekam Tobsuchtsanfälle, brüllte, schrie und versuchte ständig diese durchgeknallten, absonderlichen und perversen sexuellen Szenarien im Film unterzubringen."

Während Sex und Gewalt einen frühen Abschnitt der Dreharbeiten ausmachten, wurden Drogen als Gegenpol ins Spiel gebracht. Laut Drehbuch musste der von Fox gespielte Chas eine ungewollte halluzinogene Initiation über sich ergehen lassen. Der Schauspieler hatte natürlich Angst davor, dass man ihm ohne sein Wissen eine Dosis verpasste. Er hatte bereits eine Szene mit Pallenberg gespielt, bei der die Sexualität seines Alter Egos erkundet wird, doch es war klar, dass der halluzinogene Abschnitt weitaus tiefer ginge.

Fox hatte sich schon hier und dort bei den damals modischen Substanzen bedient, doch seine Erfahrung mit psychedelischen Drogen war kein Spaß gewesen. Er hatte bei LSD-Sessions mitgemacht und auch die drastischen Auswirkungen von dem sich überaus stark auf die Psyche auswirkenden STP („Serenity, Tranquility and Peace") erlebt, woraufhin er es überhaupt nicht eilig hatte, erneut den psychedelischen Pfad zu beschreiten. Und schon recht nicht ohne vorherige Ansage! Während des LSD-Sommers 1967 dokumentierte Fox seine psychische Zerbrechlichkeit in einem Tagebuch: „Ich stecke in den Klauen der fürchterlichen Erkenntnis, dass mich dieses verschwendete, schlimme Leben, in das ich mich fallen ließ, zutiefst ängstigt."

Anita fand Fox' Zögerlichkeit hinsichtlich des Drogenkonsums bei *Performance* höchst amüsant: „Er saß da jeden Morgen mit dem Drehbuch und studierte es. Wir latschten überall rum und pafften Joints, nur um ihn zu ärgern."

Es liegen aber keine Informationen darüber vor, ob sich Fox vor der Pallenberg/Brian-Jones-Marotte fürchtete, anderen LSD in die Drinks zu mischen. Anita ging mit diesen üblen Streichen ganz offen um und zog den Schauspieler damit auf, dass es immer geschehen könne.

„Er weigerte sich, Pilze oder LSD zu nehmen", meinte Pallenberg 1998. „Ich zog ihn immer auf. Wenn er sich morgens einen Kaffee wünschte, meinte ich: ‚Ich geb dir 'nen Schuss LSD mit dazu.' Das war wirklich ein kindliches Gehabe. Ich verhielt mich wie eine Göre."

Es wurde nie klargestellt, ob Fox während der Arbeiten die ungewünschte Dosis LSD von Anita verpasst bekam oder nicht, obwohl alles möglich war, bedenkt man das absolute Chaos am Set. Auf Nachfrage erklärte Fox, dass er sich an die Erlebnisse beim Dreh von *Performance* nur noch verschwommen erinnern könne. Doch der Mythos um den Film wird durch gegensätzliche Aussagen bestärkt. Tony, der Spanier, behauptete, er habe gesehen, dass Jagger und Fox während des Drehs die damals geradezu „virulente" Droge DMT geraucht haben.

„Ich habe so etwas nicht beobachtet", erinnerte sich Pallenberg. „Doch ich wäre nicht überrascht. Damals lief einiges klammheimlich ab. Der Spanier brachte mir auch noch andere ‚Delikatessen'."

Laut Anita stellten einige Szenen für Fox einen Affront dar, besonders wenn er Mick Jagger küssen musste und dabei gefilmt wurde. Sehr zu Cammells Ärger wurde die Szene auf Druck der Finanziers aus der Endfassung geschnitten.

Andere Darsteller litten unter dem Gefühl der Einkerkerung. Michèle Breton – während der kompletten Aufnahmen meist high oder stoned – steigerte sich in einen Teufelskreis von Paranoia hinein und glaubte, Pallenberg und Jagger würden etwas gegen sie im Schilde führen. Schleunigst wurde ein mitfühlender Arzt mit einer großen Spritze gerufen, der Breton Valium intravenös verabreichte – ein Versuch, sie bis zum Ende der Dreharbeiten zu stabilisieren.

Warner Brothers blieben in respektvoller Distanz zu den Dreharbeiten. Sie waren von der kinematografischen Qualität der Probeabzüge so angetan, dass sie es nicht eilig hatten, das Set zu besuchen. Dennoch tauchten zu einem späteren Zeitpunkt einige hohe Tiere am Lowndes Square auf, um sich einen Eindruck vom Fortschritt der Arbeiten zu verschaffen. Da sie über eine Million Pfund in den Film gesteckt hatten, war es unvermeidbar, dass sie zu einem bestimmten Zeitpunkt zur Kontrolle erschienen. Einer von ihnen war der Anzugträger Ken Hyman, damals Abteilungsleiter für Warners Produktionen im UK. Er hatte dem Film mit viel Enthusiasmus grünes Licht gegeben und erlaubt, dass die Dreharbeiten ohne die Formalitäten stattfinden, die oftmals die Anfangsstadien der Arbeit erschweren. Hyman hatte sich zuerst wunderbar zurückhaltend gegeben, doch das änderte sich gleich nach seiner Ankunft im Haus am Lowndes Square.

„Er kam zum Set und war entsetzt", enthüllte Cammell dem *Guardian* 1971. „Er schaute sich Mick Jagger an und brüllte zu einem seiner Handlanger: ‚Hey, dieser Typ ist ja bi!' Er meinte, es sei der schmutzigste Film, den er je gesehen habe, und wollte die Aufnahmen auf der Stelle abbrechen."

Der Dreh wurde eine ganze Woche lang ausgesetzt, und die Filmemacher mussten sich schon mal mit dem Gedanken an einen möglichen Rechtsstreit anfreunden. Mit Versicherungen, dass alles unter Kontrolle sei – alle Parteien wussten, dass der Großteil des Budgets bereits ausgegeben war –, setzte man den Dreh fort. Allerdings war Zweifel gesät worden.

Cammell hatte gelegentlich den Türsteher gespielt, um bestimmte Leute fernzuhalten, die die Atmosphäre von *Performance* stören konnten, wohingegen er andere mit offenen Armen empfing. Der berühmte Fotograf Cecil Beaton gehörte zu den Gästen, die im Endstadium der Dreharbeiten auftauchten. Immer glücklich, wenn ein Mick Jagger in seiner Nähe war, freute sich Beaton, als

Sandy Lieberson ihn bat, einige Fotos vom Set zu schießen. Wie zu erwarten, konzentrierten sich Beatons (größtenteils gestellte) Fotos auf Jagger, doch einige Bilder fingen auch Anitas ehrfurchtgebietende natürliche Schönheit ein; Kontaktabzüge davon sind noch vorhanden. Auf einem sieht man sie auf den Knien vor einem herausgeputzten Mick, auf einem weiteren auf einer Art Thron entspannt sitzend, während Jagger neben ihr wie ein kriecherischer Höfling erscheint.

Trotz der meist alles überlagernden Streitereien gab es bei den Dreharbeiten auch einige lustigere Begebenheiten. Anitas Agentin Maggie Abbott, die mehrere Abstecher zum Lowndes Square machte, um sich über den Fortschritt zu informieren, erinnert sich an eine humorvolle Szene mit ihrer Klientin während einer Drehpause.

„Ich ging einige Male zum Set am Lowndes Square“, berichtet Abbott heute. „Ich hing da ab, unterhielt mich mit Anita. Sie war so witzig, hatte dieses Girly-Feeling. Einmal saßen wir auf dem Bett des Sets und Anita zeigte mir die Muskeln, die ihre Brüste in Form hielten. Sie meinte: ‚Schau mal, Maggie, ich will dir mal was zeigen. Da, fühl doch mal!‘ Sie hatte so harte Muskeln, die von ihrem Achselbereich bis zum oberen Brustansatz verliefen. Sie waren bretthart, und sie drängte mich, auch zu trainieren.“

Nachdem sie ihre Beiträge zu *Performance* abgeliefert hatte, erhielt Anita in letzter Minute einen Anruf von Cammell, der sie zum Set zurückbeorderte, um eine zusätzliche Szene abzukurbeln. Obwohl die damals in Mode gekommenen Drogen in dem Streifen ausführlich behandelt wurden, wies die Szene partiell auf Anitas zusätzliche Präferenzen hin.

Anita: „Als wir den Film beinahe fertig hatten, war ich voll auf Drogen. Ich hatte geglaubt, dass ich das alles verheimlichen konnte, doch Donald brauchte mich für eine zusätzliche Szene – die, bei der ich mir Vitamin B 12 spritze. Er muss mich wohl die ganze Zeit über beobachtet haben.“

Die anscheinend harmlose Injektion von Vitaminen war ein modischer Renner, doch sie diente auch dazu, Mutmaßungen darüber abzublocken, was sich denn sonst noch alles in Anitas Medizintäschchen befände.

Als man das Set nach Fertigstellung der Dreharbeiten abbaute, schnappte sich Anita Berichten zufolge noch einige interessante Souvenirs, die sie an den Job erinnern sollten. Zwar hatte sie ihre eigene Garderobe zur Produktion mitgebracht, doch überall lag noch seltener und exotischer Krimskrams herum. Tony Sanchez behauptet seit damals, dass sich Anita auch einige Artefakte unter den Nagel gerissen hätte.

Sanchez: „Sie begann damit, Teile der Requisite zu klauen. Genauer gesagt, überredete sie mich dazu, das Zeug für sie zu klemmen. Jedes Mal, wenn ich in das Haus kam, hatte sie etwas zur Seite gelegt, das ich mir dann unter den Mantel steckte und herausschmuggelte. Einmal war es ein orientalisches Stirnband. Donald hatte so einen Verdacht, was da vor sich ging, und er war stinksauer. Nicht wegen dem Wert der Requisiten, sondern weil solche Aktionen die Fertigstellung des Films verzögerten ... Er wollte sich aber nicht bei Anita und Mick beschweren, um nicht zu riskieren, dass die rumtobten."

Anita bot hingegen eine „etwas legalere" Erklärung an. „Es war Tony, der Spanier, der am letzten Tag eine Knarre mitgehen ließ. Sein Auftauchen am Set erklärte er damit, dass er mir Drogen bringen wollte."

Entgegen den ganzen Spekulationen hat Anita vermutlich nur eine Requisite aus dem Haus mitgenommen, und das legal. Sie ließ das Himmelbett, in dem sich die schärfsten Szenen des Streifens abgespielt hatten, zuerst in Robert Frasers Wohnung bringen, wonach es eine neue Heimat bei ihr fand.

In großer Eile wurden die Dreharbeiten für *Performance* Ende November 1968 beendet – ein Grund zum Feiern. Doch das war der einzige glückliche Moment, den der Film nach seiner Fertigstellung erlebte. Es ist fast schon zur Legende geworden, dass *Performance* die neun Pforten zur Hölle durchschreiten musste, bevor der Streifen überhaupt in die Nähe einer Veröffentlichung kam.

Keiths und Micks Arbeit an dem Soundtrack war ins Stocken gekommen, was wohl niemanden überraschen wird, wenn man bedenkt, wie verletzt Keith wegen des augenscheinlichen Betrugs im Haus am Lowndes Square gewesen ist. Mit „Memo From Turner" allein – einer Jagger/Richards-Komposition, die von den Stones schon im Dezember als Demo eingespielt worden war – hatte man wohl kaum das Werk zu bieten, das sich die Finanziers des Films wünschten. Da Richards sich auf das Songwriting für das Stones-Album *Beggars Banquet* konzentrierte, war *Performance* sicherlich das Projekt, das ihn am wenigsten interessierte.

Da man die Verantwortlichen bei Warner immer wieder konsequent abgewimmelt hatte, waren sie verständlicherweise an handfesten Neuigkeiten zum Soundtrack interessiert. Donald Cammell nahm die unglückliche Rolle des Prellbocks zwischen Jagger und Richards ein und fand sich in einer heiklen Lage wieder. „Keith wollte sich einfach nicht dransetzen", erinnerte er sich später. „Dann hakte ich bei Mick nach: ‚Wo ist denn dieser gottverdammte Song?' Mick wimmelte mich immer wieder ab, meinte, es sei alles okay, doch er wusste ganz genau, was bei Keith ablief und auch warum."

Da die Veröffentlichung des Soundtracks bereits angekündigt und nur eine einzige Jagger/Richards-Komposition abgeliefert worden war, wurden eine Reihe anderer Künstler um einen Beitrag gebeten, darunter Randy Newman und Ry Cooder. Dass man The Last Poets berücksichtigte, eine eher bizarr ausgerichtete Band, ging auf einen Vorschlag Anitas zurück.

Passend zur ungewöhnlichen Stimmung des Films erforderte auch die Postproduktion einige originelle Ideen. Das brutale Ende von *Performance* beinhaltet eine Sequenz, bei der das Innere eines Körpers dargestellt werden sollte. Dazu waren realistische Aufnahmen notwendig, von einer Kugel, die sich ihren Weg durch „Jaggers Leib" bahnt.

Unter all den ganzen Gerüchten tauchte auch die Behauptung auf, dass die Reise der Kugel durch Jaggers Körper dargestellt wurde, indem man eine Mikrokamera in Pallenbergs Vagina schob.

„Wieder so ein Quatsch", berichtete Donald Cammell dem Autor 1999. „Tatsächlich wurde es bei einem Krebsforschungszentrum aufgenommen. Da arbeitete so ein Typ, der auf Mikrofotografie spezialisiert war, und ich brachte ihn dazu, die Kugel durch die Luftröhre einer Leiche zu schicken und das dann aufzunehmen."

Diese skandalträchtigen Gerüchte waren aber nicht mehr als eine leichte Brise im Vergleich zu dem sich zusammenbrauenden Unwetter. Als das belichtete Filmmaterial entwickelt war, sorgten die massiven negativen Energien, die von dem Dreh ausgingen, für einen regelrechten Aufruhr. Während die gewalttätigen Szenen zu Beginn von *Performance* ein beklemmendes Gefühl hervorriefen, gab es mehr als nur hochgezogene Augenbrauen beim Blick auf das ungeschnittene Material von Anita, Mick und Michèle Breton in den verschiedenen Stadien der Sexspielchen – zuerst bei der Filmentwicklung.

Passend zum permanenten Chaos, das *Performance* umgab, wurden zehn Filmrollen zu einer Abteilung geschickt, die normalerweise nur traditionelle Dokumentarfilme entwickelte. Eine Assistentin dort – unvorbereitet und angeblich zutiefst empört über die anatomischen Einzelheiten, die sie auf ihrem Moviola ertragen musste – weigerte sich, ihrer Aufgabe nachzukommen. Der Leiter der Abteilung erhielt eine Reihe erboster Anruf und rief seinerseits mitten in der Nacht Nic Roeg an und informierte ihn darüber, dass das erhaltene Material gegen die in der Filmindustrie herrschenden guten Sitten verstieße. Um einer möglichen Strafverfolgung zu entgehen, informierte der gute Mann Roeg, dass er das entwickelte Material mit Hammer und Meißel zerstören werde. Angeblich soll er dieser Aufgabe in Anwesenheit von Roeg auf dem Parkplatz nachgegangen sein. Um die noch vorhandenen Negative zu schützen, sorgte Roeg dafür, dass man das Material zu einer freundlicheren Firma transportierte, damit ein erster Rohschnitt angefertigt werden konnte.

Das Drama endete jedoch nicht im Labor. Warner hatten mittlerweile 1,5 Millionen Pfund in *Performance* gesteckt. Eine spätabendliche Vorab-Vorstellung für die Bosse und ihre Frauen stand schon von Anfang an unter schlechten Vorzeichen. Man hatte den Streifen diskret als einen stilistisch dem leichter zugänglichen *Asphalt-Cowboy* nahe stehenden Film angepriesen, doch erwarteten die Anwesenden eindeutig eine Variante von *A Hard Day's Night*. Alle Hoffnungen auf einen von Jagger dominierten Film mit einem Soundtrack, der dem Angebot einer Jukebox entsprach, wurden schon in den ersten Minuten zerstört. Während sich einige bereits bei den gewalttätigen Gangsterszenen schnell zurückzogen, äußersten andere ihre Abscheu bei der eher intimen Action. Die meisten empfanden die jugendliche und androgyne Präsenz von Michèle Breton als verstörend und konnten überhaupt keine Zusammenhänge erkennen. Beinahe schon legendär ist die Information, dass die Aufführung mittendrin abgebrochen werden musste, da sich die Frau eines leitenden Managers bei dem sich ihr darbietenden Horror des höchst plastischen Materials übergeben musste – direkt auf seine Schuhe. Ein anderer Anwesender brachte seinen Unmut zum Ausdruck, indem er brüllte: „Wollt ihr hier noch weiter sitzen und euch diesen Müll ansehen?" Die Stimmung im Raum wurde von einem weiteren Zuschauer unnachahmlich auf den Punkt gebracht, als er während der gemeinsamen Badeszene von Mick, Anita und Michèle laut und vernehmlich feststellte: „Sogar das Badewasser ist dreckig."

Da man den Darstellern und dem Produktionsteam (darunter beide Regisseure) den Zutritt zu der Aufführung verweigert hatte [und sie demzufolge nicht gegen die entstandene Meinung argumentieren konnten], verlangten die Warner-Manager zahlreiche Schnitte, um die Zahl der Sex- und Gewaltszenen zu verringern, zugunsten einer höheren Leinwandpräsenz von Mick Jagger. Die klar und eindeutig verfasste Anordnung war der erkennbare Versuch, die höchste Altersbeschränkung bei der Filmfreigabe zu verhindern, die sonst das von Warner anvisierte Zielpublikum vom Kinobesuch ausgeschlossen hätte.

Da Roeg mit den Arbeiten an *Der Traum vom Leben* in Australien beschäftigt war, mussten Donald Cammell und Mick Jagger sich mit Warner über die lange Liste von Schnitten auseinandersetzen, die die Firma vor einer Veröffentlichung verlangte. Da der Gangster-Prolog für die Handlung essenziell und Jaggers Spielchen mit Pallenberg und Breton für die Atmosphäre wichtig waren, schossen Regisseur und Hauptdarsteller ein Telegramm in Richtung Warner, als die Verhandlungen besonders ekelhaft wurden: „Dieser Film stellt eine pervertierte Liebesaffäre zwischen Homo sapiens und Lady Gewalt dar. Um dem Thema gerecht zu werden, ist der Film notwendigerweise erschütternd, paradox und absurd. So einen Film zu produzieren, setzt voraus, dass das Thema jedes nur erdenkliche Tabu aufgreift."

Cammell, der zu der Zeit in Los Angeles mit dem ehemaligen Gangmitglied und jetzigen Cutter Frank Mazzola arbeitete, versuchte alles, um Warner die Kontrolle zu entreißen. Schließlich verbrachte er geschlagene zwei Jahre mit einem Schnitt, der beiden Parteien zusagte. Um die schizophrene Atmosphäre des Films zu verstärken, nutzten Mazzola und Cammell eine Frühfassung von Antony Balchs und William Burroughs Streifen *The Cut Ups* aus dem Jahr 1966 als Blaupause.

Der Film lag nun im „Schnittkabuff" unter Verschluss. Möglicherweise in einer Art Vergeltungsaktion – wegen des ungeheuren Drucks, der die Veröffentlichung verhinderte – „befreite" Sandy Lieberson einiges an anzüglichem Material und brachte einen zehnminütigen Schnitt höchstpersönlich nach Amsterdam. Mit einer Filmdose mit der Aufschrift *„Performance Trims"* enthielt die Spule eine Melange von sinnlichen Bildern des Lust-Trios. Eine Festival-Reportage in der linksgerichteten *Vrij Nederland* bemerkte: „Der enthüllte ‚Apparat' des King der Rolling Stones im Ausschnitt von *Performance* bekam großen Applaus, aber hinterließ auch einige enttäuschte Zuschauer, denn Jaggers Schwanz unterscheidet sich nicht von anderen Schwänzen."

Die *Performance Trims* wurden dermaßen abgefeiert, dass sie später im Jahr den Golden Penis in Frankfurt einheimsten – präsentiert von der angemessen so genannten „Hung Jury". Fünfzig Jahre danach ist es immer noch das einzige Metall, das der Streifen gewinnen konnte.

Wie dem auch sei – Gespräche über den „schlüpfrigen" Schnitt zogen in den Gefilden der Gegenkultur ihre Kreise. Laut dem Rolling-Stones-Anhängsel Ian Stewart sollte sich Keith – immer noch verärgert über die zahlreichen Anspielungen auf den *Performance*-Dreh – eine Kopie der Rolle beschafft haben, die ihn angeblich zur Weißglut brachte.

Dank des neuen Warner-Vorsitzenden Fred Weintraub erschien *Performance* schließlich 1970 und nahm zuerst den Status eines visuellen Grabsteins einer vergangenen Zeit ein. Überraschenderweise – bedenkt man die lange und positive Berichterstattung der US-Kritik über Kultfilme und die Nachwehen von *Easy Rider* – konnten sich die Rezensenten aus den USA nicht mit *Performance* anfreunden. In einer Besprechung des Magazins *New York* im August 1970 bezog John Simon eine ähnliche Position wie der „Sittenwächter" der ersten Filmschnitte. Seine Zeilen fielen geradezu hysterisch aus: „Unbeschreibbar schmuddelig! Selbstbezogen und protzig … nur für Drogenabhängige, Päderasten, Sadomasochisten und Schwachköpfe geeignet." Richard Schickel vom Magazin *Time* setzte der Empörung noch eins drauf und kategorisierte den Streifen als „den ekelhaftesten, wertlosesten Film, den ich seit Beginn meiner Kritikertätigkeit je gesehen habe".

Die Kritiker im Vereinigten Königreich mussten noch ein Jahr länger warten, bis *Performance* endlich auf der Leinwand zu sehen war. Während die meisten Magazine bis auf die Namensnennung kaum etwas über Anita berichteten, beschrieb sie der *Listener* als „begehrenswert und verwirrend", während der *Observer* fand, dass sie ihre Rolle mit „angemessener Beklemmung" umsetzte. Die ausführlichste Erwähnung Anitas kam vom *Melody Maker*: „Miss Pallenberg stellte sich als die perfekte Darstellerin der Pherber heraus und balancierte eine schwierige und entscheidende Rolle mit Leichtigkeit und Sicherheit aus." Ansonsten begeisterten sich die eher kreativen Kommentatoren allgemein für den Anspruch des Films.

„Höchst originell, einfallsreich und fantasievoll", schrieb Derek Malcolm in seiner großzügigen Kritik im *Guardian*. „Ein realitätsnaher Film, genau in dem Moment erschienen, in dem wir glaubten, dass so ein Werk nicht mehr von einem einheimischen Talent stammen könne."

Es wird niemanden überraschen, dass der Film in den Kreisen der Londoner Gegenkultur ein Erfolg wurde. Die Einnahmen der Großbritannienpremiere am Leicester Square Odeon gingen an die Wohltätigkeitsorganisation Release, die sich gegen Drogenmissbrauch einsetzte. Während Anita und Keith die Veranstaltung am Montag, dem 4. Januar 1971, besuchten, blieb Mick die Betrachtung der delikaten Szenen mit Pallenberg erspart (neben ihr saß der geliebte Keith), da ein geplanter Flug von Paris nach London aufgrund von Nebel abgesagt werden musste. Unter den Besuchern befanden sich unter anderem der Ex-Beatle George Harrison, Eric Clapton und der Förderer aller Underdogs Lord Longford.

Zufrieden mit der Vorstellung (zumindest, wenn man die Fotos betrachtet) erschien Keith sogar ein wenig euphorisch – vermutlich hatte er sich von der ganzen ertragenen Aufregung während der Filmarbeiten erholt. Auch Anita strahlte über das ganze Gesicht. Sie trug ein herabfallendes Kleid, einen weißen Pelzmantel und einen metallenen ägyptischen Kopfschmuck, womit sie ihrem Leinwand-Alter-Ego entsprach.

Der stark zusammengeschnittene Streifen zog langsam durch die Odeons und Gaumonts des UK, wobei die Gerüchte von Jaggers und Pallenbergs vermeintlicher Liebschaft den Höhepunkt einer Fieberkurve erreichten. Um das Feuer noch weiter anzufachen, ließ Anita – im Besitz einiger Outtakes der wohl umstrittensten Szenen – den Underground-Magazin *Oz* acht heiße Standbilder aus dem Film zukommen. Ohne exakte Quellenangabe sagten die Bilder mehr aus als jede erdenkliche Schlagzeile. Die Ausschnitte zeigten einen splitterfasernackten Jagger neben Michèle Breton auf dem Bett und ihre Veröffentlichung heizte das Mysterium um *Performance* weiter an.

In den folgenden drei Jahrzehnten führte Donald Cammell bei weniger als einer Handvoll Filme die Regie, da er sich nie von dem Stigma des Undurchsichtigen befreien konnte, das ihm *Performance* eingebracht hatte. Zwar gehörte er noch zu Jaggers weiterem Freundeskreis, doch Begegnungen mit Anita und Keith waren einfach belastet. Er beendete sein Dasein ganz im Stil des Protagonisten seines Films, indem er sich durch einen Schuss in den Kopf das Leben nahm. Dadurch verschmolzen das Mysterium von *Performance* und die Realität auf eine makabere Art und Weise.

Michèle Breton konnte ihre Darstellerrolle niemals vom realen Leben trennen und stürzte in Heroinabhängigkeit und tiefste Einsamkeit ab, wobei sie in den schäbigsten Vierteln einiger europäischer Städte versackte. Dennoch überdauerte die Beziehung zu Anita und Keith die Dreharbeiten, und sie ließ sich in den darauffolgenden Jahren ab und an im Dunstkreis des Pärchens sehen.

James Fox, der einen Großteil der Psychospielchen von Cammell/Pallenberg/Jagger während der Dreharbeiten zu ertragen hatte, machte nach den Dreharbeiten angeblich eine radikale 180-Grad-Wendung. Nach einem 18 Monate dauernden Rückzug in Südamerika zog es ihn nach Frankreich, wo er mit evangelikalen Christen arbeitete, bevor er letztendlich wieder auftauchte und einer konventionellen Schauspielerkarriere nachging. Trotz der unendlichen Gerüchte um den Film stellte Anita die Behauptung infrage, dass die Arbeit an *Performance* Fox' Psyche Schaden zugefügt habe: Schon lange vor den Dreharbeiten habe er sich dazu entschieden, einen spirituellen Weg einzuschlagen. (Wesentlich später meinte sie: „Der Mythos ist viel besser [als die Realität]".)

Jaggers stahlharte Psyche war kaum vom Wahnsinn des Films angekratzt worden, und er arbeitete an einem Revival der Stones. Wie Marianne Faithfull berichtete: „Mick kam da in bester Stimmung raus … er hatte kein Drogenproblem und auch keinen Nervenzusammenbruch." Auf Fragen hinsichtlich der Gerüchte um den Film und seiner möglichen Liaison mit Anita, präsentierte der taktisch agierende Jagger auf Anfrage die diplomatische Antwort, dass alles „so gut war, dass ich es nicht abstreiten kann".

Keith Richards vergab Donald Cammell niemals die Aktionen, die seine und Anitas Beziehung ins Wanken gebracht hatten. Während eines seiner dunkelsten Momente bei den Dreharbeiten schrieb er den Text zu „Gimme Shelter". Der Song verstärkte das Gefühl des Betrogenseins, das er aufgrund der angeblichen Liebschaft Anitas mit seinem Stones-Bruder empfand, eine Emotion, die seine Existenz im Innersten erschütterte. Im Jahr 2011, mehr als vier Jahrzehnte nach den Aufnahmen, hatte Richards' bleibende Abneigung gegen Cammell nicht nachgelassen; in seiner Biografie *Life* zeigte sich immer noch der Hass auf die dunklen „Puppenspiele" des Regisseurs.

Für Anita stelle sich *Performance* gleichermaßen als Triumph und Fluch dar, denn all ihre Filme wurden von dem Werk überschattet. In späteren Jahren konnte sie noch einige Nebenrollen ergattern, doch niemals mehr den Status einer Hauptdarstellerin. Das wohl beeindruckendste Zeugnis ihrer Karriere wurde zuerst auf Video veröffentlicht, dann auf DVD und bleibt nun per Streaming der Nachwelt erhalten.

„Man muss sich nur den Film anschauen", meint Sandy Lieberson. „Es ist eine energiereiche Performance, voller Nuancen. Anita ist auf eine unkonventionelle Art wunderschön. Hätte sie eine Karriere verfolgen wollen, hätte sie es problemlos machen können. Es war sehr schwierig, mit einem Mann wie Keith Richards zusammen zu sein, da er sich möglicherweise vehement gegen ihre Karriere stellte – und er wollte sicherlich nicht, dass sie in dem Film mitmachte."

„*Performance* brachte Anita ins Scheinwerferlicht und brach sie", erläutert Paul Buck, Autor des definitiven Buchs über den Film. „Sie war fantastisch in dem Film. Ich werde niemals eine andere Ansicht als diese akzeptieren."

„*Performance* basierte auf Donalds Vision", erinnerte sich Anita. „Er war dafür berüchtigt, dass er auf flotte Dreier stand, auf Rockstars und Gewalt. Er brachte all seine schrägen sexuellen Fantasien in dem Film unter … Für mich scheint der Film das Ende der Hippie-Unschuld zu markieren, der freien Liebe und der sexuellen Experimente."

Trotz der Beifallsbekundungen hat *Performance* auch nach über 50 Jahren noch nicht seine Produktionskosten eingespielt. Obwohl das Drehbuch sicherlich keine Erinnerung an glückliche Zeiten war, hat Anita das Skript, das sie zu formen half, bis zu ihrem Lebensende behalten. Es ist ein vergilbtes Dokument mit Eselsohren, bei dem die rostigen Klammern die Ränder der Innenseiten verfärben. Irgendwann – im Laufe all der Jahre – hat jemand primitiv „Bullshit" darauf geschrieben.

KAPITEL 7

Lucifer und das ganze Zeug

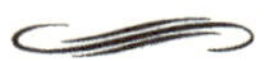

Schwuppdiwupp! Du bist schwanger. Das ist Hexerei.
Eine Überschrift in *Invocation Of My Demon Brother*

Die Darsteller von *Performance* mussten während der Aufnahmen eine Vielzahl von Herausforderungen meistern, woraufhin sich die Eingliederung in die sogenannte Realität als schwierig erwies – sogar für Anitas kaum zu beeindruckenden Geist. Während des Drehs waren schon die Eitelkeiten aufeinandergeprallt, doch die explosive Entladung als Folge der extremen Erfahrungen sollte erst noch kommen.

Anitas Modelkarriere hatte vor *Performance* einiges an Schwung verloren, doch ihre Schauspielerlaufbahn schien sich fortzusetzen, da einige Angebote auf dem Tisch lagen. Trotz der bei *Performance* zu beobachtenden phänomenalen Präsenz war eine längere Leinwand-Liaison mit Mick Jagger absolut ausgeschlossen.

„Nach *Performance* hätte ich beim Film Karriere machen können", erzählte sie Lynn Barber vom *Guardian* 2008. „Aber ich wollte es nicht. Sie schlugen mich und Jagger als Paar für alle nur erdenklichen Filme vor, aber das wollte ich nicht machen."

Abgesehen vom Angebot einer gemeinsamen Filmkarriere, behauptet Anita, habe Jagger einen eher intimen Vorschlag gemacht.

„Mick wollte, dass ich mich nach *Performance* von Keith trenne und dass wir ein Paar werden", erinnerte sie sich gegenüber dem Autor Victor Bockris. „Mick wollte durch die Gegend ziehen und mich präsentieren, wie er es bei all seinen Frauen machte. Keith hingegen brauchte tiefe Zuneigung, Fürsorge und Liebe."

Tatsächlich war Anita nach dem Film bereit, sesshafter zu werden. „Was ihr Handwerk anbelangte, gab sie sich sehr professionell", berichtet ihr Freund Gerard Malanga. „Der Grund, warum ihre Karriere nicht weiterlief, lag in ihrer tief gehenden Beziehung zu Keith, denn sie schenkte ihr mehr Aufmerksamkeit als einer Filmlaufbahn."

Die Stones mussten damals ein unbarmherziges Arbeitspensum abreißen. Die Aufnahmen zu dem ursprünglich gescheiterten *Rolling Stones Rock And Roll Circus* am 11./12. Dezember 1968 stellten sich für alle Beteiligten als körperlich extrem erschöpfend heraus. Da das Projekt aus Sicht der Band unbefriedigend ausfiel, wurde es für viele Jahre ins Archiv verbannt. Inmitten der Menge ungenutzter Szenen befindet sich auch eine Aufnahmen von Anita als „bärtiger Dame".

Als sich 1968 – erneut ein Jahr riesiger Umbrüche und Veränderungen – seinem Ende zu neigte, brauchten Anita, Keith, Mick und Marianne Faithfull eine dringende Auszeit von Großbritannien. *Performance* hatte jede nur erdenkliche mentale Grenze überschritten, doch ein weiterer Vorfall sollte die Atmosphäre zusätzlich verdunkeln. Am 20. November mussten Marianne und Mick einen Schicksalsschlag hinnehmen, da sie das Kind verloren, auf das sie gewartet hatten.

Das Jahresende bot eine Möglichkeit, einen Strich unter die unmittelbare Vergangenheit zu ziehen. Die vier (und Mariannes dreijähriger Sohn Nicholas, dessen Vater John Dunbar war) entschlossen sich zu einem Trip nach Südamerika. Er sollte alle schwelenden Ressentiments auflösen und zugleich die Möglichkeit bieten, sich einer anderen Realität zu öffnen. Die kleine Reisegesellschaft interessierte sich für UFO-Beobachtungen, und da bestimmte Gegenden in Südamerika für außerirdische Aktivitäten bekannt waren, boten sich zahlreiche Möglichkeiten, in den Himmel zu starren.

Am Dienstag, dem 18. Dezember, versammelte sich ein erwartungsvolles Grüppchen in Heathrow, um nach Lissabon zu fliegen, wo es mittels einer zehntägigen Kreuzfahrt nach Rio de Janeiro weiterging. Mick und Marianne hatten ständig von der Reise geschwärmt, die sie im letzten Sommer dorthin gemacht hatten, und so waren alle darauf versessen, sich von der südamerikanischen Exotik verzaubern zu lassen – auch in einem Versuch, wieder eine freundschaftliche Nähe herzustellen. Als sie in Heathrow durch den Abreise-Terminal schritten, wurde das Quartett von einer Meute von Reportern bedrängt, woraufhin Keith Richards als Sprecher auftrat. Er belaberte die Journalisten mit der Art von Psycho-Krimskrams, der leicht über Anitas Lippen hätte kommen können.

„Wir interessieren uns sehr für Magie und nehmen die Reise ernst", sagte Keith. „Wir hoffen diesen Magier zu treffen, der sowohl Weiße als auch Schwarze Magie praktiziert. Er hat einen langen und komplizierten Namen, den ich nicht aussprechen kann – belassen wir es erst mal bei Banane."

Anitas und Keiths Opiatkonsum hatte noch nicht die Dimensionen späterer Zeiten angenommen, und so hielt man zehn Tage auf See ohne einen Dealer für machbar. Dennoch musste sich Anita großzügig bei der Bordapotheke mit Laudanum und Schmerzmitteln bedienen, um eine Befindlichkeit zu behandeln, die zunächst als Seekrankheit diagnostiziert wurde. Ansonsten verbrachte sie die Zeit damit, das gemächliche Bordleben mit ihrer Super-8-Kamera einzufangen oder die spießigen Reisegäste durch ihre „Andersartigkeit" zu provozieren.

Nachdem das Schiff in Rio angelegt hatte, litt Anita erneut unter denselben gesundheitlichen Problemen wie an Bord. Zu allem Überfluss bekam sie im Hotelzimmer eine unerwartete Regelblutung (eine Anspielung darauf sind die „stained red" Bettlaken in der Faithfull/Jagger/Richards-Komposition „Sister Morphine"). Anita suchte schnell ärztliche Hilfe, wofür sie den Nachmittag benötigte, und kehrte daraufhin ins Hotel zurück, um Keith zu informieren, dass sie schwanger sei. Trotz ihrer gesundheitlichen Probleme setzten sie die Ferien fort, ganz dem Zeitgeist entsprechend. Allerdings ging es Mariannes Sohn seit Beginn der Überfahrt nicht gut, und da sie noch unter den Nachwirkungen der Fehlgeburt zu leiden hatte – zudem machte ihr die extreme Hitze zu schaffen –, kehrte sie mit Nicholas nach London zurück. Somit reisten nur Mick, Anita und Keith weiter nach Peru. Jedoch fand sich mit dem Freund und Filmemacher Tony Foutz noch ein herzlich begrüßter Mitreisender. Er war gekommen, um sich mit der Gruppe in Rio zu treffen, und sollte sie auch bei ihrer Odyssee durch Südamerika begleiten. Marianne erinnert sich an eine latent schwelende Atmosphäre zwischen Mick, Anita und Keith, die noch vom *Performance*-Dreh herrührte, doch Foutz, der regelmäßig mit den dreien abhing, bemerkte keinerlei Ressentiments. „Mir ist so was nie aufgefallen", bestätigt er heute. „Natürlich gab es Spannungen und jeder machte seine Spielchen und so was, mal 'ne schnippische Antwort oder etwas Ähnliches, doch so war das damals nun mal. Sie hatten alle eine harte und intensive Arbeitszeit hinter sich. Aber wenn es beim Dreh wirklich so schwierig gewesen war, wären sie sicherlich nicht gemeinsam in den Urlaub gereist. Ich war in Südamerika oft mit ihnen allein und habe so etwas nicht miterlebt."

Bei diesem Abenteuer hatte Anita ziemliches Pech dabei, sich mit den Widrigkeiten einer fremden Umgebung zu arrangieren. In einem Hotel in Cusco, einer Stadt, die circa 3400 Meter über dem Meeresspiegel lag, erschienen ihr die unglaublich verdreckten Gemeinschaftstoiletten mehr als ungeeignet. Daraufhin setzte sich Anita auf das Handwaschbecken des Zimmers, um sich zu erleichtern. Trotz ihres geringen Gewichts hielt das Porzellan nicht. Das Becken brach ab, der Sanitäranschluss hielt nicht und ein Schwall von Wasser überflutete ihr und Richards' Quartier.

Man hätte eigentlich damit rechnen können, dass es während eines Zwischenstopps auf einer brasilianischen Ranch zu einer kreativen Annäherung von Keith und Mick gekommen wäre, doch es gab noch einige unerledigte Probleme, die man angehen musste.

Zusätzlich zur krampfigen Situation schien auch der anvisierte Modus Operandi der Reise eine Enttäuschung zu werden. Ein Abstecher nach Machu Picchu enthüllte keinerlei UFO-Aktivitäten, doch danach stimmte die Chemie zwischen Mick und Keith wieder, woraufhin einige starke Kompositionen entstanden. Obwohl ihr niemals die Rechte zugesprochen wurden, behauptete Anita, dass das hymnenhafte „You Can't Always Get What You Want" eine Gemeinschaftskomposition von ihr und Jagger gewesen sei.

Keith nutzte eine eher intime Inspirationsquelle: Das herzerwärmende „You Got The Silver" stellte eine musikalische Widmung an Anitas spektakuläre Aura dar – und wurde später auf dem *Performance*-Bett, das zeitweise bei Robert Fraser stand, Anita, Fraser und Marianne vorgespielt. Diese erste Solo-Komposition gab Keith auch die Chance, erstmalig den Lead-Gesang auf einer Stones-Platte zu übernehmen. Mit einem warmherzigen und Liebe ausdrückenden Text spiegelte die unkomplizierte Botschaft Keiths ganze Hingabe zu Anita wider.

Die Totenglocke schlug für den Südamerika-Trip, als die Suche nach identifizierbaren Objekten aus anderen Galaxien in den Hintergrund trat und härtere Drogen ins Spiel kamen. „Wir reisten auf der Suche nach fliegenden Untertassen dahin", sagte Anita in einem Gespräch mit Steven Severin vom *Guardian*, das die Odyssee thematisierte und die Charaktere, die man während des Aufenthalts traf. „Dann war Schluss. Ich verlor den Kontakt zu allen Beteiligten. Wir gingen einfach nur weiter."

Dennoch – mit einem Zeitabstand von 40 Jahren – berichtete Anita in der *Times* 2010 schwärmerisch von dem Südamerika-Abenteuer.

„Keith und ich brachten alles, was sich aufgestaut hatte, wieder ins Lot. Dann bekam ich wie geplant Marlon. Ich ging auf die dreißig zu und wollte ein Kind. Ich fällte eine bewusste Entscheidung und wollte auch Keith nicht enttäuschen. Wir führten eine gute Beziehung, und ich liebte ihn innig."

Nach ihrer Rückkehr nach Großbritannien im Januar 1969 wurde Anitas Schwangerschaft bestätigt und Keith – ein Familienmensch im tiefsten Herzen – wollte seinen Eltern die frohe Botschaft so schnell wie möglich mitteilen.

„Ich wusste nicht, dass Anita in Umständen war", erinnert sich Doris Richards an den Tag, als sie die Nachricht hörte. „Als sie aus Südamerika zurückkamen, fragte mich Keith, ob ich ihnen etwas häkeln könne. Anita deutet auf ihr Bäuchlein und sagte: ‚Der Junge ist in Brasilien gewesen.' Keith sah damals wie Jesus Christus aus, trug diese große, weiße Robe. Es schien, als würde er auf Wolken spazieren."

Anitas Schwangerschaft wirkte sich kaum auf ihren Lebensstil aus. Wenn *Performance* für den Verfall des Optimismus steht, der den Sommer 1967 kennzeichnete, weist er andererseits voraus in die andere extreme Richtung, den die Gegenkultur nahm. Der globale Ausbruch von Protesten und Unruhen neutralisierte das Ethos der Peace & Love-Ära. Diejenigen, die auf Ablenkung durch Drogen abfuhren, bedienten sich nun mit härteren Stoffen.

LSD kam aus der Mode und wurde durch Opiate ersetzt, die mit Macht die Drogenszene infiltrierten. Kokain war schon seit Mitte der Sechziger in den hippen Underground-Kreisen präsent. Allerdings standen die Auswirkungen der Droge – unter anderem ein überzogenes Selbstwertgefühl und Aggressivität – in einem krassen Gegensatz zu den ruhigen, Ego-reduzierenden Effekten der psychedelischen Drogen. Der hohe Preis und die geringe Verfügbarkeit von Koks machte dessen Konsum zu einer exklusiven Angelegenheit, doch solche Barrieren bestanden nicht für die Kreise, in denen sich Keith und Anita bewegten.

Anitas langsamer Abstieg zum Opiatkonsum begann in der Wohnung von Robert Fraser in der Mount Street, kurz vor Ende der Dreharbeiten von *Performance*. Die Räumlichkeiten stellten einen beliebten Versammlungsort für Londons progressiv ausgerichtete „Erleuchtete" dar, was eine Atmosphäre bedingte, in der Narkotika selbstverständlich waren. Während psychedelische Substanzen und Marihuana zu den beliebten und bekannten Drogen gehörten, waren Fraser und seine Präferenzen der Zeit mal wieder voraus. Denen, die das alltägliche Leben in seinem Apartment mitmachten (Anita und Keith), standen auch die Drogen zur Verfügung und sie steckten mittendrin in dem damit verbundenen Chaos.

Wie viele andere, die der Verlockung des Heroins verfallen waren, begann Anitas und Keiths Einstieg quasi durch die Hintertür. Heutzutage wird der Heroingebrauch als oftmals tödliche Suchterkrankung verwahrloster Individuen dämonisiert, doch 1968 wurde der Konsum im Vereinigten Königreich gesetzlich gesteuert, womit registrierte Abhängige sich auf eine unkomplizierte Art und Weise Zugang verschaffen konnten. Mit nur 2240 bekannten Konsumenten im Land konnte man die Lieferkette problemlos sicherstellen, und zwar ohne die damit einhergehende Kriminalität. Ein staatlich anerkannter Arzt gewährte Zugang zu einer verschreibungspflichtigen Packung, in der sich nicht kontaminiertes Heroin in Pillenform fand, dazu eine Nadel und eine Phiole mit destilliertem Wasser, nicht zu vergessen einige andere Substanzen (darunter Kokain), die man gegen die Nebenwirkungen nehmen konnte. Es war eine altruistische Regelung, die aber auch skrupellos ausgenutzt wurde.

Da Heroin zunehmend an Anziehungskraft gewann, strömten aufgeputschte Suchende und Abhängige nach London, wo eine 24 Stunden am Tag geöffnete Apotheke in der Nähe des Piccadilly Circus den Reiz zusätzlich erhöhte. Andere, die sich ihre Abhängigkeit und damit einen Schwäche nicht eingestehen wollten, mussten illegale Wege nutzen, um an den Stoff zu kommen. Robert Frasers Wohnung lag nur weniger als eine Meile vom Epizentrum des Heroins im UK entfernt, womit er sich mühelos selbst versorgen konnte.

Anitas und Keiths gradueller Abstieg zum Heroinkonsum begann mit den sogenannten „Speedballs“, einer primitiven, aber effektiven Möglichkeit, verschiedene Opiate (meist Heroin) mit Kokain zu mixen. Der dadurch ausgelöste „Kick“ war weitaus zuverlässiger als ein Rausch mit nur einer der Substanzen. Darüber hinaus wurden die unvorhersehbaren und oft drastischen Nebenwirkungen am Beginn des Heroingebrauchs abgemildert. Da man den Stoff schnupfte, vermied man hässliche Nadeln, Einstiche in die Venen und ein allgemein „blutiges Gemetzel“. Die sozial akzeptierten „Speedballs“ hatten nach Bob Dylans leidenschaftlichem Konsum Mitte der Sechzigerjahre in Musikerkreisen an Popularität gewonnen, da der Mix sein Durchhaltevermögen und seine Kreativität als Songwriter positiv verstärkten.

Anita äußerte sich nie zu exakteren Details des intravenösen Drogenkonsums, doch bei der Niederschrift von *Life* ließ Richards seine Präferenz durchblicken. Er verabreichte sich die Droge intramuskulär, eine Technik, die sich als höchst wirksam erwies, wenn man direkt in den Gesäßmuskel spritzte. Anitas Szene – „B 12 durch die Hintertür" – bei *Performance* war ein möglicher Hinweis auf ihre bevorzugte Verabreichungsmethode. Die Festlegung von exakten Daten ist in so einem Drogennebel nicht möglich, doch kann man mit einiger Wahrscheinlichkeit davon ausgehen – bedenkt man das Arbeitspensum von Anita und Keith – dass die beiden zumindest in den ersten Jahren nicht Sklaven der dunklen Seiten der Droge wurden.

Da Anitas Schwangerschaft sie nicht an den zahlreichen Aktivitäten hinderte, ließ sie sich von neuen Einflüssen anregen. Während das friedliche und sanftmütige „Sternegucken" oftmals an den Spleen eines Kiffers grenzte, lassen sich Anitas okkulte Interessen als eine Konstante beschreiben. Damals war London für jegliche quasi-religiöse und kultische Organisationen aufnahmebereit, und somit gehörte es zum guten Stil, sich einem Glaubenssystem anzuschließen – egal, wie esoterisch oder bizarr es auch gewesen sein mag. Die Werke Aleister Crowleys waren zuvor einem neugierigen gebildeten Publikum vorbehalten gewesen, doch nun hatte die Acid-Kultur eine Neubewertung der esoterischen und oft althergebrachten magischen Praktiken angestoßen. Während moderne Designer eifrig neue Welten in Beton oder Plastik erschufen, stand die Erforschung des gesamten Spektrums der Rituale und magischen Gebräuche bei den fortschrittlich ausgerichteten Menschen der späteren Sechziger im Vordergrund.

Eine sensationsträchtige Person mit Verbindungen zu den okkulten Zirkeln war der amerikanische Filmemacher Kenneth Anger. Als der Vorhang für den Summer of Love fiel, tauchte Anger in London auf und übte einen immensen Einfluss auf Anita und darüber hinaus auch auf ihren Freundeskreis aus. Berichten zufolge verstärkte sich dadurch ihr Interesse am Okkulten, wodurch sie neue, fantastische Bereiche erkundete.

„Ich interessierte mich für die Hexerei", berichtete Anita, „für den Buddhismus und für die Magier der schwarzen Künste, die mir mein Freund, der Filmemacher Kenneth Anger vorstellte. Die Welt des Okkulten faszinierte mich."

Angers Ruf als progressiver Vorreiter überragte alles, was er in Filmkarriere und Schriftstellerei bisher vorweisen konnte. Begünstigt durch „Peace, Love and Understanding" schlüpfte er schnell in die Rolle eines modernen Magiers. Während des Jahres 1968 wurde ihm die Stimmung in seiner Heimat Kalifornien zu heiß, und da er von der liberalen Atmosphäre in London erfuhr, suchte er in der Hauptstadt Großbritanniens einen angenehmen Tapetenwechsel. Sein Interesse an England wurde zusätzlich durch seine Faszination (wenn nicht sogar Besessenheit) für Leben und Werk des Autoren und selbst stilisierten „Großen Tiers 666", Aleister Crowley, befeuert.

Anger war sicherlich nicht der Einzige mit solch einer Obsession. Crowleys spektakuläre Entwicklung von seiner Kindheit in der britischen Mittelschicht hin zu einem Satanisten [eine der zahlreichen Deutungen von Crowleys Charakter; Anm d. Übers.] mit Vorliebe zu Opiaten fand in der kreativen Explosion Mitte der Sechziger eine nette Nische. Zuvor wurden seine Arbeiten oftmals an den Pranger gestellt, doch im Hippie-Sommer 1967 erfuhren sie eine Neubewertung. Crowley zählte zum Kanon von unter anderem Timothy Leary und sogar den Beatles, die ihm einen Platz auf dem Cover von *Sgt. Pepper's* sicherten.

Crowleys schillernde und anziehende Aura erstklassig widerspiegelnd, hob sich Anger von allen unbedarften Nachahmern ab. Crowley wurde von der britischen Presse als „der böseste Mann der Welt" beschrieben, woraufhin sich Anger als der „monströseste Filmemacher des Underground" titulierte.

Crowleys Spuren lassen sich in ganz Großbritannien nachverfolgen und so befand sich Anger ganz in seinem Element, wenn er einen ähnlichen Weg einschlug wie der Meister der schwarzen Künste. Mit einem auf seiner Brust tätowierten „Lucifer" schien Anger durch und durch eine Art esoterischen Symbolismus zu verkörpern.

Andere Charakterzüge seiner Persönlichkeit ließen sich offensichtlicher definieren. Der offen homosexuell lebende Anger wurde – wie auch so viele andere – von der „tuntigen" Androgynität angezogen, die die Stones ausstrahlten. Das traf besonders auf die flamboyante erste Reihe zu. Der instinktiv und opportunistisch handelnde Anger merkte, dass er zuerst die Freundinnen kennenlernen musste, um zu Mick, Keith und Brian vorzudringen.

Es stellt sicherlich keine Überraschung dar, dass Anger mithilfe von Robert Fraser ins Vereinigte Königreich eingeführt wurde. Da Fraser als Repräsentant für zahlreiche Künstler fungierte, fand sich Anger schnell und problemlos in der Londoner Avantgarde wieder und wohnte zuerst bei seinem Gastgeber in der Mount Street. Erst mal angekommen, integrierte Kenneth seine esoterischen Bücher und satanistischen Kultgegenstände in Frasers Bibliothek des Absurden.

Da Anger mit esoterischem Wissen aus anderen Seinsbereichen aufwarten konnte, war er augenblicklich ein „Hit" in der Szene. Die oberen Schichten der hippen Gesellschaft waren mehr als empfangsbereit für alles und jeden, der ihr oftmals träges Bewusstsein in andere Dimensionen lenkte. Natürlich lud Anger auch Anita und die Stones an seinen „Hof" ein.

Zuerst empfand Anger Anita als „ein sehr amüsantes Mädchen", doch ihre Beziehung verlief weitaus intensiver und beschränkte sich keineswegs auf einen Austausch von Höflichkeiten. Richards Dealer Tony Sanchez erinnert sich an Anitas erste Begegnung mit Anger, bei der sie – zusammen mit Keith, Mick und Marianne – „gebannt zuhörte, während Anger Crowleys Kräfte und Ideen aufzeigte".

Während Mick und Marianne Angers Darstellungen lauschten, war es Keith Richards, den er zu seiner „rechten Hand" ausrief. Dagegen stellte sich eine noch tiefere Übereinstimmung mit Anita ein, die er bewusst wahrnahm. „Ich glaube, dass Anita – mir fällt kein geeigneteres Wort ein, eine Hexe ist", sagte Anger Jahre später. „Keith, Anita und Brian waren die okkulte Einheit innerhalb der Rolling Stones."

Doch Kenneth Anger brachte nicht nur die Worte und das Mysterium eines Aleister Crowley mit sich. Innerhalb des ganzen Psycho-Geblubbers und der intellektuell ausgerichteten Modeerscheinungen wies er auf eine „laufende Arbeit“ hin. Es war ein Streifen, von dem er 1967 behauptete, es sei der erste wahrhaft religiöse Film. Schon seit einigen Jahren befand sich *Lucifer Rising* in einem kontinuierlichen Entstehungsprozess, eine Entwicklung, die sogar schon vor dem Summer of Love begann, in dem er mit dem zukünftigen Charles-Manson-Kontaktmann Bobby Beausoleil gemeinsam in einem Haus wohnte. Um sein angedachtes Leinwand-Meisterwerk mit möglichst viel schillerndem Glamour aufzupeppen, wollte er Anita, Marianne und Mick für eine Mitarbeit gewinnen (Jagger war als Lucifer angedacht), und auch an Donald Cammell hatte er gedacht. Nach *Performance* immer noch umstritten und im Gespräch, konnte Cammell mit einem zusätzlichen „satanistischen Pluspunkt“ überzeugen, denn sein Vater war ein Freund von Aleister Crowley gewesen und wurde danach sogar sein Biograf.

Abgesehen vom Einschmeicheln bei Londons angesagten Persönlichkeiten folgte Anger Anitas und Keiths Trend und ließ sich auch auf dem Land sehen. An einem Wochenende besuchte er Redlands. Am Morgen wachte das Pärchen auf und sah Anger, der auf der ausgedehnten Rasenfläche schnell um einen magischen Kreis herumging, den er konstruiert hatte. Doch es sollten sich auch tatsächlich unheimliche Ereignisse abspielen, denn laut Anitas Behauptungen konnte er sich durch die steinernen Wände und die schweren Eichentüren des Anwesens materialisieren.

Bis 1968 beschränkte sich Anitas Beschäftigung mit dem Übernatürlichen auf abergläubische und harmlose Rituale. Anger hingegen regte ihre instinktiven Gedanken und auch ihre Ängste an, um sie in eine übergeordnete Realität zu überführen. Schenkt man einigen Erzählungen Glauben, soll er ihr geraten haben, Knoblauch und schützende Talismane zu tragen, um Vampire abzuschrecken, von denen er behauptete, sie würden sie angreifen.

„Sie war wie besessen von der Schwarzen Magie“, erinnert sich Tony Sanchez. „[Sie] trug eine Kette mit Knoblauch überall mit hin –

sogar bis ins Bett – um Vampire abzuhalten. [Anita] besaß auch merkwürdige alte Mischfläschchen für Weihwasser, die sie für ihre Rituale benutzte. Ihre Zeremonien liefen zunehmend im Geheimen ab, und Anita ermahnte mich, sie niemals zu stören, wenn sie an einem Zauberspruch arbeitete … [Diese Frau] war so mächtig, so voller Kraft und Bestimmtheit, dass Männer kamen, um sich bei ihr anzulehnen."

Trotz Sanchez' lebendigem Bericht straft Stash de Rola, einer der Menschen, die ihr damals sehr nahestanden, solche Erzählungen mit Verachtung. Dazu gehören noch haarsträubendere Storys, die Anitas angebliche Allianz mit der dunklen Seite darstellen.

„Diese ganze Sache ‚Anita und das Okkulte' oder ‚Anita, die Hexenkönigin' sind wirklich lächerlich. Ich gehöre zu den Leuten, die sie damals sehr gut kannten, und ich kann wirklich sagen, dass das alles Mist ist. Keith hasste den ganzen Kram. Diese ganze Klamotte ist doch ein einziger Halloween-Traum."

Tony Foutz, ein Zeitzeuge von Anitas Aktivitäten, stimmt de Rola zu: „Damals war jeder von Aleister Crowley fasziniert, doch Anita war weder eine Totenbeschwörerin noch eine Hexe oder etwas anderes, was man ihr anhängen will. Das ist einfach widerlich. In Rom verbrachte ich viel Zeit mit ihr allein und konnte keine der Charakteristika der dunklen Seite erkennen. Es liegt einfach in der Natur aller Celebrities begründet, dass man ihnen Dinge anhängt, die nichts mit ihrer Persönlichkeit zu tun haben."

Wegen Anitas Schwangerschaft war es wichtig, sich einen festen Wohnsitz in der Stadt zuzulegen. Während sich Redlands für das ländliche Dasein eignete, fand das tatsächliche Leben – geschäftlich oder zum Vergnügen – immer noch in London statt. Keith und Anita hatten sich schon länger aus Frasers Wohnung verabschiedet, doch einer seiner Kontakte, ein Exzentriker, den überall nur „Der Baron" hieß, vermittelte dem Paar ein Haus in dem exklusiven Wohngebiet Boltons im Stadtteil Chelsea. Noch immer hing die Paranoia des vergangenen Jahres in der Luft und so boten die Reihen weißer und mit Stuckarbeiten verzierter Gebäude eine willkommene Anonymität. Dennoch gelang es einigen Leuten, die Türschwelle zum Wohnsitz der beiden zu überschreiten, wo sie eine sonst lebhafte Anita in niedergedrückter Stimmung vorfanden.

„Anita wirkte so anders", erinnert sich der Komponist Jack Nitzsche gegenüber Barbara Charone an seinen Abstecher zum Wohnsitz des Paars. „Ich weiß nicht, was die Veränderung ausgelöst hatte. Plötzlich waren da all diese neuen Leute ... Ich fühlte mich dort sehr unbehaglich. Ich erinnere mich daran, wie ich eines Abends in dem kleinen Fernsehraum saß. Da müssen wohl so 14 Leute gewesen sein, und der Kerl neben mir fiel in Ohnmacht! Anita brachte ihm Kuchen und Tee, doch er machte ein Nickerchen auf dem Boden. Das war schon eine schräge Szene ... Anita hatte sich verändert." Obwohl der Wohnsitz in Boltons bequem war, konnten sich weder Anita noch Keith mit der Uniformität der Gegend anfreunden. Die Antwort auf diese missliche Lage fand sich in einer Entfernung von weniger als einer Meile. Mick und Marianne hatten sich aufs Land außerhalb von Newbury zurückgezogen, sich aber für die Verpflichtungen und Vergnügungen in London ein an der Themse gelegenes Haus am Cheyne Walk 28 in Chelsea gekauft. Die Zeit nach *Performance* kennzeichnete eine wiedergekehrte gute Stimmung, und so wollten Anita und Keith Micks Beispiel folgen und in der Gegend Wurzeln schlagen. In dem nahe am Embankment liegenden Cheyne Walk herrschte noch eine äußerst kreative Stimmung, zumal die Gegend mit berühmten Künstlern der Vergangenheit wie Turner, Whistler und Rossetti in Verbindung gebracht wurde. Gegen Ende der Sixties nahm die Rock-Aristokratie hier im Grunde genommen einen Renaissance-Status ein, doch auch andere Persönlichkeiten wurden von dieser Konzentration des gelebten Hedonismus angezogen. Der Freund und Designer Christopher Gibbs wohnte ganz in der Nähe, am Cheyne Walk 100, und hatte im Laufe der Jahre zahlreiche Partys gegeben. Bei vielen davon ging es mit Anita und ihrem Freundeskreis heiß her. Nur wenige hundert Meter entfernt lebte der Fotograf Michael Cooper immer noch in seinem populären Flood-Street-Studio. Trotz seriöser Kontakte, die sich in seinem Licht sonnten, war

Cooper kopfüber in die Heroinabhängigkeit gerutscht und verlor zu Beginn des Jahres 1970 vollends die Kontrolle. Coopers Sucht wurde begleitet von einer schweren Depression, was seine Aktivitäten einschränkte. Paul und Talitha Getty, die auch zu der Szene zählten, aber sich im Hintergrund hielten, wohnten mehrere Jahre in dem Haus des Malers Dante Gabriel Rossetti am Cheyne Walk 16. Allgemein fanden sich zahllose Szenegänger von der King's Road in Chelseas versteckten Straßen und Gassen wieder.

Da sich die Finanzen der Rolling Stones seit den Schwierigkeiten des Jahres 1967 auf dem Tiefststand befanden, musste Keith den Manager Allen Klein anpumpen, um die 20.000 Pfund als Sicherheit hinterlegen zu können, womit sie sich ein erst kürzlich frei gewordenes Haus am Cheyne Walk sicherten. Es lag etwas circa 100 Meter von Micks und Mariannes Haus entfernt. In einer Gegend, die Anita ihr restliches Leben lang als London-Basis nutzte, strahlte die Nummer 3 positiv Geschichte aus – wie auch die anderen Häuser aus dem 18. Jahrhundert. Es war ein fünfstöckiges und mit roten Steinen gebautes Queen-Anne-Gebäude. Die berühmte Autorin George Eliot [Mary Ann Evans] hatte im angrenzenden Haus gelebt, doch bei der Nummer 3 war der Vorbesitzer ein Vertreter des Establishments gewesen – Sir Anthony Nutting –, ein Eton-Abgänger, Konservativer und ehemaliger Staatsminister für auswärtige Angelegenheiten.

Kurz nach dem Einzug von Keith und Anita kam Sir Anthony Nutting gelegentlich, um sich zu versichern, dass nicht eventuell trotz Nachsendeauftrag irgendwelche Postsendungen noch an der alten Adresse zugestellt worden waren. Der Haus-Portier Luigi gewährte Nutting Einlass, der sich über die Verwandlung seines ehemaligen Besitzes durch Anita entsetzt zeigte. Der Schock des ehemaligen Ministers soll so groß gewesen sein, dass er sich angeblich hinsetzen musste. Als wäre der Geruch von Räucherstäbchen und diversen exotischen Düften nicht schon zu viel des Guten, war der Empfangsraum im ersten Stock – wo in der Vergangenheit viele Würdenträger diniert hatten (darunter auch Churchill) – nun ganz in Schwarz ausgestattet worden, mit riesigen schwarzen Kerzen, die über dem verzierten

Kamin brannten. Im Treppenhaus fand sich überall hieroglyphische Kunst und im zweiten Stock (ein Ort, an dem die Minister des Regierungskabinetts 1956 über die Suez-Krise debattierten) bestimmte ein mit psychedelischen Farben verziertes Piano das Interieur und natürlich die obligatorische Wasserpfeife. An der Decke drehte sich eine Disco-Kugel, deren gebrochene Lichtstrahlen über die Wände und den Boden flitzten, ein Effekt, der Anita beim „Trippen" half.

Doch ein Möbel blieb Nuttings verkrampftem Sinn für Humor vorbehalten. Im Schlafzimmer stand als zentrales Möbelstück das große Bett, in dem die heißeste Action von *Performance* abgelaufen war! Und es hatte nichts von der Stimmung eines Beduinenzelts verloren.

Während Keith wieder eine Beziehung zu Mick aufbaute, schien Anita mit Marianne ein gemeinsames Lebensgefühl zu teilen. Da die Männer aufgrund der Arbeit der Rolling Stones häufig wegmussten, waren die Tage in Chelsea oft lang und langweilig. Nur wenige hatten Verständnis für die ganz spezielle Lage von Musikerfrauen, und so schlossen die beiden einen engen Bund und vertrieben sich die Zeit mit Experimenten auf allen Ebenen.

Während Anitas Narkotikakonsum zu der Zeit noch beherrschbar war, suchte Faithfull, die immer noch wegen ihrer Fehlgeburt in tiefster Trauer verharrte, einen Weg, um ihr Leiden zu mildern. Die dreijährige Beziehung mit Mick war ins Stocken geraten, und da ständig Nachrichten über seine zahllosen Affären auftauchten, stellten Heroin und die damit verbundene Betäubung auf allen Ebenen eine Krücke dar, auf die sie sich stützen konnte. Die ständig herumreisenden Nachbarn Paul und Talitha Getty, bekannt dafür, in den Highs von Heroin gefangen zu sein, hatten einen guten Kontakt zur Chelsea-Lieferkette der Droge, als sie sich kurzfristig in der Stadt niederließen.

„Man ließ mich und Marianne Faithfull immer allein", berichtete Anita 2016. „Keith und Mick produzierten im Studio und wir waren Freundinnen. Wir gingen gemeinsam aus, nahmen gemeinsam Drogen und gingen zu Paul Gettys Haus, dem Rossetti-Haus, denn zu ihnen konnte man immer kommen und er hatte immer Drogen."

Anita schottete sich wegen ihrer fortgeschrittenen Schwangerschaft ein wenig ab und Marianne zog die „Selbstmedikation" vor, doch die trügerische Sicherheit der neuen Boheme wurde nur allzu schnell von den Hütern des Gesetzes gestört. Die Polizei hatte einige Monate zuvor Brian Jones aus seiner Wohnung in Chelsea vertrieben und nun – am 7. Mai 1969 – durchkämmten Beamte Jaggers Cheyne-Residenz auf der Suche nach Drogen. Sie fanden einige illegale Substanzen, woraufhin Berichten zufolge ein Beamter Mick Jagger zu einer Bestechungszahlung zu überreden versuchte. Es war ein Szenario, das sich für die Polizei als fulminantes Eigentor erwies. Jaggers Vorwurf, von einem Polizeibeamten erpresst worden zu sein, sollte die lokale Polizeibehörde noch lange Zeit belasten, die daraufhin natürlich auf einen weiteren Einsatz gegen den Rockstar hoffte.

Doch im Cheyne Walk erschienen auch willkommenere Gäste, zu denen der omnipräsente Magier Kenneth Anger gehörte. Er hatte bereits Jagger für den Soundtrack zu einem seiner Kurzfilme verpflichtet, und nun tauchte er oft auch in der nahe gelegenen Nummer 3 auf, um ein wenig mit Keith und Anita zu plaudern. Das Gebäude war dank Anita bereits grundlegend umgestaltet worden, doch Kenneth hatte eine ganz besondere Überraschung für die beiden. Da ein Baby auf dem Weg war, hatten sich Anita und Keith schon des Öfteren darüber unterhalten, ihre Beziehung mit einer Feier quasi offiziell zu machen. Die traditionelle Ehe kam bei den beiden natürlich nicht infrage, doch eine heidnische Trauung mit einer Handfasting-Zeremonie mit Anger erschien ihnen als höchst verlockend. Als Grand Magus kannte Anger natürlich die Feinheiten einer okkulten Vorbereitung einer solchen Feier. Er klärte die beiden an einem Abend auf: „Die Tür des Hauses, in der die Zeremonie abgehalten wird, muss mit einer goldenen Farbe angestrichen werden, die bestimmte Kräuter enthält, die die Sonne repräsentieren."

Anita war von dieser Idee natürlich begeistert, Keith hingegen gab sich vage und unverbindlich. Das Paar zog sich dann aufgrund der fortgeschrittenen Uhrzeit ins Schlafzimmer zurück in dem Glauben, dass Anger sich aufgemacht habe, um sich auf die Aufgabe mental einzustimmen. Am folgenden Morgen entdeckten sie, dass die Innenseite der Tür, bisher in dunkler Eichfarbe gehalten, nun in schillerndem Gold mit Blattgold-Einlagen leuchtete, höchstwahrscheinlich von Anger selbst bepinselt. Fest davon überzeugt, dass ihre massiv verstärkte, schwere Tür am vorherigen Abend abgeschlossen worden war, interpretierte Anita das als klares Zeichen von Angers magischen Mächten. „Es muss eine von Kenneths Fähigkeiten sein!“, soll sie gerufen haben. „Das bedeutet, dass er zu jeder Zeit in das Haus fliegen kann, wenn er will!“

Die Realität war jedoch weniger spektakulär, wie Anger später dem Autor Gavin Baddeley berichtete.

„Ich habe ihnen die Tür hübsch in Gold angemalt. Sie hatten vergessen, dass sie die Tür für mich aufgelassen hatten, und so begann ich einfach mit der Arbeit. Ich tauchte zwar in dem Haus auf, aber da gab es nichts Mysteriöses – ich bin da nicht eingebrochen oder so was in der Art. Das lag einfach daran, dass sie damals viel zu viele Drogen genommen haben, woraufhin sie manchmal etwas vergaßen. In der Zeit waren sehr oft Drogen im Spiel.“

Dennoch – der Anblick von Kenneth Anger konnte empfindsame Seelen schnell ins Chaos stürzen. Wenn es Keith und Anita im Cheyne Walk gelegentlich zu heiß wurde, da jemand etwas im Schilde führte, zogen sie sich nach West Wittering zurück, wo das Leben ohne unangenehme Zwischenfälle ablief. Während Keith nach der Redlands-Razzia mit der lokalen Polizei einen taktischen „Waffenstillstand“ geschlossen hatte, gab es immer noch Situationen, bei denen das Paar schnell in Teufels Küche kommen konnte. Da mittlerweile Opiate ihr Leben bestimmten, wurden solch alltägliche Dinge wie das Autofahren hochgefährliche Unternehmungen. Am Samstag, dem 7. Juni, fuhr Keith mit der hochschwangeren Anita durch das Labyrinth von Landstraßen in Richtung Redlands. Aufgrund von Anitas beherztem Zureden hatte sich Keith erst kürzlich einen tiefer gelegten alten Mercedes angeschafft. Das Fahrzeug war am Ende des Zweiten Weltkriegs im Besitz der Gestapo gewesen und ließ noch Hinweise auf die schwere Panzerung erkennen. Die in die

Jahre gekommene Karre war zum bevorzugten Beförderungsmittel des Paares in der Freizeit geworden; in Sussex war das Auto eine Berühmtheit. Doch dann geschah es.

Ein schläfriger Keith fuhr mit zu hoher Geschwindigkeit in die Kurve eines Kreisverkehrs (das Warnschild hatte er völlig ignoriert) und versuchte den Wagen wieder unter Kontrolle zu bringen. Dabei überschlug sich der Mercedes drei Mal, bevor er in einem Graben landete. Keith bekam keinen Kratzer ab, doch Anita brach sich das Schlüsselbein. Der Rettungsdienst war glücklicherweise schnell zur Stelle. Da sich Anita aufgrund ihrer Schwangerschaft in einer heiklen Lage befand, wurde sie so schnell wie möglich ins nahe gelegene St. Richard's Hospital in Chichester gebracht, wo die Polizei des Brighton CID schon wartete. Diese Beamten verfügten über weitaus geübtere Instinkte als die Provinz-Kollegen aus Chichester und vermuteten sofort, dass Drogen die Ursache des Unfalls gewesen waren. Bevor die Polizei und der Rettungswagen kamen, hatte Keith alle verdächtigen Gegenstände in einem nahe stehenden Eichenbaum versteckt. Übrig blieb eine Packung mit Vitamin B 12, welches man in Anitas Handgepäck fand und sofort zur Analyse brachte. Zwar gab es keine Anklagepunkte, doch der Unfall hatte so viel Staub aufgewirbelt, dass sich das Paar zehn Tage zur Erholung ins Londoner Hilton zurückzog. Anita ließ sich in dieser Zeit von einem Arzt in der Harley Street behandeln.

Von dem Ereignis traumatisiert, vertraten die beiden die Meinung, dass hier wohl sehr mächtige Kräfte am Werk gewesen sein mussten, um so ein Chaos anzurichten. „Ich erinnere mich daran, dass Keith und Anita mir davon berichteten, dass sie sich bei der Rückkehr alles schnappten, was ihnen Kenneth Anger jemals gegeben hatte", berichtet Stash de Rola. „Dann verbrannten sie es in wahnsinniger Eile, damit auch ja kein möglicher Fluch auf ihnen lastete. Doch es war nur Keith gewesen, der am Steuer eingepennt war, das hatte nichts mit Hexerei zu tun."

Kenneth Anger blieb bis Ende Sommer 1969 in Großbritannien. Darauf versessen, sein Mini-Epos *Lucifer Rising* fertigzustellen, gelang es ihm, Donald Cammell und Marianne Faithfull zu einem Auftritt in dem Film zu überreden. Obwohl Aufzeichnungen über eine Mitwirkung als Produzentin des Films existieren, gibt es keine eindeutigen Belege, was (abgesehen von den Finanzen) Anita dazu beitrug.

Wie auch schon bei der Suche nach UFOs ließ Anitas Interesse an Magie und experimentellen Praktiken nach und wich dem die sinnliche Wahrnehmung verändernden Kick der Narkotika. Im Laufe des Jahres 1969 nahm ihr Heroinkonsum stetig zu, und wie so oft in solchen Situationen erlangten bislang am Rande stehende Personen eine größere Bedeutung.

Der omnipräsente Tony Sanchez tauchte – wie zu erwarten – nun häufiger auf. Er hatte sich für den Kreis in den letzten zwei Jahren als erfolgreicher und zuverlässiger Lieferant bewiesen, doch nun war er auch der Heroinsucht verfallen. Berichten zufolge versorgte er bereits Marianne Faithfull und zog dann bei Keith und Anita ein, von wo aus er im großen Stil liefern konnte.

Anita konzentrierte sich damals auf ihre Schwangerschaft und ihre eigenen Probleme, doch ihr ehemaliger Partner Brian Jones „schwebte" immer noch im Hintergrund. Während des Jahres 1968 und auch in den darauffolgenden Monaten führte er eine verhältnismäßig stabile Beziehung mit dem Model Suki Potier – mal abgesehen von einigen Affären. Aufgrund der äußerlichen Ähnlichkeit von Suki und Anita reagierten einige Außenstehende recht verwirrt. Als sie und Brian die Londoner Premiere von Terry Southerns *Candy* am 19. März 1969 besuchten (ein Film, bei dem sowohl Potier als auch Anita in Nebenrollen auftauchten) waren einige Sensationsreporter davon überzeugt, dass Pallenberg sich bei Jones untergehakt hatte, als sie durch den Eingang schritten.

Ungefähr zu dieser Zeit stand für Jones ein lebensverändernder Neubeginn an, denn er befreite sich von London und zog in die Abgeschiedenheit von East Sussex. Dort ließ er sich in dem Cottage von A. A. Milne nieder – Autor des Kinderbuchs *Pu der Bär* – wo er mit dem blonden schwedischen Model Anna Wohlin lebte, eine Frau, die von vielen als eine weitere Pallenberg-Doppelgängerin gesehen wurde. Beim Auspacken der Umzugskisten in Cotchford waren Brians Eltern anwesend. Er entdeckte ein Foto von Anita und sich, starrte es wie gebannt an und soll laut seinem Vater ihren Namen wieder und wieder ausgesprochen haben.

Brians erwarteter Rausschmiss bei den Stones – es war der 8. Juni 1969 – löste ein schon länger bestehendes Problem, doch niemand hätte seinen Tod am 2. Juli erahnen können. Die Umstände des frühzeitigen Ablebens lösten eine Gerüchtelawine und eine Kontroverse aus, die noch bis zum heutigen Tag besteht. Anitas Reaktion auf seinen Tod wird von unterschiedlichen Personen jeweils anders wiedergegeben. Tony Sanchez behauptet, sie habe „Gott sei Dank, es war bloß Brian" gesagt, während der zuverlässigere Stanley Booth sich an einen eher philosophischen Kommentar erinnert: „Ich werde ihn wiedersehen", erklärte sie dem Journalisten. „Wir haben versprochen, uns wieder zu treffen. Es war Leben oder Tod. Einer von uns musste gehen."

Viele Jahre später gab Anita eine weitaus vorsichtigere Antwort auf die Frage nach Jones Tod, wobei ihre Worte eine gründliche Auseinandersetzung mit dem Ableben ihres ehemaligen Geliebten erkennen lassen. Sie erinnerte sich in *Blind & Shutters*: „Es gab einen Grund für seinen Tod, denn damals befand sich niemand in seiner Nähe, der wusste, was man machen musste, wenn er eine Überdosis und gleichzeitig einen Asthmaanfall hatte. Er hatte so etwas schon häufig durchgemacht, doch es waren immer Leute da gewesen, die ihn auf die Seite legten und sich um ihn kümmerten."

Laut Marianne litt Anita nach Jones' Tod an schweren Schuldgefühlen, die sich oft auf eine befremdliche Art äußerten. Stanley Booth weiß noch von einem Foto von Brian in einem goldenen Rahmen, das in Anitas Zimmer in Redlands stand, Marianne fielen andere kurzlebige Gegenstände auf. Eine Marotte von Anita war es – hier zeigt sich eindeutig das schlechte Gewissen der Überlebenden – Fotos von Brian aus verschiedenen Magazinen auszuschneiden, sie vor dem Schlafengehen an die Wand zu heften und am folgenden Morgen wieder abzureißen. Booth berichtete, dass Anita auch daran glaubte, dass Brians Geist in dem bald zur Welt kommenden Baby wiederkehren würde.

Direkt nach Brians Tod ließ sich Anita in der Öffentlichkeit blicken, was damals recht selten vorkam. Es war am 5. Juli 1969 beim Free Concert der Rolling Stones im Londoner Hyde Park. Das Konzert war eher eine improvisierte Huldigung an Brian und weniger eine Feier des Zaubers der neuen Stones. Anita saß zusammen mit Suki Potier und Mitgliedern des Living Theatre auf der linken Bühnenseite. In dem kleinen Bereich für die VIPs sah Anita prachtvoll aus und stach aus dem Grüppchen heraus, denn sie trug einen arabischen Kopfschmuck und einen langen, wehenden Rock, der ihre Schwangerschaft verdeckte. Im Gegensatz zu Marianne, die eher zerbrechlich erschien, überzeugte sie durch eine fantastische und atemberaubende Präsenz. Dennoch empfand sie die improvisierte Veranstaltung als angstbesetzt.

„Das Konzert war ein beängstigendes Ereignis", erinnerte sie sich. „Das lässt sich an unseren Augen ablesen. Ich war damals hochschwanger und stand kurz an dem Bühnengeländer. Die Leute kamen immer näher und dann sah ich plötzlich all die Hells Angels und sagte: ‚Oh, mein Gott, das wird nicht gut enden.' Dann erklärten sie mir, dass es die Security sei, doch die verhielten sich echt ruppig, wollten hochklettern, um besser sehen zu können … Ich musste auf einen Baum steigen, um der Menge zu entkommen und mich zu verstecken."

Zu den zahlreichen Zuschauern an dem Julitag im Hyde Park gehörte Kenneth Anger. Er hatte viel Zeit damit verbracht, sich die angesagtesten Stadtteile Londons anzusehen, dann die Arbeit an *Lucifer Rising* kurzfristig eingestellt und einige Szenen des Films zusammengefügt, um ein neues Werk zu kreieren. Unter dem Titel *Invocation Of My Demon Brother* stellte der Film ein zerfasertes Dokument seiner Zeit in London dar. Während des Konzerts fing er einige Bilder von Anita und Marianne an der Bühnenseite ein. „Ich erinnere mich, wie sie auf dem Gerüst saßen und Ausschau hielten – wie zwei Raubvögel."

Das Konzert signalisierte den Wiederbeginn der Live-Tätigkeiten der Band, doch Anita hatte zu der Zeit dringlichere Aufgaben, nämlich die Geburt ihres Kindes! Verstohlene Blicke hatten ihre Schwangerschaft längst wahrgenommen, was auch zu einigem Gerede führte, woraufhin sie am Samstag, dem 12. Juli, gegenüber der Presse bekannt gab, dass sie ihr und Keiths erstes Kind erwarte. Am 10. August, weniger als einen Monat danach, fuhr man sie ins King's College Hospital, Südlondon. Wenige Stunden danach brachte sie einen circa 3,2 Kilogramm schweren Jungen zur Welt.

Als Keith acht Tage später kam, um Mutter und Sohn abzuholen, begrüßten sie die wartenden Medien. Sie sahen wie eine waschechte Hippie-Familie aus, denn Keith trug ein mit Blumen gemustertes Hemd, eine schwarze Weste, Hosen mit nietenbeschlagenen Nähten und braune Schlangenlederstiefel, was ideal zu Anitas knallbuntem knitterigem Samtkleid passte.

Anita trug ihren Sohn eingewickelt in einem Schal und war geradezu euphorisch, was die Mutterschaft anbelangte: „Ich will mehr Babys", keuchte sie. „Ich möchte tausend mehr. Babys zu haben, ist wundervoll."

„Anita ist eine beeindruckende Lady", sagte Keith vor versammelter Presse. „Es gibt einige Menschen, bei denen man weiß, dass es gut werden wird. Darum haben wir uns auch für Marlon entschieden, denn wir wussten, dass es die richtige Zeit war. Wir handelten instinktiv."

Natürlich richteten sich die Fragen der Reporter auf das Thema Ehe, doch für das Paar kam eine traditionelle Bindung nicht infrage.

„Ich bin sehr glücklich", meinte Keith, „doch das hat nichts mit irgendwelchen Eheplänen zu tun. Es gibt keine. Ich sage nicht, dass die Ehe out ist, aber sie ist auch nicht in. Wir sprechen momentan beide nicht darüber."

In dem Moment meldete sich Anita zu Wort: „Da stimme ich Keith voll zu."

Der Kameramann wollte dann eine nette Familienaufnahme und bat Keith, das Kind zu halten.

„Das wage ich nicht", meine Keith schnippisch. „Das ist die Aufgabe einer Frau."

Keith, Anita und Baby Marlon durften sich auf einen Empfang mit angemessener Symbolik im Cheyne Walk Nummer 3 freuen, denn Robert Fraser und Kenneth Anger hatten für eine ungewöhnliche Willkommenszeremonie für das Kind gesorgt. Eine Gruppe musikalischer Mystiker aus Bangladesch mit dem Namen The Bauls Of Bengal intonierte hymnische Gesänge, als das Kind in das Haus gebracht wurde. Da die Ankommenden mit Reis und Blüten von oben im Treppenaufgang beworfen wurden, passte die Begrüßung ideal zur Stimmung einer Rock'n'Roll-Mutter in der Hippie-Ära. Robert Fraser stellte eine mit Ornamenten und psychedelischen Malereien verzierte Krippe zur Verfügung. Die lebenslustigen und freien Menschen um Anita und Keith waren in Liebe vereint.

Der Name des Babys ging zurück auf einen Zufallsanruf von Marlon Brando, der sich, ohne von Anitas Schwangerschaft zu wissen, gemeldet hatte, weil er von ihrer Rolle in *Performance* gehört hatte und gratulieren wollte. Da Synchronizität das Zauberwort der Ära war, entschieden sich Anita und Keith, ihren Jungen so zu nennen, und fügten noch zusätzlich Leon und Sundeep hinzu. Obwohl sie nicht offiziell verheiratet waren, sorgte Keith dafür, dass Marlon seinen Nachnamen erhielt.

Wie vorauszusehen, war die Zeit für Keith recht knapp, um eine Beziehung zu seinem Sohn aufzubauen. Nach monatelangen zähen Verhandlungen mit den US-Einwanderungsbehörden sollte die Stones-Tour – die erste seit über drei Jahren – am 7. November 1969 beginnen. Natürlich waren Anita und Marlon nicht in der Lage, Keith auf Tour zu begleiten. Als Vorbereitung auf die lang erwartete Konzertreise stellten die Stones eine neue Road-Crew zusammen, mit neuen Persönlichkeiten, die sich erst einleben mussten.

Als Tour-Manager erlebte Sam Cutler die Energie zwischen Anita und Keith.

„Ich bin ihr das erste Mal im Cheyne Walk begegnet", erinnert sich Cutler heute. „Sie saß in einer Ecke und hatte sehr wenig an. [Anita] wirkte ein wenig verträumt und irgendwie abgefuckt. Sie war ein bisschen aggressiv und hat wahrscheinlich gedacht: ‚Hier ist schon wieder so einer, der sich um Keith kümmert.' Anita ließ die Leute nicht nah an sich heran. Sie bewegte sich in diese Art europäischer aristokratischer, sich mondän gebender Kaste, alles total oberflächlich, ohne richtigen Tiefgang. Anita tendierte zu unterkühltem Verhalten. Sie konnte unerträglich sein, aber das war vermutlich der einzige Weg, um sich in der Welt zu schützen. Okay, sie war vielleicht auch ein bisschen distanziert, weil meistens Idioten in ihrer Nähe abhingen – sie konnte solche Typen nicht ab. Ich habe mich ihr gegenüber immer nett verhalten, doch das Rolling-Stones-Management behandelte die Frauen immer wie Hunde. Die waren damals schrecklich."

Keith reiste am 17. Oktober in die USA, um sich auf die 15-tägige Tour vorzubereiten, und Anita blieb mit dem Baby zu Hause. Die Tour trennte das Paar für beinahe zwei Monate, und Keiths Abwesenheit machte Anita sehr zu schaffen. Dass sie sich während der Zeit auf Drogen stützte, war vermutlich vorherzusehen. Zuerst unterdrückte sie das Gefühl der Einsamkeit, doch dann riefen die Opiate noch weitaus extremere Reaktionen hervor. Da der nicht einzuschätzende Prozess der „Selbstmedikation" nur zeitweise für Erleichterung sorgte, befand sich Anita in einem höchst verletzlichen Zustand.

Auch Keith litt unter Verlustängsten. Trotz der zahlreichen Verlockungen von überall verfügbaren Frauen war er in Gedanken nur bei Anita. Sie telefonierten täglich, aber Keith durchlebte regelrechte psychische Qualen.

„Auf dieser Tour vermisste er Anita schmerzlich", bestätigt Sam Cutler. „Er war ihr nie untreu. Da ich jede Minute jedes Tages bei ihm war, kann ich mit Sicherheit sagen, dass es da nie andere Frauen gab. Er war ein Mann, für den es nur eine Frau gab, ein großer Romantiker und ein Gentleman. Wenn wir in ein Hotel kamen, rief er sie direkt an. Er verzehrte sich vor Sehnsucht."

Während dieser Zeit begann Keith die Arbeit an seiner wahrscheinlich langlebigsten Hymne, die seine Liebe zu Anita und Marlon ausdrückt – „Wild Horses".

In dem als Jagger/Richards-Song deklarierten Stück finden sich einige Elemente, die auf den Ursprung hinweisen. Oftmals wurde die Nummer als ein Liebeslied von Mick Jagger an Marianne Faithfull aufgefasst, doch Keith erklärte die Zusammenhänge schon kurz nach der Aufnahme.

„Ich schrieb das Stück, weil es mir zu Hause bei meiner Lady sehr gut ging", erzählte er Stanley Booth im Dezember 1969. „Ich schrieb ihn wie einen Love Song. Mir war dieser ‚Wild horses' [Refrain] eingefallen und ich gab Mick die Nummer [zur Weiterarbeit]. Marianne war gerade mit diesem Typen durchgebrannt, und Mick veränderte alles [an dem Song], aber er ist immer noch wunderschön."

In einem Interview 1971 beschrieb er detailliert die Traurigkeit, die ihn zur Komposition von „Wild Horses" brachte.

„Ich wusste, dass wir wieder in die USA mussten, um dort zu arbeiten. Ich musste aus dem Arsch kommen, wollte es aber nicht. Es war ein schwieriger Moment. Dein Kind ist gerade erst zwei Monate alt, und du gehst weg. Das machen Millionen von Menschen ständig, aber …"

Da Keith nicht da war, musste sich Anita mit einer Problematik auseinandersetzen, mit der sie schon lange zu kämpfen hatte – ihrem Aufenthalt in Großbritannien. Ihr weit gefächerter europäischer Stammbaum brachte ihr keine Vorteile im Hinblick auf eine dauerhafte Aufenthaltsgenehmigung, und da sie nur einen italienischen Pass besaß, erhielt sie Anfragen von Großbritanniens Einreisebehörde, wobei die hartnäckigsten ihre vermeintliche Ehe betrafen. Ihre Berater übersetzten die Beamtensprache und es lief darauf hinaus, dass sie direkt heiraten musste oder Gefahr lief, ausgewiesen zu werden. Bedenkt man die anhaltende Paranoia, die noch von den Drogen-Razzien herrührte, und ihre zerbrechliche psychische Verfassung, ist es leicht verständlich, dass sie mit ihren Nerven am Ende war.

Auch die Freundin, Nachbarin und Vertraute Marianne Faithfull brauchte dringend Trost. Sie hatte versucht, sich auf einem Flug nach Australien das Leben zu nehmen – wenige Tage nach Brian

Jones' Tod –, und kehrte allein nach England zurück, wo sie im Cheyne Walk einen Schatten ihrer selbst abgab, während Mick auf Tour in den Staaten war. Nach dem Selbstmordversuch begann sie jeden Aspekt ihres Lebens neu zu bewerten und fällte dann die Entscheidung, Jagger zu verlassen.

Auf eine eher beiläufige Bitte Anitas hin erlaubte Marianne dem aufstrebenden Künstler und Filmemacher Mario Schifano eine zeitweise Unterkunft in ihrem Haus in Chelsea. Wie auch viele andere war Schifano geradezu berauscht von den Rolling Stones und der ganzen Sixties-Pop-Art-Szene. Durch den Kontakt zu Anita hielt er sich einige Jahre im Kielwasser der Band auf, was sogar dazu führte, dass er einige unbestimmbare Szenen von Anita, Mick und Keith in seinem Film *Mensch unmenschlich* einsetzte. Mick und Keith waren ihrerseits von Schifano fasziniert; der Stones-Song „Monkey Man" von *Let It Bleed* wurde von ihm inspiriert. Marianne und Schifano kamen sich immer näher und es entstand eine leidenschaftliche Beziehung, die sie nach Italien führte, wo die beiden ihr Liebesnest aufbauten. Es war ein gefundenes Fressen für die Klatsch-Kolumnen.

Nach dem höchst kontroversen Auftritt der Stones beim Altamont-Konzert am 6. Dezember 1969 flogen Richards und der Rest der Band zurück nach London. Inmitten der Traube der Reporter, die sich am Heathrow Airport gebildet hatte, um die Band über die tragischen Geschehnisse auszuquetschen, befanden sich Anita und der vier Monate alte Marlon.

Während Anita auf Keith wartete, der noch durch den Zoll musste, begann sie damit, die drängenden Reporter über ihren prekären Aufenthaltsstatus und das diesbezügliche Vorgehen der Behörden zu informieren. Mittlerweile sah sie sich mit der Drohung konfrontiert, dass man ihren Pass konfiszieren würde. Anita war für die Presse bedeutend genug, dass sich die Journalisten ihre Statements aufmerksam anhörten. „Es ist beinahe so, als würde man in einem Polizeistaat leben. Es ist ein Skandal. Ich werde nicht heiraten, nur um mich denen zu beugen."

Wie auf ein Zeichen kam Keith gerade aus der Zollabfertigung. Anita, die ihren auffälligen Pelzmantel trug, rannte mit Marlon auf dem Arm auf ihn zu und schrie: „Keith, sie werfen mich aus dem Land."

Die emotionale Szene verdrängte alle Medienfragen hinsichtlich Altamont. Somit musste ein verdutzter und völlig unvorbereiteter Richards sich über seinen Familienstand auslassen – und den damit einhergehenden Druck, der auf das Paar ausgeübt wurde.

„Es ist eine Schande, dass man von der Bürokratie zur Ehe gezwungen wird", ärgerte sich der von der Tour zermürbte Keith. „Ich weigere mich zu heiraten, nur weil irgendein Bürokrat sagt, dass wir es müssen. Eher würde ich Großbritannien verlassen und anderswo hinziehen. Aber wenn ich weiter in England leben will – und es die einzige Möglichkeit ist, dass Anita bleiben darf –, dann werden wir heiraten."

Dank des Pressesprechers Les Perrin konnte man letztendlich die behördlichen Aktivitäten bezüglich Anitas Familienstand abblocken. Doch gab es noch andere Probleme mit der Verwaltung, die das Paar dazu zwangen, das Land zu verlassen. Obwohl Anita ein gutes Einkommen durch die Arbeit beim Film und ihre Model-Jobs hatte, gab sie viel mehr aus, als sie einnahm, wodurch Keith hauptsächlich für den Broterwerb zuständig war. Die Sixties mögen für die Menschen, die „in" waren, die längste Cocktail-Party der Geschichte gewesen sein, doch als die Seventies am Firmament aufzogen, erhielten viele – darunter auch die Stones – einen schrillen Weckanruf, der sie hochschrecken ließ.

Mitten in den dramatischen Verschiebungen versuchten die Stones wieder die Kontrolle über ihre geschäftlichen Angelegenheiten zu erlangen. Der Band kamen Manager Allen Kleins Business-Schachzüge höchst verdächtig vor. Der bullige Amerikaner versuchte sich gerade die Beatles unter den Nagel zu reißen, woraufhin die Stones sich anderweitig Rat suchten. Da der Vertrag bei der Decca auslief, lud Mick Jagger den Produzenten Marshall Chess (Sohn des Mitbegründers von Chess Records, Leonard Chess) nach London ein, um sich über ein eigenes Label zu unterhalten, bei dem die Musik der Stones vermarktet werden sollte. Ähnlich wie durch das eigenständige Apple-Label der Beatles sollte damit die komplette künstlerische Kontrolle gesichert werden. Da Jagger das Treffen arrangiert hatte, kam es zwangsläufig auch zu einer Begegnung mit Anita und Keith.

„Ich lernte Anita Ende 1969 kennen", erinnerte sich Marshall Chess gegenüber dem Autor. „Mick Jagger lud mich nach London ein, um sich mit mir über den Start von Rolling Stones Records zu unterhalten. Mick und Keith wohnten beide am Cheney Walk – nur einen Steinwurf auseinander. Nachdem ich mit Mick geredet hatte, meinte er, Keith wolle mich kennenlernen. An diesem Abend traf ich Anita nur kurz, doch ich kann mich noch gut daran erinnern, dass sie so verdammt umwerfend wirkte. Sie war sexy und hatte ein riesiges Charisma, ihren Akzent und das alles. Wie jeder Typ fand ich sie scharf. Nach Abschluss des Deals ließ ich mich in London nieder, lebte in Hotels oder mietete mir ganze Wohnungen. Während der Zeit traf ich Anita viele Male. Keith und ich freundeten uns an und er bot mir an, bei ihnen zu wohnen. In dem Haus am Cheyne Walk gab es im obersten Stock ein Dienstboten-Quartier mit einem Schlafzimmer und einer Badewanne. Damals begann meine Freundschaft mit Anita. Ich lebte ungefähr ein Jahr bei den beiden am Cheyne Walk. Während der Zeit lernte ich Anita richtig kennen. Wir brutzelten morgens Spiegeleier. Keith war ein Typ, der drei oder vier Tage hintereinander wach bleiben konnte und danach 24 Stunden am Stück pennen musste. Anita war ständig da und natürlich auch der kleine Marlon. Über die Jahre entwickelte sich unsere Freundschaft, eine wahre Freundschaft abseits meiner Arbeit für die Rolling Stones. Ich ordne sie bei den Top 5 der Frauen ein, die ich in meinem Leben getroffen habe. Sie war eine ganz besondere Frau."

Da Marshall sich in unmittelbarer Nähe zu den Stones aufhielt, erkannte er intuitiv, dass sie einen großen Einfluss auf den Stil und das Image der Gruppe hatte.

„Sie war jemand, der sich nicht davor ängstigte, Ratschläge zu geben. Ich war ja oft mit ihnen zusammen und dabei erkannte ich, dass das Image der ‚Bad Boys' zuerst viel mit ihrem Manager Andrew Oldham zu tun hatte. Meinem Gefühl nach übte Anita aber danach einen weitaus größeren Einfluss auf ihr Aussehen und ihre Haltung aus. Mick und Keith hätten das natürlich nie zugegeben, doch sie war eindeutig ein wichtiger Trendsetter – auf die Art wie sie sich gaben, mit all diesen Schals um den Hals und den anderen kleinen Dingen. Das war Anita."

Marshall Chess versuchte das neue Label der Band in die gewünschte Richtung zu steuern, doch die Folgen der früheren Handhabung ihrer geschäftlichen Angelegenheiten – dazu kamen noch einige Konflikte mit dem Gesetz – zeigten sich nun schmerzhaft sichtbar.

Die britische Regierung belegte die höchsten Einkommen mit einem Steuersatz von 93 Prozent, was bedeutete, dass praktisch jeder Penny der Rolling Stones eingezogen würde, wenn sie nicht einen Ausweg aus ihrem finanziellen Dilemma fanden und die aufgelaufenen Steuerforderungen beglichen. Da die Einnahmen von Plattenverkäufen und Tourneen größtenteils auf Eis lagen, gab es eigentlich nur die Option, das Land bis spätestens zum 5. April 1971 zu verlassen.

Durch diese tickende finanzielle Zeitbombe gedrängt, beauftragte man das neu ernannte Management-Team unter der finanziellen Leitung von Prinz Rupert Loewenstein mit der Aufgabe, einen neuen Wohnsitz außerhalb Großbritanniens zu suchen, wo die Musiker und ihre Familien dem Bankrott entkommen konnten. Frankreich stellte eine schlüssige Wahl dar, mit Paris als der angenehmsten Location. Anita kam der Vorschlag mehr als gelegen, da sie noch zahlreiche alte Kontakte in der Stadt hatte. Allerdings berichteten Szenekenner, die sich immer auf dem Laufenden hielten, dass Paris über eine berüchtigte, hart durchgreifende Drogenfahndung verfügte, die sich im ständigen Austausch mit den Londoner Kollegen befand. Da einige Stones und „Anhängsel" es als zu schwierig empfanden, ihr tägliches Leben vom Narkotikagebrauch zu trennen, verwarf man die Umzugspläne nach Paris.

Letztendlich entschied man sich für die französische Riviera. Der britische Autor Somerset Maugham machte einmal die berühmte Bemerkung, dass die Côte d'Azur „ein sonniges Fleckchen für zwielichtige Menschen ist". Mehr als 30 Jahre nach Maughams Beobachtung hatte die Gegend kaum etwas von ihrer zweifelhaften Dekadenz verloren und beherbergte immer noch zahlreiche Briten und Flüchtige aus anderen Ländern. Es war ein Ort, an dem niemand Fragen stellte, solange man die Rechnungen bezahlte. Die Idee wurde von allen angenommen, doch jeder Musiker musste noch eine Kaution von 30.000 Pfund bei den französischen Behörden hinterlegen, damit der begehrte Stempel die Aufenthaltserlaubnis zierte.

Als Zwischenspiel vor dem Umzug entschieden sich die Stones für eine Europa-Tournee, darunter auch einige „Abschieds"-Gigs im UK. Da man Marlon mittlerweile etwas besser transportieren konnte, nahm Anita ihn einfach mit; die öffentliche Meinung interessierte sie nicht. In der Welt der Rockkultur war – sogar noch 1970 – eine Mutter, die ihren Mann bei der Tour begleitet, ein neues Phänomen.

„Jeder putzte mich runter, als ich Marlon hatte", berichtete Anita der Autorin Victoria Balfour, „und sie maulten mich an: ‚Du musst irre sein, Kinder zu haben. Wie kannst du ein Kind mit auf Tour nehmen?' Ich dachte, dass ein Kind bei seinen Eltern besser aufgehoben ist [als bei fremden Leuten]."

In seinem Buch *Ain't It Time We Said Goodbye: The Rolling Stones On The Road To Exile* malte Robert Greenfield ein treffendes Bild von Anita als guter Mutter.

„Ich kann mich noch klar daran erinnern, wie Anita lachte und die Nase verzog, als sie sich vor der Show in Coventry in der Garderobe über Marlon beugte und meinte: ‚Zeit, mal wieder [die Windeln] zu wechseln, ja?'"

Zu einer Art Neubeginn kam es am 29. September, als die Stones-Karawane ihre Zelte in Rom aufschlug, für ein Konzert im Palazzo dello Sport. Trotz Anitas Reiseaktivitäten in ganz Europa war die italienische Hauptstadt immer noch der Wohnsitz ihrer Familie. Da die Band das erste Mal seit vier Jahren in Europa tourte, bot sich

Anita die Chance, ihren Vater wiederzusehen. Da er das Leben seiner Tochter mit Geringschätzung abtat, sollte er nun stilvoll zum Rom-Konzert befördert werden, wofür Anita alles arrangierte.

„Wir schickten eine Limo zu meinem Vater, damit er die Show besuchen konnte“, erinnerte sich Pallenberg. „Außerhalb der Halle wurde die Karosse von Anarchisten mit Steinen beworfen, da sie dachten, es seien die Stones. Das war also für meinen Vater der Einstand in die Welt, in er ich lebte. Doch er blieb fair, genoss den Auftritt, und ich glaube, dass es ihm gefiel, dass ich mit einem Musiker zusammen war, da er selbst zur Zunft gehörte.“

Eine weitere Wiederbegegnung fand am 5. Oktober in Frankfurt statt, da sich Anitas alter Freund, der Dichter Gerard Malanga, dort aufhielt.

„Ich traf sie zufällig, da ich in Frankfurt war, um die Buchmesse 1970 zu besuchen“, erinnert sich Malanga heute. „Man erzählte mir, dass die Stones in Frankfurt seien, und so ging ich irgendwann zu ihrem Hotel, nicht um direkt bei ihnen anzuklopfen, sondern nur so auf Verdacht, ob ich wohl zufällig einem von ihnen über den Weg laufen würde. Ich war auf dem Weg zum Tabakladen im Hotel und wer kam direkt auf mich zu? Anita blieb stehen und fragte mich: ‚Was macht du denn hier?‘ … Sie nahm mich direkt am Arm und brachte mich zu ihrer Suite. Später am Abend nahm sie mich zum Stones-Konzert mit.“

Als immer willkommene Gesellschaft wurde Malanga für den folgenden Morgen erneut in Keiths und Anitas Suite eingeladen. Dort wurde der Dichter, der sich gleichzeitig für Porträtfotografie interessierte, Zeuge von Anitas Freude an der Mutterschaft.

„Am nächsten Morgen bin ich wieder ins Hotel gegangen. Ich habe Marlon in seiner Krippe fotografiert. Das Leuchten auf [Anitas] Gesicht – das war ein wahres Wunder. Sie war in dieser Phase so glücklich, eine stolze Mutter – und das zeigte sich auf beiden Gesichtern.“

Diese kurzen Augenblicke der Freude wurden aber häufig durch knallharte Episoden unterbrochen. Anitas Hang zu klassischen Rock’n’Roll-Exzessen war so ausgeprägt wie immer. Ihre offensichtlich endlose Ausdauer bemerkte auch Ron Schneider, der damalige Tourmanager, am 6. September in Göteborg.

„Sie war beinhart", erinnert er sich heute. „Das beste Beispiel dafür, was für eine Frau sie wirklich sein konnte, war ein Ereignis in Schweden. Der Veranstalter der Göteborg-Show gab ein Essen außerhalb der Stadt – für die Band, Ehrengäste und andere Leute aus dem engeren Kreis –, ungefähr so 20 bis 30 Leute. Anita saß neben Keith und bat den Kellner um den stärksten Alkohol, den sie im Angebot hatten. Er machte sich auf den Weg und kam mit einer Flasche zurück, in der über 30-prozentiges Zeugs war, und stellte sie vor ihr hin. Anita füllte ihr Glas bis obenhin und kippte sich das alles auf Ex runter. Dann drehte sie sich zu Keith, stellte ihm das leere Glas unter die Nase und sagte: ‚Nun beweise mir mal, was du für ein Mann bist.'" Später an dem Abend musste Schneider ihr zu Hilfe eilen, da alles aus dem Ruder lief.

„Sie wurde einfach ohnmächtig und Keith saß noch im Speiseraum. Eine Kellnerin kam und meinte, man habe schon die Polizei gerufen. Die käme mit einer grünen Minna, um alle dort reinzuverfrachten. Ich holte die ganzen Leute so schnell wie möglich raus. Anita lag immer noch auf dem Boden, und ich musste sie hochheben und zum Fahrstuhl tragen. Sie meinte: ‚Rette mich! Bring mich in dein Zimmer.' Ich wusste nicht, ob sie damit ‚alles' meinte oder ob sie einfach betrunken war. Ich glaube aber, sie wollte nur, dass ich sie da rausbrachte."

Doch in Anitas Welt tauchte auch ein Element des Konkurrenzkampfes auf, das die ohnehin delikate Chemie zwischen den Protagonisten bedrohte – es war Mick Jaggers neue Partnerin Bianca. Anita führte eine recht schlichte Beziehung zu den anderen Frauen des Rolling-Stones-Trosses, wobei sie aber eine unausgesprochene Dominanz über die anderen ausübte, die sich auf den außerordentlichen Einfluss zurückführen ließ, den sie auf die Band hatte. Mit Bianca Pérez-Mora Macías traf sie auf eine weniger nachgiebige Frau. Mithilfe von Donald Cammell lernte Jagger die Schönheit aus Nicaragua nach einem Stones-Konzert am 23. September in Paris kennen. Die Frau mit einem ausgeprägten Intellekt und umwerfenden Aussehen entwickelte sich zu Beginn der frühen Siebziger zu Jaggers bevorzugter weiblicher Gesellschaft. Wie auch Anita stand Bianca weit über den ganz „normalen" Groupies und den „Star-Fuckers", die in der Rockszene umherschwärmten. Durch diese gehobene Position bedeutete sie eine Bedrohung. In einer Zeit, in der viele Frauen Anitas „freakigem" Boheme-Modestil folgten, stand Biancas Garderobe für die Verkörperung klassischer Haute Couture.

Schon zu Beginn stand alles unter einem schlechten Omen. Bianca tauchte bei einigen Terminen der Europatournee auf und irgendwo auf einem der Tourabschnitte lieh sich Anita einige Kleidungsstücke von ihr. Das hatte sie schon bei den anderen öfter freimütig gemacht (mit oder ohne Erlaubnis). Als Biancas Garderobe zurückgebracht wurde, ließen sich Spuren von Anitas Lebensstil auf allen Stücken erkennen. Entsprechend verärgert und stinksauer erzählte Bianca allen, dass sie die Kleidung nicht mehr tragen werde. Diese eher belanglosen Wutanfälle stellten sich aber nur als Spitze des hochtoxischen Eisbergs heraus.

„Sie kamen nicht miteinander klar", berichtete Marshall Chess dem Autor 2018. „Man konnte zwischen den beiden keine warmherzige Zuneigung spüren, höchstes eine Art Koexistenz. Ich persönlich glaube, dass sie sich sogar hassten – ich habe das zwar niemals gehört, aber zwischen den beiden herrschte eine schlechte Stimmung."

Während der Vorbereitungen auf die Exilzeit der Band tauchten andere Themen auf, insbesondere Anitas Drogenkonsum. Sie brauchte mittlerweile circa 300 mg Heroin pro Tag und nahm zunehmend die Persönlichkeit eines alten Junkies an.

Bedenkt man ihre in den Medien ausgeschlachtete Drogengeschichte in Zusammenhang mit dem bevorstehenden Umzug, war es klar, dass Keith und Anita gegenüber den französischen Behörden ihre Abstinenz nachweisen mussten. Dem Rat von Ärzten folgend (der durch Erfahrungsberichte untermauert wurde), musste sich das Paar für die Zeit des Entzugs trennen. Wenn auch nur einer von ihnen einen Rückfall erleiden würde, würde das bedeuten, das der andere üblicherweise auch wieder konsumierte.

Keith zog seinen Entzug mit dem befreundeten Gram Parsons auf Redlands durch. William Burroughs' langjährige Abhängigkeit wurde mithilfe des stoffwechselregulierenden Medikaments Apomorphin in nur 72 Stunden behandelt – ein Erfolg, der in Junkie-Zirkeln legendär geworden war –, woraufhin man einen Kollegen seines Arztes einflog, einen gewissen Dr. Smith (auch bekannt als Smitty), der die vielversprechende Behandlung durchführen sollte.

Keiths Entzug stellte die französischen Behörden zufrieden, und so konnte er das Vereinigte Königreich vor der Steuer-Deadline verlassen. Anitas Entgiftung stellte sich jedoch als schwieriger heraus. Sie war sich bewusst, dass jeder Dealer oder Junkie in London ihr etwas andrehen wollte, weshalb sie sich in die exklusive Bowden-House-Klinik einweisen ließ, die in Harrow im Norden Londons lag. Die Einrichtung wurde von zahlreichen Celebrities frequentiert; unter anderem ließen sich Spike Milligan, und auch Puss, besser bekannt als Susan Coriat, dort behandeln. Sie und ihr Partner, der Rennfahrer Tommy Weber, standen schon seit den drogenvernebelten Zeiten Mitte der Sechziger auf der Gästeliste der hippen Gesellschaft Londons. Puss hatte sich nie von den LSD-getränkten Sommern erholt und nun den Namen Ruby Tuesday zugelegt. Als ihr Drogenkonsum wieder stieg und die psychische Gesundheit sich verschlechterte, fand sie sich neben Anita in der Klinik wieder. Dort tauschten die beiden Anekdoten und Kontakte aus. Puss' Partner Tommy und ihre beiden Kinder besuchten sie regelmäßig in der Reha, wobei sie eine Beziehung zu Anita aufbauten, die mehrere Jahre hielt.

Zur Exklusivität von Bowden House gehörten auch einige einzigartige Therapien, um Konsumenten von ihrer Sucht zu befreien. Zuerst fügte sich Anita den Anweisungen der Klinik, doch dann rief sie Tony Sanchez an, der sie mit einem Blumenbouquet besuchte, in dessen Blättern Koks versteckt war. Als das Kokain die Leiden des Entzugs nicht linderte, rief sie Richards und Sanchez, damit sie ihr genügend Heroin brachten, um das Schlimmste des Traumas zu überstehen. Anitas Drängen grenzte schon an Erpressung. Wenn sie ihr den Stoff nicht brächten, würde sie einen anderen Weg finden, um ihr Verlangen zu stillen. Für Richards und Sanchez – beide mit anderen Drogen zugedröhnt – war die Fahrt nach Nordlondon recht beschwerlich; Richards' Bentley machte Bekanntschaft mit einem Straßengraben.

Die Blutuntersuchungen der Klinik deuteten dann – was Anita wohl kaum überraschte – auf einen deutlich höheren Heroinkonsum hin, als sie angegeben hatte, woraufhin die Ärzte den Vorschlag machten, sie solle sich einer Schlaftherapie unterziehen, ein von Medikamenten induzierter Dämmerschlaf, bei dem die Droge aus dem Körper geschwemmt wird. Sie unterzog sich der Behandlung beinahe eine ganze Woche lang, wodurch das Heroin aus dem Kreislauf verschwand.

Anitas verlängerte Therapie machte es ihr unmöglich, den Stichtag zum Verlassen des UK einzuhalten. Somit reiste Keith mit Marlon vor und erreichte Nizza am 3. April 1971. Anita musste ihren Entzug komplett „aussitzen", bevor sie einen Monat später ausreiste.

Sich bewusst, dass die Drogenfahndung ihrem leer stehenden Haus einen Besuch abstatten würde, säuberten Keiths Gehilfen jeden Zentimeter des Gebäudes im Cheyne Walk und ließen alle verdächtigen Gegenstände und Substanzen in der Mülltonne verschwinden. Die Dinge des alltäglichen Lebens wurden verpackt und Keith nach Nizza geschickt. Da Anita in Großbritannien eine harte Zeit überstanden hatte, stellten die Vorbereitungen für ihren Umzug eine willkommene Gelegenheit dar, um sich von den negativen Energien im UK zu verabschieden. Der Kampf mit den Behörden hinsichtlich ihres Aufenthaltsstatus war noch nicht abgeschlossen, und so empfand sie die eher entspannte französische Haltung gegenüber Durchreisenden als beruhigende Option.

Anita traf Keith und Marlon Anfang Mai 1971 in Nizza wieder. Mit seiner eher phlegmatischen Grundeinstellung hatte Richards immer noch kein geeignetes Haus für seine Familie gefunden, doch Anitas Ankunft im Frühjahr brachte ihre eher pragmatische Seite zum Vorschein. Von der wunderschönen Landschaft und dem mediterranen Leben eingenommen, fragte sie einfach Einheimische entlang der Côte d'Azur nach einem eher zurückgezogenen Anwesen, das aber auch typisch für die Region sein sollte. Nur knapp acht Kilometer von Nizza entfernt entdeckte sie auf diese Weise ein für die kleine Familie perfektes Domizil außerhalb des Städtchens Villefranche-sur-Mer.

„Ich entdeckte die Villa Nellcôte, als ich zum ersten Mal im Frühjahr 1971 nach Villefranche-sur-Mer kam", erinnerte sich Anita im Magazin *Marie Claire*. „Keith, unser Sohn Marlon und das Kindermädchen hatten London bereits verlassen. Wir hatten das Haus vorher noch nie gesehen – nicht mal auf Fotos … Es war wunderschön, obwohl es merkwürdige Schwingungen ausstrahlte."

Diese „merkwürdigen Schwingungen" mögen beim ersten Anblick faszinierend gewesen sein, doch sollten sie für das von Anita für den Sommer erhoffte entspannte Boheme-Leben zu einer echten Gefahr werden.

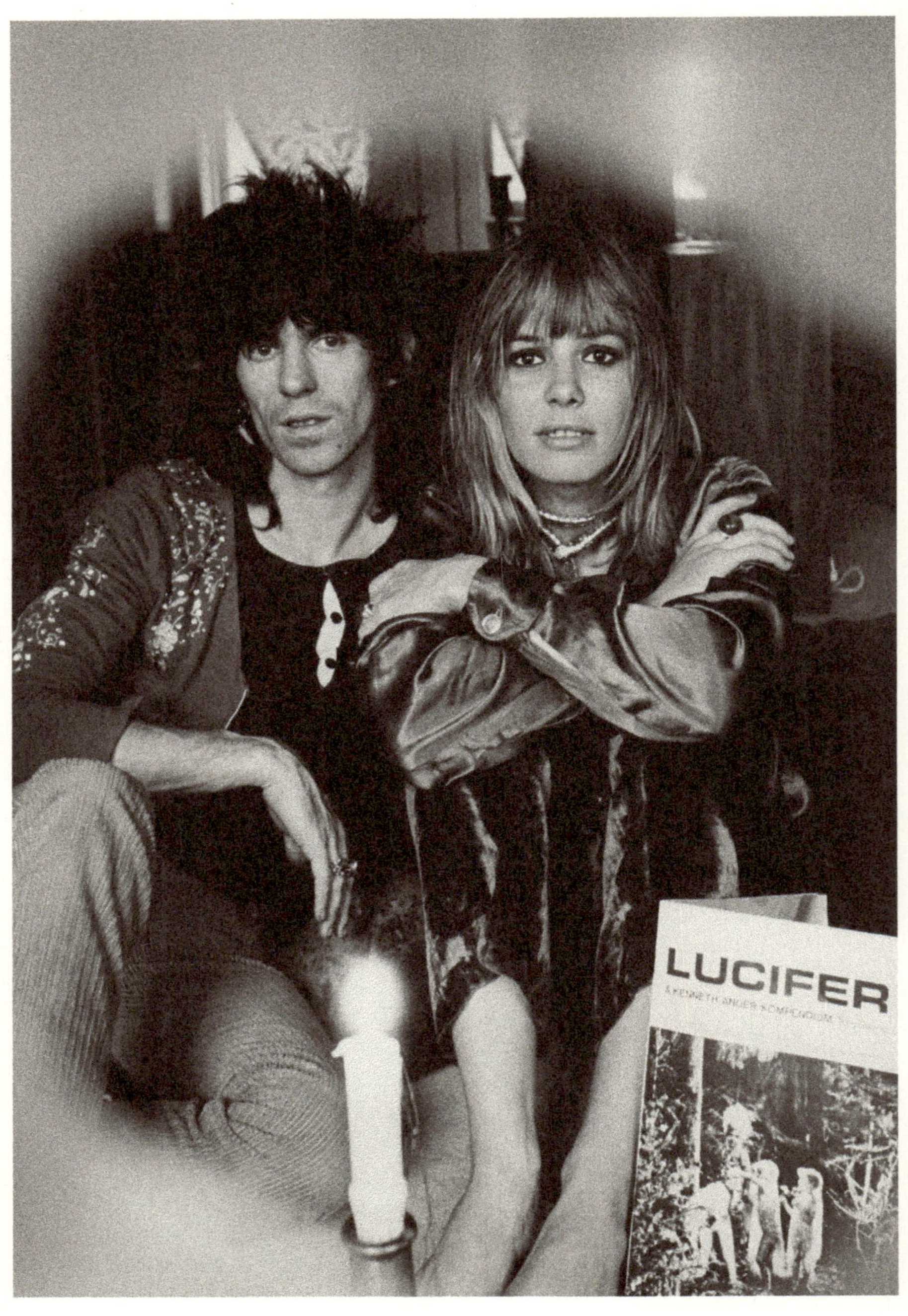

Lucifer Rising! Keith und Anita zu Hause, Cheyne Walk 3, London-Chelsea, Dezember 1969.
EVENING STANDARD/STRINGER

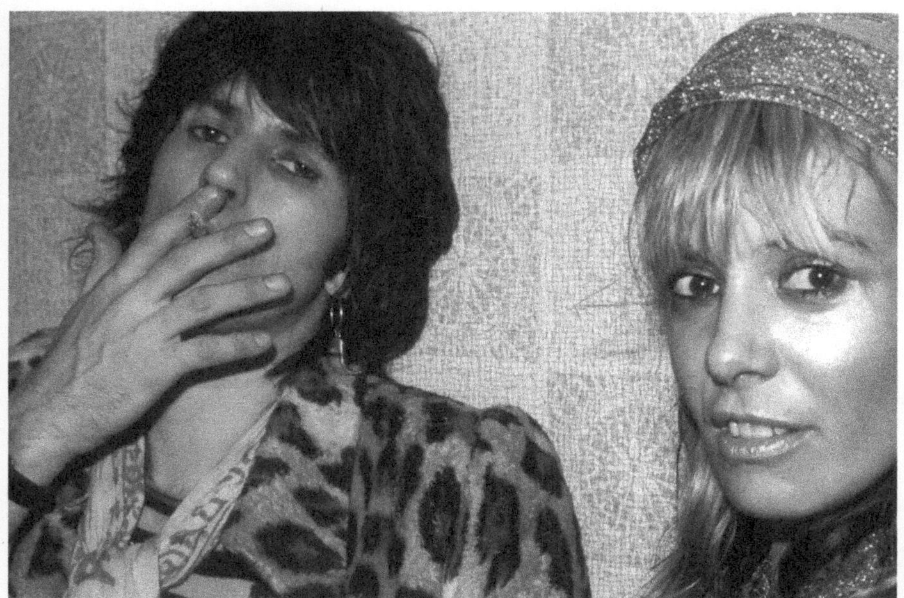

Ein abendlicher Ausflug zu einem Auftritt von Keith mit den Faces im Kilburn's State Cinema, London, 23. Dezember 1974.
GRAHAM WILTSHIRE/GETTY

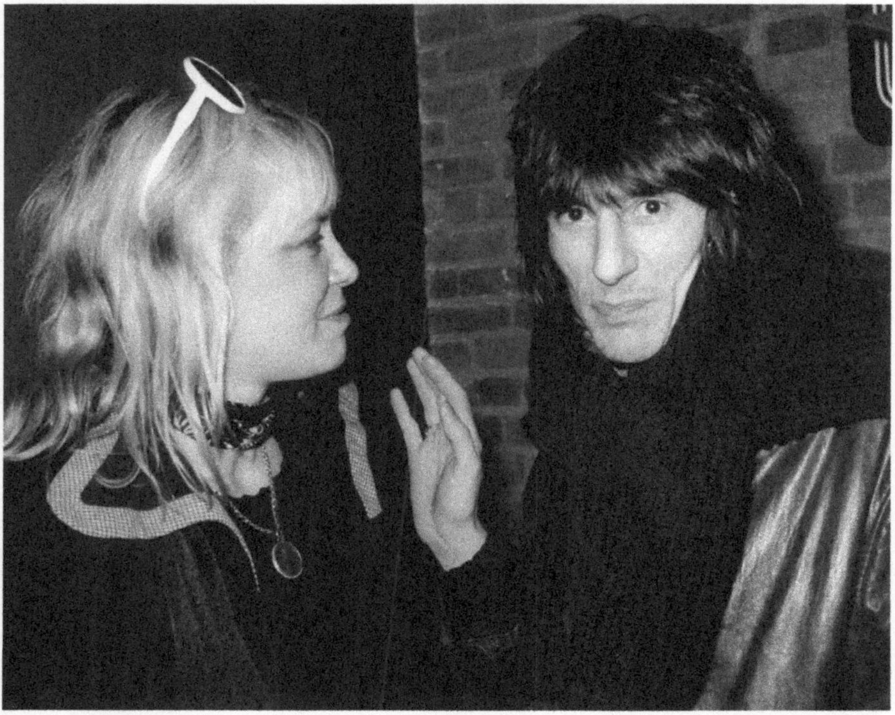

Eine Gelegenheit, sich backstage mit Ronnie Wood zu treffen. Palladium, New York, Juni 1978.
SONIA MOSKOWITZ/IMAGES PRESS/GETTY

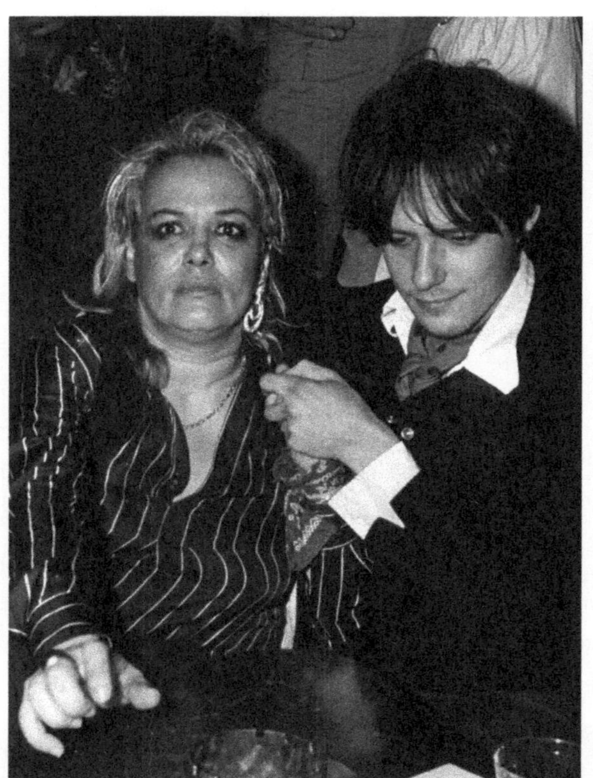

Mit Richard Lloyd von Television. Der erste öffentliche Auftritt nach dem tragischen Tod des Teenagers Scott Cantrell, New York, 17. August 1979.
RON GALELLA/GETTY

Der Britpop lässt die Sixties wieder aufleben. Anita wurde in den Neunzigern zur Ikone, auch für Noel Gallagher.
MIRRORPIX

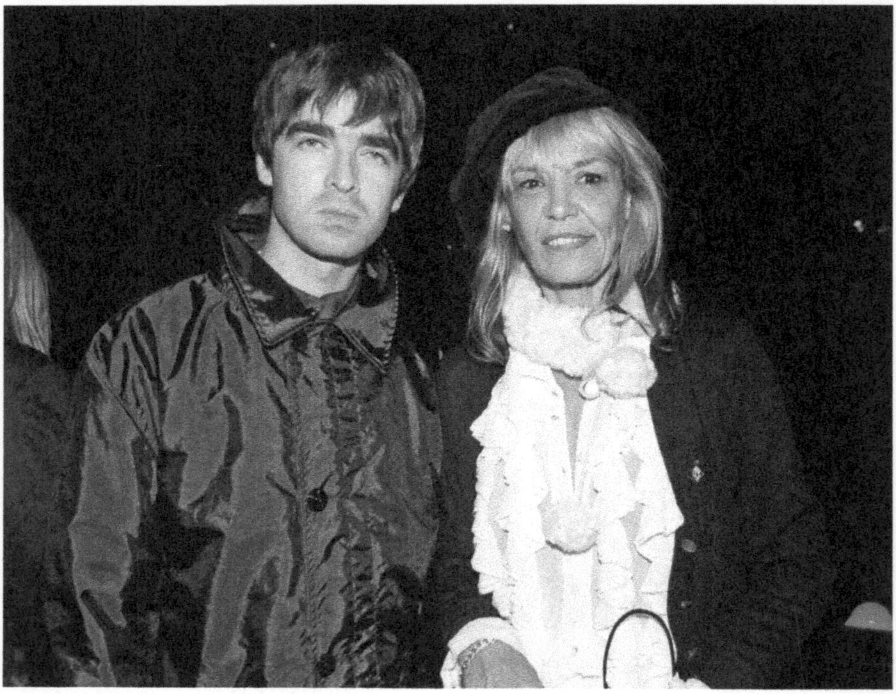

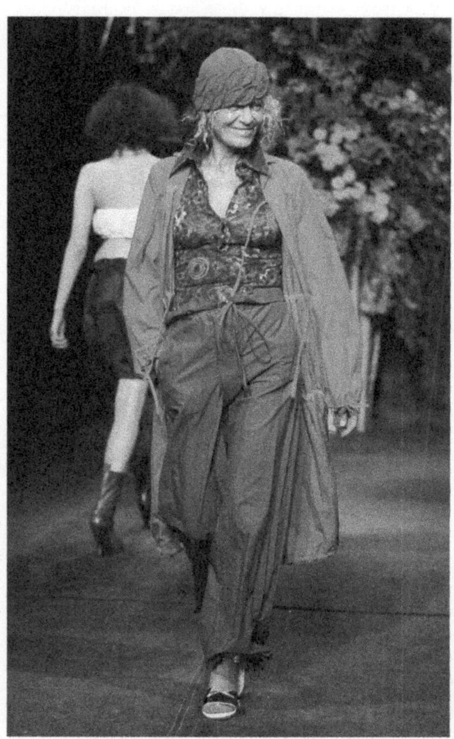

Wieder auf dem Catwalk. Anita beeindruckt in einem Design von Vivienne Westwood. Londoner Fashion Week, September 1998.
MARK LARGE/DAILY MAIL/SHUTTERSTOCK

Backstage mit Marianne Faithfull, Jo und Ronnie Wood und dem Model Kate Moss. London, November 1999.
DAVE BENETT/GETTY

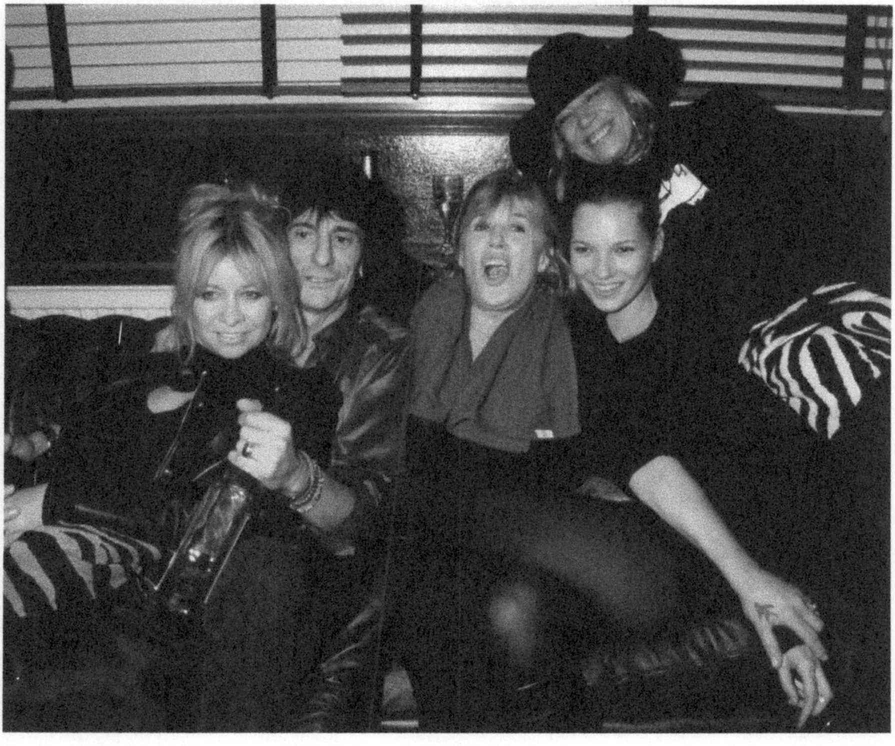

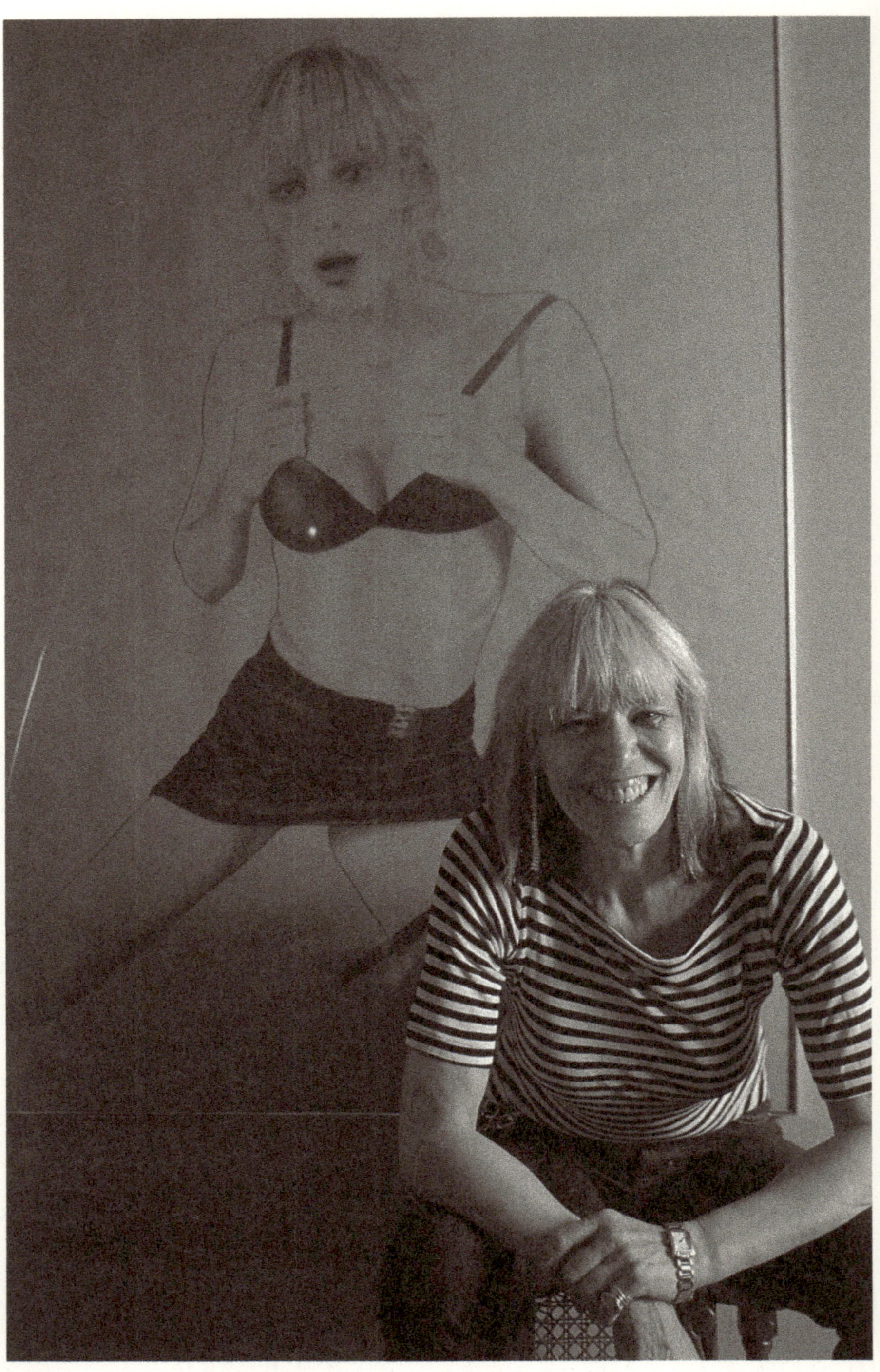

Anita vor einem Porträt von Marianne Faithfull. Die beiden standen während ihres aufsehenerregenden Lebenswegs immer in Verbindung. Faithfull beschrieb die Beziehung „wie ein Paar Salz- und Pfeffer-Streuer aus den Sixties".

RICHARD SMITH/CORBIS/GETTY

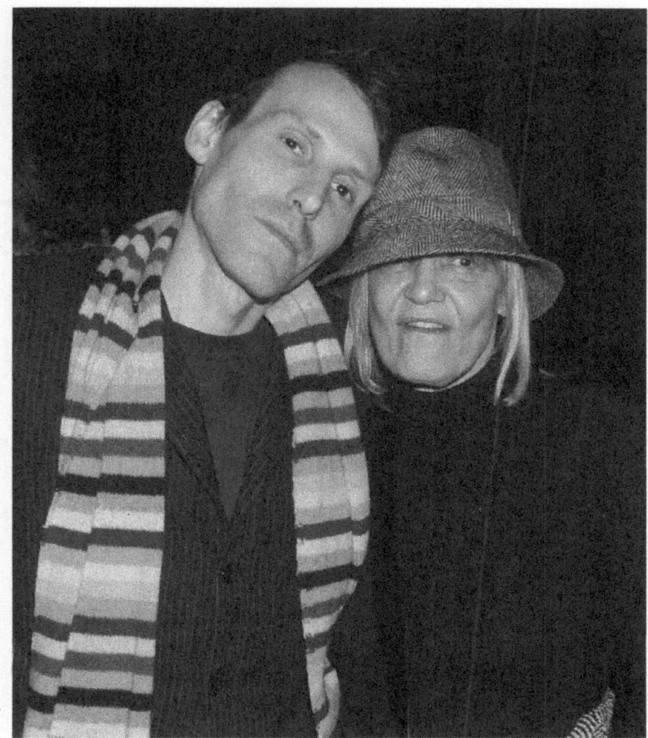

Mit Sohn Marlon auf einer Party zur Unterstützung der Palestinian Hoping Foundation, 10. März 2005. Im Gegensatz zu den abenteuerlichen Lebensläufen seiner Eltern zog Marlon einen ruhigen Lebenswandel vor und mied das grelle Rampenlicht.
DAVE BENETT/GETTY

Anita als „La Copine" in Stephen Frears' Film *Chéri – Eine Komödie der Eitelkeiten* (2009). Anita kehrte auch im hohen Alter immer wieder zum Film zurück und spielte eine Reihe von Nebenrollen.
AF ARCHIVE/ALAMY

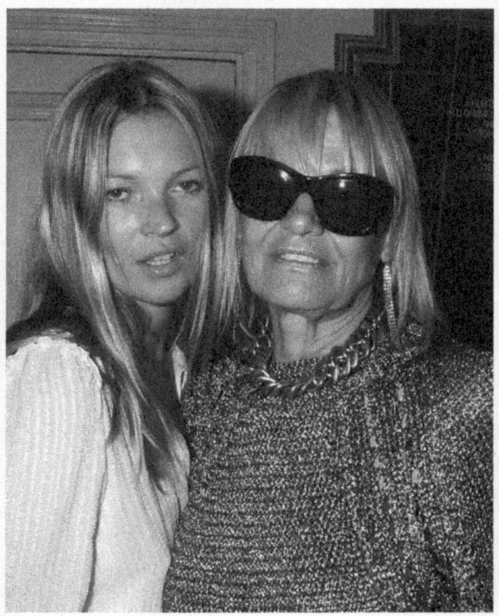

Anita besucht mit Kate Moss eine Aufführung ihres bedeutendsten Films *Performance* im Londoner Electric Cinema, Notting Hill, 7. Mai 2004
DAVE BENETT/GETTY

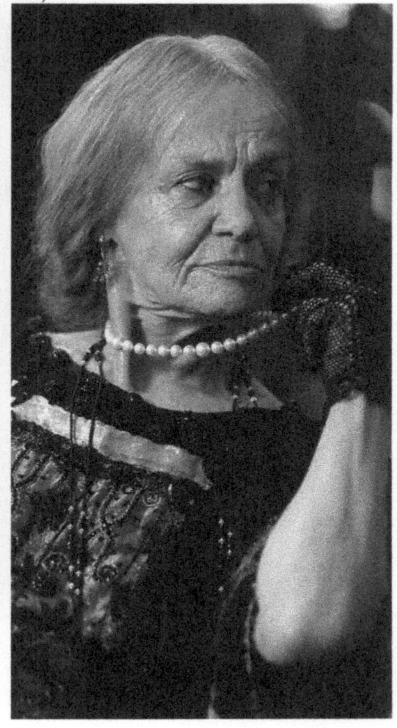

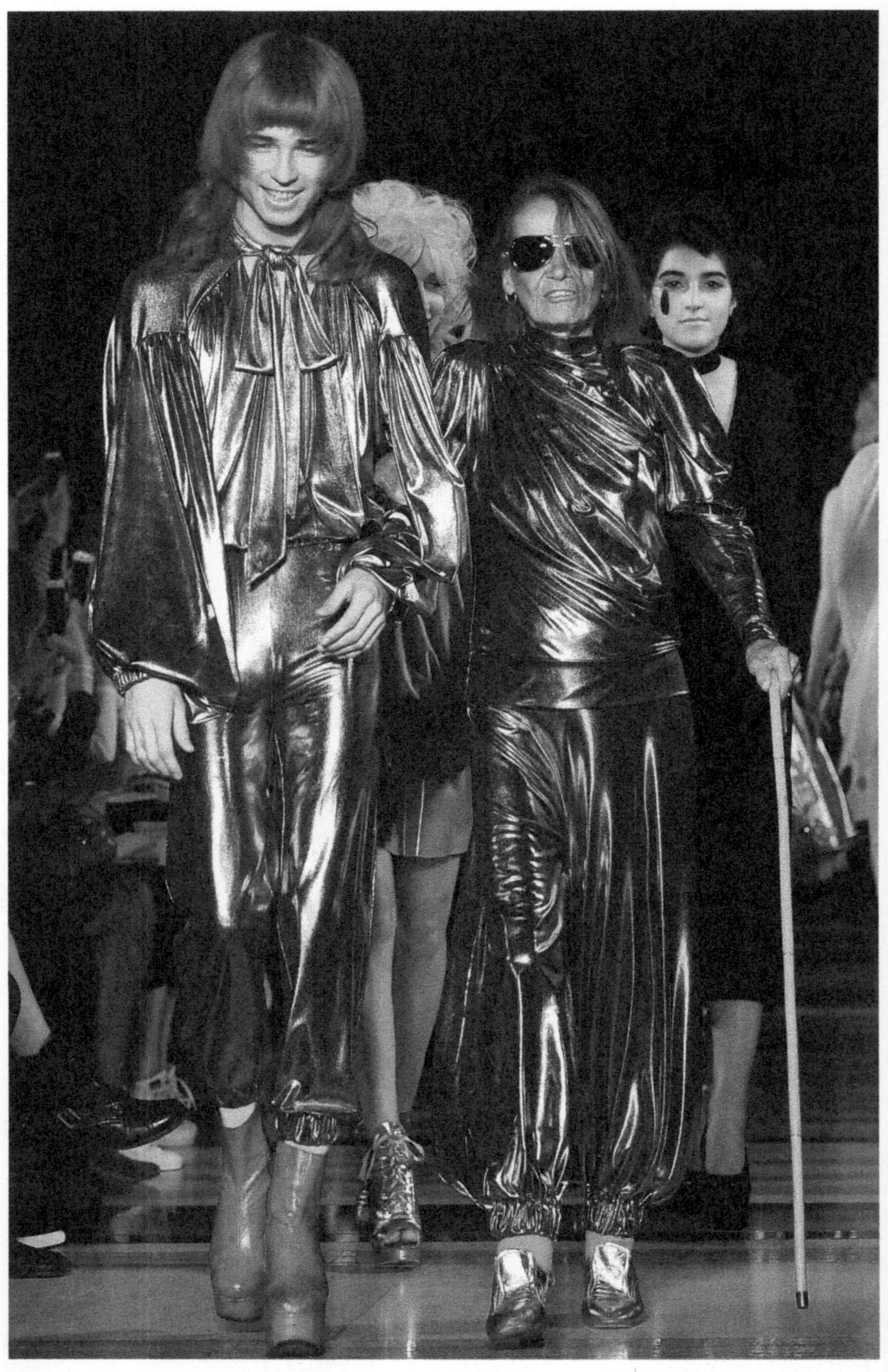

Anita stiehlt allen die Show. Bei ihrem letzten Auftritt auf dem Catwalk für die Designerin Pam Hogg bei der Londoner Fashion Week, September 2016.
EAMONN M. MCCORMACK/STRINGER

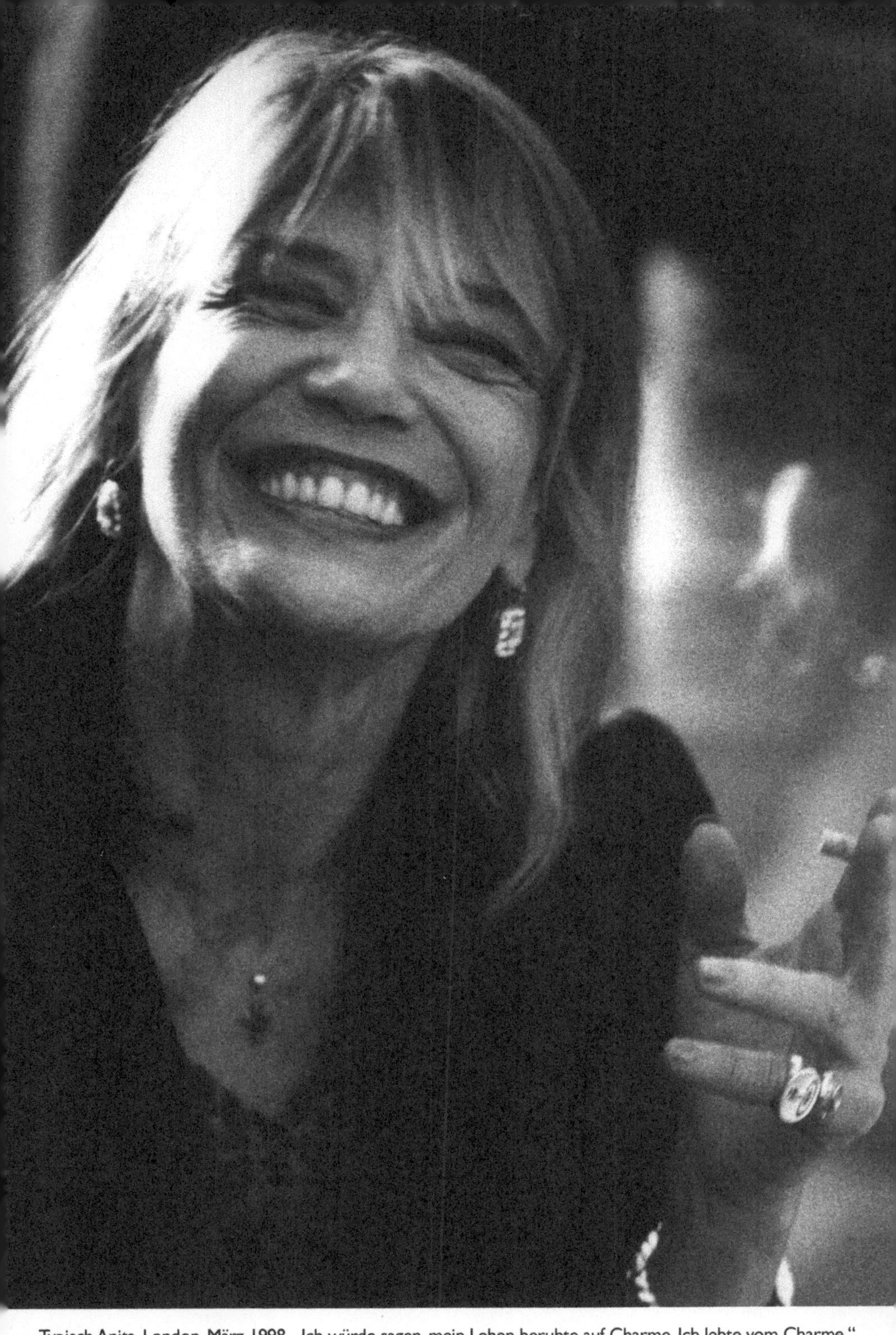

Typisch Anita. London, März 1998. „Ich würde sagen, mein Leben beruhte auf Charme. Ich lebte vom Charme."
RUTH BAYER

KAPITEL 8

Im Exil

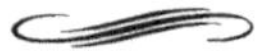

Ich will eine wirklich ausschweifende *Party geben. Ich meine das genau so. Ich will eine Party geben mit Schlägereien, Verführungen, Leuten, die mit verletzten Gefühlen nach Hause gehen, und Frauen, die im Toilettenraum in Ohnmacht fallen. Warte und sieh es dir an.*

F. Scott Fitzgerald, *Zärtlich ist die Nacht*

Bei Gästen und Durchreisenden hat Villefranche-sur-Mer einen ausgezeichneten Ruf – und es hat eine lange Geschichte. Aufgrund des leicht zugänglichen Hafens heiß begehrt, nutzten sowohl die Griechen als auch die Römer den Ort als Ausgangspunkt für ihre Feldzüge. Später gab es kriegerische Auseinandersetzungen um den Hafen. Die Bucht bewahrte sich ihre Bedeutung als Anlaufpunkt für Militärfracht oder allgemeine Transportgüter, bis im nahe gelegenen Nizza ein weitaus wichtigerer Hafen entstand. Seitdem trat die Bedeutung von Villefranche-sur-Mer für den maritimen Handel immer weiter in den Hintergrund.

In neuerer Zeit entwickelte sich aus dem Städtchen ein beliebter Rückzugsort für die Reichen und Aristokraten, auch weil das angenehme Mikroklima am Strand alljährlich konsistente Temperaturen versprach. Während der Zwanzigerjahre des letzten Jahrhunderts arbeitete der vielseitig talentierte Künstler Jean Cocteau vorzugsweise von Villefranche-sur-Mer aus. Er sollte später einige Teile seines fantastischen *Orpheus* in und um die Stadt herum drehen.

Während des Zweiten Weltkriegs ertrugen die Einwohner mit der ihnen eigenen Gelassenheit die permanente Anwesenheit der Nazis; an einem Gebäude aber findet man noch heute unauslöschbare Spuren. Nach dem Krieg fuhr die US-Marine den Hafen an, die dort einen diskreten Rückzugsort fand, wo sich der See überdrüssige Matrosen einige Stunden Vergnügungen leisten konnten, ohne eine Überprüfung durch die in Nizza stationierte Militärpolizei zu befürchten.

Da sich in den nahe gelegenen Städten Cannes und Monte Carlo zahlreiche Stars sehen ließen, drehte sich kaum jemand nach Keith und Anita um, als die beiden ihr Anwesen Anfang Mai 1971 in Villefranche-sur-Mer bezogen. Allerdings sollten die Ereignisse der folgenden neun Monate alle bisherigen Skandale in der Region überragen, eine Zeit, in der es hieß, dass La Belle Époque auf das Grand Guignol traf.

Bei der Vielzahl atemberaubend schöner Villen und Residenzen in allen nur erdenklichen Größen und Formen, die nahe an Frankreichs bekanntestem Küstenabschnitt stehen, stellte die Villa Nellcôte dennoch etwas Besonderes dar. Das lässt sich sogar heute noch erkennen. Sie liegt etwas außerhalb des langen Sandstrands von Villefranche-sur-Mer auf einem erhöhten Gelände und überragt alle anderen Gebäude. Die Geschichte des Anwesens ist so interessant wie die Liste der bekannten Vorbesitzer. Der Bau wurde von dem Seeadmiral und Ex-Banker Eugene Thomas 1899 in Auftrag gegeben, und die Villa hieß ursprünglich Château Amicita. Thomas' Schwärmerei für das Anwesen reichte bis zu seinem Tod, bei dem er sich von einem der Balkone stürzte, Gerüchten zufolge direkt nach einem okkulten Ritual.

Die Umbenennung in Villa Nellcôte erfolgte 1919, nach einer Phase, in der sich das Gebäude im Besitz des Konsulatsmitarbeiters Ernest Brülatuer und (für kurze Zeit) eines gewissen Samuel Goldberg befunden hatte. Danach wurde die leicht an den römischen Architekturstil angelehnte Villa von den Bordes übernommen, einer Reederei-Familie, die unter anderem Natriumnitrat von Frankreich nach Südamerika transportierte. Der Einfluss der angesehenen Familie in der Gegend war so groß, dass die neben der Villa liegende Straße (sie wurde 1939 gebaut) nach der Frau des Familienoberhaupts benannt wurde und bis heute Avenue Louise Bordes heißt.

Trotz der positiv besetzten Verbindung der Familie zu anderen wohlhabenden europäischen Häusern kam das Gebäude nach dem Zweiten Weltkrieg aufgrund einer Assoziation mit den Nazis in Verruf: Die Côte d'Azur war der Ausgangspunkt diverser militärischer Aktivitäten der Deutschen, und so beschlagnahmte die Gestapo 1943 die Villa Nellcôte als Basis für ihre Operationen und blieb dort beinahe zwei Jahre. Seitdem hängt ein beinahe unauslöschlicher Schatten über dem Anwesen.

Ähnlich wie die Welt, die Anita und ihr Kreis bevorzugten, strahlte Nellcôte den Schein einstiger Größe aus, die verfiel. Früher üppig und majestätisch, stand das Gebäude 1971 sehr verwahrlost da. Man betrat die Villa durch eine riesige schmiedeeiserne Tür mit Glaseinlegearbeiten (Spitzname Heaven) und ging auf eine Treppe mit Marmorstufen zu. Sie führte in einen sehr großen Wohnbereich, wo ein Kronleuchter mit Fassungen in Tränenform von der fast sechs Meter hohen Decke hing. Über eine mit Ornamenten verzierte Treppe erreichte man das Mezzanin mit den 16 Zimmern, die von einem bescheidenen Einzelzimmer bis hin zu einer ausladenden Suite reichten. Unheimlicherweise waren im gesamten Gebäude an jeder Ecke Spiegel angebracht. Eine große Terrasse nahm die Rückseite der Villa ein, von wo aus sich ein spektakulärer Blick auf die Bucht von Villefranche-sur-Mer ergab. Dahinter lag ein üppiges Arboretum (auch dieses nicht gepflegt) aus Pflanzen, die optimal in der Wärme der Côte d'Azur gediehen. Die Bordes hatten bei ihrem Leben als Globetrotter häufig gärtnerisches Interesse erkennen lassen. Sie brachten sich als Erinnerungsstücke von ihren Reisen immer seltene, meist subtropische Pflanzen und Bäume mit, die im Mikroklima von Villefranches Bucht optimal gediehen. Durch die jahrelange Vernachlässigung waren jedoch die eher exotischen Arten, vor allem die Sträucher, eingegangen. Nur ein knorriger Affenbrotbaum ragte aus dem Dschungel heraus, was durch seine Größe ein unstimmiges Bild ergab. Versteckt in diesem ungezähmten Wildwuchs stand ein kleines Chalet mit drei Zimmern, das sich für alle nur erdenklichen Gäste als nützlich erweisen sollte.

Die Villa Nellcôte verfügte sogar über einen kleinen „Hafen". Über in Stein gehauene Stufen konnte man einen winzigen Pier erreichen, doch das hatte eher einen ästhetischen Reiz und weniger einen praktischen Nutzen. Von hier reichte der Blick bis zur nahe gelegenen Bucht von Beaulieu-sur-Mer. Mithilfe eines Fernglases konnte man die endlose Flottille von Jachten sehen, darunter Errol Flynns spektakuläres Boot „Zaca".

Haus und Garten waren seit dem Ende des Zweiten Weltkriegs praktisch unberührt geblieben, und unterhalb der Treppe lag das große Mysterium der Villa verborgen. Während der Kriegszeit sollen Gerüchten zufolge in den gruftähnlichen Gewölben brutale Befragungen durchgeführt worden sein. Überreste der Nazi-Zeit waren noch überall sichtbar, darunter Hakenkreuze, die man in die Eisengitter der Belüftung gefräst hatte. Als einige von Anitas und Keiths Helfern durch die alten Kisten im Keller stöberten, entdeckten sie mehrere Phiolen Morphin, die vermutlich für Selbstmorde vorgesehen waren. Um sich vor den Neugierigen und Schaulustigen zu schützen, hatte man den Eingang zum Anwesen durch hohe Eisentore gesichert, und die Wände waren hoch genug, um die Hausbewohner vor ungewollten Blicken zu schützen.

Trotz des verkommenen Eindrucks, den das Ganze machte, freuten sich Anita und Keith, als man ihnen die Villa für 2500 Dollar im Monat vermietete (mit der Option, das Anwesen zu einem Preis von zwei Millionen Dollar zu erwerben). Abgesehen vom verhältnismäßig günstigen Preis war es die gefährliche und verwegene Stimmung der Villa, an der besonders Anita Gefallen fand. Falls sie jedoch Hoffnungen auf eine Zeit der Beschaulichkeit hegte – nach dem Londoner Leben, das sie hinter sich gelassen hatte –, stellten sich diese als trügerisch heraus. Als die beiden das Anwesen übernahmen, dachten sie nur daran, dass die Villa eine angemessene Behausung für sie war und sich das Gästehaus für gelegentliche Besucher eignete.

So schön die Riviera aber auch sein mochte, war die Produktion von neuem Rolling-Stones-Material essenziell, damit auch weiterhin Geld in die Kasse kam. Einige Songs waren bereits in England aufgenommen worden, doch es fehlten noch Stücke, um den Anforderungen des anvisierten Doppel-Albums gerecht zu werden. Das Stones-Management hatte schon halbherzig einige Locations an der Côte d'Azur für Aufnahmen in Betracht gezogen, doch Anfang Mai fehlte immer noch eine finale Entscheidung. Da die Uhr tickte, richteten sich Augen und Ohren auf die geräumige Villa Nellcôte.

„Die konnten nirgendwo was finden", schrieb Keith in *Life*. „Schließlich drehten sich alle um und schauten mich an. Ich sah zu Anita rüber und meinte: ‚Hey, Babe, damit müssen wir jetzt klarkommen'." Die Ankunft der neuen Bewohner in der Villa Nellcôte fiel mit einer der heißesten Frühlingsphasen seit Beginn der Wetteraufzeichnung zusammen. Die Wärme war sogar in einem kalten Gebäude aus Stein zu unerträglich, um dort entspannt zu wohnen. Geschichten vom Hang zu nächtlichen Partys des Paares sind fast legendär, doch Aktivitäten bei Tag waren bei der brütenden Hitze auch kaum möglich. Die alltäglichen Aufgaben, die ein Anwesen in der Größe von Nellcôte mit sich brachte, fielen angesichts ihrer ständigen Anwesenheit und Geschicklichkeit für organisatorische Aufgaben zwangsläufig Anita zu. Für sie begann damit eine anstrengende Zeit, denn sie hatte gerade eine brutale Entgiftung durchgemacht, von der sie sich noch nicht vollständig erholt hatte.

Zuerst musste sie sich auf eher praktische Tätigkeiten konzentrieren. Da die Anwesenden wohl zu den größten Drogenkonsumenten des Landes zählten, war eine ausgewogene Ernährung für die Dauer des Aufenthalts essenziell, um Leib und Seele zusammenzuhalten. Der neue Label-Boss Marshall Chess versuchte in der Stadt alle organisatorischen Belange hinsichtlich der Musik zu koordinieren, während Anita mit einem kleinen Team eifrig die Rolle der „Küchen-Aufseherin" übernahm.

„Zuerst öffnete ich wieder die Küche, die den Anschein nach schon fast hundert Jahre geschlossen hatte, dekorierte alles und brachte alles zum Laufen", berichtete Anita dem Musiker und Autor John Perry. „Ich erinnere mich daran, dass Marshall Chess sagte: ‚Wenn du damit klarkommst, wenn du das geschafft hast, dann schenke ich dir einen

Ferrari.' Er wollte mir damit für all die Beschwerlichkeiten danken, die ich über mich ergehen lassen musste, denn das Essen stellte ein Hauptproblem dar. Man kann nicht immer in die Stadt rennen, um für all die Leute Lebensmittel einzukaufen, denn alle waren zu unterschiedlichen Zeiten hungrig. Manchmal waren da 20 Leute, die sich an den Tisch setzten … Ich glaube, wir hatten ein großes Mittagessen, so um 14 oder 15 Uhr, und danach war jeder auf sich gestellt. Ich habe den Ferrari allerdings nie gesehen."

Zu Beginn war alles recht gemütlich, denn Anita und Keith wurden von unterschiedlichen Gästen zwanglos besucht. Natürlich tauchten Tony Sanchez und seine Partnerin Madeleine D'Arcy auf, und auch andere gingen je nach Stimmungslage ein und aus.

Dominique Tarlé war ein junger Fotograf, der eines Tages kam, um Fotos von den Stones in Nellcôte zu schießen. „Am Ende des Nachmittags luden sie mich zum Abendessen ein", erinnert sich Tarlé heute. „Danach bedankte ich mich für den wunderschönen Tag, und es war Anita, die fragte: ‚Wo willst du denn hin? Dein Zimmer ist oben.' Letztendlich blieb ich sechs Monate."

So diskret wie sein Kameraobjektiv belauschte Tarlé die Geschehnisse in der Villa, wobei er ein warmes, liebenswürdiges Bild von Anita als „Chefin des Hauses" zeichnet.

„Sie hielt alles am Laufen", erzählt er. „Schon am Morgen bereitete Anita alles vor, da sie Gäste hatten. Sie arbeitete mit den Angestellten in der Küche, wählte das Essen aus. Am Nachmittag kümmerte sie sich um Marlon. Viele der Besucher in der Villa Nellcôte hatten auch Kinder. Es war eine glückliche Familie – so simpel lässt sich das sagen. [Anita] war verliebt. Sie hatte ihr erstes Kind mit Keith. Ich wohnte bei Anita im Süden Frankreichs und hatte niemals Streit oder überhaupt ein Problem mit ihr."

Die Entscheidung, in der Villa [neue Songs] aufzunehmen, war nun in trockenen Tüchern, woraufhin sich die Atmosphäre in und um Nellcôte massivst veränderte. Aufnahmen in den belebten Wohnräumen kamen nicht infrage, und so entschied man sich für den höhlenartigen Keller, um die Musik aufs Band zu bringen. Neben der dunklen Energie der Nazi-Vergangenheit, die von überall ausstrahlte, fanden sich viele feuchte Stellen im Gemäuer, auf denen sich durch das Wechselspiel von permanenter Hitze und einsickerndem Wasser festsitzender Schimmel gebildet hatte. Der Gestank und die Atmosphäre waren abstoßend. Die Installation von Ventilatoren führte nur dazu, dass die warme Luft stärker zirkulierte und Recordings beinahe unmöglich wurden. Oben versuchte Anita die Abläufe in der Küche zu organisieren, einem Raum, der seit dem Bau nie renoviert worden war. Rock'n'Roll-Mahlzeiten bedeuteten zu jeder Tages- und Nachtzeit verfügbares Fast Food, und eine bessere Verpflegung wurde durch die kontinuierliche Nachfrage verhindert.

„Du kannst dir das Drama wirklich nicht vorstellen, das sich da entwickelte“, erzählt die Stones-Mitarbeiterin June Shelley, zu deren Aufgaben partiell auch die reibungslose Leitung der Villa gehörte. „Anita musste sich von Tag zu Tag immer wieder mit neuen Problemen auseinandersetzen. Dieses riesige Haus! Damals realisierte ich nicht, was für eine Verantwortung sie täglich tragen musste, mit all den Leuten, die da aufliefen, was für eine Mühsal das war. Wenn sie mal gegenüber mir oder der Köchin launisch war oder allgemein frustriert, dann nur, weil sie mit den Roadies, den Tontechnikern und dem Rest der Stones fertig werden musste, die sich dort aufführten wie in einem Restaurant, das rund um die Uhr geöffnet hat.“

Während die Stones ihren Aufnahmeplan organisierten, blieb es Anita überlassen, für das Catering zu sorgen: „Zehn Leute zum Lunch ... Fünfundzwanzig zum Dinner“, berichtete sie später.

„Sie war tatsächlich die Wirtschafterin“, erinnert sich Marshall Chess. „Wir brachten die Küche wieder auf Vordermann. Wir stellten eine Köchin ein, und alles wurde durch diesen alten Speiseaufzug (zum Hochziehen) nach oben befördert. Jeden Tag, so ungefähr um 17 oder 18 Uhr haben wir gemeinsam gegessen – es war ein Riesenessen –, und danach rauchten alle Joints am Tisch und [die Stones] nahmen die ganze Nacht auf.“

Zu den berühmten Besuchern im Laufe der folgenden neun Monate zählten John Lennon und Yoko Ono, Eric Clapton, der ex-

Rennfahrer Tommy Weber und seine beiden Kinder, Gram Parsons und seine Partnerin Gretchen Burrell, der Pianist Nick Hopkins, der Saxophonist Bobby Keys, der angeschlagene Ko-Star Michèle Breton von *Performance*, der Filmproduzent Sandy Lieberson, der Autor William S. Burroughs, der Playboy Jean de Breteuil sowie nahe Freunde wie Deborah Dixon, Stash de Rola und die Entourage der Stones und ihrer Partner. Einige von ihnen brachten ganz besondere „Spielzeuge" mit wie der Filmemacher Peter Whitehead (ein Freund von Keith), der sich zum Falkner gemausert hatte und mit einem ganz jungen Adler in der Tasche ankam. Ein weiterer Überraschungsgast war Keiths Psycho-Teufel Donald Cammell, der einige Wochen blieb und angeblich mit der Niederschrift eines Drehbuchs beschäftigt war.

„Fast jeder, den wir aus London kannten, tauchte zu irgendeinem Zeitpunkt auf, um zu sehen, was wir so machten", erzählte Anita der Autorin Sylvie Simmons. „Jeder musste diese Pilgerreise antreten. Einige blieben ein Wochenende, andere länger, einige gingen gar nicht mehr und andere mussten wir zum Gehen drängen. Wir hatten keine Privatsphäre, und das war ermüdend. Zum Mittagessen waren immer so um die dreißig Leute da. Ich kann mich erinnern, dass ich oft austickte, denn all die Leute, die kamen, verursachten auch Stress. Ich konnte nicht einfach sagen: ‚Du darfst kommen und du nicht.' Da gab es keine Möglichkeit, diesen Zustrom an Menschen aufzuhalten, und am Ende war das nur noch verwirrend. Als Nicky Hopkins auftauchte – der Pianist – hatte ich einen Wutanfall, und ich habe ihn ziemlich mies behandelt. Ich hatte also einige üble Momente, das muss ich zugeben."

„Das war ein Zirkus", erinnert sich June Shelley. „Als die Aufnahmen liefen, sah ich Anita eher selten. Manchmal setzte sie sich vors Haus, wo sich die Frauen der Stones versammelten. Auch hielt sie sich gelegentlich im Schlafzimmer auf oder ging zur Wirtschafterin, um Essen und Snacks vorbereiten zu lassen."

„Unabhängig von den Stones oder anderen, die sich dort aufhielten, herrschte da diese okkulte Atmosphäre, etwas sehr Böses", beschreibt es Stash de Rola. „In der Villa Nellcôte arbeitete eine deutsche Haushälterin, deren Dienste in der Miete mit inbegriffen waren. Wie auch Anita versuchte sie mit diesem Wahnsinn und all den Leuten so gut wie möglich klarzukommen, die zu jeder Zeit aufliefen."

Manchmal riss Anitas mittlerweile dünn gewordener Geduldsfaden wegen der zahlreichen Aktivitäten und des Chaos. Da sie flüssig Deutsch, Französisch und Italienisch sprach, war sie die einzige Vermittlerin zwischen den Bedürfnissen der Bewohner und den Angestellten. Ihre sprachliche Geschicklichkeit machte sie quasi auch zum Portier, der den Legionen unangemeldeter Schmarotzer und Schnorrer die Tür öffnete, die dem mittlerweile ausgetretenen Pfad zum Haus folgten. Abgesehen von den ganzen Erwartungen, mit denen man sie belastete, brachte sie Keiths charakteristisch phlegmatische Persönlichkeit zur Weißglut.

„Ich war mit einem Musiker zusammen", erläuterte Anita gegenüber *Marie Claire* ihr Leben mit Keith während der Sessions. „Ich musste also den Lebensstil akzeptieren. Einmal wurde ich total wütend, weil er mir nicht zuhörte. Ich nahm seine Gitarre und schmiss sie mit voller Wucht auf den Boden. Keith schaute mich nicht mal an! Er schnappte sich das Telefon und rief Stu an, seinen Laufburschen: ‚Komm mal rüber, eine meiner Gitarren hatte einen Unfall!' Und da wurde ich noch wütender! Es bestand immer diese Konkurrenz zwischen den Gitarren und mir. Keith wollte für die Instrumente immer den besten Platz auf den Sofas und Sesseln. Tja, ich lebte nun mal mit einem Rocker!"

Abgesehen von der Lagerung seiner Instrumente gab es immer wieder Reibungen aufgrund seines Hangs zu gefährlichen Unternehmungen. Segeln und Wasserski-Fahren gehörten bereits zu seinen neuen Interessen; ein Go-Cart-Crash zog eine ungemein schmerzhafte Verletzung nach sich, bei der sich die traditionelle Medizin als uneffektiv herausstellte. Um in Frankreich einreisen zu dürfen, hatte er einen schwierigen Entzug hinter sich gebracht, wodurch er nun stärkere Schmerzmittel brauchte. Unauffällig stattete ein Arzt mit Zugang zu Drogen Keith eine Visite ab. Laut June Shelley bediente sich auch Anita an dem reichhaltigen Angebot.

„Jeden Tag kam ein Arzt zur Villa", erinnert sie sich. „Ich habe nie nachgefragt, wer er war, doch ich sah ihn mit seiner Tasche nach oben gehen, und ich wusste, dass es sicherlich keine Behandlung gegen eine Erkältung war. Dann wurde mir klar, dass sie einen ortsansässigen Arzt gefunden hatten, der bereit war, ihnen alles nur Erdenkliche zu spritzen."

Schnell wurde aus Nellcôte ein sicherer Hafen für den Exzess, doch die dringliche Aufgabe der Stones, ein Album aufzunehmen, nahm die höchste Priorität ein. Trotz der geradezu majestätischen Sounds, die man dort kreierte, drohten weitaus komplexere Energien die fragile Chemie in der Villa zum Kippen zu bringen.

„Das war unglaublich", reflektiert Stash de Rola. „Anita hielt den ganzen Laden am Laufen. Ich verbrachte immer wieder einige Wochen in Nellcôte, aber dann wurde es mir wieder zu viel. Das Ganze hatte eine Atmosphäre wie in einem Goldfischglas. Zeitweise konnte es total langweilig werden. Doch das war zugleich eine Täuschung, denn da arbeiteten alle möglichen Leute, die sich gegenseitig beneideten."

Manchmal wurde die aufgeladene Situation in der Villa Nellcôte sogar für Anitas stahlharte Gefühlswelt zu viel. Bei Ausflügen, die sie unternahm, sahen Beobachter sie allein im Café Albert in Villefranche, wo sie sich den Sound der Bandproben anhörte, der über die Bucht hinweg waberte. Manchmal zog sie sich noch weiter zurück und suchte Zuflucht in der Italianate Église Saint-Michel.

Doch es gab auch einige erfreuliche Begebenheiten. Das Filmfestival von Cannes im Mai 1971 bot einige Events, die ihre und Keiths Anwesenheit erforderlich machten. Dazu gehörte die Premiere von *Gimme Shelter*, der düsteren Doku der Maysles Brothers, und auch die Bekanntgabe des neuen Managements der Stones und des eigenen Plattenlabels. Im Gegensatz zum glamourösen Auftritt beim Festival 1967 war Anitas Outfit eher schlampig, ein deutliches Understatement. Mit dem kleinen Marlon an ihrer Seite und einer langen Schlange von Begleitpersonen (auch Oakie, der Hund kam mit!) präsentierte sie sich an der Croisette und unterstrich damit noch ihren damaligen „Zigeuner-Look“. Zwar bemerkte es damals niemand, doch Anita ging in die Festivalgeschichte ein als die erste Person, die auf dem berühmten roten Teppich von Cannes eine Jeans trug.

Anitas Status als das dominierende weibliche Element in Nellcôte wurde nur selten infrage gestellt. Gram Parsons' Frau Gretchen gehörte zu den Frauen, die sich am längsten in der Villa aufhielten, was Anita schließlich nervte. Eher sporadischer Natur war die Anwesenheit von Mick Jagger und seiner Verlobten Bianca. Sie hatten zunächst in den Bergen oberhalb von Saint-Tropez ihre Unterkunft gehabt, in einem Haus, in dem einst auch Mozart logiert hatte. Um sich auf die bevorstehende Geburt vorzubereiten, reiste Bianca in die Schweiz, entschied sich dann allerdings, in Paris residieren zu wollen. Aufgrund dieses ganzen Hin und Her gab es nur einige Anlässe, bei denen sie sich in der Villa Nellcôte blicken ließ. Wie vorherzusehen, waren auch diese flüchtigen Momente eher frostig. Berichten zufolge bezeichnete Bianca Anita als „diese Kuh“, woraufhin Jagger an einem Punkt dazwischengehen musste, um klarzustellen: „Anita gehört jetzt zu den Stones. Ihr müsst das untereinander ausmachen. Versuch mit ihr so gut wie möglich klarzukommen.“

Bislang hatten Anitas sprachliche Fähigkeiten ihr eine herausgehobene Stellung unter den englischsprachigen Bewohnern der Villa gesichert, doch Biancas polyglottes Vermögen wurde von ihr als Bedrohung interpretiert. Bianca spielte ihre Kenntnisse aus und legte dabei ein hochnäsiges Verhalten an den Tag, indem sie zum Beispiel die Gesellschaft des Managements, der Buchhalter und der Anwälte suchte, statt sich mit den „dreckigen“ Rock'n'Roll-Malochern abzugeben. Darüber hinaus gab es noch weitere, eher alltägliche Marotten ihrer Persönlichkeit, die Anita ein Dorn im Auge waren.

„Sie kam an“, erinnerte Anita sich gegenüber John Perry, „und dann verschwand sie für vier Stunden im Badezimmer. Wir wunderten uns alle. Sie ging also mit ihrer großen, schweren Make-up-Tasche da rein, kam wieder raus und hatte sich kein bisschen verändert. Sie trug das Make-up immer bis zur Perfektion auf, doch man sah nicht, dass es Make-up war. Sie sah vollkommen normal aus, mit dieser behutsam aufgetragenen Schminke, die überhaupt nicht wie Schminke wirkte."

„Da gab es einige Gegensätze", berichtet Stash de Rola. „Bianca war eine ganz andere Persönlichkeit als Anita. Sie war ein wenig pingelig. Bianca kleidete sich immer top-chic, gab sich immer extrem herausgeputzt."

„Ich habe gehört, dass es da einige Diskrepanzen gab", berichtet June Shelley. „Bianca kam nicht nachts in die Villa, so wie es die anderen Frauen machten. Sie war unabhängiger und auch schwanger und nahm Rücksicht auf ihre Schwangerschaft. Ich habe sie nicht häufig zusammen gesehen. In Südfrankreich bewahrten die beiden ihre Distanz."

Ein Anlass erforderte allerdings Anitas Anwesenheit: Biancas Hochzeit mit Mick Jagger in Saint-Tropez am Mittwoch, dem 12. Mai 1971. Geleitet, gemanagt und auch ausgedacht von Jagger höchstpersönlich hatte die Veranstaltung rund um das Ehegelübde mehr den Charakter eines Events als den einer idyllischen Hochzeit. Keith war Trauzeuge und so musste Anita wohl oder übel mitkommen. Trotz ihres eigenen Unbehagens bequatschte sie Dominique Tarlé, die offiziellen Fotos des Tages zu schießen. Richards gab mit der Auswahl seiner Garderobe ein eindeutiges Statement, denn er trug bei der eigentlichen Zeremonie eine alte Nazi-Uniformjacke, wohingegen sich Anita für ein traditionelleres Outfit entschied – und dabei die Braut übertrumpfte.

„Sich ganz in Weiß zu kleiden, war ein großer Fehler", berichtete sie danach. „Ich hatte damals allerdings keine Ahnung von Hochzeiten. Als ich aus dem Wagen stieg – ganz in Weiß – dachten die Leute, ich sei die Braut, bis dann Bianca erschien. Und das lernte ich daraus: Man sollte niemals Weiß bei einer Hochzeit tragen."

Die feierliche Stimmung der Hochzeit wurde allerdings in dem Moment zunichte gemacht, in dem die Zeremonie begann. Als Mick und Bianca den Mittelgang zum Altar beschritten – es war die winzige Chapelle Sainte-Anne aus dem 17. Jahrhundert – hörte man die Titelmelodie von *Love Story*, einem unglaublich schmalzigen und kitschigen Soundtrack, was Anita und Keith mit schallendem Gelächter honorierten.

Doch damit nicht genug des Chaos! Als die Hochzeitsgesellschaft die Kirche verließ, wurde sie von einer Vielzahl von Leuten empfangen, die in den folgenden Tagen dem absoluten Exzess frönten. Viele von ihnen hielten in Saint-Tropez geschlagene drei Tage der Trinkgelage und des Drogenkonsums aus, doch die härtesten setzten die Party mit Anita und Keith in der 120 Kilometer entfernten gelegenen Villa Nellcôte fort. „Ich kann mich nur noch an Massen von Menschen erinnern", erzählt Anita dem Autor Victor Bockris. „Danach kamen sie alle in mein Haus, machten die Tür zu und setzten sich einen Schuss."

Doch Anita musste sich mit einem dringlicheren Problem auseinandersetzen, einer Tatsache, die sie nach dem Umzug nach Frankreich für sich behalten hatte – ihrer zweiten Schwangerschaft. Schon bald würde man die eindeutigen körperlichen Anzeichen sehen, und es gab nur wenige Personen, denen sie sich anvertrauen konnte. Sie wusste, dass Keith noch ein Kind wollte, und fühlte sich daraufhin dazu gedrängt, das Thema mit June Shelley zu besprechen.

„Sie musste sich mit ihren eigenen Drogenproblemen abplagen und einer Schwangerschaft, mit der sie nicht gerechnet hatte", berichtet Shelley heute. „Sie kam ständig zu mir. Ihr stand damals kein eigenes Geld zur Verfügung und somit war sie von Keith abhängig. Sie fragte mich: ‚June, kannst du mir helfen? Ich will in die Schweiz und eine Abtreibung vornehmen lassen.' Ich sprach dann mit dem Rechtsanwalt und dem Buchhalter darüber: ‚Ich stecke in einem Dilemma. Anita bittet mich um Hilfe, und zwar hinter Keiths Rücken.' Einer von den beiden gab eine kluge Antwort: ‚Schau mal, du bist bei den Stones angestellt. Sie sind es, denen du Rechenschaft schuldig bist. Du musst mit Keith darüber reden.' Ich ging dann zu Keith und sagte: ‚Anita braucht meine Hilfe, denn sie will weg und einen Schwangerschaftsabbruch vornehmen lassen.' Natürlich war er unglaublich sauer und frustriert. Er meinte: ‚Gib ihr das Geld, aber nur für den Hinflug!' Keith wollte auf gar keinen Fall die Abtreibung, er wollte ein zweites Kind. Dann mischten sich noch Rose und Mick Taylor in die Angelegenheit ein und sagten, dass sie dafür bezahlen würden. Ich stand da mittendrin … Ich hatte unglaubliches Mitleid mit ihr. Hätte ich genügend Geld gehabt, hätte ich es ihr gegeben – das glaube ich zumindest."

Das Drama spielte sich auf unterschiedlichen Ebenen ab, und letztendlich entschied Anita sich gegen den Abbruch, denn sie musste sich ja auch um Marlon kümmern. Zwar hatte man ein Kindermädchen eingestellt, aber es gab noch zwei andere Kinder, die man im Augen behalten musste. Jake und Charley, zwei der jüngsten Bewohner von Nellcôte, waren die Söhne des ehemaligen Rennfahrers und Szenegängers Tommy Weber. Bis zu seinem Rückzug aus dem Sport aufgrund eines Unfalls gehörte er zu den gefeierten Vertretern seiner Zunft. Nach seiner Zeit in schnellen Flitzern hatte sich Weber einen eher berüchtigten Ruf „erarbeitet", denn er verteilte Kokain und andere Substanzen an die Reichen und Berühmten. Weber bewegte sich im Dunstkreis zahlreicher Dealer des Swinging London, bevor er eine verhängnisvolle Affäre mit Susan „Puss" einging, die mit ihrem Tod 1971 endete. Über einige Umwege hatte er eine Freundschaft mit Anita und Keith aufrechterhalten, und nach Susans Tod lud man ihn und seine Söhne ein, einige unbeschwerte Tage in der Villa Nellcôte zu verbringen.

Berichten zufolge war Weber in typischer Hippie-Manier mit einem „Zigeunerwagen" an die Côte d'Azur gereist (der angeblich Donovan gehört haben soll). Er tauchte mit Jake und Charley und einigen Tieren auf. Glaubt man Gerüchten, passierte Jake Weber im Alter von nur acht Jahren mit seinem Vater und Bruder den Zoll, wobei er ein halbes Kilogramm Kokain um den Körper gebunden hatte. In der Villa Nellcôte beauftragte man den Jungen damit, Joints für die Älteren zu bauen, was niemanden störte. Für Marlon war die Gesellschaft der beiden Kids wichtig, seine Sozialisation wurde durch ihre Anwesenheit begünstigt. Mit einer Anita, die Hof hielt, war die Szenerie als eine Blaupause für das dekadente Leben von betuchten Rockstars und ihrem Nachwuchs gesetzt, die für lange Zeit gültig bleiben sollte.

Bevor die Plattenaufnahmen begannen, hatte man die meisten Tage mit abwechslungsreicher Unterhaltung verbracht. Gelegentlich bereisten Anita und Keith die Küste und die Berge, entweder mit einem Jaguar E, einem alten amerikanischen Taxi oder einem Citroën mit aufklappbarem Verdeck. Suchte man etwas mehr Aufregung, ging es in die nahe gelegene Bucht, wo Keith sich ein Speedboot angeschafft hatte – mit dem humorvollen Namen „Mandrax". Mit der gleichen Abenteuerlust hatten sich Anita und der ebenso lebendige Saxophonist Bobby Keys ein kleines Floß gebaut, um damit nachts in die Bucht hinauszufahren. Alles in allem ähnelten die Gegebenheiten einer Erwachsenenfassung des Kinderbuchs *Swallows And Amazons*.

„Alle brachten ihre Familien mit", berichtete Anita Sylvie Simmons. „Da waren viele andere Kinder und auch Leute, die auf sie aufpassten. Wir gingen nicht viel raus, setzten uns nur manchmal auf die Terrasse. Wir hatten ja keinen direkten Strandzugang und ich kann mich wirklich nicht ans Schwimmen oder häufiges Sonnenbaden erinnern. Doch Kinder stellen sich darauf ein. Wenn Marlon aufwachte, fühlte er sich nie allein. Es war immer einer da, oder er kam zu mir, oder er ging zu Keith, wenn er ihn sehen wollte, oder er tapste nach unten ins Studio. Er kam überall rein. Marlon betrat praktisch eine Bühne, und so passte er sich unserem Lebensstil an. Das ist nicht vergleichbar mit heute, wo die gesamte Familie um ein Kind herumrennt. Aus Marlon ist was geworden, das muss ich sagen."

Während der brütend heiße Sommer im Schneckentempo seinen Lauf nahm, wurde der Stil einer modernen Boheme zwischen den Aufnahmesessions aufrecht erhalten. Im Gegensatz zu der bizarren und unheimlichen Geschichte von Nellcôte, stand die Präsenz einer „Rock'n'Roll-Karawane" ganz im Einklang mit dem Geschmack und dem Verhalten der aktuellen Mieter.

„Es schockte wirklich jeden, dass man an so einem wunderschönen Ort überall Spielsachen auf dem Boden sah", berichtet Anita in dem

Buch *Ain't It Time We Said Goodbye: The Rolling Stones On The Road To Exile*. „Die besten Plätze waren natürlich für die Gitarren reserviert. Auf all diesen netten Sofas lagen Gitarren! Man musste sich immer woanders hinsetzen. Keith macht das immer so. Er reserviert den besten Platz auf dem schönsten Möbelstück für die Gitarre."

Aus der Villa wurde schnell ein Refugium für alle nur erdenklichen Künstler. Anita erinnerte sich sogar an einen Besuch der exotischen Musikertruppe The Bauls Of Bengal, die vor zwei Jahren bei Marlons Ankunft im Cheyne Walk gesungen hatte. Sie trugen ihre orangefarbenen Roben, und trotz der Tatsache, dass sie fast alles Essen in der Villa spirituell „reinigten", waren sie eine einzigartige Ablenkung von den Rock'n'Roll-Späßchen, von denen es mittlerweile viel zu viele auf dem Anwesen gab.

Anitas Hang zu Abenteuern nach Sonnenuntergang führte oftmals zu bizarren Situationen. Sie und Bobby Keys machten einige nächtliche Ausflüge mit ihrem Floß in der Bucht und eine mitternächtliche Odyssee mit Tommy Weber, der versuchte, ein – seiner Meinung nach – Geisterschiff zu kapern. Das brachte Richards natürlich dazu, Anitas Treue zu hinterfragen. Keiths Paranoia wurde zusätzlich befeuert, als er erfuhr, dass Anita und Marlon mit Weber eines Tages in dessen Wohnung geflohen waren. „Als ich alles zusammenpackte und in die Berge ging, hatte ich so richtig die Nase voll", erinnerte sich Anita im genannten Buch. „Ich hatte einfach genug von allem."

Es sollte einige Tage dauern, bis sie wieder nach Nellcôte zurückkamen. Weber behauptete später, von Anita benutzt worden zu sein, um einen Hauch von Gefühl bei Richards phlegmatischer Persönlichkeit anzuregen.

Als sich die ersten herbstlichen Farben an der Côte d'Azur zeigten, verschlechterte sich die Stimmung in der Villa langsam, als hätte es da einen Zusammenhang gegeben. Die immer noch bestehende Hitze, Ressentiments und Heimweh machten sich unter den Bewohnern breit, von denen einige sogar eine Art von Lagerkoller zeigten. Bobby Keys wildes, unberechenbares Gebaren in den Bars und Casinos zog die Aufmerksamkeit auch auf die Villa Nellcôte, während andere Anwesende, wie zum Beispiel das Living Theatre, den bereits bestehenden Wahnsinn auf der Bühne aufführten. Die örtliche Polizei, die bislang recht entspannt mit den Aktivitäten in der Villa umgegangen war, begann sich nun stärker für die Vorgänge dort zu interessieren. Keith war bereits außerhalb von Nellcôte aufgefallen, als er eine lautstarke Auseinandersetzung mit dem Hafenmeister im nahe gelegenen Beaulieu-sur-Mer hatte. Eine Anzeige ließ sich zwar abwenden, aber durch den Zwischenfall tauchte die Villa nun verstärkt auf dem Radar der Polizei auf. An einem bestimmten Punkt wurde Anita und Keith die Akkumulation des Wahnsinns zu viel. Sie machten sich für ein Wochenende aus dem Staub und wohnten in dem Haus von Mick Taylor und seiner Frau.

„Keith und Anita fragten: ‚Können wir zu euch kommen? In Nellcôte sind zu viele Leute, und es wird alles ziemlich verrückt'", erinnert sich Mick Taylor in *Ain't It Time We Said Goodbye: The Rolling Stones On The Road To Exile*. „Sie besuchten Rose und mich übers Wochenende, blieben einfach im Bett und ruhten sich aus. Sie bekamen viel Schlaf und wurden gut verköstigt, und dann ging es wieder nach Nellcôte, wo sie weitermachten."

Der Drogenkonsum vieler Bewohner der Villa (darunter auch Anita) spielte sich innerhalb des Gebäudes ab, doch die Atmosphäre des freizügigen Zeitvertreibs strahlte bis weit über Villefranche-sur-Mer aus. Da es offensichtlich keine Beschränkungen auf der Gästeliste gab, mussten die Bediensteten alle möglichen Aufgaben erledigen, während die Arbeit expotentiell anwuchs. Anita stellte Hauspersonal ein und sprach Kündigungen aus, versuchte Leute zu finden, die mit den Gegenenheiten in der Villa zurechtkamen, und das führte zu einigen unangenehmen Situationen. Sie hatte zuvor nie ein Hauswesen zu leiten gehabt, und es unterliefen ihr auch ein paar Fehleinschätzungen. So stellte sie, ihre Sprachkenntnisse nutzend, einige Männer aus der Region als Security ein und erlaubte ihnen, in dem kleinen Häuschen auf dem Grundstück zu wohnen. Erst mal dort angekommen, brachten sie ihre eigenen Gäste mit, einige davon ausgesprochen zwielichtige Gestalten.

„Wir hatten Stress mit einigen Einheimischen, die uns bedrohten“, berichtet sie. „Ich sprach als Einzige Französisch und wir dachten uns, es sei klüger, sie einzustellen, als sie zu bekämpfen. Das war ein ganz großer Fehler – klar! Wir ließen einige im Haus an der Zufahrt wohnen, wo sie als Security aufpassen sollten, und sie brachten diesen Typ namens Jacques als Koch mit – das Ganze eskalierte zum Schluss und wurde ein riesiges Ärgernis. Mir war es nicht in den Sinn gekommen, welche Abneigung uns gegenüber bestehen könnte – das ist doch seltsam, oder? Außerdem waren wir ihnen doch zahlenmäßig überlegen!“

Einige undurchsichtige Gestalten verschafften sich Zugang zur Villa Nellcôte, indem sie behaupteten, Freunde des Personals zu sein, und starteten von dort aus ihre fragwürdigen Aktivitäten. Zuerst genossen diese Typen die liberale Gastfreundschaft und Großzügigkeit, doch dann entschied sich Anita, manche von ihnen für bestimmte Aufgaben einzustellen. Einige wurden direkt in die Küche gesteckt, was Anita später als „Desaster“ verdammte.

Anita und Keith drückten ihnen den Spitznamen „Les Cowboys“ auf. Die sich ständig verändernde Truppe von Halunken erarbeitete sich einen zweifelhaften Ruf, indem sie die Elektrizität von der nahe gelegenen Bahnlinie abzapften. Diesen ersten, noch eher harmlosen Straftaten sollten bald richtig finstere Geschäfte folgen. Anita wusste so gut wie gar nichts darüber, dass einige der neuen Angestellten Drogenabhängige und Dealer mit intensiven Kontakten zum Heroin-Netzwerk von Marseille waren. Die Beziehung zu den populären Bewohnern der Villa wertete die „Credibility“ ihrer Geschäfte auf, und kurz darauf verbreitete sich die Nachricht von ihrem neuen Wohnsitz in Nellcôte wie ein Lauffeuer an der Riviera. Kein Wunder, dass sich die Unterwelt der Côte d’Azur schnell auf den Weg zur Villa machte, wobei viele auf die Anwohner zugeschnittene Geschenke mitbrachten.

„An irgendeinem Tag“, erzählte Anita John Perry, „ging ich ins Wohnzimmer, und da saßen zwei Typen mit Cowboy-Hüten und Cowboy-Stiefeln. Einer meinte: ‚Wir kommen aus Marseille und haben einige Geschenke mitgebracht.‘ Dann zog er ein halbes Kilo Heroin aus der Hose. Ich meinte [wütend]: ‚Nein, das nehmen wir nicht‘, und dann schmiss ich die beiden raus. Das war … meine Güte, dort lagerten doch überall schon enorme Vorräte.“

Doch es gab noch weitere Ganoven, die in der Villa auftauchten. Die Stones und die gesamte Entourage ließen Gegenstände dort liegen, wo sie hinfielen, woraufhin Nellcôte zu einem Paradies für Einbrecher wurde. Während der Diebstahl eines Schlauchboots, das man an einem Baum festgebunden hatte, noch mit einem Lachen abgetan wurde, gab das Verschwinden einer großen Summe Bargeld und einiger von Anitas Wertgegenständen Anlass zu zahlreichen Verdächtigungen. Der Einbruch am 1. Oktober 1971 aber, bei dem ein Dutzend von Keiths Gitarren (darunter seine favorisierte Telecaster) gestohlen wurde, war ein richtiger Schlag ins Kontor. Keith saß an dem Abend im Schlafzimmer und sah fern, und die sogenannte Security machte ein Nickerchen in den Gastquartieren, wodurch der Diebstahl ein Kinderspiel war. Die Einbrecher arbeiteten gründlich, denn außer den Gitarren verschwand auch Bobby Keys' Saxofon und Stash de Rolas geliebte silberne Querflöte. Es herrschte eine gedrückte und gereizte Stimmung, die ersten Verdächtigungen richteten sich auf die verschiedensten Charaktere aus dem Gangster-Milieu, die in der Villa Nellcôte ein und aus gingen. Zwar gab es einige Gerüchte, dass Mitglieder der Mafia aus Marseille den Diebstahl aufgrund von Drogenschulden eingefädelt hatten, doch es ist wahrscheinlicher, dass die „Politik der offenen Tür“ zum Raub verleitet hatte.

„Das war wirklich dämlich“, gibt Stash de Rola den Vorfall wieder. „Anita erlaubte diesen französischen Typen, sich auf Nellcôte einzunisten. Die meisten waren Junkies. Später beschuldigten sie Keith und Anita, sie draufgebracht zu haben, was eine glatte Lüge war. Tatsächlich war das eine Gang, die nichts auf die Reihe kriegte. Fat Jacques zum Beispiel: Eines Tages ging er total stoned in die Küche runter, ließ das Gas ausströmen, entzündete ein Streichholz und das Ganze ging in die Luft. Der war so dicht und verbrannt, dass er nur noch durch die Gegend torkelte.“

„Wir waren richtig naiv", erklärte Anita John Perry. „Die Tür stand offen – Tag und Nacht! Wir wussten nicht mal, wo sich die Schlüssel befanden! Das Resultat? Die haben all unsere Gitarren geklaut, am helllichten Tag! Keiths Gitarren, ich sag es dir, unschätzbare Juwelen."

Niemand verschwendete auch nur einen Gedanken daran, die Polizei zu verständigen, damit sie den Diebstahl untersuchte, und auch eine Belohnung für die Wiederbeschaffung brachte nichts, woraufhin Anita einige ungewöhnliche Sicherheitsvorkehrungen traf, um potenzielle Diebe davon abzuhalten, mit all ihren Besitzgütern abzuhauen. Früher zeigte man ungebetenen Gästen die kalte Schulter, doch nun sollte es handgreiflicher werden.

„Das ähnelte schon einem Selbstbedienungsladen", erinnerte sich Anita 2009. „Diese Schnorrer nervten mich mehr und mehr und ich wurde zur Rausschmeißerin. Einmal stand ich oben auf der Treppe und warf die Klamotten von jemand aus einem Zimmer, der da noch schlief. Ich schmiss einfach alles runter und jeder empörte sich: ‚Die ist ja voll das Monster.'"

Was bislang nur im Bereich des Möglichen gelegen hatte, war nun zur Realität geworden. Die langen entspannten Abende, an denen man auf der Terrasse um einen Tisch herum saß, waren Vergangenheit. Nun riegelte man die Türen der Villa Nellcôte ab und grelle Spotlights beleuchteten den Eingangsbereich. Jedes ungewohnte Geräusch fiel sofort auf und Anita schlug vor, Affen auf einem der Bäume anzuketten, die die Bewohner vor einem Angriff warnen sollten. Ähnlich beklemmend war der ständige Zustrom an fragwürdigen Individuen, die die psychischen Befindlichkeiten bis zum Äußersten beanspruchten, besonders, wenn sie belastbare Beweise hinterließen.

Angesichts der Häufung freizügiger bis illegaler Aktivitäten war es vorhersehbar, dass die Strafverfolgungsbehörden Wind von dem ganzen Trubel bekamen und selbst vorstellig wurden.

„Eines Tages entdeckte ich eine junge Frau – ich hatte sie zuvor noch nie gesehen –, die um das Haus schlich", berichtet Anita dem Magazin *Marie Claire*. „Sie hatte ihre Tasche an eine Wand gelehnt.

Ich öffnete sie und fand darin einen Dienstausweis. Wir standen unter Beobachtung der Polizei! Ich bin dann unerwartet im Wächterhäuschen aufgetaucht und fand dort eine unglaubliche Menge an Puder."

Da die Befürchtungen sich nun bewahrheiteten, fällte Anita den augenblicklichen Entschluss, einen Großteil der Belegschaft zu feuern. Auf der Liste der Abgänge stand auch der Chef Jacques. „Fat Jacques" hatte seinen Job als Koch Berichten zufolge um den Nebenjob eines Heroinaufkäufers bei lokalen Dealern aufgestockt. In einem Akt des guten Willens hatte Anita naiverweise auch Jacques' Tochter dafür angeheuert, im Haushalt und bei der Kinderbetreuung zu helfen, was sie jetzt natürlich zutiefst bedauerte.

Die Nachricht von den Kündigungen erreichte blitzschnell die Familien der nun Arbeitslosen. Gerüchte vermengten sich dabei mit Ressentiments, woraufhin sich wilde Geschichten verbreiteten, mit Details über phänomenale Drogenvorräte und ausschweifende Sexspiele in der Villa. Andere – mit einer noch zügelloseren Vorstellungskraft – verwandelten die „Politik der offenen Tür" in düstere Szenarien, wobei ein Gerücht die Runde machte, dass ein Gast des Hauses ein junges Mädchen unter Drogen setzte, bevor er sich an ihr verging. Eine dreiste Anschuldigung besagte, dass Anita der Tochter eines Angestellten höchstpersönlich einen Schuss Heroin verpasst habe. Behauptet wurde auch, Fat Jacques habe Keith zu bestechen versucht, was dieser mit einem energischen „Fuck off" beantwortete.

„Das kam alles von den Köchen und den Leuten, die im Wächterhäuschen lebten", erklärt Anita Sylvie Simmons. „Ich glaube, ihre Mütter gingen zur Polizei – französische Mütter beschützten ihren Nachwuchs beinahe wie italienische –; sie sorgten sich um das Wohlergehen ihrer ‚Kinder', die für uns arbeiteten. Sie nahmen sich den Nachwuchs zur Brust, quatschten über uns und den Job, und plötzlich wurde alles voll heavy. Sie rieten ihnen: ‚Du hältst dich da fern, bevor noch etwas passiert.'"

Natürlich mussten die Bewohner des Anwesens – besonders Anita und Keith – auch mit einer Anklage rechnen, woraufhin man sich nach einer schnellen Fluchtmöglichkeit umsah. Das Paar hatte bereits das Mobilstudio der Stones im dichten Grün direkt unter ihrem Schlafzimmer versteckt, damit sie im Fall eines unerwarteten Polizeieinsatzes schnell fliehen konnten. Dann kam es zu einem weiteren Vorfall, der die Abreise vermutlich beschleunigte. Anita und Keith kokelten unbeabsichtigt ihr Bett an und schliefen dabei ein. Glücklicherweise rettete sie ein Roadie in letzter Sekunde. Darüber hinaus gab es noch einen nachvollziehbaren Grund für einen erneuten Ortswechsel, und der betraf die Arbeit: Zusätzliche Aufnahmen und der Endmix des Albums – nun *Exile On Main Street* genannt – sollten in Los Angeles stattfinden, was zwangsläufig eine geografische Veränderung mit sich brachte.

Spät in der Nacht flüchteten sie aus der Villa Nellcôte, mit den dringendsten Gegenständen im Handgepäck, um in Nizza einen Flieger zu besteigen, mit dem es in die Staaten ging. Die beiden dachten nur noch daran, so schnell wie möglich wegzukommen, und so ließen sie ihre Autos zurück, die Boote und alles, was nicht in einen Koffer passte. Besonders schmerzhaft war für sie, dass sie den Labrador Oakie und einen Papagei, den Tommy Weber ihnen geschenkt hatte, nicht mitnehmen konnten. Sie fühlten sich so stark mit den beiden Tieren verbunden, dass Keith die Miete für die Villa ein zusätzliches Jahr bezahlte und June Shelley mit der Fütterung beauftragte. Es war eine Aufgabe, die sie täglich erledigte, wonach sie für Oakie sogar ein neues Zuhause fand. Andere behaupten allerdings, Keith hätte den Mietvertrag auf anwaltlichen Rat hin verlängert, um jegliche Verdächtigung abzublocken, sie hätten sich einfach aus dem Staub machen wollen.

Für Anita war der Auszug bei Nacht und Nebel nicht nur eine traurige Angelegenheit, sondern bedeutete außerdem auch eine Art Niederlage. Sie hatte alles unter extremsten Umständen erfolgreich zusammengehalten, doch die deutlich erkennbaren Leistungen wie zum Beispiel die Renovierung der alten Küche, die Verköstigung der unzähligen Gäste und die Motivation der Belegschaft waren schnell vergessen, als die Situation kippte.

„Ich schätze mal, dass es für einige recht nett war“, erzählte sie der *Vogue*. „Sie wurden durchgefüttert, hatten einen Ort, wo sie sich fallen lassen konnten, Zeugs zum Kiffen und Wein zum Runterschütten. Für einen Musiker ist das alles, was er braucht, doch ich fühle mich immer noch dafür verantwortlich, dass wir an einen Punkt gelangten, an dem ich die Kontrolle verlor."

Ungeachtet mancher Selbstvorwürfe nahm Anita allerdings einige kostspielige Gewohnheiten mit nach L.A. Ihre Heroinsucht flammte durch das Frankreichdrama erneut auf, und die „Stadt der Engel" (damals auf dem Höhepunkt der Drogenwelle), war sicherlich kein Ort, der es ihr leichtgemacht hätte, den Verlockungen zu widerstehen. Anita und Keith residierten in der Nähe des Stone Canyon Reservoirs (wo ein regelrechter Drogenorkan durch alle Nischen und Winkel fegte), und da Freunde wie Gram Parsons und John Phillips nur allzu gerne mit ihnen feierten, verschwanden die kleinsten Fortschritte bei der Genesung von der Sucht, die sie sich in London erkämpft hatte, in einem Nebel von Opiaten. Laut Keith soll der Heroinkonsum sporadischer Natur gewesen sein, doch andere behaupten, er habe sich schon im fortgeschrittenen Stadium befunden. Was auch immer der Wahrheit entsprach – nun bestand wegen der Geburtsvorbereitungen höchste Dringlichkeit, clean zu werden.

„Damals war ich schwanger und gehörte nicht so richtig dazu", berichtete sie Sylvie Simmons. „Ich besuchte kaum das Studio in L.A., lebte ungefähr sechs Monate in einem Canyon gegenüber von Mick Taylor und ging, soweit ich mich erinnere, überhaupt nicht raus."

Während sich Anita im Stone Canyon verkroch, schwebte in Frankreich eine düstere Wolke über der Villa Nellcôte, weil immer noch Ressentiments wegen Keiths und Anitas Aufenthalt in Villefranche-sur-Mer bestanden. Da die Protagonisten verschwunden waren, tauchten viele der ehemaligen Angestellten wieder in der Villa auf, wonach das Drogen-Dealen und andere zwielichtige Machenschaften auf Hochtouren weitergingen. Was bislang nur innerhalb der Mauern von Nellcôte ablief, wurde nun für die Außenwelt eine klar erkennbare Realität.

Nur zwei Wochen nach Anitas und Keiths Abreise brachte die Zeitung *Nice-Matin*, die die gesamte Côte d'Azur mit Informationen versorgte, eine Reportage über das angeblich dekadente und ausschweifende Leben in der Villa. Die Geschichten der verärgerten ehemaligen Mitarbeiter taten ihr Übriges. Anwohner, die bislang mit verhaltener Toleranz reagiert hatten, brachten nun ihre Gefühle zum Ausdruck, wobei eine Person die Wand der Villa mit dem Slogan „ROLLING STONES PIGS" beschmierte.

Die eigentlich eher trägen Kräfte von Recht und Gesetz in Villefranche-sur-Mer nahmen ihre Ermittlungen auf. Am 14. Dezember 1971 wurde eine Razzia auf dem Gelände und in dem Gebäude durchgeführt und die dort noch lebenden Personen aus den Gästequartieren geworfen. Es drohten Anklagen, die von Marihuana- bis zu Heroin-Dealen sowie Drogenverkauf an Minderjährige reichten, was natürlich von den Bewohnern mit Vehemenz zurückgewiesen wurde.

„Das ging alles von den Roadies aus, die am Ende des Gartens wohnten", bekräftigt June Shelley. „Und die Roadies – ich schätze mal, um ihre eigene Haut zu retten – machten auf unschuldig und behaupteten: ‚Oh, das hat was mit den Stones zu tun. Die waren die ganze Zeit hier und hatten alle möglichen Drogen.'"

Die massiven Beschuldigungen betrafen die komplette Band und einige mir ihr in Verbindung stehende Personen wie Bobby Keys und Tommy Weber. Die Geschichten der verärgerten Angestellten hätten sich als Grundlage für eventuelle Anklagen geradezu vernichtend auswirken können. Da Anita und Keith die offiziellen Mieter waren, hätte man sie möglicherweise für die im Sommer begangenen Straftaten belangt und im Falle einer gerichtlich festgestellten Schuld zu einer möglichen Höchststrafe von 14 Jahren Gefängnis verknackt.

Das französische Gesetz besagte, dass vor einer Anklageerhebung eine Anhörung stattfinden muss, woraufhin man mehrere Gerichtstermine festsetzte, um den Wahrheitsgehalt der Anschuldigungen zu klären. Mick Jagger, Mick Taylor, Bill Wyman und Charlie Watts reagierten entsetzt auf die Nachricht, dass man sie mit Straftaten in Verbindung bringen könnte, mit denen sie nichts zu tun hatten. Daraufhin setzte man das Anwaltsteam der Band in Bewegung.

Die Staatsanwaltschaft beschwor ein regelrechtes Füllhorn düsterer Szenarien herauf, worauf die Gegenseite mit zahllosen Eingaben zum Schutz der Angeklagten reagierte und es zu intensiven Verhandlungen kam. Für Keith und Anita bedeutete das die Notwendigkeit, fantasievoll in die Zukunft zu denken.

„Für den Fall, dass es tatsächlich zu einer Gerichtsverhandlung gekommen wäre“, erläutert June Shelley heute, „kam man zu der Ansicht, dass es gut für die beiden aussehen würde, wenn sie einen freiwilligen Entzug machten, um dann mit der Aussage vor dem Richter zu erscheinen: ‚Ja, wir haben Drogen genommen, uns aber freiwillig einer Therapie unterzogen.‘“

Laut Marshall Chess nahmen die beiden bereits an einem Methadon-Programm in einem UCLA-Hospital teil, doch sie befanden sich immer noch in einem fragilen Zustand. June Shelley arrangierte ein zusätzliches Entgiftungsprogramm in einer Klinik in der Schweiz, und nach einigen Fehlstarts verließen die hochschwangere Anita, Keith und der kleine Marlon Los Angeles am 26. März 1972 mit dem Ziel Genf.

Sie reisten mit einer jungen „Nanny“, einem 16-jährigen Mädchen, das man vom Groupie-Netzwerk der Stones in Los Angeles kannte, das aber laut Berichten von Insidern überhaupt nicht in der Lage war, die vor ihr liegende schwere Aufgabe zu meistern. June Shelley erwartete sie am Flughafen von Genf, da Marshall Chess sie gebeten hatte, sich um alles rund um den Klinikaufenthalt zu kümmern. Shelley, die das Pärchen in seiner Glanzzeit sonnengebräunt in Nellcôte erlebt hatte, reagierte geschockt auf ihr Äußeres, als sie aus dem Flieger stiegen. Keith sah aufgrund der ersten Stufen des Entzugs vollkommen fertig und verbraucht aus, und auch Anita wirkte blass und ausgemergelt. Ihre erbarmungswürdige Erscheinung wurde durch die Tatsache unterstrichen, dass ihr einige Zähne fehlten.

Nachdem sie erstmals Schweizer Boden betreten hatten, fuhren sie die 25 Kilometer von Genf zu einem kleinen Hotel an einem

See in Nyon, um sich auf die Behandlung in der Klinik vorzubereiten, die 1000 Dollar am Tag kostete. Schon beim ersten Besuch lief alles schief, da man ihnen mitteilte, dass sich Marlon nicht im Krankenhaus aufhalten durfte, während seine Eltern sich dort einer Entgiftung unterzogen. Laut einer Schweizer Vorschrift war das eine Zulassungsvoraussetzung, die das Paar aber verweigerte.

Zurück im Hotel – ohne eine Behandlung in Sicht – führten Keiths und Anitas Mitarbeiter zahlreiche Telefongespräche und trieben einen sehr angesehenen Arzt namens Dr Denber auf. Der hauptsächlich in New York praktizierende Mediziner hatte eine zeitlich begrenzte Tätigkeit in der Clinic de Nantes in der Schweiz angenommen. Der untersetzte Dr Denber hatte schon in der Bronx mit Süchtigen gearbeitet und kannte deshalb die Prozedur der Drogenentzugs. Keith meinte später, er habe gegenüber dem Arzt aufgrund dessen strengen „deutschen" Auftretens eine sofortige Abneigung verspürt, doch Denber war die zuverlässigste Kapazität auf dem Gebiet, die sie bekommen konnten. Die Uhr tickte, und so arrangierte man schnell den Transport des Paares zu der in Vevey gelegenen Privatklinik und das Treffen mit dem Arzt.

„Es war vermutlich die schwierigste Aufgabe, der ich mich in meinem Leben stellen musste", berichtet June über die Organisation des Transports zur Klinik. „Ich glaubte wirklich, dass Keith auf dem Weg sterben würde. Und dann musste ich mich noch um die schwangere Anita kümmern. Ich versuchte tapfer und stark zu sein und die Hoffnung nicht aufzugeben [dass alles gutgehen würde]. Da war Anita, da war Marlon, da gab es eine Schwangerschaft und dann war da noch diese dümmliche Nanny, die sie mitgebracht hatten."

Nachdem sich die Panik gelegt hatte, behandelte Denber zuerst Keith und danach Anita, wobei er das Methadon anfänglich durch ein milderes Präparat ersetzte. Keith sprach schnell auf den neuen Stoff an, doch Anitas Entgiftung stellte sich aufgrund der fortgeschrittenen Schwangerschaft als komplizierter heraus, weil Krämpfe zu den Nebenwirkungen des neuen Medikaments gehörten. Da höchste Eile geboten war, verlegte Denber Anita in ein Krankenhaus in Lausanne und informierte einen der Ärzte, dass das Kind möglicherweise heroinabhängig sei. Bei der Ankunft im Krankenhaus fand sich Anita in einer bizarren Situation wieder, als sie dem Arzt begegnete, der sie während der Schwangerschaft begleiten sollte.

„Das war so irreal. So etwas konnte man sich nicht ausdenken", erinnert sich June Shelley. „Ich werde niemals vergessen, wie ich neben Anita saß und sie dem Arzt das Heroin verschwieg. Wir hatten geglaubt, dass Dr Denbers Büro ihn rechtzeitig aufgeklärt hätte, um sich darauf einzustellen. Allerdings wusste er nur, dass ihn eine Patientin aufsuchen würde, die Hilfe benötigte. [Anita] hatte Probleme, dem Arzt ihre Sucht zu gestehen. Sie saß da, und er fragte sie, ob sie Aspirin genommen habe. Ich stieß sie an und drängte: ‚Du musst diesem Mann die Wahrheit erzählen.'"

Anitas angeschlagene Gesundheit wurde durch die Entgiftung zusätzlich belastet, und auch der Fötus gab Anlass zu Sorge. Am 17. April kam Dandelion Angela Bellstar Richards zur Welt, und trotz des schmerzhaften Entzugs verlief die Geburt ohne Komplikationen.

„Dandelion" mag zuerst wie eine blumige Reminiszenz an den lang vergangenen Hippie-Sommer erscheinen, doch der Name bezog sich auf den Titel einer Stones-Veröffentlichung aus dem Jahr 1967. Das Krankenhaus war eine katholische Einrichtung und deren Verwaltung bestand auf einen christlichen Namen für die Geburtsurkunde. So entschied sich das Paar, den Namen von Anitas Mutter Angela aus der Versenkung zu holen. Keith erholte sich von dem Entzug in Vevey. Eine Gitarre hatte er immer in seiner Nähe, und irgendwann spielte er eine Akkord-Sequenz, zu der sich das Wort „Angie" schnell hinzugesellte. Der darauffolgende Stones-Megahit wurde verschiedenen Quellen nach Anita oder tatsächlich ihrem Baby zugeschrieben, doch Keith bestand immer darauf, dass es ein zufälliger Name gewesen sei.

Durch Dandelions Geburt waren die beiden nun überglücklich, und die Schweiz, in der nicht überall die sensationsgierigen Medien lauerten, schien für Anita und Keith eine ruhigere Umgebung zu bieten, in der sie ihre Kinder aufwachsen lassen konnten.

„Nachdem das Baby geboren war", erzählt June, „fragte Anita den Arzt mit einer kleinkindlichen Stimme: ‚Ist die Schweiz gut geeignet, um Kinder großzuziehen?' Er antwortete: ‚Ja, es ist ein wundervolles Land.' Anitas Gesicht leuchtete auf. Sie mieteten ein Chalet in den Bergen über Vevey und sie ließ sich ihre Zähne richten. Man hatte den Eindruck, als würden sie ganz von vorne anfangen, eine zweite Chance bekommen, ohne Drogen, dafür aber mit Kindern, die sie großziehen mussten."

Die Schweiz stand für gesunde Ernährung, frische Luft und Distanz von der Welt, die jeden ihrer Schritte im vorhergehenden Jahr verfolgt hatte. Anfang April nahmen Keith und Anita wieder die Gespräche mit der Welt „dort draußen" auf. Die Behandlung war abgeschlossen, und die nun größere Familie zog in ein bescheidenes Anwesen in Villars-sur-Ollon namens Le Pec Varp. Mit einem Ausblick auf den Genfer See und in der Nähe eines Skigebiets genoss das Paar das alpine Leben. Anita spielte tagsüber die Hausfrau und Keith versuchte sich ein wenig am Skifahren. Heroin war nach dem Entzug aus dem alltäglichen Leben gestrichen, doch andere Drogen waren stets greifbar.

„Es war wirklich hübsch", erinnerte sich Anita an die unauffällige, aber stabile Umgebung in der Schweiz. „Uns stand dieses kleine Chalet zur Verfügung und wir fuhren mit den Skiern bis zur Eingangstür. Drogen waren auch da, und es gab eine gute Connection nach Genf. Wir kutschierten mit Ferraris und Bentleys durch die Gegend. Das war Fun! Bei uns hielten sich immer Leute auf; viele Freunde kamen zu Besuch."

Einer der Gäste, die eine ähnliche Weltanschauung wie Anita vertraten, war Joanna Harcourt-Smith. Die prominente Britin war ähnlich wie Anita für ein Leben an der Grenze des Exzesses bekannt. 1972 ging Harcourt-Smith eine Beziehung mit dem „Acid King" Timothy Leary ein, der sich vorübergehend in die Schweiz zurückgezogen hatte, nach einem kurzen Aufenthalt in Algerien, den er bei den Black Panthers zubrachte, was einiges an Aufsehen erregte.

Harcourt-Smith hatte natürlich im Sommer des Vorjahres in der Villa Nellcôte vorbeigeschaut und war darauf versessen, die Party zu verlängern. Sie wusste, dass sich Keith und Anita in der Schweiz aufhielten, und kam nach Villars-sur-Ollon, um dem Paar einen Höflichkeitsbesuch abzustatten. Begleitet wurde sie vom ehemaligen Nellcôte-Bewohner Tommy Weber. Während Weber und Richards sich zu einer Spritztour aufmachten, unterhielt sich Anita intensiv mit Harcourt-Smith, vor allem über deren Ehemann Timothy Leary. Anita sah Leary schon lange als einen Mann mit außergewöhnlichen Fähigkeiten und hatte ihn sogar als „den größten Philosophen der Welt" bezeichnet.

Damals standen durchgeknallte Aktionen auf der Tagesordnung, und so überlegten sich die beiden Frauen eine Finte, um Leary eine sichere Rückkehr in die Staaten zu ermöglichen. Eine Präsidentschaftswahl stand vor der Tür und der Demokrat George McGovern hatte sich bereits als Hoffnungsträger etabliert. Er wurde von den Rechten als Kandidat für „Amnestie, Abtreibung und Acid" gebrandmarkt, eine Phrase, die einen lauten Widerhall der Empörung bei der Gegenkultur auslöste. Ganz aufgeregt schmiedete das Paar einen Plan, einen Teil der Einnahmen der Stones-Tour 1972 dem Wahlkampffond von McGovern zur Verfügung zu stellen, um so möglicherweise das Resultat zu beeinflussen und damit Leary eine sichere Heimreise zu gewährleisten. Harcourt-Smith und Tommy Weber sollten in die USA fliegen und McGovern davon überzeugen, die Band in seinen Wahlkampf einzubinden, doch Richard Nixons Dominanz in den Prognosen war so deutlich, dass nicht mal die Zugkraft der Stones als „Stimmenfänger" einen ausreichenden Einfluss gehabt hätte.

Anita und Keith hatten sich in der Schweiz ein Refugium aufgebaut, doch das Geschäft der Rolling Stones sollte erneut ihr Leben bestimmen. Anfang Mai begannen die Proben für die ausverkaufte US-Tour in einem kleinen Kino in Montreux am Genfer See. Anita und die beiden Kinder waren ebenfalls dabei, und sie und Keith sollten sich für Montreux als einen beständigeren Wohnsitz entscheiden.

Keith war sich bewusst, dass die Schweiz eine freundliche Umgebung für seine Frau und die Kinder war. Da Dandelion gerade erst einige Wochen alt war, bestand er ursprünglich darauf, dass sich Anita nicht dem Stress einer ausgedehnten Rolling-Stones-Tour aussetzte.

Dessen ungeachtet tauchte Pallenberg bei einem Tourabschnitt auf, der 48 Shows in weniger als zwei Monaten in den gesamten USA umfasste. An der Karawane auf Rädern nahmen alte Freunde wie Kenneth Anger teil, William Burroughs, Terry Southern und andere progressiv ausgerichtete Lichtgestalten. Anita erreichte den Tross, als die Tour sich auf ihrem Höhepunkt befand. Sie nahm auch an der feucht-fröhlichen Party in Hugh Hefners Playboy-Manor im Juni 1972 in Chicago teil [nicht zu verwechseln mit seiner Playboy Mansion in Los Angeles], doch die Atmosphäre verschlechterte sich gravierend, als Bianca einige Tage später auftauchte und sie und Anita sich kaum grüßten.

Der Filmemacher Robert Frank fing einige heikle Szenen im Rahmen seiner Tour-Doku ein. Was als unterdrückte Aversion in Europa begann, hatte sich zu einer lebhafteren Auseinandersetzung entwickelt, deren Showdown Berichten zufolge am 25. Juni im Hofheinz Pavilion in Houston stattfand. Zuvor gab es meist böse und giftige Worte hinter dem Rücken, doch nun brach ein handfester Streit vor Franks Kamera aus. Die vulgären und aggressiven Beschimpfungen dieser Szene wurden niemals für den vorgesehenen Tourfilm *Cocksucker Blues* verwendet [bis heute nicht veröffentlicht], und es gibt auch keine Mitschrift, was darauf hinweist, dass der Zusammenprall als für viel zu explosiv eingestuft wurde.

Die Tournee war, mit kleineren Einschränkungen, insgesamt ein Erfolg, doch schon kurze Zeit später tauchten andere Probleme auf. Anfang November fand eine Gerichtsanhörung hinsichtlich der Beschuldigungen im Zusammenhang mit den Vorfällen in der Villa Nellcôte statt. Erwartungsgemäß wurden die Medien von dem außergewöhnlichen Inhalt der Anklage regelrecht angeheizt. Abgesehen von Anita und Keith erschienen die Rolling Stones zu der Anhörung, aber nur, um sich von dem Skandal zu distanzieren.

Nach ihren Aussagen vor Gericht (in Anwesenheit einiger aufgeregter ehemaliger Angestellter der Villa) wurden Mick Jagger, Charlie, Bill und Mick Taylor am 6. Dezember von allen Anschuldigungen freigesprochen. Darüber hinaus stellten sich zahlreiche „Beweise" der Angestellten von Nellcôte als fragwürdig heraus, woraufhin man diese nicht zuließ. In Abwesenheit (und mit nach wie vor nicht außer Kraft gesetzten Haftbefehlen) sprach man Keith, Anita und Bobby Keys schuldig, Marihuana und Heroin besessen und verteilt zu haben. Die weitaus schwerwiegendere Anklage des Drogenverkaufs an Minderjährige wurde allerdings fallen gelassen. Anitas und Keiths Entgiftung verhinderte die beinahe sicheren Gefängnisstrafen; sie wurden zur Bewährung ausgesetzt und das Gericht verhängte hohe Geldstrafen. Dazu kam ein Einreiseverbot für die beiden (alle Berufungen dagegen wurden abgelehnt), was natürlich einen großen Schaden anrichtete, da sich Stones-Auftritte in dem Land für eine bestimmte Zeit damit erledigten. Viele der Anschuldigungen richteten sich direkt gegen Anita, was Richards zur Weißglut und zu wütenden Kommentaren brachte.

„Wogegen ich mich wehre", sagte er in einem Kommentar zu den Anklagen, „ist die Tatsache, dass sie versuchten, meine Alte da reinzuziehen. Das finde ich besonders geschmacklos."

Konzerte und die Aufnahmen neuer Platten waren essenziell, um den Geldfluss zu sichern, doch mit den steuerlichen Verpflichtungen einerseits sowie dem prekären Aufenthaltsstatus und der begrenzten Gültigkeit der Visa waren Anita und Keith nun Grenzen gesetzt. Am 25. September – nur wenige Wochen nach Ende der US-Tour – machten sich Band und Familie nach Jamaika auf, um mit der Arbeiten an dem neuen Album *Goats Head Soup* zu beginnen.

Die Schönheit der Insel und das angenehme Klima machten Jamaika zu einem attraktiven Zielort, doch Anita und Keith interessierten sich besonders für die aufblühende Reggae-Szene, die von Bob Marley, Peter Tosh und vielen anderen vorangetrieben wurde. Damals war der Zeitpunkt gekommen, an dem sich der Stil nicht mehr auf Jamaika allein beschränkte, sondern einen globalen Siegeszug begann. Mit seiner liberalen Kultur bot Jamaika auch einige Vorzüge, die Menschen wie Anita gefielen. Drogen wurden zwar grundsätzlich als illegal eingestuft, aber Marihuana hatte einen sakramentalen Status, und die Polizei tolerierte den Konsum weitgehend, wenn er nicht zu offensichtlich wurde.

Anita, Keith und die Kinder flogen nach Kingston und wohnten im netten Hotel Terra Nova, während man die Vorbereitungen für die Aufnahmen traf. Allerdings stelle sich die Unterbringung als zu klein für die Bedürfnisse der Familie heraus, und so erfolgte ein nochmaliger Umzug in eine Strand-Residenz bei Mammee Bay.

Keith war voll und ganz im Studio beschäftigt, während Anita ihre Zeit mit den Kindern verbrachte und mit einem Haufen lokaler Rastafari abhing. Das Paar hatte sich mit der Community angefreundet und teilte die meisten ihrer „kulturellen Accessoires". Da in einigen berüchtigten Bereichen der Insel tatsächlich Gefahren lauerten, stellte die Rolling-Stones-Organisation einige Rastas als Aufpasser ein. Sechs Wochen später, die Basic-Tracks von *Goats Head Soup* waren aufgenommen, entschieden sich Anita und Keith, auf Jamaika zu bleiben. Sie ließen sich in Ocho Rios nieder, einem ehemaligen Fischerdörfchen, das nun bei den Wohlhabenden beliebt war. Das Paar zeigte sich von der Villa Point of View regelrecht verzaubert (sie gehörte ehemals dem Entertainer Tommy Steele, bekannt für seinen bewusst eingesetzten Cockney-Slang). Der Panorama-Ausblick auf das Meer und die Saint-Mountain-Bergkette vermittelte ein unmittelbares Gefühl von Ruhe und Gelassenheit.

In der neuen Umgebung kam angesichts von Keiths wiedererwachten Interessen bei Anita die alte Paranoia zurück, ein Dilemma, das sich durch den Drogenkonsum sicherlich nicht verbesserte. Der Gitarrist ließ seinen Womanizer-Zügen freien Lauf, was eine hellwache Frau wie Anita schnell bemerkte, die auch erkannte, dass ihre sechsjährige Beziehung einen Wendepunkt erreicht hatte.

„Wenn Keith weg war", berichtete sie, „versuchte ich mich vom Heroin zu lösen. Ich versuchte es wirklich, doch dann kam er wieder und brachte mich drauf. Ehemalige Freunde verhielten sich mir gegenüber gemein. Keith scharte immer diese Abhänger um sich, die ständig im Haus herumlungerten, zuerst für ein Wochenende kamen und dann Wochen, wenn nicht sogar Monate blieben. Das ganze Haus war voller schnorrender Arschkriecher: ‚Ja, Keith, ja, alles was du sagst, Keith.' Es gab kein Privatleben, keine Zeit zum Quatschen, die Dealer lieferten das Heroin, doch das war das Einzige, was wir noch gemeinsam hatten."

Da in Anitas Leben ein Vakuum herrschte, suchte sie nach Gesellschaft, die zwar nicht unbedingt aus besten Kreisen stammte, aber emotional angenehm war. Zwar hatten sich viele Rastafari, darunter auch die Band Wingless Angels, für das Pärchen wegen ihrer lockeren Großzügigkeit erwärmt, doch es gab auch skrupellose Charaktere, die darauf aus waren, die Freigiebigkeit radikal auszunutzen. Zur Bestürzung der vermögenden Nachbarn – viele von ihnen Zugezogene – herrschte in der Villa oft eine Party-Atmosphäre. Das artete bisweilen in solch einen Aufruhr aus, dass die lokale Polizei das Anwesen mehrmals aufsuchte. Mitten in einem dichten Marihuana-Nebel provozierte Anita die Beamten, indem sie wild gestikulierend italienisch redete und einigen der Uniformierten den Spitznamen Mussolini aufdrückte. Das mag wohl von den ihr unmittelbar Nahestehenden mit Humor aufgenommen worden sein, war aber gleichzeitig ein Garantie dafür, dass sich die Polizei auf die Lauer legte und auf ihre Chance für eine Razzia wartete. Hinzu kam noch, dass Anita eine enge Beziehung zu einem lokalen Rasta geknüpft hatte und ihr Interesse schadenfroh gegenüber Keith zeigte. All diese Unannehmlichkeiten machten Richards' Selbstbewusstsein schwer zu schaffen, woraufhin er sich Ende Juni 1973 nach Großbritannien zurückzog.

Zu dieser Zeit stand die Villa bereits unter Beobachtung, und nur wenige Stunden nach Richards' Abreise wurde eine gründliche Razzia des Anwesens durchgeführt, an der zahlreiche Beamte aus der Region teilnahmen. Das überfallartige Eindringen brachte Anita in Rage, die natürlich überreagierte und keifte. Sie wehrte sich nach Kräften, bis man sie schließlich festnehmen konnte. Der Legende nach feuerte ein Beamter sogar einen Schuss ab, als Anita versuchte, sich einer stattlichen Menge Marihuanas zu entledigen, indem sie das Bündel über einen Zaun warf. Obwohl zu der Zeit viele Leute in der Villa anwesend waren, wurde gezielt Anita abgeführt und in eine Gefängniszelle verfrachtet, wo sie auf die Anklage warten musste. Anitas Zusammenstöße mit dem Gesetz waren in der Vergangenheit mit der gebotenen Anständigkeit gehandhabt worden, doch das damalige unberechenbare Justizsystem auf Jamaika bot nicht den geringsten Ansatz dessen, was man heutzutage als Wahrung der Menschenrechte bezeichnet. Im Brennpunkt der Aufmerksamkeit stand Pallenberg, ihre Kinder ließ man allein im Haus zurück, aber glücklicherweise nahmen sich einige Rastafari ihrer an. Während Anita auf weitere juristische Schritte wartete, musste sie eine elende Zeit überstehen. Die Anklagepunkte reichten dann vom Vorhersehbaren (Besitz von Marihuana) bis hin zum Lächerlichen (Praktizieren von Voodoo). Der einfallsreiche Tony Sanchez „schrieb" eine neue Version ihrer Gefängniszeit, die Episoden mehrfacher Vergewaltigung und anderer Demütigungen enthielt, doch die Realität der Ereignisse war nicht minder belastend. Keith Richards – als Besitzer der Villa – entschied sich, nicht nach Jamaika zu reisen, um der sicheren Verhaftung zu entgehen, und bündelte stattdessen die Energien in London. Stash de Rola suchte bei der italienischen Botschaft um Hilfe nach, den britischen Behörden und einer Reihe von Beamten und Diplomaten auf Jamaika, in Großbritannien und in Italien. In nervöser Eile versuchten alle, Anita zu befreien und sie sicher nach Großbritannien zu holen. Tony Sanchez behauptete später, dass Richards den jamaikanischen Behörden zur Auslöse von Anita einen Batzen Bestechungsgeld zugesteckt habe, doch ihr Fall wurde vor Gericht gebracht. Der Stress für Anita muss immens gewesen sein, denn der *Daily Express* berichtete, dass die erste Anhörung unterbrochen werden musste, da sie „eine ungewöhnliche Position" [infolge einer Ohnmacht] auf der Anklagebank einnahm. Nach drei Tagen im Gefängnis erhielt sie eine Geldstrafe von 200 Pfund und wurde des Landes verwiesen. Was niemanden überraschen wird: Sie verließ Jamaika so schnell wie möglich.

Während eines neunstündigen Fluges, auf dem sie als nervös, aufgekratzt und manchmal halluzinierend beschrieben wurde, fiel die schluchzende Anita Keith am Airport Heathrow in die Arme. Der Lebensabschnitt auf Jamaika war für Anita sicherlich mehr als aufreibend gewesen, doch das Jahr 1973 sollte noch weitere Dramen bereithalten. Weil sich Anitas psychischer Zustand verschlechtert hatte, zeigte sie nach ihrer Rückkehr ein merkwürdig auffälliges Verhalten. Zahlreiche Leute aus Chelsea – natürlich die Schönen und die Reichen, die in dem Haus ein- und ausgingen – wurden Zeugen übermäßig giftiger Anfeindungen gegenüber Keith.

Das Paar hatte die Residenz am Cheyne Walk an Marshall Chess vermietet, doch nutzte sie immer noch als vorübergehende Wohnmöglichkeit, wenn die Action in London einen Rückzug nach West Wittering unmöglich machte. Chelsea war nicht mehr der Brennpunkt der Energien wie in den Sixties, denn die durch Drogen verursachten Todesfälle von Michael Cooper und Talitha Getty hatten den Glamour des Stadtteils verschwinden lassen. Darüber hinaus schlichen eher unwillkommene Gäste durch die Gegend.

Die Polizeibürokratie hatte den Affront – ausgelöst durch Keith Richards nach der Redlands-Razzia – gegen die Gesetzeshüter nie überwunden. Der berüchtigte Detective Sergeant Norman Pilcher war kürzlich wegen Meineids inhaftiert worden, doch einige der Kollegen seines alten Reviers in Chelsea waren immer noch scharf darauf, Rache an der Kultur zu üben, die der Sergeant so verabscheute. Die Polizei konnte Jagger 1969 nicht im Cheyne Walk festnageln, und da die Anschuldigungen hinsichtlich der Erpressung durch einen Beamten aus Chelsea noch nachhallten, wartete die lokale Drogenfahndung auf Anitas und Keiths Rückkehr in den Stadtteil mit dem Postcode SW3. Hinweise einiger verärgerter Anwohner wiesen auf den Drogenkonsum des Pärchens hin und so nahm die Polizei die Chance auf Vergeltung in den frühen Morgenstunden des 26. Juni 1973 wahr.

Es war ein sonniger Dienstagmorgen, und wie so üblich hatten es Anita und Keith nicht eilig aufzustehen, da sie sich die Nacht bei einer Aufnahmesession um die Ohren geschlagen hatten. Sie kamen in den frühen Morgenstunden wieder im Cheyne Walk an, wo sich nur ihr Freund Stash de Rola befand, der die oben im Haus gelegenen Gastquartiere bewohnte.

Die Polizei verschaffte sich gewaltsam Zutritt und fand im Schlafzimmer Keith und – ihren Worten nach – seine „gesetzlich anvertraute Ehegattin und Hausfrau" vor. Die schliefen noch in dem berüchtigten Bett, das Anita während *Performance* so oft „belegt" hatte, und nun hielt man ihnen einen Hausdurchsuchungsbefehl unter die Nase, um das Gebäude nach Drogen zu durchwühlen.

Während sich die beiden zögerlich anzogen, führte die Polizei eine Durchsuchung unter Leitung von Detective Inspector Charles O'Hanlon durch. Sie gingen so gründlich wie möglich vor und entdeckten Cannabisharz, Mandrax, Heroin, angekokelte Löffel, Pfeifen und Nadeln. Weitaus schwerer wog der Fund eines Revolvers der Marke Smith & Wesson in einem Nachtschränkchen mit 110 Schuss Munition und einer antiken Schusswaffe.

Bei der Befragung stritt Keith seine und Anitas Schuld hinsichtlich der gefundenen Drogen und des Zubehörs ab und behauptete, dass Haus sei an verschiedene Personen vermietet worden, während sie sich im Ausland befunden hätten. Was die Waffen anging, gab Keith gegenüber der Polizei zu, die Pistole zum eigenen Schutz während des Jamaika-Aufenthalts gekauft zu haben, was – bedenkt man Anitas Behandlung dort – vermutlich der Wahrheit entsprach. Aufgrund der Vielzahl des belastenden Materials schleppte die Polizei Anita, Keith und Stash de Rola auf die Polizeiwache von Chelsea, wo man Keith als Hausbesitzer 25 Gesetzesverstöße zur Last legte, die vom Besitz von Mandrax, Heroin und Marihuana bis hin zu den schwerer wiegenden Vorwürfen des Waffenbesitzes ohne Lizenz reichten. Er wurde auf Kaution freigelassen.

Als hätte das Drama der letzten Monate nicht schon gereicht, geschahen zu allem Überfluss noch weitere traumatische Ereignisse. Da sich die Stimmung im Cheyne Walk verdüstert hatte und angstbesetzt war, zogen sich Anita und Keith nach Redlands zurück. Doch wenn sie die Hoffnung hegten, dass das verschlafene Ambiente ihren angeknacksten Psychen Linderung brächte, stellte sich das als Trugschluss heraus. In der Nacht des 31. Juli 1973 drang Rauch aus dem Reetdach. Zum Glück alarmierte der junge Marlon seine schlafenden Eltern, und so konnte sich die Familie vor dem Feuer in Sicherheit bringen. Während die Feuersbrunst das Dach blitzschnell zerstörte, halfen verschiedene Anwohner dabei, die Habseligkeiten aus dem Haus zu retten, während andere Keiths unbezahlbare Autos aus der angrenzenden Garage fuhren.

Die kleine Zufahrtsstraße in West Wittering hatte seit der berüchtigten Drogenrazzia vor sechs Jahren nicht mehr so viele Dienstfahrzeuge auf einmal gesehen. Obwohl man schnell einen angeblichen Drogenkonsum und das damit verbundene leichtsinnige Verhalten mit dem Brand in Verbindung brachte, lag die Schuld nicht bei dem Paar. Wie sich herausstellte, war der Auslöser des Brandes eine von Mäusen angefressene und damit schadhafte Stromleitung gewesen und nicht (wie einige tuschelten) einige vor sich hin glimmende Joints.

Natürlich tauchten schon wenige Stunden danach Paparazzi auf, denen sich ein erbarmungswürdiges Bild bot. Auf einem Foto sieht man Anita und Keith bei Tagesanbruch im Garten von Redlands auf Stühlen sitzend, die vom Feuer zerstörten Habseligkeiten um sie herum verstreut. Auf einem anderen erkennt man eine hysterische Anita, die einen mürrischen und ratlosen Keith anschreit, der sich hilflos die Szenerie anschaut. Das wohl ergreifendste Foto zeigt Anita, die einen Kinderstuhl trägt, während die Feuerwehr versucht, die letzten Brandnester zu löschen. Am Ende des Tages waren die gesamte Dachbedeckung sowie die Stützbalken niedergebrannt. In dem Durcheinander von verkohltem Holz und Stroh hatten viele von Keiths Gitarren ein frühzeitiges Ende gefunden.

KAPITEL 9

Tiefer als tief

Der Leser mag denken, ich lache, doch ich kann ihm eins versichern: Niemand, der sich auf Opium einlässt, wird lange lachen …
Thomas De Quincy, *Bekenntnisse eines englischen Opiumessers*

Auf eine bestimmte Art schien das Redlands-Feuer im Juli 1973 ein Symbol darzustellen für das Chaos, das Anita auf Schritt und Tritt verfolgte. Es dauerte Monate, bis man das geschätzte Refugium des Paars wieder instand gesetzt und zu einstiger Pracht zurückgeführt hatte, und so zogen sich Anita und Keith zu Erholung – besonders zu psychischen Erholung – in die Anonymität der Schweiz zurück. Das Land hatte ihnen schon zuvor einmal eine Art Asyl gewährt, vor allem wegen der Beschaulichkeit und der allgemeinen Ruhe.

Trotz des dringenden Verlangens, sich von den allgegenwärtigen Dämonen zu befreien, waren die Drogen immer noch ein bestimmender Faktor in ihrem Leben. Zahlreiche mit Heroin in Zusammenhang stehende Todesfälle konnten das Verlangen des Paars nach Narkotika nicht schmälern. Gram Parsons' Tod am 19. September 1973, verursacht durch eine letale Dosis Morphium und Alkohol, hatte das Paar schwer getroffen. Zu seinem Andenken hing sein üppig verziertes Bühnen-Outfit noch jahrelang an einer Wand von Redlands. Trotz solch schmerzlicher Ereignisse lief das Leben unter der Dominanz der Nadel für die beiden einfach so weiter.

Der anhaltende Drogenkonsum führte auch dazu, dass sich die Tür für Anitas künstlerische Unternehmungen langsam, aber sicher schloss. Trotz einer Model-Karriere, bei der sie von den Top-Fotografen der Welt abgelichtet worden war, gab es 1973 so gut wie keine Anfragen mehr. Auch ihre Arbeit als Schauspielerin, die einst so hoffnungsvoll und aussichtsreich zu sein schien, lag nun auf Eis. Der unselige Film *Performance* zog langsam durch die europäischen Kinos, verhalf ihr aber nicht zu größerer Leinwandpräsenz, da der Streifen bei der zunehmenden Geschwindigkeit der Siebziger bereits viel zu altmodisch wirkte. Abgesehen von einer gelegentlichen Premiere oder einem kurzen Augenblick im Backstage-Bereich sah man Anita nur noch selten in der Öffentlichkeit. Wie über vielen anderen weiblichen Protagonisten aus den Sixties schwebte auch über ihr die Gefahr, von einer neuen Generation verdrängt zu werden.

Doch es gab noch eine weitere Möglichkeit für Anita, die Öffentlichkeit an ihre wilden Glamour-Zeiten zu erinnern. Am 24. Oktober 1973 mussten sie, Keith und Stash de Rola in London erscheinen, um Fragen hinsichtlich der Razzia vom 26. Juni des Jahres zu beantworten. Hausdurchsuchungen bei Rockstars scheinen heutzutage aufgrund ihrer Häufigkeit nichts Besonderes mehr zu sein, doch die Anwesenheit der drei im Magistrates Court in der Marlborough Street im Londoner West End zog damals zahlreiche Journalisten an. Anita stieg aus einem Mercedes aus – natürlich von einem Chauffeur gesteuert – und sah sich mit einer Meute konfrontiert, die den klassischen Stil bestaunen konnte, der ihre frühen Jahre charakterisiert hatte. Ihr Gesicht war größtenteils von einem Filzhut bedeckt und sie trat ganz in Schwarz auf, jedoch mit einem weiten Ausschnitt. Trotz des unangenehmen Anlasses stellte sie eine wahrhaft elegante Erscheinung dar.

Sie hatten das unwahrscheinliche Glück, auf einen verständnisvollen Richter zu treffen, der Keith nur 250 Pfund für die 25 gegen ihn gerichtete Anklagepunkte abknöpfte. Anita erhielt wegen des Besitzes des Tranquilizers Mandrax eine Bewährungsstrafe. Da sie einem höheren Strafmaß entgangen waren, feierten sie im Londonderry in der Park Lane, ihrem bevorzugtem Hotel in der Stadt. Während der Festivitäten gab es einen Kurzschluss im Zimmer der beiden, der zu einem Brand führte. Niemand – zumindest nicht die Hoteliers –

glaubten den Unschuldsbekundungen der Partygäste hinsichtlich des Feuers, woraufhin das Paar (und die gesamte Stones-Entourage) mit einem zeitlich unbegrenzten Hausverbot belegt wurden.

Da die Vermutung, dass das Haus am Cheyne Walk unter ständiger Beobachtung stand, zutraf, bezogen Anita und Keith – nach einem Zwischenaufenthalt im Claridges's Hotel – eine ehemalige Remise auf dem Gelände des Faces-Gitarristen Ronnie Wood in Richmond, im Süden Londons. Einst im Besitz des Schauspielers Sir John Mills gehörte zu dem Haus (The Wick genannt) ein ausgedehntes Grundstück, das sich bis zur Themse erstreckte. Trotz der stattlichen Ausmaße führte die Polizei auch hier eine Razzia durch, während sich Keith und seine Familie sowie Ronnie und die Stones in München aufhielten. Eins wurde dadurch offensichtlich: Die Beamten verfolgten Anita und Keith auf Schritt und Tritt. Bei der Durchsuchung arbeiteten sich die Polizisten vom Gästehaus bis zum eigentlichen Gebäude vor, wo sie Ronnie Woods (damalige) Partnerin Krissie und ihre Freundin, die Modeschneiderin Audrey Burgon, aufgrund des Verdachts auf Kokain- und Cannabis-Besitz verhafteten.

Zwischenzeitlich bahnte sich die Tour-Karawane der Stones unbeeindruckt ihren Weg von Kontinent zu Kontinent, wobei sich Anita mit beiden Kindern und einer Nanny gelegentlich zeigte. Allerdings zog sie es vor, dem wilden Tourleben zu entfliehen und die Zeit in der Schweiz „auszusitzen“, dem von ihr und Keith bevorzugten Wohnort. Während Marlon das Leben „on the road“ zu gefallen schien, war Dandelion noch viel zu jung, um eine Umgebung – die eigentlich gar keine Konstante aufwies – bewusst wahrzunehmen.

„Auf Tour lief sie immer weg“, erinnerte sich Anita 1984. „Das hat mich zutiefst verängstigt. Sie flitzte einfach aus den Hotelzimmern, und ich fand sie auf dem Schoß eines Fremden sitzend. Und darum entschied ich mich auch, sie nicht mehr auf Tourneen mitzunehmen.“

Anitas Filmkarriere war schon längst ins Stocken geraten, doch im Jahr 1975 nahm sie das Angebot für ein bemerkenswertes Projekt an, das der Autor, Schauspieler und Regisseur Philippe Garrel entwickelt hatte. *Le Berceau De Cristal* war ein Versuch, das Vage und Verschwommene der Drogenszene in eine Art Kunstform umzuwandeln. Vermutlich versuchte der Film die damals aufkommende primitive Szene des „Heroin-Schicks" widerzuspiegeln, wie er von den New York Dolls und anderen popularisiert wurde.

Zwischen Schnipseln von Bildern der Präraffaeliten erlebte der Zuschauer die Leinwand-Wiedervereinigung von Anita und Nico, Letztere eine Persönlichkeit, die die Energie von Anita und der sie umgebenden Community nachzuahmen versuchte. Vom Heroinkonsum ausgemergelt, zeigte Nico (Star von mehreren Arthouse-Filmen) nur noch wenig von der Schönheit, mit der sie noch zehn Jahre zuvor das Publikum beeindruckt hatte.

Anitas kurzer Auftritt in *Le Berceau De Cristal* zeigt sie bei einem in die Länge gezogenen Ritual, bei dem sie sich irgendeine Substanz spritzt, bevor sie den Kopf in einen schwarzen Seidenschal hüllt. An einem Punkt ist sogar Dandelion zu sehen. Ob Anita (wie oftmals unterstellt wurde) sich vor laufender Kamera Heroin drückte, ist nicht eindeutig erkennbar, aber einige Handlungen symbolisieren die intravenöse Verabreichung.

Bedenkt man das Thema und das spektakuläre Ende (Nico wird dabei „gefilmt", wie sie sich eine Kugel durch den Kopf jagt), ist es nicht verwunderlich, dass *Le Berceau De Cristal* keine konventionelle Veröffentlichung fand, sondern nur bei Arthouse-Kino-Fans auf Zuspruch stieß. Natürlich wird es auch niemanden überraschen, dass der Streifen schnell in Vergessenheit geriet. Aktuell existiert nur eine qualitativ schlechte Video-Kopie, die jedoch einen lebendigen Eindruck von Anita im Jahr 1975 vermittelt.

Zwischenzeitlich machten Gerüchte die Runde, dass Keith seine amourösen Fühler in andere Gefilde ausstreckte, doch er ließ sich noch gelegentlich bei Anita sehen, obwohl es manchmal den Eindruck vermittelte, als würden sie unterschiedliche Leben führen, was sich natürlich auch auf die Musik zurückführen lässt. Trotz der Phasen der Trennung stellte Anita Ende 1975 fest, dass sie zum dritten

Mal von Keith schwanger war. Als Vorsichtsmaßnahme – da sie immer noch Drogen nahm – wurde sie in eine Spezialklinik in Genf eingewiesen, um vor Ankunft des Kindes zu entgiften. (Die ganze Situation erinnerte stark an ihre Schwangerschaft mit Dandelion 1971.)

Glücklicherweise verlief die Schwangerschaft größtenteils unproblematisch, und so brachte sie am 26. März 1976, ein wenig verfrüht, ihren zweiten Sohn zur Welt. Natürlich wurde das neue Familienmitglied mit einem symbolträchtigen Namen begrüßt und hieß Tara Jo Jo Gunne. Während die beiden mittleren Namen eine offensichtliche Anspielung auf Keiths Helden Chuck Berry waren, stellte der erste Vorname einen Bezug zu Anitas Vergangenheit her. Ganz offensichtlich hatten sie nie die Sixties-Fahrten auf den psychedelischen Highways mit dem Guinness-Erben Tara Browne vergessen.

Der Frühling 1976 ging in den heißesten Sommer über, den Europa in den letzten hundert Jahren erlebt hatte, und die ersten Lebenswochen des Kindes verliefen ohne einen Zwischenfall. Nun war die Familie Richards zu fünft, und ihr Glück und die unkomplizierte Geburt des kleinen Tara erlaubten Keith einen Monat später den sorglosen Beginn der Europatour mit den Stones – eine Entscheidung, die er später zutiefst bereuen sollte.

Bisweilen wird vermutet, dass Anita nach der Geburt den Drogenkonsum wieder aufnahm, doch es gibt keine Hinweise darauf, dass sie ihren Pflichtungen als Mutter nicht nachkam. Zusätzlich hatte das Paar eine Nanny eingestellt, die sich um die Kinder und alle sonstigen notwendigen Angelegenheiten der Haushaltsführung kümmerte.

Das neu erwachte Familiengefühl wirkte sich positiv auf die Beziehung der beiden aus, woraufhin Keith am 28. April 1976 vor einem Konzert in Frankfurt die Hochzeit mit Anita bekannt gab. Immer für eine humorvolle Provokation gut, verknüpfte Keith die Neuigkeit mit der Information, dass es eigentlich „nur“ darum ginge, endlich einen Pass für Anita zu sichern. Allerdings wies die Gesamtaussage deutlich darauf hin, dass er sich eine beständige Beziehung wünschte. Er verkündete auch – ob es ihm tatsächlich vorschwebte oder nicht, sei dahingestellt – dass die Trauung vor 18.000 Fans bei einem der Stones-Konzerte in der Earls Court Arena im Mai 1976 stattfinden solle. Allerdings fiel die Veranstaltung ins Wasser und auch die Hochzeit fand nie statt.

Mitten im Sommer – Keith tourte zu der Zeit mit den Stones durch Europa – musste sich Anita dem wohl schlimmsten traumatischen Erlebnis stellen, das einer Mutter nur widerfahren kann. Sie wachte am Sonntag, dem 6. Juni, auf und machte eine grauenhafte Entdeckung: Tara lag bewegungslos in seinem Kinderbettchen, woraufhin Anita den nächsten Arzt verständigte. Dieser musste sie mit der Tatsache konfrontieren, dass Tara in der Nacht verstorben war. Bei der Autopsie fand man heraus, dass das nur zweieinhalb Monate alte Baby in der Nacht Atemprobleme entwickelt hatte und dann am Plötzlichen Kindstod gestorben war.

Da Keith auf Tour war, musste Anita den schrecklichen Anruf in Paris tätigen, wo die Stones das erste Konzert von wenigen in der Hauptstadt gaben. Es waren zudem auch die ersten Gigs, nachdem man Anita und Keith mit einem Einreiseverbot belegt hatte, wodurch ein großer Druck auf der Band lastete. Anitas Anruf bei Keith löste erwartungsgemäß eine Mischung aus Schock, Aufregung und Verwirrung aus. Allerdings musste Keith jegliche äußerlich sichtbaren Zeichen seiner Traumatisierung unterdrücken, denn vor ihm lag eine schwierige Aufgabe – ein Konzert im Pavillon de Paris (Les Abattoirs), das in Bild und Ton mitgeschnitten werden sollte.

„Es war solch ein Schock“, erinnerte sich Keith gegenüber der BBC. „Ich bekam einen Anruf in Paris und das alles passierte in Genf und ich dachte: ‚Wenn ich diese Show heute nicht durchziehe, werde ich wahnsinnig …‘ Ich hatte diese drängende Gefühl: ‚Das ist eine Show, ich muss auf die Bühne gehen, ich werde später trauern und über alles nachdenken.‘ Wäre ich nicht auf die Bühne gegangen, hätte ich mich erschossen.“

Fassungslos angesichts des tragischen Todes ihres Sohnes flog Anita direkt nach Paris. Sie zog sich traurig und bedrückt in den Backstage-Bereich zurück, während Keith sich damit abmühte, die

20 Tracks abzureißen. Nach dem Ende des Konzerts war das Paar endlich in der Lage, sich zu trösten, wobei sie sich fast zwei Tage in ihrem Hotelzimmer vergruben.

„Keith war sehr ruhig, gab sich beschützend, normal und liebevoll", erinnerte sich Anita später. „Er sagte einfach: ‚Vergiss es.' Alle erzählten mir das. Sie alle sagten: ‚Vergiss es. Kümmere dich um deine anderen Kinder.' Ich bin mir sicher, dass die Drogen etwas damit zu tun hatten. Ich habe mich deswegen immer sehr, sehr schlecht gefühlt."

Verständlicherweise sollte Keith diese tragische Episode lange verfolgen. In seiner Biografie *Life* (2011) versucht er sich von dem Trauma partiell zu erleichtern: „Einen neugeborenen Sohn zu verlassen, ist etwas, das ich mir nie verzeihen werde. Es fühlt sich so an, als wäre ich von meinem Posten desertiert."

Der Journalist Nick Kent war bei der herzzerreißenden Wiederbegegnung der beiden anwesend, also bei einer der wohl schwierigsten Situationen, die man sich nur vorstellen kann. „Anita weinte und hatte Schwierigkeiten, sich zu bewegen", schrieb Kent in *Dark Stuff*. „Keith versuchte sie zu geleiten, doch auch er weinte und wirkte plötzlich unglaublich zerbrechlich, so, als könne ihn schon ein Windhauch zu Boden reißen … Die beiden sahen aus wie ein bis aufs Tiefste erschüttertes Paar, das sich gemeinsam aus einem Konzentrationslager hinausgeleitet. Ich habe wirklich geglaubt, ich würde sie nie wiedersehen."

Die Nachricht von Taras Tod wurde bis zum Ende der Tour nur den wichtigsten Personen mitgeteilt.

Nach einer Feuerbestattung wurde die Urne mit den sterblichen Überresten des kleinen Jungen am 14. Juni in Genf beigesetzt, woraufhin man die Schweiz nicht mehr als Heimat in Erwägung zog. Anita, Keith und ihre Kinder packten erneut die Koffer und wurden wieder zu Herumreisenden. Die mit der Reinigung der Schweizer Villa beauftragten Personen fanden angeblich einen regelrechten Berg an Drogen und diverse Utensilien zum Konsum. Das Gebäude war bislang ein Ort der Entspannung gewesen, doch die tragischen

Umstände von Taras Tod machten für Anita und Keith über zehn Jahre lang einen Besuch der Schweiz unmöglich.

Unmittelbar nach der Tragödie lebte Dandelion bei Keiths Mutter in Dartford. Doris war damals in ihren Fünfzigern und immer noch gut in der Lage, die schwierige Erziehung eines Kindes auf sich zu nehmen. Da der Wahnsinn alle Aspekte von Anitas Leben bestimmte, war es klar, dass das Mädchen eine stabile Umgebung brauchte, und so fand der Umzug der Kleinen, die man mittlerweile Angela rief, zum richtigen Zeitpunkt statt. Ihre Tochter in die Obhut der Oma zu geben, bedeutete dennoch einen schweren Schlag für Anitas fragile Psyche.

„Ich hatte ein Kind verloren", erinnerte sich Anita gegenüber der Autorin Victoria Balfour. „Als ich meinen Sohn verlor, erlitt ich einen schweren Nervenzusammenbruch. Ich war drei Monate lang völlig von der Rolle. Doris bot sich an, nach [meiner Tochter] zu sehen. Das Problem war nur, dass sie sie in Watte packte. Sie [Dandelion] scheint sich bewusst zu sein, wer sie ist und wer Keith ist. Marlon ist Keiths Kumpel, sie waren schon immer dicke Freunde, doch bei ihr scheint es schwieriger zu werden."

Trotz der geradezu überwältigenden Strapazen machte Anita immer noch eine stattliche Figur beim Tross während der Stones-Tour. Am 18. Juni wurde die Presse über Taras Tod informiert. Die Tour endete am 23. Juni in Wien, gefolgt von einigen Tagen in New York mit Andy Warhol und seiner Anhängerschaft, wonach sich Anita und die Familie wieder in London niederließen.

Ablenkung durch die Arbeit hatten sie nun nicht mehr; sie mussten sich der nackten Realität stellen, einer leidvollen, erbarmungswürdigen Existenz. Nur die Drogen schienen ihre Stimmung noch aufzuhellen, doch die danach folgenden Abstürze waren beängstigend und lösten manchmal ein bizarres Verhalten aus.

Ihr Leben in der Hauptstadt ähnelte dem von Flüchtlingen, da die Razzien im Cheyne Walk und in The Wick ihre Angst vor Verfolgung durch die Behörden angestachelt hatte. Die Familie schlug ihre Zelte in einer Location nach der anderen auf.

Ihre zeitweise Unterbringung im Hotel Ritz (Piccadilly) endete mit einem Rauswurf aufgrund einer abgedrehten Sause unter Drogeneinfluss, bei der Anita Berichten nach die Action anheizte. Anlässlich eines noch wilderen Aufenthalts im Claridge's trafen sie John Phillips, den Star von The Mamas And The Papas, wieder.

Phillips, seine Frau Geneviève Waïte und ihre beiden Kinder lebten damals in einem Künstlerstudio am Glebe Place, Chelsea, einem Apartment, das vorher vom Ex-Stone Mick Taylor bewohnt worden war. Phillips hielt sich zur Aufnahme des Soundtracks zu Nic Roegs Streifen *Der Mann, der vom Himmel fiel* in London auf. Da Chelsea für Keith und Mick zum gewohnten Umfeld gehörten, war es nur eine Frage der Zeit, bis sich ihre Wege kreuzten. Mick bot ihm an, eine Platte für das Rolling-Stones-Label aufzunehmen, bei der sich Phillips über die Beiträge von Keith, Ronnie Wood und Mick Taylor freuen konnte.

Phillips und Geneviève, die um das Gefühlswirrwarr der Familie nach Taras Tod wussten, luden Anita, Keith und Marlon ein, sich das Apartment in Chelsea mit ihnen zu teilen. Unverzüglich räumten sie das Schlafzimmer ihres Sohnes, um Keith und seiner Familie einen Platz zum Schlafen anzubieten. Die beiden wussten, dass Marlon bislang kaum unterrichtet worden war, woraufhin sie ihm einen Platz in Hill House – dem Institut, das auch Prince Charles besuchte – in der nahegelegenen Flood Street besorgten, einer Grundschule, in die auch ihr Sohn Tamerlane ging.

Doch die Wohnsituation – bedenkt man die immer präsenten Drogen – stellte sich schon bald für alle Beteiligten als Belastungsprobe heraus. Während Phillips und Richards häufig in dem Loft jammten, kam Anita so gut wie gar nicht aus ihrem Zimmer. „Sie zündete Kerzen an", berichtet Phillips später, „heulte, zog sich Koks rein, bereitete einen Schuss Heroin vor und erlitt Höllenqualen."

Da Phillips' und Waïtes Drogenkonsum schon bald dem von Keith und Anita glich, neigte sich das Wohnarrangement seinem Ende zu. Das führte die Richards-Familie zu zwei erneuten Umzügen innerhalb der Bezirke Kensington und Chelsea.

Nach einem Kurzaufenthalt im Hotel Blakes in South Kensington bot sich die Möglichkeit, das einstige Haus des Schauspielers Donald Sutherland zu mieten, das in der Old Church Street lag, nur wenige hundert Meter vom alten Anwesen in der Cheyne Street entfernt. In dem Haus befand sich eine ausgedehnte Studiowohnung im obersten Stockwerk, wo sich Anita meist von den ganzen Aktivitäten abkapselte.

Am 21. August 1976 befand sich Keith nach dem Gig der Stones beim Knebworth-Festival auf dem Weg zurück nach London. Er hatte Anita, Marlon und einige Freunde im Auto, schlief jedoch am Steuer der Blue Lena ein. Der kleine Marlon saß auf dem Beifahrersitz, als der Rolls von der Straße abkam. Niemand wurde ernsthaft verletzt, doch die Polizei durchsuchte den Wagen und stellte einige Substanzen zur Analyse sicher.

Natürlich stand die Story in jeder Abendzeitung, was Keiths und – damit verbunden – auch Anitas Ruf als „moderne Desperados“ festigte. Aufgrund des sich durch den Unfall entwickelnden Dramas und der darauffolgenden juristischen Probleme, die sich bis Ende des Jahres hinzogen, manifestierte sich Anitas Psychose zunehmend. Dabei hatte sich ihre allgemeine psychische Situation durch den furchtbaren Verlust ihres Kindes ohnehin schon verschlechtert, wodurch das häusliche Leben geradezu explosiv wurde. Keith beschrieb ihr Verhalten später als „voll aus der Spur, lebensgefährlich und durchgeknallt“. Die mit Anita gemeinsam verbrachten Stunden steigerten sich in den Wahnsinn. Oft mussten Keith und Marlon sich in der Küche verkriechen, während sie das Haus verwüstete.

In einem Versuch, den endlosen kontrovers geführten Diskussionen über sie zu entkommen, verließ die Familie das Vereinigte Königreich für einen längeren Urlaub auf Jamaika. Die dortigen Behörden hatten offenbar jegliche Nachwirkungen der Ereignisse verdaut, die Anitas letzten Aufenthalt auf der Insel überschatteten. Allerdings hatte das Desinteresse an dem Paar einen weitaus handfesteren Grund, denn auf der Insel war der Ausnahmezustand erklärt worden. Da bei den Stones für den Rest des Jahres 1976 keine Aktivitäten auf dem Programm standen, konnte sich die Familie bis zur Rückkehr Ende des Jahres entspannen.

Falls Anita einen Fixpunkt suchte, der ihr eine gewisse Stabilität gab, lag dieser sicher nicht in der Rockkultur, denn 1977 stand für einen radikalen Umbruch. Punk – in all seinen Erscheinungsformen – explodierte auf beiden Seiten des Atlantiks und riss alles bisher Dagewesene nieder. Unverfroren drohte die Bewegung damit, die „Dinosaurier" der vergangenen Ära auszulöschen. Es gab zwar nur wenige weibliche Protagonisten, doch deren rebellisches Auftreten ähnelte durchaus der Bilderstürmerei, die eine Anita Pallenberg seit ihrem Auftauchen auf der Weltbühne an den Tag gelegt hatte. Debbie Harry, Patti Smith und Chrissie Hynde gehörten zu den Persönlichkeiten, die sich an Pallenbergs bahnbrechendem Stil [in all seinen Facetten] orientierten. Während die Rolling Stones und ähnliche Bands ganz offensichtlich für die Massenexekution durch die Punks vorgesehen waren, passte sich Anita leicht dem Hedonismus dieser neuen Welle an. Auch wenn ihre Präferenzen sich nicht auf die nun angesagten aufputschenden Drogen richteten, passte Anitas freigeistiger Hang zum Dissens durchaus zu der Bewegung. Punk forderte jeden Stil der Musikindustrie heraus, doch was die Modewelt anbelangte, wirkte er sich noch viel radikaler aus und zerstörte vorherige Muster. Vivienne Westwood, die Shop-Besitzerin und Designerin, verabschiedete sich von der einstigen Laissez-faire-Grundhaltung und entwickelte stattdessen ein bissiges und provokantes Mode-Statement. Dieser instinktive spontane Ansatz versetzte Anitas schöpferisches Gespür in helle Aufregung.

Punk weckte eine wahre Legion schlafender Hunde rund um den Globus, wobei sich die Szenen in London und New York als besonders aufnahmebereit für die neue Art des Denkens erwiesen. Mit Personen wie dem „Über-Punk" Johnny Rotten, der die Rolling Stones als „ein Geschäftsunternehmen" verächtlich machte, und einem Sid Vicious, der verkündete, er würde „nicht mal auf Keith Richards pissen, wenn er in hellen Flammen steht", wurde deutlich, dass die neue Bewegung einen deutlichen Strich unter die Kultur zog, die in den letzten zwölf Jahren im Mittelpunkt des Interesses gestanden hatte. Da Anitas Lifestyle mit exakt dieser Kultur einherging, die die Punks herausforderten und angriffen, musste sie sich selbst einer gründlichen Prüfung unterziehen.

Die Rolling Stones konnten die von den Punks auf sie geschleuderten Steine mühelos abwehren, da die Nachfrage nach ihrer Musik nie versiegte. Man bereitete für den Februar 1977 eine Reise nach Kanada vor, hauptsächlich, um in kleinen Locations Live-Mitschnitte zu machen, zugleich ein Ansatz und eine Art von Rache, um der großmäuligen New-Wave-Elite zu beweisen, dass man tatsächlich eine Club-Band sei. Da die Veranstaltungsorte in London vom Wirbelsturm des Punk erfasst wurden – nicht zu vergessen Keiths Gesetzesverstöße, die die Drogenfahndung in den USA auf den Plan rief –, erachtete man das weitaus ruhigere Kanada als sicheren Hafen für unkomplizierte Aufnahmen und eine lockere Wohnsituation.

Schon lange waren die Zeiten vorbei, in denen die Ankunft der Gruppe auf Flughäfen für weltweite Schlagzeilen sorgte, doch in der nachrichtenarmen Phase nach Weihnachten versammelten sich zahlreiche Medienvertreter in Toronto, um einige Fotos einzufangen oder über eine mögliche Kontroverse zu berichten. Die einzige nennenswerte Nachricht bei der Ankunft der Stones am 16. Februar am Toronto International Airport aber war das Fehlen von Anita und Keith. Das Paar hatte sich nach dem Jamaika-Aufenthalt auf Redlands verbarrikadiert und verbrachte die Zeit in einem Nebel der Unentschlossenheit und der durch Drogen verursachten Starre.

Auf diesem Tiefpunkt ihrer Drogensucht erlaubte das Paar aber Barbara Charone (später Keiths Pressesprecherin), das Leben auf Redlands so zu beobachten, wie es sich täglich gestaltete, und zwar für ihr Buch über Richards. Der Rest der Band befand sich schon in Kanada, es wurde Zeit für die Abreise, und in dieser Situation gewann Charone ein lebendiges Bild von dem Zustand der Beziehung, die auf eine Implosion zulief.

„Zufrieden?", giftete Anita Charone in der Redlands-Lounge an. „Jetzt erlebst du unsere kaputte Ehe mit. Ist das nicht wunderbar? Alles schön aufgeschrieben?“ Später an dem Abend arbeitete Richards an einem Song namens „Still She Comes Around“ und zupfte auf seiner Gitarre. Anita saß vollkommen aufgebracht auf dem obersten Treppenabsatz.

„Hier ist es noch nicht mal möglich, gebumst zu werden“, brüllte sie in Richtung eines trägen Richards. „Ich werde mal durch die Straßen der Stadt schlendern. Vielleicht habe ich da mehr Glück.“ „Stadt“ bedeutete in dem Fall die weltabgeschiedenen Wege durch das nahe gelegene Chichester, wohl kaum ein Treffpunkt, um wollüstige Fantasien auszuleben. Richards schien vom Flimmerkasten in Redlands großem Wohnzimmer wie hypnotisiert zu sein, woraufhin Anita die Lautstärke noch höher drehte und schrie: „Ist das Fernsehen wichtiger als ich? Du glaubst, du bist Superman, oder was? Du bist nur Superman, wenn du Gitarre spielst. Sonst bis du genau so wie alle anderen – und mit den Drogen kommst du auch nicht klar!“

Bei all den häuslichen Streitereien schaffte es das Paar immerhin, sich aufzuraffen und fünf Tage später als erwartet zu den anderen Stones zu stoßen. Am Donnerstag, dem 24. Februar, dem Abend eines regnerischen Tages, stiegen Anita, Keith und Marlon reichlich erschöpft aus dem Jet der British Airways. Das Paar trug schlabberige Anzüge und Wellington-Stiefel und sah so aus wie reiche Hippies auf einer Auslandsreise.

Die Zollabfertigung war eigentlich eine unbedeutende Formsache, verwandelte sich aber plötzlich in ein Ereignis, das auf weltweites Interesse stieß. Anita hatte 28 Gepäckstücke mitgebracht, eine ungewöhnlich hohe Anzahl für einen kurzen Aufenthalt in Toronto, was den Beamten natürlich merkwürdig vorkam. Es folgte eine Durchsuchung in der Annahme, dass Anita in dieser enormen Menge Gepäck irgendetwas ins Land schmuggeln wollte. Erst kürzlich veröffentlichte FBI-Dokumente belegen, dass der kanadischen Polizei und dem Zoll Keiths lange Liste an Verhaftungen aufgefallen war und sie sich daraufhin mit auswärtigen Behörden in Verbindung setzten. Da auch die an ihn adressierten Postsendungen zum gebuchten Hotel – dem Harbour Castle – überwacht wurden, hatte die Polizei bereits ein

Päckchen mit Drogen abgefangen. Im Glauben, dass die Sendung nur Teil einer weitaus größeren Lieferung sei, nahm man Anita bei ihrer Ankunft besonders ins Visier – was sich später auch als ein Weg erwies, um an Keith heranzukommen. Das Gepäck wurde gründlichst mithilfe von Drogenspürhunden durchsucht, was zum Fund von zehn Gramm „hochwertigen“ Haschischs führte, im hintersten Winkel eines Koffers verborgen. Besorgniserregender war ein Löffel mit Brandspuren, an dem sich eine „undefinierbare“ Substanz fand, die man direkt zur Analyse schickte. Für ein wenig Erheiterung sorgte die Konfiszierung einer Packung Tic Tac aus Anitas Handtasche, da sich die kanadischen Beamten offensichtlich im Unklaren über die Legalität der beliebten italienischen Minz-Drops waren.

Da Keith schon einige hundert Meter weiter gegangen war, bekam er überhaupt nichts von dem ganzen Aufruhr mit, während er sich auf den Weg ins Hotel machte. Anita wurde festgenommen und nach Verlesung ihrer Rechte zum nahe gelegenen Gericht von Brampton befördert. Die Nachricht von Anitas Verhaftung überschattete jegliches Interesse am Aufenthalt der Stones in Toronto. In Bezug auf Marihuana verfolgte Kanada eine eher liberale Politik, sodass Anita auf eine nachsichtige Behandlung hoffen konnte, doch hinsichtlich Opiaten waren die Behörden ähnlich streng wie die in den USA.

Da die Analyseergebnisse der auffälligen Substanzen noch ausstanden, wurde Anita auf Bewährung freigelassen. Jedoch verlangten die Auflagen ihre Anwesenheit bei der Verlesung der Anklage. Die albtraumhafte Prozedur wurde unterbrochen, als der siebenjährige Marlon, der seine Mutter zum Gerichtsgebäude begleitet hatte, den Kopf durch die Tür steckte und fragte: „Ist Mama jetzt fertig?“

Die Stones machten sich natürlich Gedanken über Anitas leichtsinnige Aktion mit dem Gepäck, und während die Club-Termine immer näher rückten, steigerten sich auch die Verdächtigungen und die Ängste. Drei Tage nach ihrer spektakulären Ankunft, am Nachmittag des 27. Februar, führten Beamte in Zivil eine Razzia in Anitas und Keiths Suite im Harbour Castle durch. Daran beteiligt waren Mitglieder der Royal Canadian Mounted Police und der Ontario

Provincial Police. Der Durchsuchungsbefehl war allein auf Anita ausgestellt (aufgeführt als „rechtmäßig Angetraute" von Richards), jedoch merkwürdig nebulös verfasst, sodass der Polizei erlaubt war, alles zu durchsuchen, was sie wollte.

Am späten Nachmittag machte Keith ein Nickerchen und Anita schlenderte durch die Suite und behielt Marlon im Auge. Sie hatten nicht ahnen können, dass sich eine Horde Detectives gerade den Weg durch die zahlreichen Stockwerke nach oben bahnte, direkt auf ihr Quartier zu. Die Geschwindigkeit der Razzia ließ ihnen keine Zeit, belastende Substanzen verschwinden zu lassen. Außerdem dachte Keith in seinem benebelten Zustand, dass die in Zivil gekleideten Beamten möglicherweise Repräsentanten des kanadischen Ablegers ihres Platten-Labels seien.

Über Anita schwebte noch die dunkle Wolke der ersten Anschuldigungen, doch nun fand man neben diversem Drogenzubehör fast 30 Gramm erstklassigen Heroins – mit einem damaligen Straßenwert von 4000 Dollar! Der Stoff lagerte in einem Plastikbeutel, versteckt in einer kleinen Ledertasche.

Obwohl Anita und Keith beide ins Visier genommen wurden, lag das wahre Ziel der Ermittlungsbehörden bei dem Stones-Gitarristen. Nichtsdestotrotz verhaftete man Pallenberg erneut, ließ sie aber ohne Bewährungsauflagen wieder laufen und behielt ihren – und Keiths – Pass ein. Die Größe des Fundes deutete darauf hin, dass es sich um eine gemeinsame Anschaffung handelte, doch als waschechter Gentleman nahm Keith die Schuld allein auf sich. Bei einer Verurteilung musste er sich auf eine siebenjährige Haftstrafe einstellen und somit auch ein Ende der Stones. Er wurde gegen eine Kaution in Höhe von 25.000 Dollar entlassen, doch die Razzia und ihre Folgen verhinderten erst mal die unmittelbar angesetzte Arbeit in den Provinzen.

In einem später abgegebenen Statement gab Richards seine Heroinsucht zu, erklärte, dass sie sich schon über vier Jahre erstrecke und dass er mehrmals einen Entzug gemacht habe, was aber aufgrund der Tournee-Verpflichtungen der Rolling Stones fehlgeschlagen sei. Schließlich gab Keith an, dass der große Vorrat für die Zeit in Kanada gedacht gewesen sei, damit er sich nicht in dem Land auf Drogensuche begeben musste.

Anitas mehr als unangenehmes Zusammentreffen mit dem Zoll hätte eigentlich schon gereicht, um die Sensationsreporter aufzustacheln, doch Keiths Verhaftung versetzte die Medien in helle Aufregung. Wie Fliegen, die sich auf ein Stück verrottendes Fleisch setzen, hetzte die Weltpresse nach Toronto, um den Verlauf des Skandals aus unmittelbarer Nähe zu verfolgen. Der *Rolling Stone* war eines der Magazine, die den Fall beobachteten. Ohne die verärgerten Informanten aus dem Tour-Tross direkt zu benennen, wurden ihre Aussagen zitiert, dass Pallenbergs „unberechenbares Verhalten" beim kanadischen Zoll die Kette von Ereignissen ausgelöst habe, die schließlich zur Razzia im Hotel führten. Andere Personen aus dem inneren Kreis verrieten, dass man sie nun als „bad luck girl" bezeichnen würde.

Am 14. März bekannte sich Anita unumwunden des Besitzes von Cannabis und der Spuren von Heroin, die in ihrem Gepäck am Flughafen gefunden worden waren, für schuldig und wurde zu einer Geldstrafe von 400 Dollar verurteilt. Anita meinte gegenüber den Reportern: „Der Richter war mir gegenüber nachsichtig." Keiths Anklagepunkte waren weitaus ernster. Durch die Komplexität des Falls und zahlreiche Berufungen und Abweisungen zog sich das Verfahren in die Länge von fast zwei Jahren.

Für Anita stellte die Episode in Toronto einen starken Einschnitt dar. „Dass sie mich hochnahmen – das war die Realität", gab sie gegenüber Victor Bockris zu. „Ich hatte bereits ein Kind verloren, und ich bin mir sicher, dass die Drogen etwas damit zu tun hatten. Ich verlor meine Tochter, musste sie abgeben. Doch ich konnte einfach nicht aufhören. Nun mussten wir etwas unternehmen, denn sonst würde man uns ins Gefängnis werfen. Das wurde uns deutlich gemacht."

In dem ganzen Chaos der Anhörungen wurde dem Paar mehrmals dringlich der Aufenthalt in einer Methadon-Klinik nahegelegt.

Allerdings sahen das Anita und Keith nur als eine Therapie, bei der die eine gegen eine andere Droge ausgetauscht wurde, woraufhin sie sich für einen grundsätzlicheren Ansatz entschieden. Nach einer psychologischen Einschätzung wurde den beiden der Vorschlag unterbreitet, Dr. Margaret „Meg“ Patterson aufzusuchen, die mit ihrem Spezialverfahren – der Neuro-Elektrischen Stimulation (auch Black-Box-Therapie genannt) – bereits Eric Clapton von seiner zerstörerischen Sucht befreit hatte. Bei dieser Therapieform wurden Elektroden meist an den Ohren angebracht, wonach eigens generierter Schwachstrom die Produktion von schmerzlindernden Endorphinen anregte und damit die Schrecken und das Trauma eines Entzugs reduzierte.

Pattersons Praxis in Philadelphia aufzusuchen schien dem Paar fast unmöglich zu sein, denn aufgrund der langen Liste an Drogendelikten würden die Vereinigten Staaten sicherlich ein Einreiseverbot aussprechen. Dennoch erhielten die beiden im April – nach geschickter Arbeit der Rechtsanwälte, darunter sogar eine an das Weiße Haus gerichtete Petition – ein „medizinisches“ Reisevisum, um sich einer Behandlung in der Klinik zu unterziehen.

Dr Patterson zeigte sich fest überzeugt, dass der Entzug mit einer Gesprächstherapie einhergehen sollte, und sie bestand darauf, dass sowohl Anita als auch Keith sich der Black-Box-Behandlung unterzogen. Begeistert von der Aussicht auf ein schnelles Vorankommen verließen die beiden Toronto am 5. April, um zur Klinik zu reisen, die in einer abgelegenen Location in Pennsylvania lag, wo Patterson, ihr Mann und Mitglieder des Teams darauf warteten, die Therapie durchzuführen.

Am 6. April 1977, Anitas 35. Geburtstag, begann sie ernsthaft mit der Entgiftung. Im Laufe von nur fünf Tagen unterzogen sich die beiden der sanften Methode von Pattersons einzigartiger Apparatur, die sich später noch bei der Behandlung von Pete Townshend und Boy George als nützlich erwies. In den Behandlungspausen versuchten sich die beiden so zu „entspannen“, wie sie es immer machten. Dieses unbekümmerte Verhalten sorgte zuerst für einen Schock in der

Klinik. Der psychotherapeutische Aspekt half jedoch dabei, einige emotionale Türen in der Vergangenheit für immer zu verschließen.

Das Verfahren beinhaltete auch spirituell ausgerichtete Elemente des Christentums, mit denen sich weder Anita noch Keith anfreunden konnten. Dennoch erwies sich die Behandlung als geradezu spektakulär erfolgreich, besonders bei Keith, der sich daraufhin als Botschafter dieses Heilverfahrens verstand. Auch bei Anita war die Behandlung erfolgreich, doch sie hatte ihre Probleme mit anderen Aspekten der Therapiesituation.

„Keith half es mehr", berichtete sie 1994 dem *Sunday Correspondent*. „Doch ich war rebellisch. Ich mochte die Leute nicht. Sie waren zu weit entfernt, übten Kontrolle aus. Jede Nacht schlich ich mich nach unten in die Küche und kippte mir ein bisschen Sherry rein."

Ohne die Drogensucht entstand für Anita und Keith nun eine Art Vakuum, in dem sie genügend Kraft verspürten, ihr eigenes Leben zu führen. Jahrelang hatten die Drogen sie in einer engen Beziehung zusammengezwungen, doch ohne den Stoff schlugen sie nun jeder für sich neue Wege ein.

Die Nachricht von der erfolgreichen Entgiftung der beiden und die positiven psychiatrischen Einschätzungen drangen auch bis zur amerikanischen Einwanderungsbehörde vor, woraufhin man ihnen eine Verlängerung ihres USA-Aufenthalts erlaubte. Mit dem brennenden Wunsch, so nah wie möglich bei New York zu leben – und nach einer Reihe zeitweiliger Unterbringungen –, bezog das Paar ein imposantes Gebäude aus dem 18. Jahrhundert in South Salem, Lewisboro, Westchester County, im Bundesstaat New York. Einerseits benötigte man nur eine Stunde Fahrtzeit bis in den Big Apple, andererseits strahlte South Salem, verschlafen und ereignislos, einen herrlichen Frieden aus, den die beiden damals genossen.

Das großzügig geschnittene Haus mit dem ominösen Namen Frog Hollow kostete 250.000 Dollar und lag an der Boway Road. Die Holzverkleidung war kennzeichnend für den New-England-Architekturstil, das einzige Anzeichen einer modernen Zeit war der am Ende des Grundstücks gelegene Swimmingpool. Aufgrund des

Alters kursierten verschiedene Gerüchte, dass es im Haus und dem umgebenden Grundstück spukte, eine Aussicht, die Anita in helle Aufregung versetzte. Einmal „erlebte" sie durch ihre hellsichtigen Fähigkeiten die Geister von Mohikanern, die an den Grenzen des Anwesens Wache hielten.

Das erste Anzeichen dafür, dass es sich bei den neuen Besitzern von Frog Hollow um etwas anders „gestrickte" Persönlichkeiten handelte, war der Briefkasten, den Anita in Rasta-Farben angemalt hatte. Trotz der Zurückgezogenheit verbreitete sich die Nachricht von ihrem Umzug über das „Buschtrommel-Netzwerk". Das Stones-Management fürchtete, dass ein Haufen Drogen-Dealer, Abhänger und sonstige schräge Vögel sich bis zu der Tür der beiden durchkämpfen würden, und so engagierte man einige Bodyguards – manche behaupteten, sie hätten zuvor für Frank Sinatra gearbeitet –, um Ruhe und Frieden sicherzustellen. Darüber hinaus wurden einige weniger bedrohlich aussehende Personen eingestellt, die im Haushalt oder als Kindermädchen arbeiteten.

Das Leben im verschlafenen Salem verschaffte Anita und Keith endlich die dringend benötigte Ruhe. Laut Berichten von damaligen Anwohnern aus der Nachbarschaft sah man sie nur selten außerhalb des Anwesens. Einmal soll Anita mit Keith und einem Bodyguard im lokalen Supermarkt – dem Salem Market – den gesamtem Joghurtvorrat aufgekauft haben, vermutlich ein Zeichen für den der Entgiftung folgenden Gesundheitskult.

Ein besonderer – wenn auch abwegiger – Teil von Pattersons Heroin-Nachbehandlung war die Empfehlung, andere, „harmlosere" Drogen zu konsumieren wie zum Beispiel Alkohol. Diesen Tipp befolgte Anita mit Begeisterung. Kurzfristig hielt sich Keith von Opiaten fern, und während sich das Paar mit weniger starken Rauschmitteln vergnügte, rückte die körperliche Lust wieder mehr in den Vordergrund.

Ein besonderer Effekt, der mit einem erfolgreichen Entzug einhergeht, ist eine drastische Steigerung der Libido, hautsächlich durch eine höhere Serotoninproduktion verursacht. Nach seiner Befreiung von den Opiaten erwachte Keiths „Mojo" wieder. Geschichten über eine Liebschaft mit dem deutschen Model Uschi Obermaier machten längst die Runde, und es gab weitere Verhältnisse, ganz offen und ohne die Diskretion, die sonst allgemein bei solchen Beziehungsmustern vorherrscht. Doch auch Anita orientierte sich neu, wodurch die Wege der beiden immer weiter auseinanderliefen.

„Keith kam immer noch, um mich zu sehen, aber nicht mehr so häufig", verriet Anita dem Autor Victor Bockris. „Und so ließ ich mich wieder in ein Meer aus Alkohol und Drogen fallen ... Er hatte einige Freundinnen und ich lebte auf dem Land, allein auf mich gestellt ... Keith war niemals da, ich hockte hier, er machte eine Platte und ich hatte Marlon. Marlon war schon neun oder zehn Jahre alt und hatte kaum die Schule besucht. Und so mussten wir einen Weg finden, um uns gesellschaftlich anzupassen. Ich wollte nicht dieses regelmäßige Leben führen, bei dem Marlon zur Schule ging [und ich die brave Mutter spielte], doch ich musste es. Es gab keinen anderen Weg. Und so betrank ich mich bis zur Besinnungslosigkeit."

Der Alkoholkonsum wirkte sich auf Anitas Gewicht aus; sie war so dick und aufgedunsen wie niemals zuvor. Vorbei war die Zeit von knallengen Jeans und knappen T-Shirts, die nun ersetzt wurden durch weit geschnittene Blusen und Hosen. Ihr Gesicht, das noch vor wenigen Jahren jeden Mann dieses Planeten willenlos gemacht hätte, sah nun konturlos und aufgeschwemmt aus. Sie beklagte sich bei ihren Freunden über Keiths häufige Abwesenheit, doch eine ihr nahestehenden Person berichtete später, dass „sie sich nicht mehr um sich kümmerte und sich gehen ließ."

„Jack Daniels und Ginger Ale", erinnerte sich Anita an ihren bevorzugten Drink. „Das war mein Lieblingsgetränk. Wodka ... Wein ... Tequila ... alles, egal was. Ich hatte das Gefühl, als sei mir alles genommen worden."

Da Keith anderweitig beschäftigt war, ließ sich Anita von der Club-Szene in New York berauschen. Sie besuchte regelmäßig viele der Veranstaltungsorte, die durch den Punk eine Frischzellenkur erlebten. Ungeachtet ihres Alters gehörte sie in Clubs wie dem CBGBs und dem Max's Kansas City zu den häufig gesehenen Gästen. Ihr Celebrity-Status – mit oder ohne Keith – öffnete Anita immer die Türen. In South Salem hatte sie Haushaltshilfen und Marlon besuchte nun die Schule. Das hielt ihr den Rücken frei und es zog sie, ihren eigenen Worten nach, „in die Stadt", wo sie in verschiedenen Hotels wohnte.

Anita schloss intensive Freundschaften mit einigen Protagonisten der New Wave, die die Clubs der Stadt zum Überkochen brachten. Während die Punks in Großbritannien sich aggressiv und kompromisslos aufführten, war ihre „Verwandtschaft" in den Staaten liberal ausgerichtet. Sie nahmen harte Drogen, legten Make-up auf und präsentierten durch ihren Kleidungsstil eine bestimmte Androgynität, wodurch die Geschlechterrollen verschwammen – alles Aspekte, die aufgrund ihrer weit gefächerten Neigungen Anitas Gefallen fanden.

Television, eine bedeutende Band der US-New-Wave, zeigte während des Punk-Chaos ein starkes Profil und belebte viele Nächte im CBGBs, wo sie gemeinsam mit Patti Smith und den Talking Heads auftrat. Wie viele Bands der dortigen Szene vertraten sie den Punk-Ethos, wobei der Look und der Sound in vielerlei Hinsicht an die Sixties erinnerte. Das Debütalbum *Marquee Moon* hatte ihnen positive Reviews eingebracht und legte für nachfolgende Gruppen die Messlatte hoch. Richard Lloyd und Tom Verlaine, die beiden Frontmänner, zogen das Publikum mit magnetischer Intensität an, und besonders Lloyds Präsenz erinnerte an die Aura, die Brian Jones früher umgab. Da sich Anita in der Stadt aufhielt, war es beinahe unvermeidlich, dass sich ihre Wege kreuzen würden.

„Anita Pallenberg wurde [von irgendjemandem] mitgebracht, um sich Television anzusehen", erinnert sich Lloyd gegenüber Cyn Collins von der Webseite City Pages 2011. „Sie verliebte sich in die Band, besonders in mich. Ich hatte strohblondes Haar und ähnelte Brian wahrscheinlich mehr als er sich selbst. Wir kamen augenblicklich gut miteinander klar, waren Seelenverwandte, Seelenfreunde, und sind es immer noch. Wir machten uns zu einigen Abenteuern auf."

Pallenberg fand bei Lloyd mehr als nur Ähnlichkeiten mit Vertrautem, denn nach eigenen Angaben war sein Drogenkonsum zu der Zeit gigantisch. Zwar befand sich Anita wie auch Keith in der Post-Heroin-Phase, doch in dem kollektiven Gully des Punk kehrten die alten Gewohnheiten blitzschnell zurück. Lloyd behauptet, die Beziehung sei „platonisch und Drogen-bezogen" gewesen, aber in der aufputschenden New Yorker Welt der Heroin-Highways gab es genügend zusätzliche Action, um Anitas zugegebenermaßen kurze Aufmerksamkeitsspanne zu befriedigen.

Lloyd verließ Television 1978 und versuchte, sich eine Solokarriere aufzubauen, jedoch nur mit mäßigem Erfolg. Anita war bei zahlreichen seiner Gigs dabei und hatte ihren Spaß daran, ihn anzufeuern – nicht von der sicheren Bühnenseite, sondern direkt aus der Zuschauermenge heraus und aus dem Mosh Pit. Gekleidet in schrägen Klamotten, mit stark aufgetragenem Make-up und High Heels, passte sie ideal zu den älteren mit der Szene verbundenen Figuren wie Iggy Pop und Lou Reed, die in New Yorks Punk-Elite in hohem Ansehen standen.

Lloyd fuhr oft zum Richards-Familiensitz in Salem, und da Keith Anitas zahlreiche Interessen tolerierte, gab es keinen Stress, wenn er auftauchte, ob allein oder mit anderen Leuten aus seiner Welt. Der junge Musiker erinnert sich auch daran, einige Zeit mit Keiths Eltern verbracht zu haben, die mit der Tochter der beiden – Angela – dorthin gereist waren.

Für Richards lief alles wie am Schnürchen, denn nach Monaten fieberhafter Aktivitäten seiner Anwälte war ein Abschluss der Drogen-Episode in Toronto in Sicht. Am 24. Oktober 1978 wurde Keith im Toronto Courthouse von der schwerwiegendsten Anklage des Drogenschmuggels freigesprochen, denn die Richter stimmten mit seiner Schilderung überein, dass er das Heroin zum persönlichen Gebrauch mit ins Land gebracht hatte. Trotz einiger Vorbehalte wurde Keith nur mit einer weniger als einjährigen Bewährungsstrafe belegt. Allerdings musste er seine Suchtbehandlung nachweisen. Darüber hinaus verdonnerte man die Stones dazu, ein Konzert zugunsten des Canadian National Institute for the Blind zu geben, eine Wohltätigkeitsveranstaltung, die von Rita Bedard angestoßen wurde, einem blinden Fan, die sich persönlich für Keith beim vorsitzenden Richter stark gemacht hatte. Letztendlich war es der Status der Stones – und die zusätzliche Hilfe einiger bekannter Persönlichkeiten –, die Keith ungeschoren aus der misslichen Lage entkommen ließen, denn für eine unbekannte Person hätten die Anschuldigungen vermutlich direkt eine Gefängnisstrafe bedeutet.

Nach dieser glücklichen Wendung versuchten Anita und Keith im Dezember den Anschein einer glücklichen Familie zu erwecken. Sie flogen mit Marlon nach England, um dort Weihnachten mit Tochter Angela und Keiths Mutter zu verbringen. Keith verkleidete sich zum Fest als Weihnachtsmann, und sie besuchten gemeinsam das örtliche Kino, um sich *Unheimliche Begegnung der dritten Art* anzuschauen. So schien es, als gäbe es zumindest einen Zusammenhalt in der eigentlich auseinandergerissenen Familie.

Abgesehen von der weihnachtlichen Zusammenkunft ließ Richards' zunehmende Unabhängigkeit eine physische und psychische Distanz von dem Haus in South Salem entstehen. Seine schwelenden Ressentiments gegenüber Anita – die in seinen Augen die Razzia in Toronto verursacht hatte – hatten sich nach zwei Jahren stärker manifestiert. Da Verlustängste das Tagesgeschehen bestimmten, meinte Anita zu fühlen, dass andere Kräfte gegen ihre Beziehung konspirierten. Ein Faktor, der zur letztendlichen Trennung beitrug, war Keiths erneutes Abrutschen in den Heroin-Sumpf, eine Entwicklung, die er unbedingt umkehren wollte, besonders nach der Toronto-Episode. Er wurde sowohl vom Management als auch von den anderen Stones nachdrücklich darauf hingewiesen, dass seine zukünftige Karriere von seiner Abstinenz abhing. Man drängte ihn dazu, sich von Anita fernzuhalten, die sich erneut mit unterschiedlichsten Substanzen zudröhnte.

Es stellt sich die Frage, ob es Richards' Abkehr von Anita war, die sie 1979 einen weiteren Entzugsversuch unternehmen ließ, oder nicht. Tatsache war: Die Therapie mit der Elektrostimulation hatte sich zwar als erfolgreich herausgestellt, doch nun versuchte Pallenberg die herkömmliche Methode mit der Methadon-Substitution.

Dazu kamen noch Koks und weitere Aufputschmittel – nicht zu vergessen die Unmengen an Alkohol –, wodurch eine tückische Kombination entstand, die einen höchst schädlichen Einfluss auf ihre psychische Gesundheit ausübte. Das alles wurde noch durch Keiths Abwesenheit intensiviert, wodurch Anita in einer Situation steckte, die sie sehr verletzlich machte.

Was ihre Zerbrechlichkeit zusätzlich verstärkte, waren die Nachrichten über Keiths Affäre mit dem schwedischen Model Lil Wenglass Green. Zwar fanden sich darüber schon bald Berichte in den Klatschkolumnen, doch Anita war bereits von einer näherstehenden Quelle informiert worden. Während einer lebhaften Nacht im Laurel Canyon, Kalifornien, hatte Keith eine gemietete Wohnung aus Versehen in Brand gesetzt, in seiner Begleitung Wenglass Green. Das Paar konnte entkommen – Berichten nach splitterfasernackt – und rief ausgerechnet einen dort lebenden Cousin von Anita an, um eine Übernachtung zu arrangieren.

Ebenso explosiv war die Lage in South Salem, da eine Bedrohung von obsessiven und oft psychisch labilen Fans ausging, die einfach so in Frog Hollow auftauchten. Für Anita stellte sich nun die Frage nach ihrer persönlichen Sicherheit. Nach dem desaströsen Altamont-Festival 1969 hatte Richards eine Abneigung gegen die Hells Angels aufgebaut und sich Waffen zum Selbstschutz beschafft. Dazu gehörte ein Colt Commander und ein Smith & Wesson, Kaliber .38, wobei Letzterer ursprünglich von der Polizeiwache in Fort Lauderdale stammte und im Mai 1978 zugelassen worden war. Zwar waren die Waffen im Haus nur für die Selbstverteidigung gedacht, doch der Smith & Wesson sollte in den kommenden Monaten noch eine traurige Berühmtheit erlangen.

Trotz der Angst vor Stones-Fanatikern und anderen schrägen Vögeln, die das Grundstück aufsuchten, verhielt sich Anita gegenüber unerwarteten Besuchern aus der Nachbarschaft offen und gastfreundlich. Viele von ihnen waren natürlich Freunde von Marlon, der eine Art *Huckleberry-Finn*-Abenteuer in South Salems idyllischer Umgebung auslebte. Abgesehen von einigen Nachfragen der Schulleitung, die Marlons eher sporadischen Unterrichtsbesuch bemängelten, verlief Anitas Leben in dem kleinen Örtchen ruhig und beschaulich.

Eine der abgerissenen Figuren, die eine Art Refugium bei den Richards' fand, war der 17-jährige Scott Cantrell, der in South Salem lebte. Marlon genoss die Gesellschaft vieler Kinder aus der Nachbarschaft, und der Teenager hatte ihn auf vielen seiner Abenteuer mitgenommen.

Cantrell war das jüngste von vier Kindern, kam aus einer zerrütteten Familie und hatte bislang ein rastloses Leben zwischen den Häusern seines Vaters und seiner Mutter geführt, die 20 Meilen auseinander lagen. Als Anita hörte, dass Cantrell keine feste Anstellung hatte und auch keinen festen Wohnsitz, stellte sie ihn ein; er übernahm die verschiedensten Aufgaben rund um das Haus und im Garten. Wenn er seinen Verpflichtungen in Frog Hollow nachgekommen war, erzählte Scott (oder „Scottie" wie man ihn rief) Anita Details aus seinem schwierigen Familienleben.

Scott war sicherlich nicht der stereotype Junge aus einer hinterwäldlerischen Stadt. Mit einer Größe von über 1,90 Meter und einer schlaksigen Figur stach er allein schon physisch aus der Menge heraus. Auch in mentaler Hinsicht stellte er eine Ausnahmeerscheinung dar. Der fast bis zur Manie hyperaktive junge Mann hatte einen schwindelerregenden IQ von 140. Allerdings hatte er neben seiner Intelligenz spezielle unterstützungsbedürftige Probleme, und so besuchte Scott mit staatlicher Hilfe ein privates Internat für Kinder und Heranwachsende mit Lernschwierigkeiten. Seine Schwester erinnerte sich später an ihn als einen „vorlauten, aber sanften jungen Mann, doch auch furchtlos und vertrauensvoll", während sein älterer Bruder Jim meinte, dass Scott „deprimiert und sauer auf jemanden [sein konnte], doch zehn Minuten später wieder nett". Möglicherweise verstärkten Alkohol und milde Drogen diese Dualität. Es kann kaum überraschen, dass seine Schule einen solch komplexen Menschen nicht bändigen konnte, woraufhin er sich vorzeitig aus dem Bildungssystem verabschiedete.

Da Scott den ganzen Tag über wenig zu tun hatte, half er meist seinem Vater Robert in dessen Autowerkstatt, während andere seiner Interessen wie Angeln und Baseball den Rest seiner Zeit beanspruchten. Diese Hobbys brachten ihn schließlich auch in Kontakt zu Marlon.

Berichten zufolge spürte er, dass der Junge die Persönlichkeit eines älteren Bruders brauchte, und er erhielt Einlass in die Welt des Richard-Anwesens. Da er bei seiner Familie hin- und hergeschubst worden war, schien das Leben in Frog Hollow beständiger zu sein als die Existenz, die er bisher erlebt hatte.

Der Tod seiner Mutter gab Cantrell einen zusätzlichen Impuls, das Richards-Haus zu besuchen. Seine Mum hatte an verschiedenen Erkrankungen gelitten und sich einigen Operationen unterziehen müssen. Am Weihnachten 1978 nahm sie sich das Leben mithilfe einer Kohlenmonoxid-Vergiftung. In ihrem Abschiedsbrief stand: „Ich halte die Schmerzen nicht länger aus." Scott zeigte sich durch den vorzeitigen Tod seiner Mutter sichtlich aufgebracht und vertraute seiner Schwester an, dass er „so etwas niemals machen würde".

Trotz der offensichtlichen Schwierigkeiten war Anita von Cantrells Jugend und von seiner Energie fasziniert. Angesichts ihres ausgeprägten Vermögens, andere zu verstehen, und der Tatsache, dass sie im Laufe der Jahre mit zahlreichen Rock'n'Roll-Opfern zu tun hatte, stellte Cantrells Irrgarten der Teenager-Gefühle für sie kein Problem dar. Bei genauerem Hinsehen erkannte man sogar eine Ähnlichkeit zum Aussehen ihrer Vertrauensperson Richard Lloyd und demzufolge auch Brian Jones.

Für Cantrell bedeutete das Leben in Frog Hollow der Zugang zu einem neuen Universum. Voller Artefakte des Rockstar-Lebens wirkte das Anwesen wie eine Oase in einer Region, in der Glamour ein Fremdwort war. Da Keith seine Zeit ganz offen mit Lil Wenglass Green verbrachte, gab es in dem Haus keine dominante männliche Persönlichkeit.

Allerdings bedeutete Keiths Abwesenheit nicht, dass Anita allein war, denn neben Anwohnern, die sich manchmal sehen ließen, gab es einen permanenten Angestellten – Jeffrey Sessler, den man als eine Art Hausmeister beschäftigte. Jeffrey war der Sohn von Freddie Sessler, einem eher sporadisch eingesetzten Roadie der Stones, zu dessen Aufgaben es angeblich gehörte, Drogen für Richards sicher durch den Zoll zu schmuggeln. Auch Sessler Junior hatte einen Hang zu Narkotika, und da Kontakte für zügigen Nachschub bestanden, war in dem Anwesen eine zugedröhnte Party-Stimmung jederzeit gesichert.

Da Anita schwer unter ihren Depressionen litt, waren Cantrells Besuche immer willkommen. Im Laufe von ungefähr neun Monaten verliebte er sich Berichten nach in sie und entwickelte darüber hinaus sogar eine Obsession, was trotz des Altersunterschieds bei Teenager-Beziehungen nicht unüblich ist. Die zunehmend regelmäßigen Besuche alarmierten Scotts gesamte Familie. Über Ostern 1979 gab er seine Besessenheit gegenüber seiner Schwester zu und danach gegenüber seinem Patenonkel: „Ich liebe Anita und sie liebt mich." Auf den Einwand hinsichtlich des Altersunterschieds zeigte er sich fest überzeugt, dass es sich um keine Einbahnstraße handele. „Sie liebt mich", erklärte er.

Es gibt keine eindeutigen Beweise, dass die beiden ein Liebespaar waren, doch zweifellos bestand eine enge Beziehung zwischen ihnen. Als Scott dann Ende Juni den Entschluss fasste, in Frog Hollow einzuziehen, gab es einen Riesenskandal in der verzweigten Familie Cantrell. „Warum sollte ein 17-jähriger Junge mit einer 37-jährigen Frau in einem Haus leben, während ihr Ehegatte weg ist?", fragte Scotts Vater später. „Das ist doch klar", kommentierte Scotts Bruder Jim. „Jeder 17-jährige würde darauf stehen. Überall Ruhm, Glanz und Geld. Scotties Bedürfnisse waren Zigaretten, Essen, Alkohol und Gras. Scottie war sicherlich kein Engel, aber Anita hatte keinen guten Einfluss auf ihn."

Ob seine Liebe zu Anita der Auslöser war oder nicht, lässt sich im Nachhinein nicht mehr klären. Jedenfalls sollte sich Scott Cantrells Schicksal und auch das von Pallenberg am Freitag, dem 20. Juli 1979, radikal verändern. Es war eine heiße, schwüle Nacht, nicht ungewöhnlich für die Region in dieser Jahreszeit, und allen Berichten nach war der Tag für Anita und ihre Hausgäste ereignislos geblieben. Das Datum hatte allerdings eine größere Bedeutung, denn zehn Jahre zuvor hatte der erste Mensch seinen Fuß auf den Mond gesetzt.

Im oben gelegenen Schlafzimmer sahen sich Pallenberg und Cantrell eine Sendung an, die an das glorreiche Projekt erinnerte. Laut Anita war sie aufgestanden und hatte barfuß noch etwas sauber gemacht, während Scott „auf dem Bett lag, auf der Bettdecke". Wegen der schwülen Witterung trug er nur Jeans und T-Shirt, aber keine Socken. Das große hölzerne Bett hatte einen Bruch im Gestell, das lieblos von einem Stuhl gestützt wurde. Früher am Abend hatte der Haushaltsgehilfe Jeff Sessler dem Paar Essen und Wein gebracht und dabei bemerkt, dass sie beide angezogen auf dem Bett lagen. „Sie tranken Wein und lachten", berichtet Sessler. „Ihnen ging es gut. Er hatte keine Depressionen."

Unten schaute sich Marlon mit Sessler dieselbe Sendung an. Die beiden fühlten sich entspannt und waren ein wenig müde.

Die exakten Details über das, was nach 22 Uhr wirklich geschah, kennen nur die damals Anwesenden. Anita bleibt bei der Aussage, dass sie zuerst auf dem Bett gelegen und mit Cantrell ferngesehen habe, um danach weiter zu putzen. Sie hörte ein Klicken und dann einen Schuss. Anita schaute zum Bett; der Anblick war ein Horror. „Er lag auf dem Rücken", erklärte sie später gegenüber der Polizei. „Ich drehte ihn um … und hörte dann ein gurgelndes Geräusch. Er erstickte an seinem Blut. Ich nahm den Revolver und legte ihn schnell auf die Kommode. Waffen lehne ich ab."

Sessler gab die Aussage zu Protokoll: „Sie kam die Treppe runtergerannt und kreischte: ‚Scott hat sich erschossen! Scott hat sich erschossen!'"

Anitas Gehilfen und sogar der junge Marlon rannten die Treppe rauf, um sich selbst von der Tragödie zu überzeugen. Um 22.35 wurde ein Anruf bei der Notruf-Hotline 911 getätigt. Der Anrufer soll der junge Marlon gewesen ein. Detective Douglas Lamanna von der Polizei in Lewisboro wurde mit den Ermittlungen beauftragt und bei seiner Ankunft – direkt hinter sich ein Notarztwagen – bemerkte er, dass Cantrell bewusstlos war, aber immer noch atmete. Auf der Kommode lag ein Revolver der Marke Smith & Wesson, Kaliber .38. Zwei Kugeln steckten noch in der Trommel, eine war abgefeuert worden. Das Projektil war in Scotts rechte Schläfe eingedrungen, hatte seinen Kopf durchschlagen, war von der Decke abgeprallt und lag jetzt auf dem Boden. Bei einer gründlichen Suche, die später erfolgte, entdeckte man eine zweite Waffe ohne Herkunftsnachweis. Auf keiner der Waffen wurden Fingerabdrücke gefunden und es gab auch keine Erklärung, wie der Revolver auf die Kommode gekommen war. Zu beiden Sachverhalten existiert keine damalige Stellungnahme.

Cantrell, dessen Zustand sich rapide verschlechterte, wurde auf dem schnellsten Weg zum Northern Westchester Hospital gebracht, während Lamanna das Schlafzimmer schnell durchsuchte. Ein auf dem Tisch liegender ausgeschnittener Zeitungsartikel aus dem *London Evening Standard* erregte seine Aufmerksamkeit. Die Schlagzeile lautete: „Was Anita Bianca antat." Der Bericht dokumentierte die Hintergründe zur Auflösung der Jagger-Ehe und die damit einhergehenden Verwerfungen.

Nach der Bestätigung, dass sie die Frau in dem Artikel sei, fragte Anita den Detective, ob der Waffengebrauch in den „weltweiten" Nachrichten gemeldet werde, wobei sie große Sorgen zum Ausdruck brachte, dass ihre Mutter in Italien von der Tragödie erfahren könnte. Ihre Welt schien sich um sie herum aufzulösen, und Lamanna bestätigte später, dass „die Dame vollkommen fertig" gewesen sei.

Da Anitas Kleidung mit Blut getränkt war, wurde sie in dem Polizeihauptquartier in Lewisboro in Gewahrsam genommen. Die beiden Waffen wurden dort später einer forensischen Analyse unterzogen. Man gestattete Anita einige Anrufe und Anita rief Keith in Paris an, wo er angeblich beinahe vor Wut platzte, da man die Handfeuerwaffe, mit der sich Cantrell das Leben genommen hatte, zu ihm zurückverfolgen konnte.

„[Keith] sagte nichts über den Jungen", erzählte Anita später. „Er ärgerte sich fürchterlich über meine Unachtsamkeit, dass ich so schlampig und schluderig gewesen war. Er sagte einfach nur: ‚Du hast dir mal wieder was abluchsen lassen.‘ Ich fand das unglaublich hart, denn er schien sich nur um den Revolver zu sorgen, den die Polizei sichergestellt hatte, und keinen Gedanken an das genommene Leben zu verschwenden.“

Die Nachricht verbreitete sich schnell im spinnenartigen Netzwerk der Stones und schon bald erschien Keiths Assistentin Jane Rose, um ihre Unterstützung anzubieten. Ihr folgten einige hochangesehene Rechtsanwälte aus dem New Yorker Büro der Stones, die gekommen waren, um mit Anita und der Polizei zu konferieren. Laut dem Detective wirkte sie „erkennbar aufgebracht, verzweifelt und manchmal der Ohnmacht nahe“. Zwischenzeitlich führte die Polizei im Haus eine gründliche Durchsuchung durch. Sie fanden zwar keine Drogen, aber den bereits erwähnten, nicht registrierten Colt Commander.

Scott Cantrell lebte noch zwei weitere Stunden im Krankenhaus, bevor ihn der Tod ereilte. In seinem Blut konnte nur Alkohol nachgewiesen werden, und es ließ sich kein Motiv für die schreckliche Tragödie erkennen.

Nach einer mehr als siebenstündigen Befragung wurde Anita der unbefugte Besitz von Handfeuerwaffen allgemein zur Last gelegt und der Besitz einer gestohlenen Waffe im Besonderen. Die Umstände, die zu Cantrells Tod führten, mussten immer noch geklärt werden (wobei die Beschuldigung des Totschlags unheilvoll über der Prozedur schwebte), woraufhin man Anitas Pass einzog und eine Kaution von 500 Dollar festlegte. Wäre sie allein aufgrund der mit den Waffen in Verbindung stehenden Anklagepunkte verurteilt worden, hätte das eine maximale Gefängnisstrafe von vier Jahren bedeutet.

Beim Verlassen der Polizeiwache erkannte jeder Anitas gefährlich zerbrechlichen Zustand. Wie erstarrt wurde sie von der Polizei in das Silver Hill Hospital im nahe gelegenen New Canaan gebracht, eine auf psychische Störungen und Sucht spezialisierte Klinik. Da das Mediennetzwerk mittlerweile von dem Vorfall erfahren hatte, fiel die Presseschar in Frog Hollow ein.

„Anita steht kurz vor einem Zusammenbruch", erklärte Jeff Sessler den Reportern. „Sie ist vollkommen fertig. Wir haben entschieden, sie in die Klinik einzuweisen. Ich weiß nicht, ob sie jemals wieder dieselbe sein wird."

Hinsichtlich des Zusammenlebens von Scott und Anita versuchte Sessler alles, um die Tragödie zu rationalisieren.

„Er tat ihr sehr leid. Er schien keinen einzigen Freund auf der ganzen Welt zu haben. Er erzählte uns, dass seine Mutter sich Weihnachten umgebracht hatte und dass ihn niemand liebte, sich niemand um ihn kümmerte … Vor ungefähr einem Monat lud Anita ihn ein, hier zu leben. Er sollte für die Familie arbeiten, als eine Art ‚Mädchen für alles', doch ehrlich gesagt glaube ich nicht, dass er mit der Wärme und Liebe hier viel anfangen konnte. Anita mochte ihn, aber es war keine Beziehung sexueller Natur."

Schon zwölf Stunden nach Scotts Tod kamen die ersten Trucks, um jede noch so kleine Spur von der Anwesenheit der Familie Richards in South Salem abzutransportieren, was fast wie eine Säuberungsaktion anmutete. „Anita ist schon ausgezogen", berichtete Sessler den Reportern. „Keith wird nicht zurückkommen. Ich habe heute die Anweisung erhalten: ‚Pack alle Gitarren ein' – und das bedeutet nur eins: das Ende dieser Wohnsituation."

Da Anita im Fokus der Ermittlungen stand, war es natürlich klar, dass die Polizei auch Keith Richards nach den Geschehnissen in seinem Haus befragen würde, nicht zu vergessen nach seiner Rolle in Bezug auf die illegalen Feuerwaffen. Der Gitarrist nahm zu der Zeit mit den Stones in Paris auf, und da das Toronto-Debakel gerade erst abgeschlossen worden war, stellte das neue Desaster ein riesiges Problem für ihn dar. Glücklicherweise zeigte sich das Gericht so feinfühlig, dass es Anita den ersten Gerichtstermin direkt am Morgen nach Cantrells Tod ersparte, wo man die Anklagepunkte in ihrer Abwesenheit verlas.

Schon bald machten Geschichten die Runde, dass die Polizei die Möglichkeit eines düsteren Spiels – Russisches Roulette – als Todesursache in Erwägung zog. *Die durch die Hölle gehen* war erst im Februar des Jahres ins Kino gekommen und enthielt eine dementsprechende Szene, woraufhin sich der starke Verdacht ergab, dass hier die Todesursache läge. Andere behaupteten, dass Cantrell und Pallenberg tatsächlich ein Liebespaar gewesen seien. Angeblich habe er sich (auch in Anwesenheit von Marlon) zu der Behauptung verstiegen, er sei der „rechtmäßige Thronfolger" und würde Keith erschießen, böte sich ihm die Chance dazu. Richards erinnerte sich später an eine Begegnung mit Cantrell. Er glaubte, dass die beiden eine Affäre gehabt hatten. Aufgrund seiner regelmäßigen Abwesenheit habe Anita in South Salem Rache gesucht, indem sie mit einem Teenager vor seiner Nase „rummachte".

Natürlich legte die Regenbogenpresse noch eins drauf und stellte Behauptungen auf über Orgien unter Drogeneinfluss und satanistische Rituale in dem Haus, häufig mit blutjungen Männern. Eine Zeitung berichtete über eine Verbindung Anitas zu einem Hexenzirkel, der die Nonnen eines nahe gelegenen Konvents in „Angst und Schrecken" versetzte und der mithilfe von Schwarzer Magie der Polizei bei Untersuchungen half. Eine andere Postille schrieb, dass die Polizeibeamten von einem „Haufen Menschen mit schwarzen Umhängen mit Kapuzen" angegriffen und dass „geopferte" Haustiere ganz in der Nähe des Ortes gefunden worden seien.

Der Skandal erreichte so ein Ausmaß, dass er die Realität komplett zu überdecken drohte. Die Polizei nahm eine nüchterne Position zu dem Fall ein und konzentrierte sich auf die Fakten, statt auf die verworrenen Verschwörungstheorien einzugehen, wie Celebrities sie zwangsläufig anziehen.

Am 26. Juli 1979 wurde der Fall vor Gericht verhandelt. Anita erschien mit zahlreichen Unterstützern, ganz in Weiß gekleidet, und versuchte unter diesen wohl denkbar düstersten Umständen ein seriöses Erscheinungsbild zu vermitteln. Die Anhörung fiel kurz und bündig aus, woraufhin man das Verfahren verschob, um genügend Zeit für weitere Ermittlungen zu haben.

Als der Fall vier Monate später erneut verhandelt wurde, erklärte sich Anita des Besitzes einer nicht registrierten Waffe für schuldig, woraufhin man sie zu einer Zahlung von 1000 Dollar verurteilte. Zum schwerwiegenderen Thema von Cantrells Tod war die Polizei bereits zu einem Schluss gekommen. „Es war auf jeden Fall Selbstmord“, vermerkte Detective Lamanna. Letztendlich kam die Grand Jury in Westchester zu dem Urteil, dass sich Anita weder in dem Zimmer noch auf der Etage befunden hatte, als der tödliche Schuss abgefeuert worden war.

Andere hatten hingegen eine unterschiedliche Auffassung. Die Familie Cantrell hörte nach dem tragischen Ereignis nie wieder etwas von Anita und machte sich nun zum Kampf bereit. Scotts Vater behauptete provokant, sein Sohn würde noch leben, wenn er nicht bei Anita eingezogen wäre. „Ich bin sehr verbittert“, meinte er nach der Urteilsverkündung. „Meine Familie mag zwar nicht viel Geld haben, aber deshalb sind wir noch lange nicht dumm. Wir wollen wissen, was passiert ist.“ Scotts Schwester Pat sagte: „Scottie und ich standen uns sehr nahe, doch als er dieser Frau verfiel, veränderte er sich.“ Sein Bruder Jim drückte sich noch unmissverständlicher aus: „Die Leute verstehen einfach nicht, dass es eine 37-jährige Frau und ein 17-jähriges Kind waren. Auch wenn Scottie den Abzug drückte, halte ich sie für verantwortlich.“

Die Familie Cantrell – voller bitterer Ressentiments und von unbeantworteten Fragen geplagt – legte Berufung gegen den Urteilsspruch ein, doch gegen die Ergebnisse der Polizeiermittlungen, die teils auf Scotts Drogenkonsum und psychischen Problemen basierten, hatte das keine Aussicht auf Erfolg.

Die unmittelbaren Nachwirkungen der Tragödie schienen alle bisherigen Leistungen von Anita auszulöschen und führten auch dazu, dass seitens der Stones-Community ein scharfer Trennstrich gezogen wurde. Sie besaß nun kein Quäntchen Würde mehr, denn damit ging ihr der letzte Rest ihrer Integrität verloren.

„Anita war das Sinnbild der schlimmsten [Zukunfts]-Ängste jedes Mannes und jeder Frau, [eine Vorstellung dessen], was mal aus einem werden kann“, schrieb Greil Marcus im *Rolling Stone*. „Fett, aufgedunsen und ruiniert – nicht einfach nur bis zum Exzess, sondern bis zur Unkenntlichkeit, nicht einfach nur bis zum Verlust der sexuellen Anziehungskraft, sondern bis zur Geschlechtslosigkeit. Wahrscheinlich wird man sich nicht an sie erinnern, doch wenn man sich an sie erinnert, dann nur als eine der ‚Weggeworfenen', irgendeine Frau, die auch nach 15 Jahren nicht bis zu dem geheimen Ort vordringen konnte, an dem Mick und Keith die wertvollste ihrer Drogen verstecken: die Droge der Unverwundbarkeit. Die Musik der Stones, so reichhaltig sie auch immer bleibt, mag diese Droge sein, aber nicht für Anita Pallenberg in dem Bild, das sie nun abgibt."

Alles, was über sie und die Tragödie geschrieben wurde, sollte Anita erst Jahrzehnte später erreichen. „Ich habe nicht mal mehr die Zeitungen gelesen", erklärte sie dem *Guardian* 2008 zu Scott Cantrells Tod. „Nichts, ich habe nichts gefühlt. Das ist eins der Wunder von Drogen und Alkohol."

KAPITEL 10

Die Renaissance einer Frau

Ehrlich gesagt, bin ich gelangweilt. Was wäre so interessant an mir, wenn man mich akzeptieren könnte?
Anita als der Teufel in *Absolutely Fabulous* (Serie)

Der Skandal, den Scott Cantrells Tod verursacht hatte, führte dazu, dass ein radikaler Trennstrich unter beinahe jeden Aspekt von Anitas Leben gezogen wurde. Ihre Gesundheit – sowohl physisch als auch psychisch – hatte infolge des Ereignisses schwer gelitten und auch die letzten emotionalen Bindungen an Keith wurden durchtrennt.

„Dieser 17-jährige Junge, der sich in meinem Haus erschossen hat, beendete alles", erklärte Keith später. „Obwohl wir uns der Kinder wegen noch gelegentlich sahen, war es das Ende unserer persönlichen Beziehung."

Anitas Absturz wurde durch die Veröffentlichung von Tony Sanchez' skandalüberfrachtetem Büchlein *Up And Down With The Rolling Stones* noch beschleunigt. Auszüge aus dem sensationsheischenden und partiell unglaubwürdigen Buch, das von Sanchez' Zeit mit den Stones (insbesondere mit Keith und Anita) handelt, waren bereits vor dem tragischen Ereignis in South Salem veröffentlicht worden. Ob man die anderen Textpassagen vor der Publikation noch „aufmotzte", wurde niemals enthüllt, aber durch Sanchez' Erzählungen, gerade nach Scott Cantrells Tod, wurde Anitas Ruf mit beiden Stiefeln in den Staub getreten. An manchen Stellen malte er von ihr das Bild einer räuberischen, von Okkultismus getriebenen Person, die andere Menschen zu manipulieren verstand.

Ihre Integrität und ihr Ruf lagen nun in Scherben, und Anita musste wieder umziehen. Vorübergehend lebte sie in einer Wohnung an der East 4th Street, Ecke Broadway in New York, die Keith gemietet hatte. Währenddessen suchte das Management nach einer unscheinbaren Bleibe für sie und Marlon, in der sie sich diskret zurückziehen konnte. In den folgenden Wochen – Anita fühlte sich verfolgt – wohnte sie in verschiedenen Hotels in der Stadt, die längste Zeit im Alray in der 68th Street.

Während sie sich ihr Leben auf engem Raum einrichtete, versuchte sie das ganze Ausmaß des Horrors zu verstehen, und ihr wurde die ganze Tragweite des Zerfalls ihrer Beziehung zu Keith bewusst. Einen Teil der Zeit verbrachte sie in der Gesellschaft der vielen Freunde, die sie in New York im Laufe der Jahre gewonnen hatte. Einige zeigten Mitgefühl hinsichtlich ihrer Notlage, von anderen wurde sie gedrängt, die ganze Geschichte aus ihrer Sicht zu erzählen. Anita blieb in dem Glauben – entweder durch ihre Paranoia oder durch erhaltene Informationen – dass irgendwer versuchte, sie und Keith noch weiter auseinanderzubringen.

„Da ging echt was Hartes ab“, berichtete sie später. „Wir hatten dieselben Rechtsanwälte wie die Gambino-Familie. Ich wurde als böses Mädchen dargestellt, was für mich nichts Neues war. Man hielt Keith von mir fern.“

Mit der Anonymität in New York war es mit einem Schlag vorbei, als die Medien Anita entdeckten. Zuerst erkannte man sie an der Bühnenseite bei einem Peter-Tosh-Konzert am 17. August 1979 im Central Park und am folgenden Abend im trendigen Xenon-Club. Im Xenon hatte Anita den Arm um ihren alten Freund, den Musiker Richard Lloyd gelegt, was der Sensationsreporter Ron Galella sofort ausnutzte. Sein Foto zeigt eine Frau in erbärmlicher Verfassung, die verzweifelt versucht, dem Kameraobjektiv auszuweichen, sie wirkt müde, ausgemergelt und ungepflegt. Für habgierige New Yorker Club-Besitzer war sie jedoch eine Bereicherung. Man sah sie regelmäßig mit der Schriftstellerin und Malerin Molly Parkin und dem Graffiti-Künstler Jean-Michel Basquiat im Schlepptau, mit denen sie die eher schmuddeligen Nachtclubs des Big Apple durchstreifte.

„Ich hatte einen einzigen Vorteil", meinte Anita 1994. „Die ganzen Clubs haben mich umsonst reingelassen. Im Mudd Club waren die Getränke kostenlos, denn ich war die Nummer eins. Alle öffneten mir die Tür, weil ich berühmt war."

Zu Beginn des Septembers 1979 fand eine Art Familienzusammenkunft statt, da Anita und Marlon nach England reisten, um einige Zeit mit Keith und ihrer Tochter auf Redlands zu verbringen. Da Keith sich um das neue Stones-Album *Emotional Rescue* kümmern musste, fiel seine Zeit mit Anita kurz und effizient aus.

Ein Track des Stones-Albums dokumentierte Keiths innere Zerrissenheit. Das Ende 1979 geschriebene „All About You" wurde von vielen als eine direkte Antwort auf den Bruch mit Anita gesehen und das emotionale Trümmerfeld, das die beiden umgab. Richards gab sich hinsichtlich der Inspirationsquelle für den Text über die Jahre eher nebulös, doch seine klagenden Worte „may miss you" oder „still in love" weisen auf eine anhaltende Liebe zu Anita hin.

„Der Song hat aber auch andere Themen", erläutert Keith im *Loaded*-Magazin 1997. „Anita gehört dazu. Damals trennte ich mich von ihr. Ich meinte: ‚Schau mal, wenn wir beide clean werden, bleiben wir zusammen.' Tja, ich wurde clean, sie nicht. Und dann wurde mir klar, dass ich mit niemandem schlafen konnte, bei dem eine Nadel neben dem Bett lag. Ich war damals viel zu zerbrechlich. Ich liebte Anita, musste sie aber verlassen."

Obwohl Richards schon lange seine Trennungsabsicht signalisiert hatte, erlebte das Paar noch einen letzten intimen Moment, während Anita in einem New Yorker Hotel lebte. „Ich war stark übergewichtig", berichtete sie dem Autor Victor Bockris. „Ich glaube nicht, dass ihm das gefiel, aber er wollte Liebe mit mir machen, weil er mich liebte. Ich hatte das Gefühl, es nicht wert zu sein. Ich sagte: ‚Du weckst das Schlechteste in mir.'"

Sollte diese kurze Liaison auf eine neue Chance für die Beziehung hingedeutet haben, führten die Ereignisse in den nächsten

Wochen dazu, dass sich die Tür zu einem Neubeginn ein für alle Mal schloss. Keiths 36. Geburtstag am 18. Dezember 1979 war der perfekte Anlass für eine Feier, die zu seinen Ehren in der Roxy-Roller-Disco an Manhattans West 18th Street ausgerichtet wurde. Trotz des eigentlich unpassenden Veranstaltungsorts zog die Party viele Menschen aus Richards' beruflichem wie privatem Leben an. Auch Anita und Marlon waren eingeladen worden, aber es herrschte eine strenge Einlassbeschränkung, und so kamen auch keine Paparazzi, die ihre Kameras auf die Gäste richteten.

Ganz sich selbst getreu tauchte Keith erst spät bei der Party auf. Anita hatte hingegen ihre Präsenz schon gezeigt. Viele Gäste fühlten sich von ihrer bemitleidenswerten Veränderung wie vor den Kopf gestoßen; außerdem verlangte sie ständig lauthals nach Keith und wollte, dass er seinen Sohn auf die Rollschuhbahn begleitet.

Trotz Anitas vehementer Proteste ließ sich Keith in dieser Nacht nur allzu gerne ablenken, und zwar von dem 23-jährigen Model Patti Hansen, einer Frau, der er neun Monate vorher zufällig in dem angesagten Studio 54 begegnet war. Keith war Hansens wilde, ungezähmte Schönheit aufgefallen, und in der seither vergangenen Zeit hatte sich sein Interesse nicht verringert. Abgesehen von zahlreichen anderen Verlockungen an dem Abend stand Hansen im Mittelpunkt von Richards' Aufmerksamkeit. Innerhalb von nur wenigen Tagen entstand eine neue Beziehung und Richards genoss das Gefühl eines Neubeginns.

Keiths nun öffentliche Verbindung mit Hansen machte Anitas angeknackster Psyche schwer zu schaffen. „Ich dachte, ich könnte mich niemals mehr in meinem Leben verlieben", berichtete sie Victoria Balfour. „Ich glaubte tatsächlich: Das war's. Ich bin fertig. Wohin kann es einen ziehen, wenn man in Keith Richards verliebt gewesen war? Was gibt es da noch?"

Die Enttäuschung in Kombination mit einem hohen Alkohol- und Drogenkonsum führte zu einigen bizarren Zusammenstößen in New York. Ihr Celebrity-Status öffnete Pallenberg immer noch alle Türen, hinter denen sich aber gelegentlich Erinnerungen aus der Vergangenheit wiederfanden. Am 24. Juni 1980 fand im Hotel Ritz-Carlton eine Veranstaltung unter dem Motto „The White Ball" statt, bei der sich zahlreiche Prominente blicken ließen. Dort kam es zu einem Zusammenstoß mit Richards und Patti Hansen. Anita trug ein weißes Gewand, sprang plötzlich auf den Tisch der beiden und deutete gegenüber Keith einen geradezu athletischen Sexualakt an. Keith und Patti nahmen es recht locker, doch der Zwischenfall verdeutlichte Anitas extrem angeschlagenen psychischen Zustand.

Obwohl Pallenberg gelegentlich auch mal eine Liaison hatte, stand ein anderes Interesse für sie im Vordergrund. „Ich war glücklich, mir meine eigenen Drogen zu beschaffen", erinnerte sie sich gegenüber Alain Elkann 2017. „Das ist die Realität."

Da Drogen zu den wenigen Konstanten in ihrem Leben gehörten, musste Anita sich für einen Fix in die gefährlicheren heruntergekommenen Viertel begeben. Zwar hatten einige ihrer Freunde Kontakte zur Heroin-Lieferkette, doch es gab Situationen, in denen sie „tiefer graben" musste, um an den Stoff zu gelangen.

„Ich musste in den Stadtteil Alphabet City", erinnerte sich Anita 1994. „Ich fuhr dort mit einem Lincoln oder einer Limo vor – also völlig unangebracht – und war augenblicklich von Typen mit Messern umzingelt. Dann fummelte ich im Handschuhfach herum, um ihnen vorzutäuschen, ich hätte eine Knarre. Ich kaufte das Heroin in diesen verfallenen Gebäuden, wo man die Kohle unter der Tür durchschiebt und die Person nicht mal sieht, die einem die Päckchen gibt."

Ihre einst hochkarätige Garderobe und die teuren Juwelen verwandelten sich in Gegenstände, die man zu Geld machen konnte, während die Kosten für die Fahrt mit der Limo in die Lower East Side von Keiths Konto abgebucht wurden. Die Location war als Drogenumschlagplatz berühmt-berüchtigt und meist sehr gefährlich. Der Anblick einer Limo erregte bei den verblüfften Drogenbaronen der Gegend Neugier, aber die Nobelkarossen gaben Anita auch ein gewisses Gefühl von Sicherheit, besonders vor der Polizei, die solche Schlitten eigentlich nie filzte. Dennoch waren einige Begegnungen in der wohl elendsten Gegend New Yorks bitter und demütigend.

„Ich bin mal mit Anita zu einem Pfandhaus gegangen“, berichtet ihr Freund Richard Lloyd in einem Interview mit der Website Pleasekillme.com. „Sie versuchte einen prachtvollen Armreif zu versetzen, der wie ein Museumsstück aussah. Es hatte die Form einer Schlange und verlief dreieinhalb Mal um den Arm. Auf dem Kopf hatte man Rubine und Diamanten eingearbeitet. Das ganze Ding bestand eigentlich aus Edelsteinen und sie versuchte es zu versetzen. Die haben uns rausgeworfen! Die haben uns angemacht: ‚Nein, *raus, raus!* Du kannst nicht beweisen, dass es deiner ist? Mir egal – raus!‘“

Zwischen Anita und Keith hatte sich eine große Kluft aufgetan, doch durch die Kinder gab es immer noch eine Verbindung. Marlon lebte nun bei seinem Vater und seine Schwester Angela hatte sich in England niedergelassen, was für Anita bedeutete, dass sie lange Flugstrecken absolvieren musste, um manchen elterlichen Verpflichtungen nachzukommen. Keith war sich klar darüber, dass sie statt wechselnder Hotelzimmer einen festen Wohnsitz haben musste, und so kaufte er ein Haus für sie und Marlon in Long Island, das einst Bing Crosby gehört hatte. Dieses Arrangement beschränkte sich eindeutig auf die Familie, sogar Keiths Vater Bert wohnte dort eine gewisse Zeit.

Anita führte ihr eigenes Leben, aber über die Trennung hatte es seit der Scott-Cantrell-Tragödie kein öffentliches Statement gegeben. Allerdings war Richards’ Beziehung mit Patti Hansen schon offiziell verkündet worden. In einem Interview für den *Rolling Stone* (11. November 1981) erläuterte Keith seine Einstellung gegenüber Anita. Der Inhalt seiner Aussagen wirkte zwar nebulös, aber sie waren vermutlich so präzise, wie sie angesichts der damaligen Beziehungssituation eben sein konnten.

„Es geht ihr gut, Mann“, erzählte Richards Kurt Loder auf die Frage nach Anitas psychischer Gesundheit. „Ich sehe mich nicht von Anita getrennt oder so. Sie ist immer noch die Mutter meiner Kids. Anita ist eine großartige, großartige Frau. Sie ist ein fantastischer Mensch. Ich liebe sie, kann aber nicht mit ihr leben. Ich weiß nicht, ob ich Anita jetzt wirklich seltener sehe als früher. Was meine

Beziehungen anbelangt, mit Anita oder auch mit anderen, da verstehe ich die Bedeutung von Trennung nicht. Das ist doch nur ein juristischer Begriff."

Egal wie vage sich Richards in der Vergangenheit zum Thema Heirat geäußert hatte, seine Liebe zu Patti war so groß, dass er sie vor den Traualtar führte – und zwar mit großartigem Pomp, am 18. Dezember 1983 in Cabo San Lucas, Mexiko. Man kann sich nur ansatzweise Anitas Schmerz vorstellen, als sie die Fotos von dem glücklichen Ereignis sah, die in der gesamten Weltpresse abgedruckt wurden. Sie wurde aber in den für sie so erfolglosen frühen Achtzigerjahren von niemandem aufgefordert, einen Kommentar dazu abzugeben. Erst bei einem Interview 1984 mit Victoria Balfour für deren Buch *Rock Wives* äußerte sie sich zu Keith und der neuen Frau an seiner Seite.

„Nachdem wir uns getrennt hatten, hatte er viele Freundinnen", verriet Anita. „Ich habe sie alle kennengelernt. Da ging gar kein Weg dran vorbei. Ich bin ja schon so [viele Jahre] mit ihm zusammen gewesen. Aber Patti ist die einzige, die okay ist. Sie kümmert sich um ihn. [Darüber] bin ich wirklich glücklich, denn man hat tatsächlich das Gefühl, sich um ihn kümmern zu müssen. Zumindest habe ich das so empfunden, gefühlt, ihn beschützen zu müssen. In der Welt der Musik flog er so hoch, [dass er nichts mehr sehen konnte]. Alles Materielle, alles, was abging – er konnte weder ein Gesicht erkennen noch etwas anderes."

Anitas Suchtpersönlichkeit bestimmte all ihre Handlungen. Ohne den schützenden Kreis, der sich so viele Jahre um sie geschart hatte, wurden die frühen Achtziger zu ihrer schlimmsten Zeit. „Keith redete nicht mit mir", erinnerte sie sich 1994. „Mein Sohn, 16 oder 17, versteckte die Flaschen vor mir. Ich hatte kein Geld, niemand wollte mich kennen. Abgesehen von den Leuten, die sich dadurch einen Vorteil versprachen. Ich fühlte mich unendlich einsam."

In diesem düsteren Sumpf erreichte ihr Alkoholkonsum bislang nicht gekannte Höhen, wobei sie Drinks oftmals mit einem Pferde-Tranquilizer (!) versetzte, den ihr ein befreundeter Reitlehrer zusteckte. Nach der Logik eines Junkies, die den gesunden Menschenverstand ausschaltet, hatte sie immer noch alles unter Kontrolle. „Ich machte einfach so weiter", erklärte sie im *Guardian*, „und reiste überall hin, auch wenn sie mich manchmal tragen mussten. Heute nennt man das alles Selbstmedikation. Ich schloss mich ein in diesen – wie nennt man das, bevor man zu einem Schmetterling wird? – Kokon, und zwar für eine lange Zeit. Auf eine Art blieb ich dadurch kindlich. Das verursachen die Drogen bei Menschen. Sie stoppen das emotionale Wachstum, und wenn du dann da rauskommst, bist du siebzehn."

Die chemisch induzierte „Verjüngung" führte oft zu Handlungen, bei denen sogar enge Freunde zielgerecht ausgenutzt wurden. Marianne Faithfull erinnerte sich an eine solche Situation, als sie zu Weihnachten einen Höflichkeitsbesuch bei Anita und Marlon abstattete.

„Ich hielt mich in New York auf, und Anita lebte auf Long Island", berichtete Faithfull der BBC 1999. „Ich fuhr raus, um sie zu Weihnachten zu besuchen, und brachte ein bisschen Koks mit. Nur eine Sekunde lang drehte ich mich weg und das Koks war verschwunden – direkt in ihre Nase."

1982 reiste Anita nach Großbritannien, angeblich, um ihr Visum zu erneuern, und dieser Aufenthalt sollte in einem weiteren Fiasko enden.

„Einmal versuchte ich, eine Straße zu einem Park zu überqueren", erzählte sie der *Daily Mail* 1994, „doch das war zu viel für mich. Ich lebte von einer ‚Alkoholdiät' des Zimmerservice und hatte einen Dealer, der mir Drogen beschaffte. Eines Tages kam er nicht und ich tickte aus. Ich hörte all diese Sirenen und dachte: ‚Hier passiert ja so viel.' Als ich dann merkte, dass es sich um Geräusche in meinen Kopf handelte, war ich völlig fertig. Ich hatte niemanden, an den ich mich wenden konnte, das Gefühl, das war das Ende …"

Anitas Gesundheitszustand war mehr als bedenklich, was auch auf ihr Gewicht zutraf, denn sie nahm stetig zu. Eines Morgens war sie aus dem Bett gefallen und hatte sich dabei das Hüftgelenk ausgekugelt und ein Bein gebrochen. Sie wurde operiert, bekam danach aber eine schwere Lungenentzündung, und nachdem die auskuriert war, folgte ein aufreibender zweimonatiger Aufenthalt auf einer Suchtstation. Später wurde ein zweites Hüftgelenk eingesetzt, eine Prozedur, bei der sie Bekanntschaft mit noch stärkeren Schmerzmitteln machte.

Anitas London-Aufenthalt wurde natürlich wieder von Unannehmlichkeiten begleitet, denn die Polizei entdeckte bei einer Routineuntersuchung eine kleine Menge Cannabis. Ihr Erscheinen vor dem Marlborough Street Magistrates Court am 25. März 1982, wo sie sich zum Vorwurf des Drogenbesitzes äußern musste, rief nur wenige Medienvertreter auf den Plan, denn schon 1982 bot so eine Neuigkeit kaum noch Anlass für eine Berichterstattung.

Anita benötigte Krücken und wirkte nur noch bemitleidenswert, als sie sich die wenigen Stufen in den Gerichtssaal hinuntermühte. Wie so oft in Lebensphasen, in denen alles schiefläuft, zogen sich viele Menschen zurück, die früher hinter ihr gestanden hatten.

1983 ließ sich Anita in Londons Charter Clinic einweisen, wo man Michael Jackson wegen seiner Beruhigungsmittelsucht behandelt hatte. Nach einer erfolgreichen Therapie erlitt sie sechs Monate später einen Rückfall.

Aus einem Gespräch zwischen Marianne Faithfull und dem besorgten Marlon entstand so etwas wie eine Rettungsleine, die Anita zu einem suchtfreien Leben führen sollte. Marlon musste Anitas Exzesse aus nächster Nähe erleben und versuchte, das Geld und den Alkohol vor ihr zu verstecken. Anita erinnerte sich an Marlons Intervention: „Einmal war ich so verzweifelt und frustriert, dass ich ihn am Kragen packte und das Geld für die Drogen verlangte. Ich zerriss sein Hemd."

„Marlon spielte eine wichtige Rolle dabei, dass Anita da rauskam", berichtete Marianne in einem Gespräch mit der BBC 1999. „Wir hielten uns auf Jamaika auf und er fragte mich: ‚Bist du bei den Anonymen Suchtkranken?' und ‚Wie lange bist du denn schon clean?' Ich antwortete voller Stolz: ‚Zwei Jahre.' Und er bat mich: ‚Kannst du Anita anrufen und ihr das sagen?' Ich glaube, das war eine brillante Idee, denn er kannte sie so gut, wusste, dass zwischen ihr und mir immer ein gewisser Wettstreit um seine Zuneigung bestand … und es hat funktioniert."

Von diesem guten Willen angetrieben, versuchte Anita ab Mitte der Achtziger, wieder die Kontrolle über ihr Leben zu erlangen. Schließlich war es ihre Schwester Gabriella, die dabei half, ihr eine geeignete Reha zu vermitteln. Anita rief sie in Rom an und bat dringend um Beistand, woraufhin ihre Schwester wiederum Hilfe von Keiths ausgedehntem Netzwerk organisierte. Kurz danach ging Anita in die Promis Clinic, eine private Reha in Kent, um sich mit den Drogen- und Alkoholproblemen auseinanderzusetzen.

Von dort aus zog sie in eine Einrichtung mit Betreutem Wohnen für Suchtkranke im Londoner Stadtteil Notting Hill. Mitte der Achtziger war die Gegend um die Portobello Road hart, gefährlich und gekennzeichnet durch einen hohen Drogenkonsum – nicht unbedingt förderlich für eine Genesung, doch Anita war zu allem entschlossen, um clean zu werden.

„Ich musste [eine Art] Liebesbeziehung aufgeben", erklärte sie Alain Elkann. „Ich war auf mich allein gestellt, denn meine Familie wollte mich nicht mehr sehen. Ich verhielt mich eklig und aggressiv, war eine harte, griesgrämige Trinkerin, überhaupt nicht fröhlich. Da war dann aber mein Lebenswille, und ich nahm alles selbst in die Hand, besuchte die Treffen der Anonymen Alkoholiker und Ähnliches. Menschen starben, denn da gab es plötzlich Aids. Es war eine finstere Zeit."

Durch die intensive Therapie konnte Anita endlich clean werden. Die Drogen waren in ihrem Leben immer allgegenwärtig gewesen, doch auch der Alkohol hatte gravierenden Schaden angerichtet. Ihre Erholung wurde dadurch verkompliziert, dass sie einen Diabetes entwickelt hatte. Allerdings lehnte sie eine konventionelle Behandlung der Krankheit ab.

„Als man ihr den Befund mitteilte", erinnerte sich Marianne 2017, „stand sie mit erhobener Nase da. ‚Ich werde Diät halten!', meinte sie. Hätte ich doch nur gesagt: ‚Du hast sie doch nicht mehr alle, du Dummkopf!' Wenn man Diabetes nicht mit Insulin behandelt, wirkt sich das auf das Nervensystem aus. Sie würde Krankheiten bekommen, die ein normal funktionierender Körper leicht abwehren konnte. Natürlich musste sie dann nachgeben, aber sie fand es hart, sich wieder eine Spritze zu setzen. Clean zu sein, aber wieder etwas zu nehmen – das war für sie schwer."

Anita erfuhr zu allem Überfluss, dass sie sich mit Hepatitis C infiziert hatte, eine Krankheit, die eine Genesung zusätzlich erschwerte. Sie musste sich ihr ganzes Leben lang damit abplagen.

Pallenberg zog langsam, aber sicher einen Schlussstrich unter ihre Vergangenheit und bewahrte eine bestimmte Distanz zu Keith, als sie den steinigen Weg zu einem drogenfreien Leben begann. „Ich habe ihn fünf Jahre lang nicht mehr getroffen", berichtete sie dem Autor Fabrice Gaignault 2002. „Das ist der beste Weg, um einen Rückfall zu vermeiden. Er war immer noch auf seinem Trip … Egal, niemand kann uns das nehmen, was wir gemeinsam erlebten. Keith ist immer noch mein Mann." Während sich Anita um ihre eigenen Belange und Bedürfnisse kümmerte, fand eine Renaissance in der Populärkultur statt. Die späten Achtziger standen für eine Wiederbelebung der Mode, und Pallenbergs Look und ihr Stil fanden sich in der neuen Realität wieder. Die Punk-Bewegung hatte den Versuch unternommen, jedes Element der Sixties in die Mülltonne zu befördern, doch die Achtziger zeigten sich weitaus toleranter darin, den Glamour von Anitas Ära, den Sechzigern, anzuerkennen. Die New Romantics spiegelten mit ihrem Stil eine extravagante und prachtvolle Vergangenheit wider, und bizarre Mode wurde erneut akzeptiert. Die Popgruppe Duran Duran – bekannte Vertreter dieser Art von Renaissance – machte niemals einen Hehl aus ihrer Liebe zu *Barbarella*. Sogar ihr Gruppenname basierte teils auf einem Charakter des Streifens. Ihr Video „Wild Boys" aus dem Jahr 1985 zeigte einen kleinen Ausschnitt von Pallenberg in all ihrem Glanz als die Black Queen. Um das Vakuum zu füllen, das der Drogen- und Alkoholentzug hinterlassen hatte, veränderte Anita zunächst einige untergeordnete Aspekte ihres Lebens. Zuerst verlegte sie sich auf anonymes Globetrotting. „Ich bin auf all diesen Flughäfen gewesen und habe in all diesen Hotels gewohnt", erzählte sie Victoria Balfour. „Doch ich habe niemals das gesehen, was ich wollte. Ich versuchte, allein zu reisen, aber bekam immer Ärger mit der Security."

Während der Phase ihrer persönlichen Renaissance setzte sich Anita auch mit Problemen aus der Vergangenheit auseinander, um die sie sich bislang nie gekümmert hatte. Ihr Vater Arnoldo – lange Zeit kritisch gegenüber dem Weg, den seine Tochter eingeschlagen hatte – verstarb 1986 im Alter von 83 Jahren. Da es noch so viele unausgesprochene Themen gab, reiste Anita zurück nach Rom, wo sie die letzten Momente mit ihm verbrachte. „[Sein Tod] zählt zu den Ereignissen, bei denen ich mich richtig schlecht fühle", berichtete sie der *Daily Mail*. „Ich reiste dorthin und übernahm einen Teil der Nachtwache, während er im Sterben lag. Doch er wusste nicht, dass ich da war." In den folgenden Jahren kehrte Anita häufig nach Italien zurück, um ihre betagte Mutter zu pflegen.

Endlich auf festerem Boden angelangt, kam Anitas Kreativität wieder zum Vorschein. Eine ihrer ersten Ideen für ein Projekt war eine Dokumentation über Leni Riefenstahl, die berüchtigte Regisseurin, bekannt durch ihre von den Nazis finanzierten, überzogen stilisierten Propagandafilme. Zwar wurde die Doku nie realisiert, doch Anita entschied sich dann zu einer Rückkehr zu den Wurzeln ihres ersten Arbeitsfelds – der Mode. 1987 schrieb sie sich für ein vierjähriges Studium im Bereich Mode- und Textildesign bei der St Martins School of Art ein.

Das College an der Charing Cross Road 107, mitten im Londoner West End, genoss einen erstklassigen weltweiten Ruf, da es in seiner langen Geschichte zahlreiche Größen des Mode- und Textildesigns hervorgebracht hatte. Von Alexander McQueen und Katharine Hamnett bis hin zu John Galliano und Stella McCartney war St Martin's immer die Startrampe für die gewesen, denen ein Platz in der vordersten Riege der Modeindustrie vorbestimmt war.

Durch das hohe Ansehen des Colleges tummelten sich in St Martin's junge aufwärtsstrebende Studenten aus den unterschiedlichsten Bereichen – und in Anitas Jahr war auch ein gewisser Jarvis

Cocker. Die mittlerweile 45-Jährige stellte ein ungewöhnliches Bild in den Fluren und Vorlesungssälen dar unter all den Studenten, die nur halb so alt waren wie sie. In ihrer Jugend hatte sie die Karriere einer Ausbildung vorgezogen, und nun bot sich ihr eine Chance, das Versäumte nachzuholen. Sicherlich gehörte Pallenberg nicht zu den reiferen und eher gesetzten Durchschnittsstudenten und versuchte oft durch ihre Kleidung zu beeindrucken. Einmal trug sie sogar eine mit Diamanten verzierte Tour-Jacke der Rolling Stones.

„Die meisten fanden es befremdlich, dass ein Mensch in ihrer Lebensphase noch einen Abschluss machen wollte", erinnert sich die Dozentin Drusilla Beyfuss von St Martin's. „Es geschah damals noch nicht so häufig wie heute, dass eine ältere Frau mit einem Studium begann. Darüber hinaus stand sie auch für einen anderen Ansatz. Ich glaube, sie wollte Design studieren, um für sich einen Markt zu finden, aus sich selbst eine Marke zu kreieren, wenn man es so ausdrücken möchte. Sie wollte Mode für Menschen wie sich selbst designen, Menschen, die ein Statement abgeben wollten, Frauen, die es interessant fanden, verführerisch auf Männer zu wirken."

Die Modeschauen von St Martin's am Ende jedes Jahres ermöglichten Anita erstmalig, den Glamour und das Interesse wiederaufleben zu lassen, die ihre prägenden Jahre in der Industrie zu Beginn der Sechziger bestimmt hatten.

„Bei den Shows und in den Seminaren sorgte [Anita] für Interesse und Begeisterung unter den Studenten, auch durch ihre Kleidung", berichtete Beyfuss. „Sie war so eindrucksvoll; man konnte gar nicht anders, als sie anzusehen. [Anita] hatte ein fantastisches Auge für die Dinge und sah immer spektakulär aus, als sei sie gerade aus *La Dolce Vita* gesprungen. Sie wirkte – sogar damals noch – durch eine bestimmende Ausstrahlung."

„Ich erinnere mich an sie als einen sehr ruhigen Menschen", erzählt Robert Cary-Williams, ein Kommilitone. „Sie gehörte dort zu den ältesten Studenten. Wir alle wussten, wer sie war. [Anita] hatte diese Aura um sich. Ich liebte ihr modisches Gespür, und sie war auch sehr gut darin, Kleidung verschieden zu kombinieren, sie hatte einfach diese Eleganz. Für sie war es nie ein Problem, sich mit jedem zu unterhalten, und sie zeigte sich gewillt, anderen zu helfen, einfach mitzumachen. [Anita] hatte Kontakte zu unterschiedlichsten Menschen, doch sie prahlte niemals damit, machte das ganz subtil."

Anita war von der Modewelt gefeiert und gebrandmarkt worden; jetzt strebte sie eine weniger bedeutende Rolle an. Mit einem Abschluss in Aussicht erlebte sie einen regelrechten Energieschub und arbeitete in New York und Jaipur, Indien, wo sie sich sechs Monate lang mit Textilien in der Produktion auseinandersetzte. Das Highlight ihrer Zeit am College war jedoch ein Austausch, durch den sie am Ende des Studiums nach Sankt Petersburg reiste.

Die Abschlussfeier ging mit einer Modenschau einher und zog traditionell eine große Menge an Interessierten aus der Branche an, aber auch einige Zuschauer, die einfach nur neugierig waren. Die über tausend Festgäste entdeckten eine große Bandbreite ihres Schaffens, darunter gemusterte Stirnbänder und Schals. Sie wirkten geradezu majestätisch und – wie einer der Anwesenden meinte – waren „ein Triumph des Stils über den lediglich banalen Einsatz der Substanz". Anitas Schöpfungen wurden unter dem Begriff „Rockstars" geführt und während des Programms der Feier bedankte sie sich bei Keith Richards für „seine Inspiration".

Diese Inspiration verwandelte sich schnell in etwas Greifbares, denn sie berichtete, dass ihre gesamte Kollektion zur anstehenden Tour der Rolling Stones in die USA transportiert werden sollte.

„Sie sind alle für Keith, damit er sie auf der Bühne tragen kann, aber hoffentlich bleiben auch einige für Ronnie Wood übrig", meinte Anita in einem Gespräch mit dem *Daily Mirror* 1994. „Ich habe häufig Samt benutzt, denn den hat er immer geliebt, und zudem hält der Stoff ewig. Die farbliche Bandbreite ist eher dunkel gehalten, denn Keith lieb Schwarz. Es gibt auch einen Hauch von silbernen [Fäden], die sehen auf der Bühne gut aus. Die langen, bedruckten Schals sind immer ein Markenzeichen von Keith gewesen."

Der Name Anita Pallenberg hatte einen potenziell gut vermarktbaren Wert, doch nach dem Studienabschluss entschied sie sich gegen die Gründung einer eigenen Modelinie. Sie hielt sich bei ihrer Neuorientierung lieber im Hintergrund auf und wurde oft dabei gesehen, wie sie auf Märkten und bei Verkaufsständen Ausschau nach raren alten Modestücken hielt. Es war eine langjährige Tradition, die in ihrer Blütezeit in der King's Road begonnen hatte.

Anita verbrachte zwar einige Zeit in New York mit den Designern Anna Sui und Marc Jacobs – zwei Seelenverwandte, die ganz offen ihren Stil in die eigene Modelinie integrierten – doch die Anziehungskraft von Londons pulsierender Energie war schon immer stark für sie gewesen.

„Ich mag die grenzwertige Mode, die Klamotten aus dem Underground", erklärte Anita Papermag.com. „Ich denke, dass die Menschen in London modebewusster sind und auch auf einen schrägeren Stil stehen. Mich inspiriert es, die Männer und Frauen auf den Straßen und in der U-Bahn zu sehen. In den letzten Jahren hat sich herausgestellt, dass sie meinen Stil neu entdeckten."

Zurück in London tat sich Anita wieder mit der legendären Punk-Ikone Vivienne Westwood zusammen. Sie assistierte ihr bei einigen Shows im Backstage-Bereich und trat 1998 sogar spontan auf dem Catwalk im Rahmen der Londoner Fashion Week auf.

„Ich habe immer dabei geholfen, die Models im Backstage-Bereich einzukleiden. Eines Tages ließ sie die Bombe platzen: Sie wollte mich als Model haben", berichtete Anita dem *Guardian*. „Es war für mich das erste Mal auf einem Catwalk, zum ersten Mal musste ich in diesen Schuhen gehen. Das waren diese großen Dinger, ein ähnliches Model, mit dem Naomi [Campbell] bereits umgeknickt war. Ich hoppelte also da lang, und mir war das unglaublich peinlich. Alle haben geklatscht, aber das war die unangenehmste [Bühnen-] Erfahrung in meinem ganzen Leben."

Anita hatte während ihrer Zeit im St Martin's bereits eine Beziehung zu dem Designer Robert Cary-Williams geknüpft und half ihm später bei seiner Abschluss-Kollektion, gefolgt von weiteren seiner Shows.

„Er kombiniert ein Interesse an Bondage mit diesen Tweed-Stoffen. Es erinnerte an die Reit-Accessoires des niederen englischen

Adels", berichtete sie Papermag.com über Cary-Williams' einzigartigen Stil. „Ich fand das recht attraktiv, arbeitete bei den letzten zwei Shows als seine Muse und trat auch auf dem Catwalk auf. Ich habe eine Art Fetisch für Materialien, und bei seiner letzten Show nutzte er viel Spitze und Leder. Auf dem Catwalk möchte ich wie ein Junge auftreten, weniger wie ein Girlie, und trug somit einen weißen Bondage-Anzug aus Baumwollnesselstoff."

Trotz des selbst gegebenen Versprechens, im Schatten der Modewelt zu verharren, war die Chance viel zu verführerisch, einem Projekt ihren persönlichen Stempel auszudrücken. In ihrem typischen Stil, bei dem sie auch immer ein Statement abgab, wich sie von kommerziellen Ansätzen ab und zog es vor, Elemente ihrer wilden Vergangenheit mit der Gegenwart zu fusionieren.

Letztendlich produzierte sie aber nur eine Modelinie. Die sogenannten „Burn Teeshirts" zeigten Anitas Hang zum Skandal. Dazu nutzte sie alte Kinder-T-Shirts, färbte sie mit Tee, machte zahlreiche Löcher in den Stoff, brannte einen Teil des Ärmels entweder mit einer Zigarette oder Räucherstäbchen ab, wonach sie die noch glimmenden Stummel nutzte, um auf der Vorderseite ein Hakenkreuz einzukokeln. Die Idee wurzelte sicherlich in ihrer verrückten und mit Drogen aufgeputschten Zeit mit Keith, aber auch im Cut-up-Stil des Schriftstellers und visuellen Künstlers William Burroughs, der damit eine Serie von Collagen kreierte.

Die Modelinie hätte sicherlich bei einer Massenproduktion großes Aufsehen erregt, doch Anita war damit zufrieden, sie an Freunde abzugeben, statt sich ernsthaft in der Industrie zu etablieren. Tatsächlich interessierte sie diese häufig allzu durchsichtige Welt nicht. „Ich mag die Modewelt nicht", erklärte sie später dem *Guardian*. „Das ist zu eklig, zu abgezockt, zu hart. Und mittlerweile sind es nur noch Gucci und Prada, und es ist verdammt schwierig, sein eigenes Business aufzubauen."

Auch andere Elemente von Anitas Leben in den Siebzigern begannen sich im Verlauf der Neunziger in der Mode zu manifestieren. Der äußerst fragwürdige „Heroin Chic" hinterließ zu Beginn der

Dekade seine Spuren überall auf dem Globus. Wo immer man diese abgemagerten Models sah, lösten sie eine Kontroverse und ein beklemmendes Gefühl aus. Parallel dazu fand eine Verknüpfung der alternativen Grunge-Subkultur mit dem Opiatkonsum statt, was in einen grundsätzlich „schlampigen Look" mündete, der auch bei denen Gefallen fand, die der Glamour der späten Achtziger im UK befremdete. Dieser Stil ging von den Hinterhöfen Seattles aus und wurde global angenommen, mit einer gewissen Starthilfe von Courtney Love und ähnlichen Protagonisten.

Loves „fertiger" Look ließ sich auf das Erscheinungsbild einer Anita Pallenberg in den späten Sixties/frühen Seventies zurückführen. Bedenkt man noch Loves Liebschaft mit dem ähnlich „abgewrackten" Kurt Cobain von Nirvana, lassen sich zahlreiche Vergleiche zwischen diesem Paar und Keith und Anita ziehen. Zwar hatte die Presse die Möglichkeit, Pallenberg und Love während einer nächtlichen Party zu fotografieren und somit auch Parallelen aufzuzeigen, doch die grundsätzliche Einstellung der beiden unterschied sich eindeutig. Während eines Gesprächs soll Love Berichten zufolge Anita gefragt haben, ob sie nicht eine Schönheits-OP in Erwägung ziehen würde. „Darling!", antwortete sie gespielt hochmütig. „Ich war die schönste Frau in 17 Ländern. Jetzt mag ich es, hässlich zu sein!"

Einstmals besetzten Männer die wichtigsten Positionen der Modewelt, doch in den Neunzigern rissen Frauen wieder die kreative Dominanz an sich. Eine der Vorreiterfiguren hinsichtlich des Stils und der Meinungsbildung war das manchmal über die Stränge schlagende und immer etwas rätselhafte Model Kate Moss. Moss' schneller Aufstieg von Croydon aus zu einer weltweiten Modeikone war bis zu dem Zeitpunkt beispiellos. Ihr müheloser improvisierter Stil hatte viele Schnittpunkte mit Anitas verwegener Eleganz. Trotz des Altersunterschieds kamen die beiden augenblicklich gut miteinander klar und entwickelten eine Freundschaft, die sich weit über den professionellen Bereich erstreckte. Moss popularisierte den Boho Chic/ Boho Deluxe Look, wobei Textilien aus unterschiedlichsten Grundstoffen, Miniröcke und enge Stiefel das Erscheinungsbild bestimmten, also exakt den Look, für den Anita vor Jahren bekannt geworden war. Die Medien waren ganz darauf versessen, Moss' urbanen Stil zu dokumentieren, doch nur wenige sahen die Verbindung zu Anita als Pionierin des Looks. Scheinbar mühelos übernahm Moss Anitas Rolle als Trendsetterin, woraufhin sich eine neue Generation in den Neunzigern im „Gypsy-Look" kleidete.

„Kate ähnelt mir sehr, als ich in ihrem Alter war", sagte Anita der *Harper's Bazaar* 1994. „Sie lässt sich nicht einengen und trägt die Kleidung auf eine lockere Art, aber trotzdem sexy. Sie hat coole Ideen, bindet sich zum Beispiel ein Halstuch im Hüftbereich über ein langes T-Shirt oder trägt einen sehr alten Ledergürtel über einem Samtmantel. Sie hat tolle, lange Beine und trägt oft Miniröcke, aber wenn ihr danach ist, zieht sie ein Top mit einer Kapuze an und dazu Diamantohrringe."

Die sich auch in geistiger Hinsicht ähnelnden Moss und Pallenberg schmiedeten eine sehr enge Verbindung, und Moss wurde Patin von einem von Anitas Enkeln. Die beiden genossen auch einige gemeinsame Reisen, darunter einen Abstecher nach Indien. „Wir haben uns gegenseitig massiert und Make-up aufgetragen", erinnerte sich Anita gegenüber Ruby Wax 1999. „Wir reisten nach Rajasthan, wohnten in einer wunderschönen Burg und wanderten. Bei den Reisen begleiteten uns ein Masseur und ein Arzt."

Andere, die von Anitas Boheme-Stil inspiriert worden waren, begannen sie als Muse für ihren eigenen Look zu sehen. Während Anita weiterhin für Vivienne Westwood als Model arbeitete, schloss sie engere und fruchtbarere Freundschaften mit jungen Designern an vorderster Front.

Bella Freud, eine von Großbritanniens fantasievollsten Modeschöpferinnen, kannte Pallenberg seit den frühen Achtzigern persönlich, doch gedanklich hatte sie sie schon wesentlich früher ins Visier genommen.

„Ich war ungefähr elf oder zwölf Jahre alt", erinnert sich Freud bei einem Interview mit dem *Daily Telegraph* 2017. „Ich hatte den Eindruck, als würde sie all das Glück und die Zufriedenheit personifizieren, die Musik einem geben kann. Schallplatten zu hören brachte einen gut drauf, machte glücklich, und dann war sie da, mit einem fantastischen und originellen Look. Sie war die erste Frau, die mir als strahlend und atemberaubend schön auffiel, die aber auch etwas Undefinierbares an sich hatte, was mich noch mehr beeindruckte und wodurch ich sie noch mehr vergötterte."

Anitas intensive Begegnungen mit Menschen, die nur halb so alt wie sie waren, stellte für sie niemals ein Problem dar.

„Ich glaube nicht, dass das Alter zählt", erläuterte Pallenberg der *Sunday Times*. „Wenn man Ähnlichkeiten und Affinitäten findet, verbringt man [eine bestimmte Zeit miteinander] und geht danach wieder auseinander. Das liegt an der Familie, den Kindern und den Enkeln, also an Beziehungen, die mich geprägt haben. Meine Kinder haben ihre Kinder, die aufwachsen, und [plötzlich] kommen wir gut mit deren Freunden klar. Das ist alles miteinander verwoben."

Mit wieder intakter Integrität und hohem Ansehen war Anita auch eine Inspirationsquelle für die sie direkt umgebenden Menschen. Sie hatte über eine unglückliche Zeit triumphiert und war nun eine Ikone für eine neue Generation, die bislang nur aus zweiter Hand von ihr gehört hatte. In einer Zeit, in der der Besuch einer Reha beinahe einer Mode gleichkam, folgte sie dem Beispiel anderer „Überlebender" aus ihrem Wirkungsbereich – zum Beispiel Eric Clapton, Ringo Starr und Elton John – und ersetzte den Drogenkick durch ungefährlichere Wege, sich gut zu fühlen. Dazu gehörten der Besuch des Fitnessstudios und besonders das Fahrradfahren, einer Bewegungsform, der sie bis zum Ende ihres Lebens nachging.

Durch ihre Kontakte zu einer jüngeren Generation von Designern schöpfte Pallenberg neue Energie und ließ Beziehungen zu einer Welt wieder aufleben, die sie in den Sechzigern hinter sich gelassen hatte.

„Ich traf Anita in New York ungefähr 1999 in dem Büro von *Cheap Date* am Broadway", erinnert sich Bay Garnett von der *Vogue*. „Ihr Sohn Marlon war der Art-Director des Magazins. Sie stand am Fenster und trug grüne Maharishi-Armeehosen mit Drachen an den Seiten und eine große Sonnenbrille. In der Hand hielt sie eine

Zigarette. Ich war noch niemals zuvor einem Menschen begegnet, der so einen Look hatte – so stylish, so vereinnahmend, so in sich ruhend und so cool … Sie konnte sehr hart sein, war aber gleichzeitig witzig und clever. An ihr gab es nichts Aufgesetztes und sie war niemand, der sich abkapselte, voll und ganz sie selbst, authentisch bis in ihr Innerstes."

Durch ihren neuen Ikonen-Status wieder selbstsicherer geworden, begann Anita sich in Londons angesagtesten Locations sehen zu lassen. Abgesehen von einer gelegentlichen Premiere oder einem Augenblick in einem Backstage-Bereich wurde sie bei einem zu ihr passenden Anlass als Kultfigur gehandelt. Während des Januars 1997 trat sie im Londoner Institute of Contemporary Arts als DJ auf und teilte sich den Turntable mit Celebrities wie Howard Marks oder Johnny Edgecombe, bekannt-berüchtigt durch den Profumo-Skandal.

„Früher nahm ich immer eine Kiste Singles mit zu Partys", erinnerte sich Anita in einem Gespräch mit der *Sunday Times*. „Nun fragen die Leute, ob sie mich buchen können, doch ich mag es nur, wenn es ein Club mit künstlerischem Anspruch ist."

Ein enger Freund Anitas, der Musiker Joey Ducane, schleppte sie und Marianne Faithfull ins Studio, wo sie zu einer seiner Kompositionen, dem psychedelisch angehauchten „Bag Of Tricks", den Gesang beisteuerten.

Da Großbritannien in den Neunzigern eine kreative Renaissance erlebte, wurden auch die Charaktere, die schon in den Sixties an vorderster Front gestanden hatten, neu bewertet. Der Britpop mobilisierte die Energien, woraufhin sich eine neue Generation in das Jahrzehnt verliebte, die darauf brannte, einen Hype zu entfesseln und ihm freien Lauf zu lassen. Die Protagonisten der Sixties mögen damals schon ein ordentliches Alter erreicht haben, doch das störte die Welle der jungen Fans kaum, die sich an dieser Ära orientierten. Erneut wurde London das Zentrum der kreativen Welt, und mit einem Füllhorn talentierter Künstler, die durch die Straßen zogen, vereinte sich die Vergangenheit mit der Gegenwart.

Scheinbar jedes Dokument der Sechziger wurde unter die Lupe genommen, und so fand auch *Performance* ein neues Publikum. Der Film war neu gemastert und auf seine ursprünglich vorgesehene Länge geschnitten worden, woraufhin er bei unzähligen Retrospektiven zur Geltung kam. In nicht weniger als fünf Büchern versuchte man den wohl rätselhaftesten Film der Dekade zu dekodieren, und jetzt erntete der Streifen mit Anita in ihrer Blütezeit endlich den Applaus, den er verdiente – besonders nach der unsteten und wirren Veröffentlichungspolitik der Vergangenheit. Dreißig Jahre nach den ursprünglichen Dreharbeiten von *Performance* wurde Anita 1998 wieder um einige Interviews zu dem Film gebeten, in denen sie ihre Wertschätzung ausdrückte.

„Ich habe tonnenweise Filme aus dieser Ära erneut gesehen, um meine Meinung zu überprüfen", erklärte sie der BBC 1998. „Sie haben alle eine Art zeitlicher Verzerrung, doch *Performance* ist vollkommen zeitlos. Es ist schon außergewöhnlich, denn man entdeckt immer etwas Neues und er wirkt auf eine bestimmte Art transzendental. Und das macht ihn zu einem großartigen Film."

Sich bewusst, dass *Performance* immer ihr cineastischer Schlüsselmoment bleiben würde, zeigte sich Anita gewillt, die zu unterstützen, die sich mit den eher fantasieanregenden Elementen auseinandersetzen, mit denen der Streifen spielt. Ihre Kooperation mit der Designerin Bella Freud führte zu einer interessanten Fusion von Stil und Geschmack. Freud war immer darauf aus, ihre Kollektion mit einem Multimedia-Ansatz zu bereichern, und entwickelte daraufhin eine von *Performance* inspirierte Modelinie. Sie verpflichtete Anita, an den feineren Details der Video-Präsentation mitzuarbeiten, womit sich ihre Vergangenheit mit der Gegenwart verknüpfte.

„Sie hat [das Video] in meinem Haus aufgenommen", berichtete Anita. „Wir haben das Bett so wie in *Performance* ausstaffiert und es entwickelte sich eine ähnliche Atmosphäre. Der Stil allgemein ist androgyn, was ich auch in der Mode mag. Jeder sagt ‚Du kannst ja gar keine Kleidung sehen.' Ich finde aber, dass man sie besser sehen kann. Models stolzieren meist kerzengerade über den Catwalk, aber wenn sie sich hinsetzen, zieht sich das Kleid unangenehm hoch. Ich finde es viel aufregender, die Kleidung in einer realen Situation zu sehen."

Das erneute Interesse an *Performance* war so groß, dass Anita damit begann, selbst ein Buch über ihre Erinnerungen an die Dreharbeiten zusammenzustellen. Berichten nach sollen zahlreiche unveröffentlichte „Behind-the-scenes"-Fotos ausgewählt worden sein. Obwohl nicht die geringste Chance bestand, dass Anita detailliert von den emotionalen Komplikationen berichten würde, wurde sie von anderen dazu gedrängt, ihre Erinnerungen zu Papier zu bringen. Mariannes Autobiografie *Faithfull* (1994) entwickelte sich zu einem weltweiten Erfolg – auch bei den Kritikern –, sodass es geradezu unvermeidbar erschien, dass Anitas ähnlich erinnerungswürdiges Leben eine Präsentation auf Papier finden musste. Pallenberg hatte schon in den Achtzigern und Neunzigern mit der Idee einer Autobiografie gespielt, doch das Projekt im neuen Jahrtausend erst mal auf Eis gelegt.

„Ich hatte einige [interessierte] Verlage, doch sie waren alle gleich", berichtete sie 2008 Lynn Barber vom *Guardian*. „Sie wollten nur was über die Stones hören, noch mehr Dreck über Mick Jagger, was mich einfach nicht interessiert ... Sie wollten Obszönitäten. Außerdem schreiben alle Autobiografien und aus genau dem Grund mache ich es nicht ... Ich wollte noch nie eine Autobiografie verfassen, denn ich bin abergläubisch, will die Zeit nicht einfrieren [und erstarren] lassen. Wenn ich achtzig bin, setze ich mich vielleicht hin und schreibe etwas. Die können es dann veröffentlichen oder auch nicht. Ich finde es schmerzhaft, mich selbst unter die Lupe zu nehmen."

Anita sollte zeitlebens keine Memoiren veröffentlichen, stimmte aber einigen kleineren visuellen Retrospektiven zu. Die erste fand in Londons trendigem Horse Hospital am Russell Square statt. Es war ein ruhiger Abend und im Grunde genommen ein Understatement, bei dem sie – zum ersten Mal – einige ihrer bemerkenswerten Home-Movies zeigte, die sie im Laufe der Jahre aufgenommen hatte. Sie wiederholte diese Veranstaltung beim beliebten Port-Eliot-Festival in Cornwall, ein Event von hoher Anziehungskraft.

Anitas Popularität stand immer in Bezug zu Marianne Faithfulls steinigem und holperigem Lebensweg, sodass man die beiden zu Ruby Waxs Show *Ruby* am 29. September 1999 einlud. Neben dem Innenausstatter und legendären Partygänger Nicky Haslam und dem Zeitschriftenmogul John Brown waren die beiden Frauen bei der gespielt entspannten Diskussionsrunde die Attraktion. Marianne war, wie nicht anders zu erwarten, redselig und gewieft-witzig, doch Anita wirkte zurückgezogen und reserviert. Meist antwortete sie nur auf Waxs Fragen, mit denen sie unverhohlen versuchte, ihrem Gast Klatsch und Tratsch aus der Vergangenheit zu entlocken.

„Ihr müsst ja so glamourös und wunderschön gewesen sein", versuchte Wax das Gespräch mit einem gespielten Lächeln in Schwung zu bringen.

„Yeah, das stimmt, das waren wir", konterte Anita. „Nächste Frage?"

Anita gab niemals einen Kommentar zur *Ruby*-Show ab, doch es war das letzte Mal, dass sie sich dazu bereit erklärte, in so einer gekünstelten Sendung aufzutreten.

Zwar gab es gelegentlich ein aufgezeichnetes Interview, einen öffentlichen Auftritt oder ein Mode-Shooting, doch Anitas ausgeprägte Sensibilität war für das Live-Fernsehen nicht geeignet. Dennoch, ihr kurzes Auftauchen im TV ging mit einigen anderen, meist unauffälligen Filmauftritten Hand in Hand. Madonna befand sich auf einem ähnlichen Weg wie Anita 30 Jahre zuvor und lud sie zu einem kurzen Gastspiel in ihrem Video für die Single „Drowned World"/„Substitute For Love" (1998) ein.

Anderen, die ihren kenntnisreichen Blick eher auf Anitas Vergangenheit warfen, gelang es aber besser, ihre einzigartige Ausstrahlung in Szene zu setzen. Die BBC-TV-Sitcom *Absolutely Fabulous* beschäftigte sich auf eine spielerisch-humorvolle Art mit dem Schicksal der Sixties-Generation. Es war also naheliegend, dass auch Anita ein Auftritt in der Serie angeboten wurde. Nach der Erstausstrahlung zu Beginn der Neunzigerjahre fanden mehrere Generationen Gefallen an den einst hippen und oft zugedröhnten Edina „Eddy"

Monsoon und Patricia „Patsy“ Stone (gespielt von Jennifer Saunders und Joanna Lumley). Die Sixties-Abenteuer hatte die Protagonisten auf eine permanent unterschiedliche Bewusstseinsebene gebracht, worauf die kommenden Generationen mit Faszination und Verwirrung reagierten. Die Popularität der Serie war so groß, dass einige Künstler mit einer starken Beziehung zum „swingenden Jahrzehnt“ prägnante Nebenrollen spielten, nicht zuletzt Marianne Faithfull, die einige erinnerungswürdige Auftritte als Gott in der Rolle eines Existenzialisten ablieferte. Die Nachfrage hinsichtlich zusätzlicher Abenteuer des locker-flockigen Paares war so groß, dass *Absolutely Fabulous* 2001 für eine vierte Staffel auf den Bildschirm zurückkehrte. Dank des Erfolgs ihrer Gastauftritte bat man Marianne um weitere Einsätze in ihrer „Gott“-Rolle. Allerdings musste man diesmal auf ein zusätzliches Element achten, um Faithfulls Rolle mehr Ausgestaltungsmöglichkeiten zu geben. Saunders erklärte Faithfull, dass ihre Gott-Darstellung „gut war, aber wir brauchen auch den Teufel, denn Gott allein ist langweilig“. Daraufhin setzte man sich mit Anita in Verbindung, um sie als Gegengewicht zu Faithfulls „Bildschirm-Heiligkeit“ auftreten zu lassen. Da Jennifer Saunders ein riesiger Fan von *Barbarella* war, brauchte es nicht viel Überredung, damit Anita in ihr Alter Ego als die „Black Queen“ schlüpfte.

Der Titel der Folge, „Donkey“, war ebenso bizarr und „andersweltig“ wie die Darsteller. Saunders tat in ihrer Rolle alles, um gegen die Gewichtszunahme zu kämpfen, während eine Traumsequenz Marianne und Anita als Gott und den Teufel zeigte, die sich über die moralisch verstrickte Eddy hermachten. Der Auftritt nahm zutiefst ironisch auf Anitas Image in der Regenbogenpresse Bezug, wo sie immer als Verführerin dargestellt wurde.

Anitas Stippvisite bei *Absolutely Famous* war ihr einziger theaterähnlicher Auftritt. Das Produktionsteam der BBC war bis auf das Nötigste reduziert und überhaupt nicht mit dem zu vergleichen, was einen Schauspieler normalerweise auf einem Filmset erwartet. Somit zeigte sich Anita ganz und gar nicht von dem Aufwand beeindruckt, den der Sender trieb.

„Ich hatte nicht mal ein Kostüm", berichtete sie dem Autor David Dalton. „Ich trug einen Smoking und ein T-Shirt, eine schwarze Perücke mit aufgesetzten Hörnern, einen kleinen Schwanz und Handschuhe … Es gab weder Zeit noch Geld. Überhaupt kein Budget. Ich dachte, ich bekäme auch einige groovige Klamotten von denen, aber die BBC, na ja, man sieht es ja …"

„Ich musste Anita immer leise zuzischen: ‚Halte aus! Halte aus! Bitte mach hier keine Szene – wir können vielleicht noch mal was machen'", erinnert sich Marianne. „Und sie hat's kapiert, und es ist auch alles gut gelaufen. Es gab aber einiges an Getuschel. Die brachten sie dazu, eine Perücke zu tragen. Hätte ich das tragen müssen, was man ihr angezogen hat, wäre ich wahrscheinlich gestorben."

Trotz des vorhersehbaren Kollers stellte sich die Erfahrung als positiv heraus und bot Anita und Marianne manche Gelegenheit, zwischen den Takes herzlich zu kichern.

„Am Set", berichtete Anita, „sagte Marianne ständig: ‚Oh, die Black Queen ist zurück! Es ist wie bei *Barbarella*!' Und es fühlte sich auch ein wenig so an, als sei die Black Queen zurück. Es stellte tatsächlich eine Art Déjà-vu dar. Es war zwar der Teufel, aber nur dem Namen nach, denn er hatte überhaupt nichts Teuflisches. Es war eher ein verwässerter Comedy-Teufel."

Das durch den Auftritt in der Show angeregte Interesse war so groß, dass die beiden mit der Idee einer längeren, darauf basierenden Tournee spielten, woraus aber – wie bei so vielen Ideen und Träumen – nichts wurde. Während das gedruckte Sprachrohr des Vatikan – *L'Osservatore Romano* – die beiden aufgrund ihrer einstigen „Verruchtheit" direkt als „Hexen" bezeichnete, fand der gemeinsam Auftritt bei *Absolutely Fabulous* insgesamt eine weitaus freundlichere Rezeption.

„Tja, wir stecken in diesen Rollen, ob wir es mögen oder nicht", erinnert sich Faithfull. „Und ich hänge mit Anita zusammen und sie mit mir. Wir sind wie ein Paar Salz-und Pfeffer-Streuer aus den Sixties."

Manchmal spiegelt die Kunst das Leben wider und in der Post-Millennium-Welt musste Anita sich mit denselben Herausforderungen abmühen wie die Haupt-Charaktere in *Absolutely Fabulous*. Ihre Kinder – nun in den frühen Zwanzigern – hatten überhaupt keine Lust, dem spektakulären Pfad ihrer Eltern zu folgen. Ihre Tochter Angela, die ihre Kindheit überwiegend in der Obhut der Großmutter verbracht hatte, empfand kein Interesse, sich im Glanz des von Anita abstrahlenden Ruhmes zu sonnen. Sie hatte sich still und leise der Welt der Pferde verschrieben und eröffnete eine Reitschule in der Nähe von Redlands, West Wittering, dem Anwesen ihres Vaters. Marlon, der den Rock'n'Roll-Lifestyle schon von dem Tag an aushalten musste, an dem er seine Augen öffnete, wurde ein Vorzeigeschüler, machte einen Abschluss mit vier A-Levels und heiratete jung – eine Ehe, aus der die drei Kinder Ella, Orson und Ida hervorgingen. Er arbeitete kurzfristig als Roadie für The Who, wonach er eine Nische im Feld der multimedialen Kunst fand und diese erfolgreich besetzte.

„Mit meinen Enkeln kam einiges an Veränderungen auf mich zu", erzählte Anita Kim Gordon von Sonic Youth. „Es ist wirklich dumm, auf das zu hören, was andere sagen, aber Kinder sind sehr kritisch und bewertend. Ich fuhr häufig Fahrrad und trug dabei High Heels und einen Pelzmantel. Mein Sohn lachte lauthals darüber. Vielleicht verändert sich mein Geschmack aus einer bestimmten Eitelkeit heraus. Das hat etwas damit zu tun, sich mit dem Älterwerden zu arrangieren. Älter in mancher Hinsicht, jünger in anderer."

Unabhängig mit aller Entschlossenheit, genoss sie ihr Single-Dasein, obwohl es die eine oder andere Liaison durchaus gab.

„Männer in meinem Alter sind entweder verheiratet oder jagen jungen Mädchen hinterher oder beides", witzelte sie gegenüber der *Daily Mail*. „Ich tendiere zu Affären mit jüngeren Männern, die mich dann verlassen, um zu heiraten und Kinder zu bekommen. Zuerst hat mich das fertiggemacht, aber nun habe ich mich daran gewöhnt. Wie dem auch sei, ich bin ein Mensch, der zur Obsession neigt, womit ich nur eine Sache zu einer Zeit erledigen kann. Momentan steigere ich mich in die Arbeit hinein. Für eine lange Zeit habe ich mir den Spaß verboten, wegen all der alten Assoziationen, doch nun fange ich an, rauszugehen und es mir gut gehen zu lassen. Wer will denn eigentlich eine Säule der Gesellschaft werden? Ich habe einen Führerschein, ich habe einen Abschluss, und das reicht mir."

Zu Beginn des neuen Millenniums zeigte die Faszination für die Sechziger mehr Fantasie als früher; nun entstand aus den tatsächlichen Geschichten der Vergangenheit oft eine neue Realität. Obwohl Anita erklärte, dass sie „wirklich stolz" darauf sei, eine große Rolle in der bezauberndsten Dekade des 20. Jahrhunderts gespielt zu haben, verblüffte sie das Interesse, das diese Ära immer noch hervorrief. „Jeder redet über diese Sache mit Love und Peace", kommentierte sie 2012. „Aber ich kann mich nicht mehr daran erinnern. Ich hatte damit nichts zu tun."

Natürlich hatten verschiedene Elemente aus Pallenbergs Leben ein lohnendes Leinwandpotenzial, doch in ihrem Alter – mit 55 Jahren – mussten schauspielerische Darstellungen bezüglich ihrer Vergangenheit mit der gebotenen Sensibilität behandelt werden.

Der Produzent und Regisseur Stephen Woolley (*Scandal*, *Backbeat*) hatte die Verfilmung des Schicksals von Brian Jones zu seinem Lieblingsprojekt erkoren. Die Vorproduktion des Films nahm geschlagene 16 Jahre in Anspruch, wobei zahlreiche emotionale und juristische Hürden genommen werden mussten, doch zu Beginn des 21. Jahrhunderts konnte die Arbeit an dem ursprünglich *The Wild And Wycked World Of Brian Jones* genannten Film in Angriff genommen werden.

Das zentrale Thema des Streifens war der letztendlich ungeklärte und mysteriöse Tod von Brian Jones, aber auch Anitas Rolle stellte einen wichtigen Teil der Story dar. Dafür benötigte man natürlich eine Schauspielerin, die Pallenbergs Aura in ihrer Blütezeit glaubwürdig präsentieren konnte. Und man musste einige filmische Interpretationen einsetzen, um Anitas unabhängige Karriere exakt darzustellen, ohne ihre Integrität zu verletzen.

Schließlich bekam die 28-jährige amerikanische Schauspielerin Monet Mazur die Rolle der Anita in dem Film, der nun *Stoned* hieß. Sie hatte bereits eine von Johnny Depps heruntergekommenen Freundinnen in *Blow* gespielt und wichtige Rollen in *Hart am Limit* und Das *Schwiegermonster* verkörpert. Durch einen Zufall geriet Monet ins Blickfeld der Produzenten des Jones-Streifens.

„Ich machte ein Shooting für einen Artikel dieses englischen Magazins", erinnert sich Mazur auf der Seite IGN.com. „Als er erschien, war ich total unzufrieden damit … Ich dachte nur: ‚Oh, Gott, das ist Müll. Ich werde nie mehr etwas für diese Magazine machen.' Der Regisseur hat [den Artikel] gelesen und dachte wohl: ‚Das ist Anita.' Es war wirklich lustig, denn er schickte mir das Drehbuch mit einem Brief, in dem stand: ‚Ich habe dich in diesem Magazin gesehen und bislang noch niemanden gefunden, der Anita auch nur ähnelt. Du musst die Rolle spielen.'"

Schon allein die Vorstellung, so eine legendäre Persönlichkeit darzustellen, musste wohl entmutigend gewesen sein, doch Mazur lieferte eine sensationelle Umsetzung ab, wobei sie einen großen Teil von Anitas schillernder Präsenz und ihre Energie zeigte. „Ich habe sie immer als einen sehr mutigen Menschen gesehen, da sie zu einem Typen stand und [die Beziehung] so lange wie möglich am Laufen hielt", erzählte Mazur. „Einfach nur zu sagen: ‚Hey, sie war nur ein Groupie und hat alle Typen der Stones gevögelt', ist [eine Verkürzung]. Ich habe niemals auf sie herabgesehen und gedacht: ‚Oh, sie war ja so verdorben.' Ich glaube, das ist alles Tratsch."

Da die Hauptdarstellerin nun feststand, kam als Nächstes das heikle Thema der rechtlichen Fragen an die Reihe, denn für die mit den Stones zusammenhängenden Namen und Bilder musste eine Erlaubnis eingeholt werden. Die Verhandlungen mit dem Stones-Lager waren mit „juristischen Landminen" übersät (sowohl Keith als auch Mick sorgten sich Berichten zufolge um ihre Leinwanddarstellung), doch die Produzenten mussten sich darüber hinaus eine Genehmigung für Anitas Namen und ihr Profil einholen. Obwohl in *The Mail On Sunday* 2005 berichtet wurde, dass Anita die Filmemacher verklagen wolle, hat Stephen Wooley gegenüber dem Autor bestätigt, dass man Pallenberg als Beraterin für den Film zu gewinnen versuchte. Sie lehnte aber dankend ab mit der Begründung, dass das Ausbreiten ihrer Vergangenheit ein viel zu heikles Thema für sie sei.

Trotz des großen Wirbels, der rund um das Projekt entstand, konnte *Stoned* bei der Veröffentlichung 2005 kaum die Produktionskosten einspielen. Die Reaktionen der Kritiker fielen schwammig aus, und auch die Aufführungszeit in den Kinos war beängstigend kurz. Trotzdem erhielt Mazur für ihre starke Darstellung von Anita positive Kritiken.

Stoned stieß junge Kinogänger auf Anitas Vergangenheit, während Pallenberg ihre Zeit an verschiedensten Orten rund um den Globus verbrachte. Das englische Wetter war ihrer empfindlichen Konstitution niemals zuträglich gewesen. Sie überwinterte meist in ihrem und Keiths alten Unterschlupf auf Jamaika und verbrachte den Rest des Jahres in England, Italien und den USA, da Keiths Großzügigkeit gegenüber Pallenberg sich nach der schrittweisen Trennung in den späten Siebzigern nie verringert hatte. Durch ihre gemeinsamen Kinder und Enkel verbunden, fanden die beiden oft Zeit, um die neusten Informationen auszutauschen, wobei die Harmonie niemals durch die verschiedenen Wege, die sie eingeschlagen hatten, gestört wurde.

„Es gibt da eine unterschwellige Liebe, die sich weit über all den anderen Kram erstreckt", meinte Keith in einem Interview mit dem *Rolling Stone*. „Ich kann eins sagen: ‚Ich liebe dich, kann aber nicht mit dir leben.' Und nun sind wir stolze Großeltern, was wir uns nie hätten vorstellen können."

2004 gab Anita ihre grundsätzliche Drogenabstinenz für einen Zeitraum von beinahe 15 Jahren bekannt, aber der unendlich langwierige Genesungsprozess nach den Hüftoperationen verursachte solche Schmerzen, dass sie gelegentlich auf Hilfsmittel zurückgriff.

„Ich hatte einen Rückfall – mit Magic Mushrooms", vertraute sie Alain Elkann 2017 an. „Und dann begann ich den ganzen Kreis für weitere zehn Jahre. Es ist eine ganz große Schlacht. Nun ist es vorbei, abgesehen von dem Fall, dass ich krank werde und sie mir Morphium verschreiben, was sie nicht machen werden. Heute kann ich ohne ein Problem an einem Tisch mit Leuten sitzen, die sich Koks ziehen oder einen Drink genehmigen. Mir wird es dann nur langweilig. Menschen, die trinken, sind langweilig. Sie wiederholen sich, sagen immer wieder und wieder dasselbe."

Nachdem Anita ihren Narkotikakonsum unter Kontrolle bekommen hatte, ging es an den Alkoholmissbrauch, den sie durch regelmäßige Teilnahme an den Treffen der Anonymen Alkoholiker bekämpfte. „Nur dadurch bin ich clean geblieben", erzählte sie dem *Sunday Correspondent*. „Und ich habe alles versucht." Ihre Hingabe zu dem Verband war so stark, dass sie an einem Punkt eine administrative Funktion in ihrer Reha-Gruppe übernahm, wozu auch ein Telefondienst gehörte. „Wir haben eine Erfolgsrate von circa 30 Prozent", berichtete sie 1994. „Das ist nicht viel, oder?"

Anitas lebendiges Profil interessierte Filmemacher auch weiterhin, und sie besetzte bei einigen Produktionen kleinere Nebenrollen. In Abel Ferraras Film *Go Go Tales* (2007) spielte sie Sin, einen von mehreren zwielichtige Charakteren, die sich ihren Lebensunterhalt in einem Stripclub verdienen.

Ihr Auftritt bei *Go Go Tales* war nur kurz, wohingegen sie bei Harmony Korines schrägem Streifen *Mister Lonely* (2007) länger im Scheinwerferlicht stand. Es war für Anita allgemein ein geschäftiges Jahr gewesen, doch dann hörte sie von einem gemeinsamen Freund etwas über Korines Vorhaben und bekam das Drehbuch in die Hände. Die fantastische Geschichte erzählt von einer Gruppe von Doppelgängern, die in einem Schloss leben und an ihren Rollen arbeiten. Anita zog besonders die surreale Nebenhandlung an, bei der fliegende Nonnen in die Dachkammer eines Doppelgängers (und wieder hinaus) fliegen.

„Ich wollte eine der Nonnen sein", berichtete Anita Lynn Barber vom *Guardian*. „Ich dachte, ich könnte eine gute Oberin spielen. Schließlich sagte er [Korine]: ‚Du solltest die Königin spielen, denn das ist eine bessere und größere Rolle.' Und das machte ich auch. Ich dachte zuerst, ich würde es niemals schaffen, aber meine Königin ist tatsächlich ganz gut geraten."

Neben einer ganzen Reihe von Doppelgängern für unter anderem Marilyn Monroe, Michael Jackson, Abraham Lincoln und Charlie Chaplin war Anitas Darstellung von Queen Elizabeth II höchst ansprechend – besonders ihr warmherziger Monolog am Ende des Films. Nach den Anweisungen des Drehbuchs sollte Anita eigentlich mit einem höfischen Akzent reden, doch sie entschied sich für eine verrauchte Stimme. Auch bei diesem Film zeigte sich Pallenbergs Selbstständigkeit, denn mithilfe jeder verfügbaren Kostümgehilfin schneiderte sie sich für den Film ihren eigenen Dress.

Ein Schauspieler mit einer ähnlich progressiven Grundhaltung war Richard Strange bei *Mister Lonely*. Er gehörte früher zu der Siebziger-Proto-Punk-Band Doctors Of Madness, wechselte von der Musik zur Schauspielerei und hatte bereits ein ordentliches Portfolio zu bieten. Er wurde als Abraham-Lincoln-Doppelgänger verpflichtet und lernte Anita bei den Filmarbeiten in Schottland näher kennen.

„Wir wohnten in nebeneinander liegenden Zimmern in einem winzigen schottischen Bed & Breakfast, ungefähr vier oder fünf Wochen lang“, erinnert sich Strange auf der Webseite der Doctors Of Madness.

„Wir litten beide unter Schlaflosigkeit, und so klopfte einer von uns schon mal um vier oder fünf Uhr morgens an die Tür des anderen: ‚Bist du wach? Soll ich schon mal einen Kaffee machen?‘ Anita praktizierte Yoga und rauchte dabei. Sie hatte meist eine komplizierte Asana-Stellung eingenommen, wobei eine Camel Light zwischen ihren Lippen steckte und man sie wegen des Rauchs kaum sehen konnte. An freien Tagen fuhren wir in die Highlands, suchten nach Wolle für sie, besuchten prächtige Landgüter, wanderten oder was auch immer – mit ihr hat es immer sehr viel Spaß gemacht.“

Der Film hatte für Anita auch eine historische Dimension, denn ihr *Performance*-Kollege James Fox verkörperte die kleine Rolle eines Papstes, mit Glöckchen, Pfeifen und einem weißen Kasack. „Ich hätte mir bei dem Film mehr Improvisationen gewünscht“, erklärte Fox dem *Guardian*. „Das war eine wirklich nette Szene, die ich mit Anita spielte. Sie rauchte mit Sammy Davis Jr. einen Spliff, der Papst war schon ausgeknockt und Anita spricht mit dieser leisen Flüsterstimme.“

Leider wurde die Szene aus dem Film geschnitten, doch die Fox/Pallenberg-Kombination war zumindest ein zweites Mal auf Zelluloid gebannt worden.

„Bei der Premiere von *Mister Lonely* beim London Film Festival 2007 war Anita anwesend und musste ihr aktuelles Profil auf einer großen Leinwand sehen, was für sie ein zwiespältiges Erlebnis war.

„Es war hart, mein Gesicht groß auf einer Leinwand zu sehen, mit all den Falten", berichtete sie dem *Guardian*. „Doch der Film überraschte mich auf eine positive Art. Er ist sehr originell."

Auch wenn Anitas Beschäftigung in der Filmwelt auf eine Rückkehr hingedeutet hätte, reagierte sie auf die Möglichkeit einer weiteren Arbeit typisch phlegmatisch. „Ich mache das nicht wegen des Geldes", erklärte sie Lynn Barber 2008. „So lange sie mir ein Hotel mit einem Spa buchen, mir täglich das Essen spendieren und Autos zur Verfügung stellen, ist das für mich okay."

Pallenberg spielte 2009 eine weitere Nebenrolle, und zwar in Stephen Frears' historischem Streifen *Chéri – Eine Komödie der Eitelkeiten*. Hier verkörperte sie eine ältere „Madame" in einer Pariser Opiumhöhle, wobei speziell die Sequenzen mit dem männlichen Hauptdarsteller ins Auge fielen. Ihre Ausstrahlung glich der einer älteren Marlene Dietrich. Einige Kritiker monierten allerdings, dass man ihr Alter übermäßig betont habe und sie visuell als zu fragil erscheinen ließe.

Es konnte nicht ausbleiben, dass ihre Rückkehr zum Film von einigen schmuddeligen Medien zum Anlass genommen wurde, sich über Anita als Privatperson auszulassen. Das wenig glanzvolle Schicksal von Sixties-Ikonen, die wieder auftauchten, sicherte besonders bei den neugierigen bis voyeuristischen Lesern hohe Umsatzzahlen. Am 9. Januar 2010 veröffentlichte die *Daily Mail* einen Fotobericht über Anita mit einem Begleittext von Richard Simpson. Die Schlagzeile lautete: „Was für ein Absturz: Anita Pallenberg, Rock-Chick im Ruhestand, zeigt ihr Alter nach jahrelangen wilden Partys mit den Rolling Stones." Der durch und durch gemeine Artikel wurde von zwei nicht freigegebenen Fotos von Anita begleitet, die sie beim Einkauf in einem Waitrose-Supermarkt zeigen, nahe Keith Richards' Redlands-Anwesen. Der Inhalt informierte die Leser über bereits Bekanntes, wobei der Aufhänger des Machwerks die beiden Fotos von einer leger gekleideten Anita waren, die an einer Zigarette paffte und einen Einkaufswagen vor sich herschob. Früher wäre solch ein Schund am nächsten Tag bereits Schnee von gestern gewesen und hätte nur noch zum Einpacken von Fish & Chips gedient; heute überlebt er online.

Vierzig Jahre nach dem Jahrzehnt, das Anitas Bild in der Öffentlichkeit prägte, war die Zeit vorbei, in der ihr Auftreten die Leute verblüffte oder gar schockierte. Dennoch war sie immer noch, wenn sich die Gelegenheit ergab, für eine kontroverse Aussage gut, über die sensible Menschen sich aufregten. Anfang des neuen Jahrtausends war die Welt aufgrund des grassierenden Fundamentalismus wie erstarrt. Anita hingegen bekundete ihr Interesse an dem Erzschurken des Planeten, Osama bin Laden. „Ich finde ihn sehr attraktiv", meinte sie gegenüber einem Reporter 2002. „Ich habe von ihm ein Bild auf einem Pferd gesehen und mich verliebt. Es war sehr romantisch. Falls Sie ihn mal treffen, dürfen Sie ihn gerne zu mir schicken." Anita tauchte daraufhin tatsächlich bei einigen Events in London auf, wo sie ein T-Shirt mit dem Bild der bekannten Hassfigur trug.

Bei anderen Gelegenheiten gab sie sich allerdings weniger provokativ. Am 18. Oktober 2012 fand die Premiere der Rolling-Stones-Retrospektive *Crossfire Hurricane* im BFI-Kinokomplex in London statt, die Anita besuchte und sich dabei einen Großteil ihres Lebens anschauen konnte. Ganz in Schwarz gekleidet, schlenderte sie mit wiegendem Gang über den roten Teppich – natürlich mit der obligatorischen Zigarette zwischen den Lippen – und lächelte die versammelten Medienvertreter warmherzig an.

Die kalte Jahreszeit verbrachte Anita außerhalb von Großbritannien, doch sie blieb während der sonnigeren Monate immer in London. Das gewohnte Nebeneinander von Geldadel und kreativer Boheme setzte sich in Chelsea bis ins 21. Jahrhundert fort, und Anita fand eine Wohnung mit Blick auf die Themse im River House am

Chelsea Embankment, weniger als eine halbe Meile von dem Haus am Cheyne Walk entfernt, das sie sich früher mit Keith Richards teilte. Anita behauptete zwar, dass ihr in den ersten Jahren, in denen sie dort wohnte, nur „eine Couch, ein Fernseher und eine Anlage" zur Verfügung gestanden hätten, doch später richtete sie das Apartment in ihrem unverkennbaren Stil ein. Das Holzparkett und die Wandvertäfelung wurden mit Teppichen und Hindi-Symbolen verziert, hinzu kamen Artefakte aus Marokko ein, kunstvolle Lampen und ein jakobinisches Himmelbett. Abgesehen von einem großformatigen Bild ihres Enkels hing nur ein einziges Foto an der Wand, das Anita beim Feiern mit den beiden „wilden Männern der chemischen Substanzen" zeigte, Jim Carroll und William Burroughs.

Anita genoss den Zusammenhalt im River House und wurde 2003 Mitglied der Mietervertretung, was sie bis zum April 2017 fortführte. „Während der Treffen rauchte sie Kette", erinnert sich die River-House-Bewohnerin Anna Tyzack. „Sie war eine warmherzige Frau mit einem tiefen, kehligen Lachen … Sie beließ es immer bei einem Glas Wein und rührte niemals die Häppchen an." Da sie nur einige Schritte von Chelseas Physic Garden entfernt wohnte, verbrachte Pallenberg viel Zeit in dem Park und ließ sich von den heilenden Aromen der Pflanzen verwöhnen. Sie nutzte gern das kleine Café, um sich mit Freunden zu treffen, und nahm an einem Kurs für botanisches Zeichnen teil, das im Park angeboten wurde. Vom *Guardian* 2008 nach den Reaktionen der Mitschüler auf ihre Arbeiten gefragt, fiel ihre Antwort impulsiv und direkt aus: „Das ist mir egal! So will ich gar nicht denken. Sie sind beim Zeichnen alle viel besser als ich." Abgesehen von der Botanik verfügte Anita über ein Talent für die Landschaftsmalerei; einige Arbeiten schenkte sie Freunden und Familienangehörigen.

Ihr Interesse an der Natur schlug sich auch in der Bewirtschaftung eines Schrebergartens nieder, den sie in Chiswick im Westen Londons unterhielt. Es hätte durchaus nähere Möglichkeiten für einen gemieteten Garten gegeben, aber sie genoss die Fahrt dorthin, die sie bis zu drei Mal in der Woche unternahm. Sie war niemals ein großer Freund des öffentliches Nahverkehrs gewesen, und so radelte sie die fünf Meilen mit ihrem Renault-Zehngang-Rennrad am Ufer des Flusses entlang.

In dem Areal lagen 600 Grundstücke und Anitas Parzelle befand sich am Ende des Dan Mason Drive, ein nahe an der Themse gelegenes Fleckchen. Von ihrem Garten konnte sie direkt die Ziellinie des jährlich stattfindenden Bootsrennens zwischen Oxford und Cambridge sehen. Zweifellos war Anita in Chiswick häufig Gegenstand vom Klatsch und Tratsch der „Grünfinger-Brigade“, wobei sich Gerüchte hielten, dass sie sich gegenüber einem anderen Gartenliebhaber – einem Vertreter des niederen holländischen Adels – „sehr freundlich“ zeigte.

Abgesehen von Chiswick unterhielt Anita einen Bauernhof südlich von Rom und half ihrem Sohn Marlon bei Arbeiten in seinem Garten in Sussex, nicht zu vergessen einige Einsätze als Unkrautbekämpferin auf Redlands. „Sie hat das Efeu abgehackt“, erinnert sich Keith 2011. „Einige Bäume wurde vom Efeu erstickt, und ich gab ihr eine Machete. Nun blühen die Bäume wieder und das Efeu ist weg. Sie weiß, was sie machen muss.“ Weitere gärtnerischen Herausforderungen boten sich Anita auf Keiths Anwesen auf Jamaika, wo sie 2017 freudig verkündete: „Wir haben zum ersten Mal zwei Stauden Bananen.“

Jedoch wurde Pallenberg regelmäßig aus der Gartenarbeit gerissen, denn ihr rätselhafter Charakter hatte immer noch eine große Anziehungskraft. Die Freundin und Designerin Bella Freud nutzte diese Tatsache für eine Modelinie mit dem Thema Anita Pallenberg. Mit einer breiten Auswahl an T-Shirts, Tops und Sweaters stellte sie sich als höchst erfolgreich heraus. In einer weiteren Kollektion mit dem Namen Ciao stellte sie das Thema Italien in den Vordergrund. Um den Namen rankte sich eine kleine Geschichte: Irgendwann wollte die Designerin wissen, wie Ciao geschrieben wird, woraufhin ihr Anita einen Zettel mit der richtigen Schreibweise zusteckte. Dieser Zettel gab dann den Anstoß, die Kollektion Ciao zu nennen.

Während der Londoner Fashion Week 2016 beschritt Anita zum letzten Mal den Catwalk, und zwar für die schottische Designerin Pam Hogg. Wie so viele andere brandaktuelle Modemacher(innen) empfand Hogg einen tiefen Respekt vor Anita. Anita hatte zugestimmt, bei einem schrägen kleinen Mode-Video (2000) mit dem Titel *Accelerator* mitzumachen, an der Seite von Bobby Gillespie (Primal Screams) und der Punk-Freundin Patti Palladin aus den Staaten. Außerdem hatte sie Hoggs Kollektion schon lange vor dem Beginn ihrer Freundschaft favorisiert und in den Achtzigerjahren häufig in ihrer Boutique eingekauft.

„Wir haben uns zuerst in einer Bar in Paris in den späten Achtzigern getroffen", erzählt Pam Hogg heute. „Sie kam auf mich zu und schwärmte, wie sehr sie meine Arbeit mag. Ich war erstaunt und erkannte sie sofort. Sie war so gerade heraus – als würden wir uns schon eine lange Zeit kennen, aufrichtig, ohne irgendwelchen Schickschnack. Es fühlte sich so an, als seien wir alte Freundinnen. Anita war wild und ungestüm, sah aus wie jemand, der eine Lebensaufgabe erfüllen will, hatte eine vitale, aber entspannte Energie und eine natürliche Individualität, durch die sie hervorstach."

2016 steckte Hogg bei der London Fashion Week in der Klemme, denn ein Model hatte nur einen Tag vor der Veranstaltung abgesagt. Zufälligerweise hatte Anita Hogg bereits angerufen, um ihre Hilfe anzubieten, woraufhin sie die Designerin ohne zu zögern ins Team integrierte. Anita – und das war sicherlich keine Überraschung – stahl den anderen die Show.

„Am Tag vor der Veranstaltung", berichtete Hogg, „erhielt ich einen Anruf. Eine Frau sprach mit einer tiefen, rauen Stimme, die sehr an Keith Richards erinnerte. Dann hörte ich: ‚Ich bin's, Anita … Deine Show.' Ich nahm an, dass sie kommen wollte, und antwortete: „Ja, natürlich, für dich habe ich immer einen Platz.' Sie meinte darauf: ‚Nein, ich möchte bei deiner Show mitmachen. Hast du was für mich?' Das war Anita! Ich hatte schon seit Jahren nichts mehr von ihr gehört. Das war alles der reine Wahnsinn. Ich wollte einen Anzug präsentieren, aber den konnte ich gleich auf dem Kleiderbügel lassen, denn er passte kaum einem Model, und die, denen er passte, hatten sich schon einen anderen Job gesucht. Ich stellte mir sofort vor, wie toll Anita darin aussehen würde. Ich freute mich riesig, denn ich konnte ohne ein Zögern antworten: ‚Ja, ich habe da [einen Anzug] und der wird dir perfekt stehen.' Dann fragte sie mich, welche Farbe der Anzug habe, als stünden mir 24 Stunden vor der Show eine Million Möglichkeiten zur Verfügung. Als ich antwortete, er sei goldfarben, fragte sie im Bruchteil einer Sekunde: ‚Kann ich dazu meine Elvis-Sonnenbrille tragen? Soll ich die goldenen Slipper anziehen und darf ich mit meinem Stock auftreten?' Das war absolut genial. Es passte prima, und ihr gefiel es besonders, weil der Anzug nicht nur großartig aussah, sondern auch ihre Problemzonen verdeckte. Sie konnte es kaum glauben, und ich hatte das Gefühl, als hätte ich den Anzug entworfen mit ihr als meinem geistigen Vorbild. Als [Anita] den Catwalk betrat, war im Saal der Teufel los. Der Applaus und das Gekreische waren so laut, dass ich sogar mit der Einkleidung aufhörte und nach vorne ging, um mit allen zu jubeln. Sie durfte Standing Ovations genießen. Es war so wunderschön für sie, so großartig zu erleben, wie man sie liebte. Ihr Sohn Marlon schickte mir am nächsten Tag eine anrührende Botschaft: ‚Ich danke dir, dass du meine Mutter so glücklich gemacht hast.'"

Das Bild einer Anita, die sich in Hoggs Design so prachtvoll entfaltete, sorgte noch einmal für stürmisches Interesse. Allerdings ließen sich ihre schwerwiegenden gesundheitlichen Probleme kaum noch verdecken. Sie kämpfte gegen den Diabetes und die permanente Gefahr der Hepatitis, und auch ihre Beweglichkeit gab aufgrund der Hüftoperationen Anlass zur Sorge.

Pam Hoggs Fashion-Show war Anitas letzter Auftritt, nach dem sie sich aus dem öffentlichen Leben zurückzog. Obwohl ihr Name gelegentlich bei Retrospektiven auftauchte, gab es nur noch wenige Anfragen für Interviews.

Anitas letztes Interview fand im August 2016 mit dem italienischen Journalisten Alain Elkann für die Zeitung *La Stampa* statt. Es war ein direktes Gespräch, ohne großartige Vertiefungen der angesprochenen

Themen, wobei Anita auf Elkanns minimalistische Fragen nüchtern antwortete. Doch der Artikel hinterließ insgesamt einen realistischen Eindruck, besonders in den letzten Zeilen, wo Anita einen Hinweis auf ihr bevorstehendes Schicksal zu geben schien: „Ich bin bereit zu sterben", sagte sie. „Ich habe hier schon so viel gemacht. Meine Mutter starb im Alter von 94 Jahren. Ich will nicht meine Unabhängigkeit verlieren. Nun bin ich über 70, und ehrlich gesagt hätte ich niemals daran geglaubt, länger als 40 Jahre zu leben."

Pallenberg hatte sich bislang oft in ihren verschiedenen Wohnsitzen rund um den Globus sehen lassen, doch sie zog sich 2017 aufgrund ihrer gesundheitlichen Einschränkungen nach Sussex zurück. Ihre Kinder waren nach Chichester beziehungsweise in die nähere Umgebung gezogen, wodurch es offenkundig wurde, dass sie mit einem sich verschlechternden Zustand ihres Befindens rechnete.

„Bevor man es merkt", sagte sie in ihrem letzten Interview, „ist es drei Uhr morgens und du bist 80 Jahre alt. Du kannst dich nicht mehr daran erinnern, die Gedanken einer 20-Jährigen gehabt zu haben oder das Herz einer 10-Jährigen."

Ihr öffentliches Profil war nur noch ein Schatten früherer Zeiten, Anitas gesundheitliche Beschwerden nahmen überhand. Ein Sturz 2016 hatte ihr schwer zugesetzt, doch sie erholte sich in den folgenden Monaten. Das gab den Menschen in ihrem unmittelbaren Umfeld Anlass zur Hoffnung. Der sich im Frühjahr und Sommer 2017 in Großbritannien aufhaltende Keith glaubte auch daran, dass Anita wieder zu Kräften käme. Anfang Juni verließ er vertrauensvoll und beruhigt West Wittering, um in New York wieder das Business mit den Rolling Stones aufzunehmen.

Doch nur vier Tage nach Richards' Abreise verschlechterte sich Anitas Gesundheit abrupt. Die Hepatitis C hatte ihre Leber stark geschwächt, und sie wurde wegen eines Darmverschlusses ins Krankenhaus eingeliefert. Anita Pallenberg verstarb am 13. Juni 2017 im St Richard's Hospital, nur sechs Meilen entfernt von Redlands. Nur wenigen fiel die Bedeutung des Namens des Krankenhauses auf, für das sie sich entschieden hatte, um dort ihre letzten Stunden zu verbringen. Berichten zufolge hatten sich die engsten Familienmitglieder während ihrer letzten Stunden um Anita versammelt.

Ihre Tochter Angela ließ den Tod amtlich eintragen, wobei Anitas Beruf als „Schauspielerin (pensioniert)“ angegeben wurde. Es war eine reine Formalität und die Angabe auf der Sterbeurkunde konnte nicht im Geringsten ihr bemerkenswertes Leben widerspiegeln.

Innerhalb von wenigen Stunden hatte die Familie die Nachricht von Anitas Tod dem unmittelbaren Freundes- und Verwandtenkreis zukommen lassen. Kurz darauf wurde sie öffentlich gemacht. Ganz im Stil des 21. Jahrhunderts war die erste Reaktion auf Instagram nachzulesen. Sie stammte von Anitas Freundin Stella Schnabel, Tochter des Malers Julian Schnabel. Sie postete: „Ich habe niemals eine Frau getroffen, die so war wie du, Anita. Ich glaube nicht, dass es im ganzen Universum jemanden gibt, der dir ähnelt. Ich danke dir für deine wichtigsten Lektionen – da sie alles veränderten und wahr waren. Wie du selbst. Wir alle singen jetzt für dich, wie du es gemocht hättest … Ziehe in Frieden, meine römische Mutter.“

Schnabels Verlautbarung veranlasste die Medien in aller Welt, die Nachricht von Anitas Ableben weiterzuverbreiten. Am Morgen des 14. Juni erschienen weltweit warmherzige und liebenswerte Nachrufe in ausführlichen Kolumnen, von denen zahlreiche sogar auf der ersten Seite der Zeitungen gedruckt wurden. Die Presse, die bislang immer wieder die schäbigen Bilder vergangener Exzesse hervorgeholt hatte, schien sich nun darum zu reißen, ein ausgewogeneres Resümee ihrer Karriere zu ziehen. *The Daily Telegraph*, nicht für Übertreibungen und Superlative bekannt, schrieb: „Anita Pallenberg schenkte den Rolling Stones Stil und Kultiviertheit – und die Rockmusik war niemals mehr so wie früher.“ Das Klatschblatt *Sun* nannte sie eine „Rock and Roll Queen“, während der Londoner *Evening Standard* hervorhob, dass sie jemand war, „der Grenzen einriss und den Stil der Sixties verkörperte“. Die Einleitung des *Guardian* zu ihrem Nachruf war bemerkenswert scharfsinnig: „Anita Pallenberg – bedeutender als ein einfacher Passagier auf der Reise der Stones … Der Einfluss der verstorbenen Schauspielerin auf die Rolling Stones war [geradezu] dramatisch, denn sie beeinflusste ihren Look, die Kreise, in denen sie sich bewegten, und sogar ihre interne Bandstruktur."

Inmitten eines Wirbelsturms von Nachrufen und Würdigungen stand Anitas Familie natürlich unter Druck, auch ein Statement abzuliefern. Keith Richards ließ durch seinen Sprecher einen Kommentar über Twitter veröffentlichen. Typisch kurz angebunden, erklärte er, er sei „völlig niedergeschlagen", und fügte hinzu: „Eine außergewöhnliche Frau. Immer in meinem Herzen."

Während die nahe Familie eine würde- und respektvolle Distanz hielt, äußerten sich die Berufskollegen meist über das Internet.

Marianne Faithfull, die der Welt eine schwesterliche und innige Beziehung zu Anita in all den Jahrzehnten bekundete, postete eine Mitteilung auf Facebook und zitierte dabei das Gedicht „Aedh Wishes For The Cloths Of Heaven" von W. B. Yeats als Überschrift ihrer kleinen Traueransprache: „Ich werde Anita sehr vermissen. 52 Jahre! Ich habe sie wirklich geliebt. Wir hatten gute und schlechte Zeiten, aber nun erinnere ich mich nur an die guten Momente. Sie hat mir so viel beigebracht, besonders nachdem wir clean waren. Es war so gut, hat so viel Spaß gemacht. Lebe wohl, meine Liebe, ziehe in Frieden."

Ihr Freund Bay Garnett, Redaktionsmitarbeiter bei der *Vogue*, erinnert sich: „An Anita war erstaunlich, dass in ihr so viele Charakterzüge vereint waren. Sie konnte sehr hart sein, war aber gleichzeitig witzig und clever. An ihr gab es nichts Aufgesetztes und sie war niemand, der sich abkapselte, voll und ganz sie selbst, authentisch bis in ihr Innerstes."

„Ich liebte sie, Anita war eine ganz besondere [Frau]", bemerkte Vivienne Westwood gegenüber dem *Daily Telegraph*. „Sie hatte einen sehr ausgeprägten Charakter, war philosophisch, hatte einen trockenen Humor. Manchmal tauchte sie plötzlich auf, und es war immer grandios, mit ihr zu arbeiten."

„Ich werde dich immer lieben, meine geschätzte Anita", schrieb Singer/Songwriterin Bebe Buell auf Instagram. „Ruhe sanft mit ganz besonderen Engeln, Göttern und Göttinnen."

„Sie war eine großartige Persönlichkeit", sagte ihre Freundin Jo Wood gegenüber dem *Daily Mirror*. „Eine großartige Frau. Ich liebte sie – sie faszinierte mich. Sie war das erste Rock-Chick. Ähnelt jemand Anita? Nein, niemand – wirklich nicht."

Andere, die Anita nicht nahestanden, verstopften den Cyberspace regelrecht mit ihren eigenen Tributen, und auch die Rolling-Stones-Community und zahlreiche Mode-Webseiten platzten förmlich vor warmherzigen und mitfühlenden Kommentaren.

Eine Woche nach ihrem Tod und nach einer Feuerbestattung im engsten Kreis gedachten Freunde und Familie ihr in Chichester, West Sussex, die Redlands am nächsten gelegene Stadt. Passenderweise war es eine weltliche und keine religiöse Feier, bei der eine kleine Zahl von Trauergästen ihren Respekt vor einer außergewöhnlichen Frau bekundete. Keith und seine Frau Patti Hansen zählten zu den Anwesenden sowie Anitas Kinder Marlon und Angela mit ihren Familien, die alle die Gelegenheit wahrnahmen, sich von einer Frau zu verabschieden, die zahlreiche Leben berührt und die kulturellen Gepflogenheiten mehrerer Generationen geprägt hatte. Die Anwesenheit von Kate Moss und der Designerin Bella Freud unterstrich dabei das Ausmaß ihres Einflusses.

Andere Freunde, die im Ausland wohnten, betrauerten Anitas Ableben in ihrem eigenen Stil. Gerard Malanga, einer von Anitas ältesten und engsten Freunden, verfasste ein Gedicht, in dem er seinen Verlust betrauerte.

Keith Richards verhielt sich in der Zeit nach Anitas Tod verständlicherweise zurückhaltend, doch dann musste er sich im September wieder der unaufhaltsamen Rolling-Stones-Tourkarawane anschließen, die erneut ihres Wegs zog, diesmal bei der „No Filter"-Tournee. Wahrscheinlich war sich kaum jemand des historischen Kontexts bewusst, aber die Tour wurde im Hamburger Stadtpark am 9. September 2017 eröffnet, nur wenige Tage bevor es sich zum 52. Mal jährte, dass Anita in den Backstage-Bereich der Rolling Stones in München gestürmt war. An diesem „Jubiläumsabend" eröffneten die Stones das Konzert mit „Sympathy For The Devil", einem Song, der als Opener höchst selten zum Einsatz kam. Als sei es eine Art Tribut gewesen, hörte man den legendären Chorgesang der Nummer, bevor die Stones auf die Bühne kamen. Vermutlich war es nur den Hardcore-Fans bewusst, dass Anita an der Entstehung der rhythmischen Vokal-Phrasierungen mitgewirkt hatte.

Während Richards' klagevolle Ballade „Slipping Away" an dem Samstagabend eine neue Bedeutung annahm, hörten die Zuschauer am Ende des Sets „Gimme Shelter". Dabei waren immer noch die Angst und Verletzlichkeit wahrnehmbar, die Keith hinsichtlich einer möglichen Liaison von Anita und Mick empfunden hatte.

Wenn es jedoch einen die Zeit überdauernden Tribut an Pallenbergs anhaltenden Einfluss an diesem Abend gab, dann war es das Erscheinungsbild der Band, die immer noch für eine bestimmte Androgynität stand. Von Jaggers goldenem Lamé-Jackett und seinen engen Hosen über Keiths Stirnband und den um den Hals gelegten Schal fanden sich immer noch Hinweise auf die besondere Frau, die mit einem Handstreich eine vorstädtische Band von „Gammlern" in eine neue, stylishe und dandyhafte Meute von Rock'n'Roll-Löwen verwandelt hatte.

Seit Anitas Tod boten sich Keith kaum Gelegenheiten, öffentlich über sie zu reden, doch in einem Interview im Juni 2018 verdeutlichte er die Gefühle zu seiner großen Liebe und erwähnte nicht nur den Namen. „Ich vermisse sie schmerzlich", erzählte er Neil McCormick vom *Daily Telegraph*, bevor er in schallendes Gelächter ausbrach. „Möge sie nicht lange in Frieden ruhen, denn sie hasst den Frieden!"

Auswahlbibliografie/ Quellenverzeichnis

Bücher

Andersen, Christopher. *Mick: The Wild Life and Mad Genius of Jagger*. Gallery Books, 2013.
Artaud, Antonin. *Le Théâtre et Son Double.* Grove Press, 1938.
Baddeley, Gavin. *Lucifer Rising: Book o Sin, Devil Worship & Rock'n'roll.* Plexus, 1999.
Balfour, Victoria. *Rock Wives: The Hard Lives and Good Times of the Wives, Girlfriends, and Groupies of Rock and Roll*. William Morrow & Co, 1987.
Beaton, Cecil. *Beaton in the Sixties: The Cecil Beaton Diaries as He Wrote Them, 1965-1969.* Knopf, 2004.
Bockris, Victor. *Keith Richards: The Biography*. Random House, 1992.
Bonanho, Massimo. *The Rolling Stones Chronicle: The First Four Decades*. Plexus, 1995.
Booth, Stanley. *Keith: Standing in the Shadows*. St. Martin's Press, 1995.
Booth, Stanley. *The True Adventures of The Rolling Stones*. Heinemann, 1985.
Bosworth, Patricia. *Jane Fonda: The Private Life of a Public Woman*. Houghton Mifflin Harcourt, 2011.
Brown, Mick. *Performance: The Ultimate A-Z.* Bloomsbury, 1999.
Buck, Paul. *Performance: A Biography of the Classic Sixties Film*. Omnibus Press, 2012.
Catterall, Ali and Wells, Simon. *Your Face Here: British Cult Movies Since the 1960s.* Fourth Estate, 2001.
Cherone, Barbara. *Keith Richards*. Futura, 1979.
Clayson, Alan. *Legendary Sessions: The Rolling Stones – Beggars Banquet.* Billboard Books, 2008.
Clayson, Alan. *Mick Jagger: The Unauthorised Biography*. Sanctuary, 2005.
Cohen, Rich. *Die Sonne, der Mond & die Rolling Stones: Ein Leben im Schatten der größten Rockband der Welt.* btb, 2018.
Collins, Tom. *Jane Fonda: An American Original.* F. Watts, 1990.
Cooper, Michael and Richardson, Perry. *The Early Stones: Legendary Photographs of a Band in the Making 1963–1973*. Hyperion Books, 1993.
Cooper, Michael and Roylance, Brian (ed). *Blinds & Shutters*. Genesis, 1990.
Curtis, Helen and Sanderson, Mimi. *The Unsung Sixties*. Whiting and Birch, 2004.
Cutler, Sam. *Live dabei – Mein Leben mit den Rolling Stones, Grateful Dead und anderen verrückten Gestalten.* Hannibal, 2012.
Dalton, David. *The Rolling Stones: The First Twenty Years*. Thames and Hudson, 1981.
Dalton, David and Farran, Mick. *Rolling Stones in Their Own Words*. Omnibus Press, 1980.
Davis, Stephen. *Old Gods Almost Dead.* Aurum, 2001.
Dowley, Tim. *The Rolling Stones*. Hippocrene Books, 1983.
Faithfull, Marianne and Dalton, David. *Memories*. Blanvalet, 2009.
Faithfull, Marianne and Dalton, David. Marianne Faithfull: eine Autobiographie. Rowohlt, 1997.
Gaignault, Fabrice. *Les Égéries Sixties*. Fayard, 2006.
Goldsmith, Kenneth & Wolf, Reva. *I'll Be Your Mirror: The Selected Andy Warhol Interviews: 1962–1987.*Carroll & Graf, 2004.

Gorman, Paul. *The Look: Adventures in Rock & Pop Fashion.* Adelita, 2001.
Green, Jonathan. *Days in the Life: Voices from the English Underground, 1961–71.* Pimlico, 1998.
Greenfield, Robert. *Ain't It Time We Said Goodbye: The Rolling Stones on the Road to Exile*. Da Capo Press, 2014.
Greenfield, Robert. *A Day in the Life: One Family, the Beautiful People, and the End of the Sixties.* Da Capo Press, 2009.
Greenfield, Robert. *Exile on Main Street: A Season in Hell With The Rolling Stones.* Da Capo Press, 2006.
Greenfield, Robert. *S.T.P.: A Journey Through America With The Rolling Stones.* Da Capo Press, 2002.
Gysin, Brion and Weiss, Jason (ed). *Back in No Time: The Brion Gysin Reader.* Wesleyan University Press, 2002.
Howard, Paul. *I Read the News Today, Oh Boy: The Short and Gilded Life of Tara Browne, The Man Who Inspired The Beatles' Greatest Song.* Picador, 2016.
Huxley, Aldous. *Adonis and the Alphabet*. Chatto & Windus, 1956.
Jackson, Laura. *Brian Jones: The Untold Life and Mysterious Death of a Rock Legend*. Piatkus Books, 2014.
Jagger, Mick, Richards, Keith, Watts, Charlie and Wood, Ronnie. *According to The Rolling Stones.* Weidenfeld & Nicolson, 2004.
Kent, Nick. *The Dark Stuff: Selected Writings on Rock Music.* Faber & Faber, 2007.
Landis, Bill. Anger: *The Unauthorized Biography of Kenneth Anger*. Harper Collins, 1995.
Lewisohn, Mark. *The Complete Beatles Chronicle*. Pyramid, 1992.
Loog Oldham, Andrew. *Stoned.* Vintage, 2001.
MacCabe, Colin. *BFI Film Classics: Performance*. British Film Institute, 1998.
Malanga, Gerard. *Cool & Other Poems*. Bottle of Smoke Press, 2019.
Michell, John. *The Flying Saucer Vision*. Sidgwick & Jackson, 1967.
Miles, Barry. *London Calling: A Countercultural History of London Since 1945*. Atlantic Books, 2011.
Norman, Philip. *Mick Jagger*. Harper, 2013.
Norman, Philip. *Symphony for the Devil: The Rolling Stones Story*. Simon & Schuster, 1984.
O'Byrne, Robert. *Luggala: The Story of a Guinness House*. CICO Books, 2018.
O'Hara, Frank and Schifano, Mario. *Words & Drawings*. Archivio Mario Schifano, 2017.
Paytress, Mark. *The Rolling Stones, Off the Record.* Omnibus Press, 2013.
Perry, John. *Exile on Main Street*. Schirmer Books, 1999.
Phillips, John and Jerome, Jim. *Papa John: An Autobiography*. Doubleday & Company, 1986.
Pim, Keiron. *Jumpin' Jack Flash: David Litvinoff and the Rock'n'Roll Underworld*. Vintage Books, 2017.
Rawlings, Terry, Badman, Keith and Neill, Andy. *Good Times, Bad Times: The Definitive Diary of The Rolling Stones – 1960–1969*. Cherry Red, 1997.
Rawlings, Terry. *Who Killed Christopher Robin? The Truth Behind the Murder of Brian Jones*. Boxtree, 1994.
Rej, Bent. *The Rolling Stones: In the Beginning*. Firefly Books, 2006.
Richards, Keith and Fox, James. *Life*. Weidenfeld & Nicolson, 2011.
Sandford, Christopher. *Jagger Unauthorised*. Simon & Schuster, 1993.
Sanchez, Tony. *Up and Down With The Rolling Stones*. John Blake, 2010.
Scaduto, Anthony. *Mick Jagger: A Biography*. W. H. Allen, 1974.
Schreuders, Piet, Lewisohn, Mark and Smith, Adam. *The Beatles London*.
Portico, 1994.
Shelley, June. *Even When It Was Bad… It Was Good*. Xlibris, 2000.
Southern, Terry. *Now Dig This: The Unspeakable Writings of Terry Southern, 1950–1995.* Grove Press, 2001.
St. Michael, Mick. *Keith Richards in His Own Words*. Omnibus Press, 1994.
Sykes, Christopher Simon and The Rolling Stones. *T.O.T.A. '75 The Rolling Stones Tour of the Americas '75*. Genesis Publications, 2009.

Tarlé, Dominique. *Exile: The Making of Exile on Main St.* Genesis Publications, 2012.
Trynka, Paul. *Sympathy For The Devil: Die Geburt der Rolling Stones und der Tod von Brian Jones.* Hannibal, 2015/2020.
Vyner, Harriet. *Groovy Bob*. Faber & Faber, 1999.
Wall, Mick. *When Giants Walked the Earth*. Orion, 2008.
Warhol, Andy and Hackett, Andy. *The Andy Warhol Diaries*. Twelve, 2014.
Wells, Simon. *Butterfly on a Wheel.* Omnibus Press, 2012.
Wells, Simon. *Rolling Stones: 365 Days*. Abrams, 2006.
Wholin, Anna and Lindsjèoèo, Christine. *The Murder of Brian Jones: The Secret Story of My Love Affair With the Murdered Rolling Stone*. Blake, 2000.
Wyman, Bill. *Rolling With the Stones*. DK, 2002.
Wyman, Bill (with Ray Coleman). *Stone Alone*. Viking, 1990.

Audioquellen/visuelle Quellen

25 x 5: The Continuing Adventures of The Rolling Stones. CMV Entertainment, 1987.
Absolutely Fabulous, Episode „Donkey". BBC, 21. September, 1998.
Barbarella. Paramount Pictures, 1968.
(Le) Berceau De Cristal. Philippe Garrel, 1976.
Blow-Up. Metro-Goldwyn-Mayer, 1966.
Candy. ABC Pictures, 1968.
Chéri. Bill Kenwright Films, 2009.
Mord Und Totschlag / (A) Degree Of Murder. Rob Houwer Productions, 1967.
Dillinger Is Dead (Dillinger È Morto). Pegaso Cinematografica, 1969.
Donald Cammell: The Ultimate Performance. BBC, 1998.
Go, Go, Go, Said the Bird. Rediffusion, 26. Oktober, 1966.
Hollywood UK: British Cinema in the 60s. BBC, September 1990. ITN Archives
Influence and Controversy: The Making of Performance. Trailer Park, 2007.
Invocation of My Demon Brother. Puck Film Productions, 1969.
It Was Twenty Years Ago Today. Granada, 1987.
Lucifer Rising. Puck Film Productions, 1972.
Michael Kohlhaas: Der Rebell. Houwer-Film/Oceanic Filmproduktion GmbH, 1969.
Mister Lonely. Love Streams Productions, 2007.
One Plus One (Sympathy for the Devil). Cupid Productions, 1968.
Performance. Good Times Production/Warner Brothers, 1968.
Ruby. BBC, *18*. September, 1999.
(The) Rolling Stones: Truth and Lies. Black Hill Pictures, 2008.
Stoned. Number 9 Films, 2005.
Stones In Exile. Passion Pictures, 2010.
Tutto: Mario Schifano. Feltrinelli, 2001.
Under Review: Rolling Stones 1967–1969. Music Video Distributors, 2006.

Online-Archive

Daily Express/Daily Mirror: UK Press Online
Getty Images
Guardian/Observer Online Archive: Pro Quest
Internet Movie Database, IMDB.com
Rex Features
(The) Rolling Stones Complete Works Website: www.nzentgraf.de
Time Is On Our Side: www.timeisonourside.com
Times Digital Archive: 1785–1985
Who Was Who: Oxford University Press
YouTube

Online-Artikel

alainelkanninterviews.com. Interview mit Anita Pallenberg, June 2017.
citypages.com. Interview mit Richard Lloyd, July 2011.
gadflyonline.com. Interview mit Marianne Faithfull und Anita Pallenberg, 1999.
IGN.com. Interview mit Monet Mazur, März 2006.
paulgormanis.com. Interview mit Anita Pallenberg (ohne Datum).
Pleasekillme.com. Interview mit Anita Pallenberg von Sylvie Simmons, (publiziert) Juni 2017.
Pleasekillme.com. Interview mit Richard Lloyd von Robyn Hale, (publiziert) Juni 2017.

Bibliotheken

(The) British Film Institute Library, South Bank, London
(The) British Library, Euston, London
Chichester Library and West Sussex Local History Department, Chichester, Sussex
Goethe-Institut London, Knightsbridge, London
Kensington and Chelsea Central Library, Kensington Local Studies and Chelsea Library, London
Society of Genealogists, Barbican, London

Simon Wells kann über Twitter kontaktiert werden @simonwells61

Danksagung

Während der Arbeit an diesem Buch hatte ich das Glück, die große Unterstützung einer Gemeinschaft von warmherzigen und großzügigen Menschen zu erleben. Ich bin ihnen sehr dankbar, denn ihre Hilfe und Hinweise überstiegen weit das notwenige Maß. Während andere für einen Kommentar nicht erreichbar waren, haben mir ihre besten Wünsche und ihre Bestätigung einen überaus willkommenen Rückhalt für mein Vorhaben gegeben.

Ich stehe besonders in der Schuld von Anitas Schwester Gabriella, die mich mit höchst bedeutsamen Informationen über ihre geliebte Schwester versorgte – besonders, was die frühen Jahre der Pallenbergs in Rom anbelangt. Ich bin ihr auf ewig dankbar für den Input und ihre Bereitschaft, auch die anderen Kapitel hinsichtlich Deutlichkeit und Genauigkeit zu lesen.

Anitas enge Freunde Tony Foutz, Gerard Malanga und Stash de Rola haben sich als kontinuierlich hilfreich erwiesen und waren von meiner Ambition begeistert, ein glaubwürdiges und verständliches Porträt von Anita abzuliefern. Ich kann ihnen nicht genug für die viele Zeit und für die großzügige Geisteshaltung danken. Auch war mir Monica, Mario Schifanos Witwe, eine unglaubliche Hilfe.

Keiron Pim, Autor der außergewöhnlichen Biografie über David Litvinoff – *Jumpin Jack Flash* – hat mir seine Hilfe großzügig zukommen lassen, und ich bin besonders dankbar für seine Ratschläge und seine Unterstützung. Paul Trynka – Autor der ultimativen Brian Jones-Biografie *Sympathy For The Devil: Die Geburt der Rolling Stones und der Tod von Brian Jones* – half mir bei wichtigen Recherchedetails, was sich als überaus nützlich herausstellte. Paul Buck, der *Performance*-Experte und Autor des definitiven Buchs über den Film, hat sich von Anfang an als fantastischer Supporter des Projekt erwiesen. Ich danke ihm sehr für seine Hilfe. Patrick Humphries hat mir seine Zeit und Kontakte großzügig zur Verfügung gestellt, obwohl er selbst mit der Niederschrift seines Buchs *Rolling Stones '69* beschäftigt war.

Ich möchte mich bei folgenden Menschen bedanken, die sich zu Interviews bereit erklärten und über deren Zeit ich verfügen durfte: Maggie Abbott, Timothy Allen, Keith Altham, Werner Bokelberg, Stephen Bourne, Jenny Boyd, Pattie Boyd, Tony Bramwell, Paul Buck, David Cammell, Robert Cary-Williams, Marshall Chess, Sam Cutler, Jeff Dexter, Deborah Dixon, John Dunbar, Jose Fonseca, Fabrice Gaignault, Dana Gillespie, Michael Gruber, Hans Peter Hallwachs, Pam Hogg, Peter Jaques, Phil Kaufman, Amanda Lear, Sandy Lieberson, Anthony May, Gered Mankowitz, Barry Miles, Andee Nathanson, Andrew Oldham, John Pearse, Jean-Marie Périer, Mim Scala, Jerry Schatzberg, Volker Schlöndorff, Ronnie Schneider, June Shelley, Dominique Tarlé, Dick Taylor, Paul Trynka, Stephen Woolley, Peter York und ZouZou (Danièle Ciarlet).

Ich bin besonders für den Input von Journalisten-Kollegen dankbar und Personen, die mich bei der Recherche unterstützten – jeder Beitrag, jeder Vorschlag und jeder Kontakt hat sich mehr als nützlich erwiesen. Mein Dank geht an Chris Campion, Danny Garcia, Paolo Hewitt, Matt Lee, Mark Lewisohn, Andy Neill, Nikolas Shrek, Ian Woodward sowie befreundete Bibliothekare – ihr wisst, dass ihr gemeint seid.

Besonders möchte ich allen bei Omnibus Press danken, speziell meinem verantwortlichen Lektor David Barraclough, der sich für das Buch einsetzte, die erste Anita-Pallenberg-Biografie, und das schon seit unserem ersten Gespräch. Dank gilt auch Imogen Gordon Clark, die mir dabei half, das Buch über die verschiedenen Hindernisse zu hieven, bis es endlich gedruckt werden konnte.

Meine Familie und Freunde waren eine nie versiegende Quelle der Inspiration und Unterstützung, und somit danke ich allen von Wells und Co.

Besonderer Dank und viel Liebe gehen – wie immer – an Louisa und Simba.

Ich kann meine Danksagung nicht beenden, ohne Helen Donlon zu erwähnen. Helen hat mich bei meinen verschiedenen Schreibprojekten über all die Jahre unterstützt, und ich weiß, dass sie sich sehr über dieses Buch gefreut hätte. Mich plagt ein riesiges Gefühl des Verlusts, da ich nicht mehr in der Lage war, mich mit ihr über die Reise des Buchs bis zur Fertigstellung zu unterhalten. Ich kann aufrichtig behaupten, dass die Welt ohne ihre Gegenwart und ihren genialen Geist kleiner geworden ist. Ruhe in Frieden und Godspeed, Helen.